·普通高等教育"十一五"国家级规划教材·

·21世纪市场营销系列教材·

营销渠道决策与管理

(第三版)

Marketing Channels: Decision and Management

吕一林　王俊杰　彭雷清　编著

中国人民大学出版社
·北京·

第三版前言

距离第二版修订，已经过去了7年。这期间，市场营销渠道，甚至营销学、管理学均发生了很大改变。在信息技术、互联网技术快速发展的驱动下，我们身边的景观均比7年前发生了巨大变化。这意味着，营销类教材的很多章节均要重新编写，这便是本书第三版编纂的基本动机所在。

我们将本书的大纲做了较大调整，将全书划分为四大部分，分别为：什么是营销渠道，如何制定营销渠道战略，如何管理营销渠道，营销渠道新问题。前三部分由浅入深，立足于渠道问题的解决，第四部分立足于营销渠道理论和实践前沿。据此，我们整合了第二版。

本版对第二版的主要调整还体现为：增加了权衡渠道与其他营销要素关系一章，主要目的为将全书逻辑捋顺；增加了管理网络渠道、管理服务渠道、中美营销渠道比较等内容，主要是为了跟上理论实践前沿；第二版对渠道成员的研究内容较多，本版进行了适当压缩，我们将原第8章渠道控制做了拆分，并入各章中。

为了更贴近渠道实践，本书每一章均更新了全部案例，并将格式调整为目前主流的营销教材格式，方便读者阅读。

本书将难度适当加深，广度适当拓展。因此，读者定位便被适当扩展，除了适合大学本科生阅读，也适合MBA学员、学术型硕士、企业经理人、公共管理人员参考。

本书沿用了第二版的很多内容，我们对第二版的作者的辛苦工作表示敬意。本书的修订分工为：中央财经大学王俊杰负责本书大纲调整、各章节内容调整、全部案例更新、四章新内容的撰写等工作；张昕歌主要参与撰写了权衡渠道与其他营销要素关系；莫沁妍主要参与撰写了管理网络渠道；谢玉溪主要参与撰写了中美营销渠道比较；吴冠其做了些管理服务渠道的文字整理和录入工作。

需要特别说明的是，本书修订期间，我们一直为能给读者呈现一本够分量的营销渠道书籍而努力，但各个作者均受制于时间，这是我们最大的遗憾！此外，本书是北京市教改课题（编号：2014-lh10）和中央财经大学嵌入式和实践导向型“零售管理”课程教学团队的阶段性成果。

本书修订的内容可能存在很多不足，敬请读者指正。

吕一林　王俊杰

第二版前言

光阴似箭，转眼本书第一版问世已经3年了。3年来，中国经济的发展有目共睹，中国企业市场竞争力的提升也不容置疑，而分销能力正是其中重要的一环，尤其在国内市场上面对外企的竞争时，国内企业这方面的优势有时更为明显，“渠道为王”的说法也不胫而走。

另一方面，3年前本书第一版发行时，营销系列课程中专门开设“渠道决策与管理”的还很少，以至本书也还算得上是国内渠道领域教材的“先行者”之一。而今天，根据出版社调查，开设此课程的学校越来越多，事实上，越来越多的毕业生进入公司后从事的工作就是分销或渠道管理，他们的确迫切需要这方面的知识和训练。今后，随着企业规模的不断扩大、市场范围的扩张，以及顾客对终端服务的要求越来越高，渠道决策与管理的复杂程度和难度也会越来越大，且需要不断地超越自己，超越他人。

本版在第一版的基础上做了一些重要的调整：增加了第2章“分销渠道的战略设计”和第8章“渠道控制”；考虑到渠道管理的日趋复杂及近年这方面研究成果的增加，我们将第一版的第7章分成了两章——“渠道领导与激励”和“渠道成员的冲突与合作”，增加了大量新内容；考虑到在逻辑上更为合理，将第一版第4章的“营销渠道中的物流管理”调整为第9章；最后，考虑到第一版第10章的内容有些陈旧，而新版各章均更换和增加了大量的案例，故将该章全部删去。

本版增加了一位重要的新作者——广东商学院的彭雷清教授，她参加撰写了第2章、第7章和第8章；邓增永博士修订了第10章和第11章；张原副教授修订了第5章；丁文辉副教授撰写了第6章；吕一林教授仍然负责第1章、第3章、第4章和第9章以及全书总纂。岳俊芳副教授这次虽然没有参加修订，但她编写的部分大部分仍被沿用。中国人民大学商学院的陶晓波博士为本书搜集了部分案例，在此一并表示感谢。最后，还要感谢为本书出版做了大量工作的中国人民大学出版社的编辑们。

本次修订虽然对全书做了许多修改和补充，尤其是增加了大量小案例，但仍然存在许多不足，有些内容也许不完全适合本科教学，期待各位批评指正。

吕一林

2008 年 6 月于中国人民大学

目　录

第一篇　什么是营销渠道

第二篇　如何制定营销渠道战略

第三篇　如何管理营销渠道

第一篇　什么是营销渠道

第1章 界定网络时代的营销渠道

学习目标

- 掌握营销渠道的定义
- 掌握营销渠道的基本功能
- 了解分销渠道的基本构成及常见的渠道类型
- 了解营销渠道演化的历史
- 了解营销渠道创新的趋势

娜娜几年前的每周六通常会在北京双安商场购物和消遣，但最近她已经有一段时间没去双安商场了，因为去一趟一天就过去了，而且还很累。另一个原因是，在京东购物网站，她的基本购物需求都能被满足，鼠标轻轻一点，第二天选好的衣服便被京东送货员送至家门口。

前几天，她用手机下载了一个京东应用，感觉用起来还算方便。用了几天后，她感觉打开笔记本电脑，坐在电脑前购物也是挺费神的一件事，手机屏幕虽小，但躺在床上随手一划一点也就下单了。

今天，京东送货员送来一件她昨天买好的衣服，但试穿后，她感觉不合适，衣服有点小，看来要退货了。联系京东退货人员虽容易，但要到下午才能来取。最近，京东送货人员很不愿直接上门，而是让“娜娜们”自己送到小区门口。

娜娜想，一来一去半个小时又没了。她给自己的好友打了一个电话，请教如何能快速买到中意的衣服。朋友支招，你一次多选几件，然后把不中意的退回去。娜娜估算了一下，在网上多订几件固然能选到好的，但要频繁下单，还要等待送货员上门，再等货款退回来，花费的时间貌似与去双安商场的时间差不多。

近几年，互联网迅猛发展，在改变人们日常生活的同时，对营销渠道也产生了巨大影响，很多原有的营销渠道理论和实践经验均需要调整和改变。本书以一般的营销渠道理论为起点，尝试探讨目前最新的改变和实践。

成功的营销渠道建设绝非偶然，是需要精心计划和认真落实的。为获得更大的成功，所有行业都在不断完善和改革自己的营销渠道实践。然而，杰出的营销渠道活动却很少，事实上也很难实现。营销渠道是艺术也是科学，即企业需要在营销渠道程序性和创新性之间寻找平衡。本书将帮助读者深入了解营销渠道，提高做出正确营销渠道决策的能力。本章将通过回顾重要的营销渠道概念、工具、框架和问题，为读者进一步的整体研究打下基础。

第 1 节　营销渠道的定义

一般情况下，商品和劳务须通过流通中介从生产者手中转至消费者或用户手中才能成为现实的产品，实现其价值和使用价值。现代的流通中介机构多种多样，正是通过这些流通中介机构的经营活动，生产企业才得以在适当的时间、按适当的价格与数量，将产品送达适当地点的目标顾客。这一系列营销中介机构就形成了一条条分销渠道。

一、营销渠道是什么

营销渠道的概念界定有很多种，这主要源自不同的界定角度。比如，生产商关注产品的传递，而消费者关注效率和组织。

本书认为商品在流通领域内的转移，可以看做两个过程的统一，即商品所有权转移与商品实体转移的统一，渠道研究主要从所有权转移的角度来分析分销渠道的功能与结构。

因此，本书将营销渠道（marketing channel）定义为产品从制造者手中转至消费者手中所经过的各个中间商连接起来形成的通道，它由位于起点的生产者和位于终点的消费者（包括组织市场的用户），以及位于两者之间的各类中间商组成。

即使是在网络时代的个人消费者市场上，大部分生产企业也并不直接把产品销售给最终用户或消费者，而是借助于一系列中间商的转卖活动。不过，商品在流通领域内的转移，实际包括由商品交易活动完成的商品所有权转移过程和由储存、运输等活动完成的商品实体转移过程两个方面。而且，商品实体转移经过的环节和过程并不一定与商品所有权转移经过的环节和过程完全一致。例如，商品从生产者到零售商可能经过了两道批发商参与商品交易活动，但这些批发商也许并没有运送或保管过该商品；即使有若干专业的运输公司或仓储公司参与了商品实体转移活动，但它们却从未介入任何商品的买卖交易活动，而只是提供了服务。因此，在定义分销渠道时，一般指的仅是参与了商品所有权转移或商品买卖交易活动的中间商组成的商流通道。分销渠道的起点是生产者，终点是消费者或用户，中间环节包括参与商品交易活动的批发商、零售商、代理商和经纪人。虽然严格地说，后两类中间商在分销过程中并不对商品拥有所有权，但它们帮助达成了商品的买卖交易活动，因此也应算作分销渠道的一员或一个环节。

显然，由于批发商、零售商、代理商和经纪人的存在，不同商品或同一种商品的分销渠道可以大不相同。不过，只要是从生产者到最终用户或消费者之间的任何一组与商品交易活动有关并相互依存、相互关联的营销中介机构均可称作一条分销渠道。

二、中间商为什么会存在

(一) 社会分工与关联效率

各类中间商的存在是社会分工和商品经济发展的产物。在原始社会或自然经济条件下，一个家庭所需的物品基本上都是在家庭或庄园内部生产的，因此几乎不存在流通中介。当家庭生产满足自身的需要后出现了剩余产品，而且这些产品因不易保存或缺乏保存的仓储设施时，交换便出现了。在商品经济条件下，交换成为满足人们需求的一种手段，社会分工的发展，使生产与消费逐渐分离。随着生产越来越专业化、产品越来越多样化，交换也变得越来越复杂和困难，生产与消费在产品数量、品种、时间、地点和所有权等方面的矛盾越来越大。例如，5个家庭生产5种不同的产品，它们之间要达成交换共需进行20次交易（参见图1—1）。

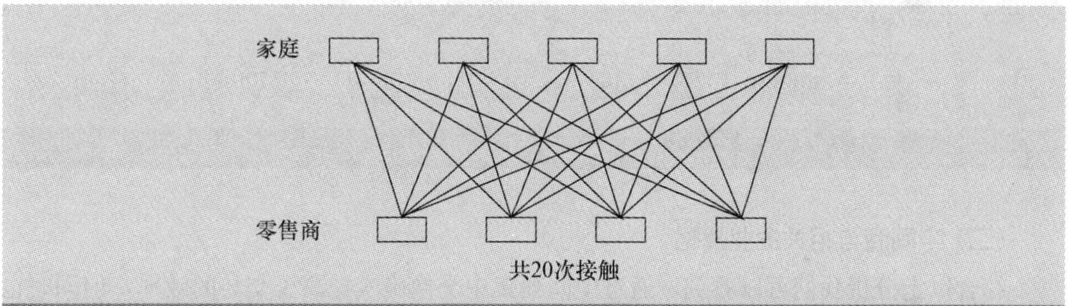

图1—1　直接购买

为有效地解决交易中的矛盾并节约社会劳动，就产生了在生产者和消费者之间专门媒介商品交换的中间商。通过图1—2我们可以看到，由于中间商的介入，总交易次数下降到了9次。显然，交易者人数越多，中间商介入生产的效率就越高，节约的社会劳动就越大。

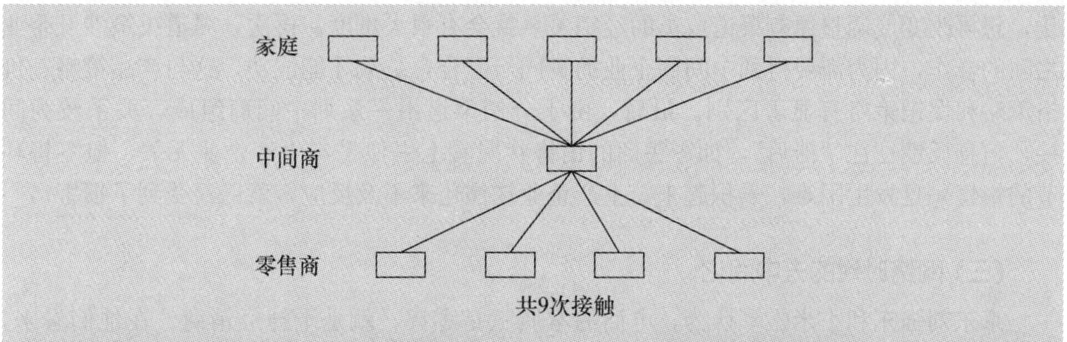

图1—2　通过中间商购买

流通领域进一步的社会分工产生了批发商和零售商。例如，有 5 家制造商向 5 家零售商供货，如果是直接交易，总共要发生 25 次交易（参见图 1—3）；如果是通过一家批发商向零售商供货，则只需要 10 次交易（参见图 1—4）。

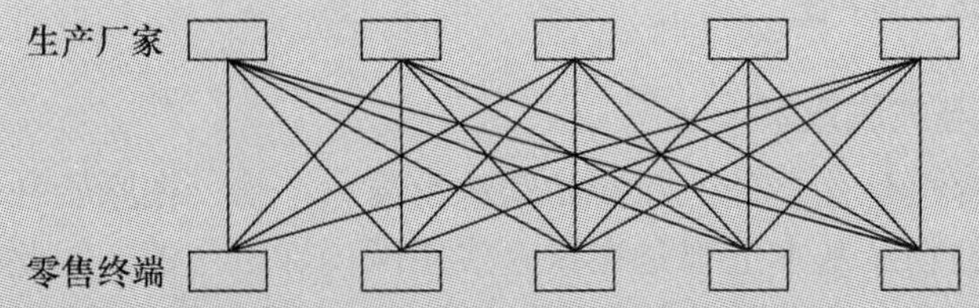

图 1—3 直接交易

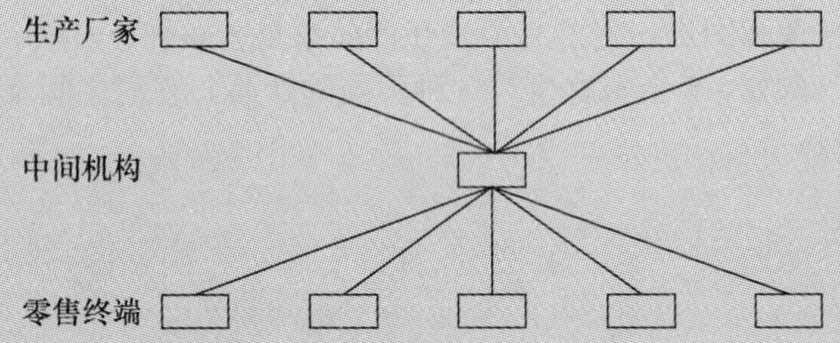

图 1—4 通过批发商交易

(二) 中间商与相关企业战略

综合以上分析我们可以看到，通过中间商集中交换确实提高了交易的效率，但同时也产生了制造企业如何组织分销渠道和制定分销策略的问题。事实上，随着现代生产和消费的日趋复杂，市场范围的不断扩大，企业分销策略也变得越来越复杂和重要。

在整个企业营销经营活动中，渠道决策占有独特的地位。首先，渠道的选择直接影响和制约着企业其他基本营销策略，如产品的价格不仅取决于生产该产品的单位成本，而且取决于流通费用的补偿，取决于因经销商的声誉、实力、分布密度所带来的市场份额的大小。其次，渠道策略是相对长期的决策，因为渠道模式一经确定，如果市场情况有所变化，想再改变或调整原有渠道成员的经销关系就会有很大难度。再次，渠道决策涉及企业之间的合作，因为需要得到中间商企业的赞同与配合，决策才能成功，这与产品策略、价格策略和促销策略有显著区别。最后，由于分销渠道由一系列中间商组成，关系较为间接，信息反馈往往“滞后”，如零售商的销售状况看上去似乎与生产企业无关，但零售环节的销售一旦发生困难，累积起来，生产企业往往还来不及反应，就已经受到了损害。

(三) 网络时代的去中间化

京东刘强东和小米雷军认为，电商的本质就是零售，就是干掉经销商。在他们看来，目前中国的经销商从一定程度上看是电商的障碍。经销商会抬高商品成本，妨碍实现线上线下价格统一和电商产品的低价原则，还拉长了用户和企业之间的直接距离，结果会导致企业电商实施起来效率低下、价格高、用户抱怨无法转达。

去中间化的基础假设是互联网这一工具对生产商、经销商、零售商、顾客等整个产业链的各方联系到一起，虽然目前以淘宝、京东为首的中国电商对中国流通行业产生了深远影响，但大规模的去中间化从未发生。事实上，依据社会分工和关联效率理论，将利益相关者全部联系在一起，并不一定会提高社会效率，也不一定会消除社会对中间商的需要。

专栏 1—1

海　尔

2014 年 6 月 14 日上午，张瑞敏在美国宾夕法尼亚大学沃顿商学院全球校友论坛做了主题为“互联网时代商业模式的创新探讨”发言，他首先总结了创业近 30 年从事企业管理的体会，认为“没有成功的企业，只有时代的企业，企业所谓的成功，只是踏准了时代的节拍”。针对网络时代，他提出了“外去中间商”这一策略。有评论认为这是因为移动互联网让制造企业越来越有能力直抵消费者了。苏宁国美时代，制造企业受到的盘剥最重。京东天猫时代，品牌制造企业的境遇好些了，连刘强东都说“很多中国家电企业的净利率已经升到 3 个点了”。但对制造企业来说，网络流量与地段人流本质上都是稀缺资源，从苏宁国美到京东天猫，只是一次权力易手。所以，海尔一定会走到直面消费者这条路上去。

第 2 节　分销渠道的功能

产品在分销渠道中流动时，我们可以看到其中存在五种以物质或非物质形态运动的“流”，即所有权交易流、商品实体转移流、信息流、促销流和支付流（见图 1—5）。

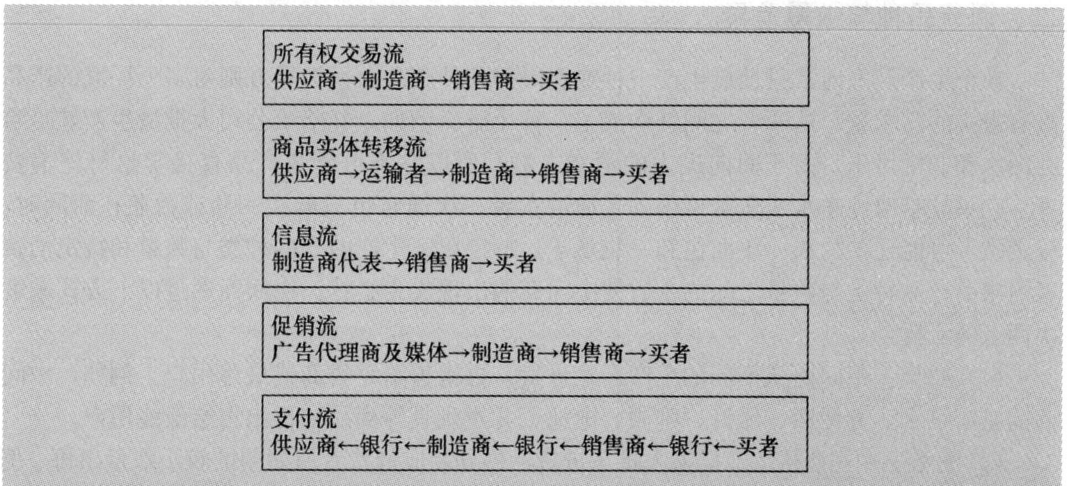

图 1—5　分销渠道中五种不同的“流”

同时我们还发现，一些企业如银行、保险公司、运输公司、仓储公司、咨询公司、广告公司以及其他机构（如海关、商检局等）虽不处在渠道之中，或不介入商品所有权的转移过程，但与渠道运行有着密切的联系，而且不可缺失。如果我们将它们与上述五种“流”综合在一起，看上去简单的分销渠道便立即呈现出极为错综复杂的关系（见图1—6）。

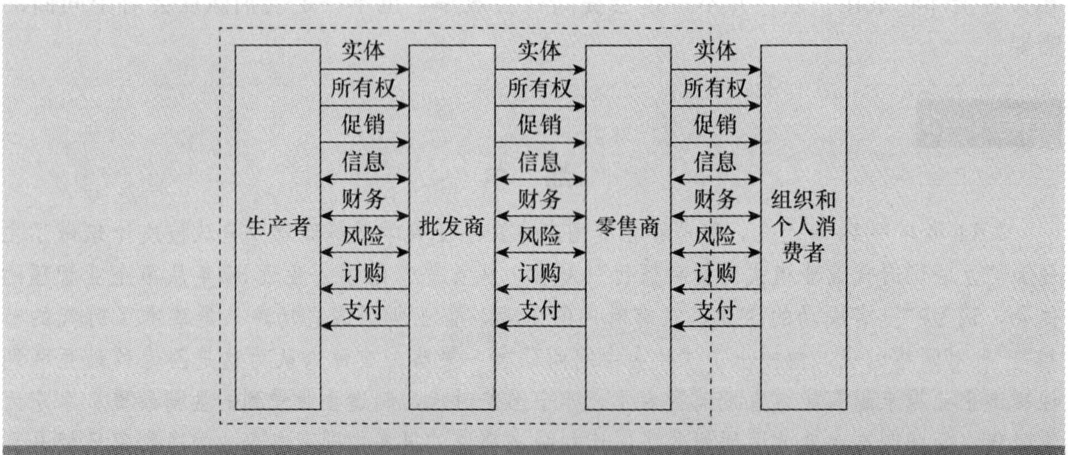

图1—6　营销渠道的流程

分销渠道的基本功能是实现产品从生产者向消费者的转移。具体讲，我们可以看到以下几种主要功能。

一、便利搜寻

由于生产方和消费方各自都存在不确定性——生产方不知道怎样联系到最终用户，消费方则不知道在哪里能找到自己所需要的产品，中间商的存在就为两者搭起了一座桥梁，通过减少消费者的搜寻成本，实际上提高了顾客的让渡价值。

二、调节品种与数量差异

单个生产厂家通常只批量生产一种或有限的几种产品，而消费方则对多个厂家的产品具有较小的需求量，这两者之间就构成了一种矛盾。例如，娃哈哈公司大批量生产娃哈哈纯净水和非常可乐，由于面向庞大的消费人群，所以它不可能将产品直接卖给每位消费者。购买娃哈哈纯净水或非常可乐的普通消费者一次通常也只购买一瓶或数瓶；而同时，该消费者可能还要购买一块面包和一袋瓜子。特定厂家生产的产品种类与数量和特定消费者需求的产品种类与数量之间的矛盾使中间商的出现成为必然。中间商通过以下方式来解决两者的矛盾：

（1）归集。中间商从不同的生产厂家进货，再销售给零售商或最终用户。例如，中间商购进矿泉水、方便面、牙膏、啤酒、电池、儿童玩具等商品，再出售给最终用户。

（2）分装。中间商从生产厂家大批量进货，再分装成消费者所期望的较小数量出售。例如，中间商购进一个10吨集装箱的茶叶，再卖给那些每次通常购买半斤或一斤茶叶的消费者。

（3）分级。中间商将一次性大批量购进的商品分成不同的等级之后出售。

（4）汇总。中间商从生产类似产品的多个厂家进货，再销售给最终用户。例如，一个服装批发商从全国各地的多个厂家采购各种款式的服装汇总后销售。

三、提供服务

中间商可能提供的服务包括信用、物流、市场信息与研究及产品售后服务等。

也有学者将渠道的功能进一步细化。比如，V·卡斯特利·兰根①将渠道的功能分为八个方面：产品信息、产品定制化、产品质量确定、产品规格、产品分类的集合、产品应用、售后服务和后勤服务。菲利普·科特勒认为营销渠道执行了下述一系列功能：信息、促销、谈判、订货、融资、承担风险、占有实体、付款和所有权转移。

在不同的分销渠道中，这些功能由不同的渠道成员承担。当渠道结构改变时，这些功能的结合方式也会发生变化，但所需承担的工作总量不变，只不过是由不同的渠道成员分担了。换言之，在渠道中某些机构是可以被取消或越过的，但这些机构所分担的功能不能被取消，它们只不过被向前或向后转移一个环节，由其他成员承担罢了。制造商既可以独立承担一切，也可以把所有的工作全部转移给中间商。例如商品运输，制造商、批发商、零售商甚至最终消费者都可能参与，但也可以只由一家第三方物流专业公司承担一切运输工作，而制造商和消费者通过网上销售直接达成交易。这也正是现代企业分销渠道决策的复杂、多变之处。

第3节　分销渠道的结构

分销渠道首先可根据中间层次的数目来区分。不算处于渠道起点的生产者和处于渠道终点的消费者，产品每经过一个直接或间接转移商品所有权的中间机构，就称之为一个流通环节或中间层次（如批发商、代理商、零售商等）。在商品分销过程中，经过的环节或层次越多，渠道越长；反之，渠道越短。

产品可以通过各种不同的途径从生产厂家到达消费者手中。作为生产厂家，都试图为自己的产品找到效率最高的渠道。常见的分销渠道有以下几种。

一、松散型渠道

传统渠道大都是松散型的，即渠道成员之间彼此都是独立的所有者。我们可以将商品分为消费品和工业品这两类来考察常见的渠道类型。

（一）个人消费者市场的常见渠道类型

根据生产厂家是否与消费者直接接触，可以将渠道分为直接渠道和间接渠道，间接渠道还可以根据中间机构数目进一步分为以下三种类型，见图1—7。

---

① V. Kasturi Rangan, Andris A. Zoltners & Robert J. Becker, The channel intermediary selection decision: A model and an application, *Management Science*, Vol. 32, No. 9, 1986.

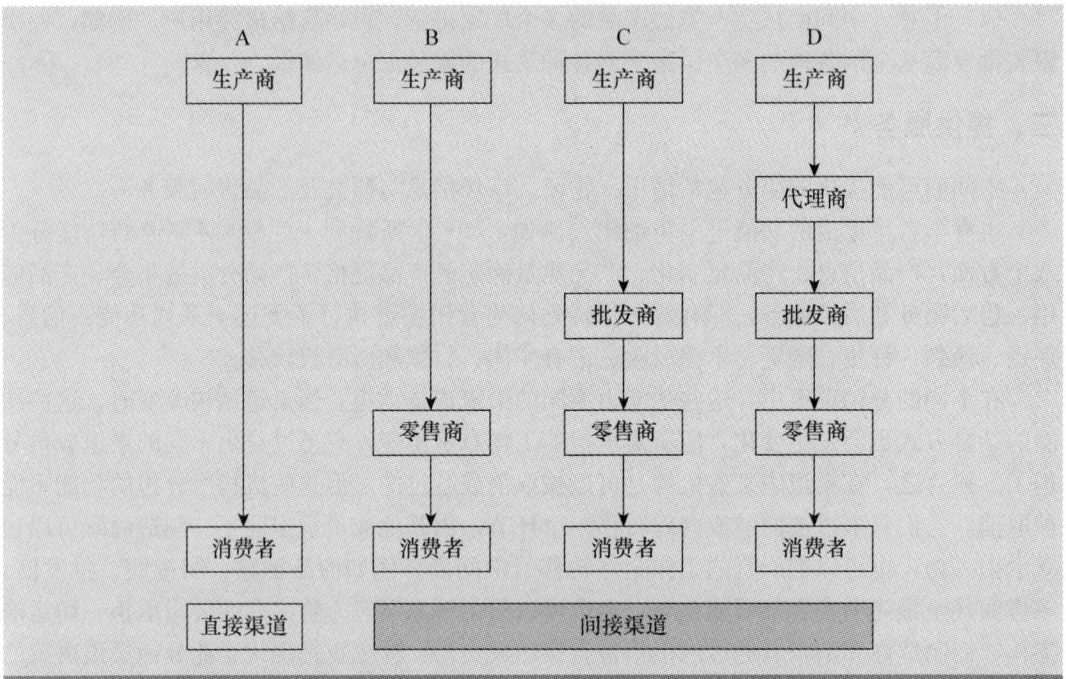

图 1—7　个人消费者市场的常见渠道类型

1. 直接渠道

在图 1—7 的渠道类型 A 中，生产厂家直接和消费者接触，该模式所代表的就是直接渠道。有不少公司都采取这样的渠道模式销售产品或服务，如保险公司销售保险，雅芳公司销售其化妆品，戴尔公司销售其电脑等。

2. 间接渠道

在图 1—7 的 B，C，D 三种渠道类型中，生产厂家和消费者之间并不直接接触，而是存在不同层次的中间机构，所以都属于间接渠道。

B 类型的渠道中，生产厂家和消费者之间增加了零售商。当零售商的规模足够大且能大批量采购，或者是商品的单价很高而使得批发商维持库存的成本过高时，就经常采用这种渠道。例如，一些厂家直接向沃尔玛和家乐福这类大型零售商销售，汽车制造商直接通过汽车零售商销售汽车。

对那些产品单价比较低、销售地域广而消费者又经常购买的产品，如果生产厂家直接向零售商销售就显得不经济。此时，在生产厂家和零售商之间就增加了批发商这个环节。例如，娃哈哈公司将产品销售给地级批发商，通过这些批发商的强大配送能力，将产品销售给各零售商，最后到达消费者手中。这就是图 1—7 中的渠道类型 C。

当小型生产厂家的产品需要面对许多零售商销售时，往往还会通过代理机构，如图 1—7 中的类型 D 所示。例如，一些钟表生产厂家就常采用这种类型的渠道开拓海外市场。

(二) 产业用户市场的常见渠道类型

与消费品的渠道类似，产业用户市场的渠道也分直接渠道和间接渠道两大类，同时又具有与消费品不同的特点，如销售地域比较集中，对售后服务要求较高，销售金额较大等，因而其渠道通常比消费者市场的渠道要短。图1—8所示的就是其中最为常见的类型。

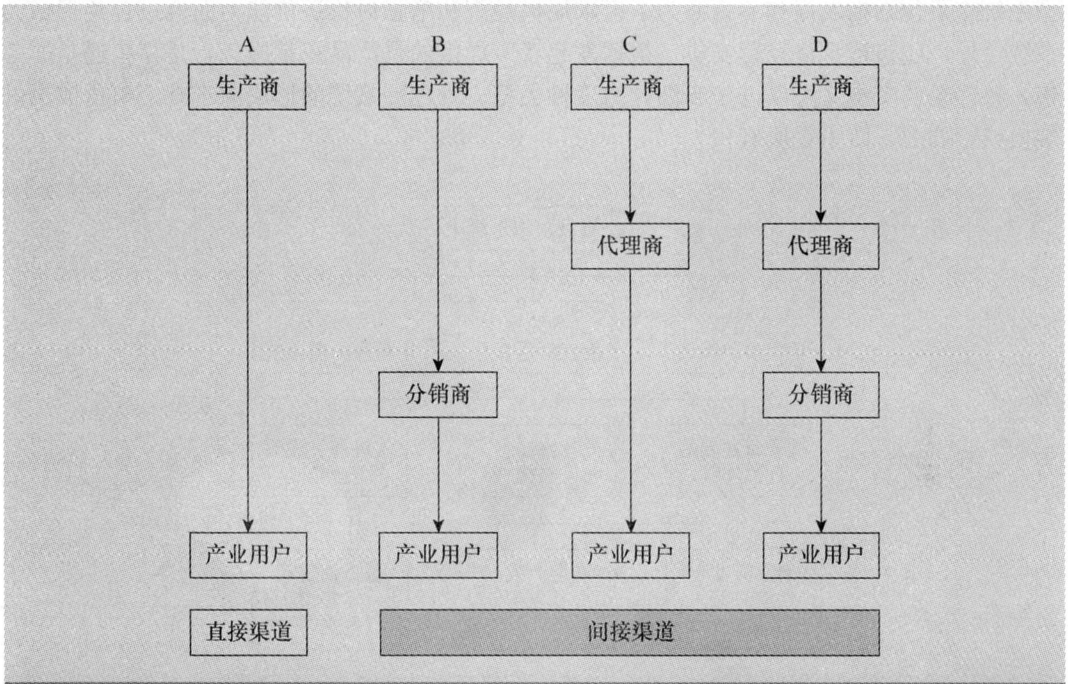

图1—8　产业用户市场的常见渠道类型

当产品单位价值较高、需要大量谈判并要求较强的专业技能时，如思科公司销售系统设备、瑞典利乐公司销售其包装设备与包材、德国克朗斯公司销售啤酒灌装设备和包装机械时就采用直接渠道，如图1—8中的渠道类型A所示。

当然，也有不少公司通过分销商或代理商，或者同时采用二者销售其产品。这其中，分销商和代理商所起的作用类似消费品渠道的批发商。图1—8中B和C两种渠道很相似，只不过代理商不具有商品所有权。一些专业性比较强而产品单位价值不是很高的产品，有可能采取图1—8中D种类型的渠道。例如，某德国厂家生产的硅胶（啤酒生产过程中的一种辅助材料）通过中国香港的某家工业代理商销售给中国内地的工业分销商，最后销售给啤酒生产厂家。

二、紧密型渠道

为了更好地承担营销功能，取得好的营销效果，许多公司都期望渠道机构能更好地协调行动，并因此加强了对渠道的掌控力度。紧密型渠道就是在这样的情况下形成并发展起来的。垂直渠道系统、水平渠道系统和渠道伙伴关系均属于紧密型渠道。不过需要注意的是，这里的“紧密”是相对于传统渠道成员之间松散的、类似点与点的关系而言的，这种“紧密”在某种程度上可以认为是渠道成员之间注重协作的结果。

（一）垂直渠道系统

垂直渠道系统的主要类型基本上可以用图 1—9 来描述，包括公司型、合约型和管理型。公司型系统常常是通过前向一体化或后向一体化形成的所有权统一的渠道系统。合约型系统除了包括批发商和零售商为了谋求规模经济和增强讨价还价能力而通过合约形成的系统之外，还包括特许经营安排。根据发起者所提供的是产品还是服务，是零售还是非零售，特许经营安排又可以进一步细分为三种类型。管理型系统的形成源于某个渠道成员的规模或影响力，而不是所有权。

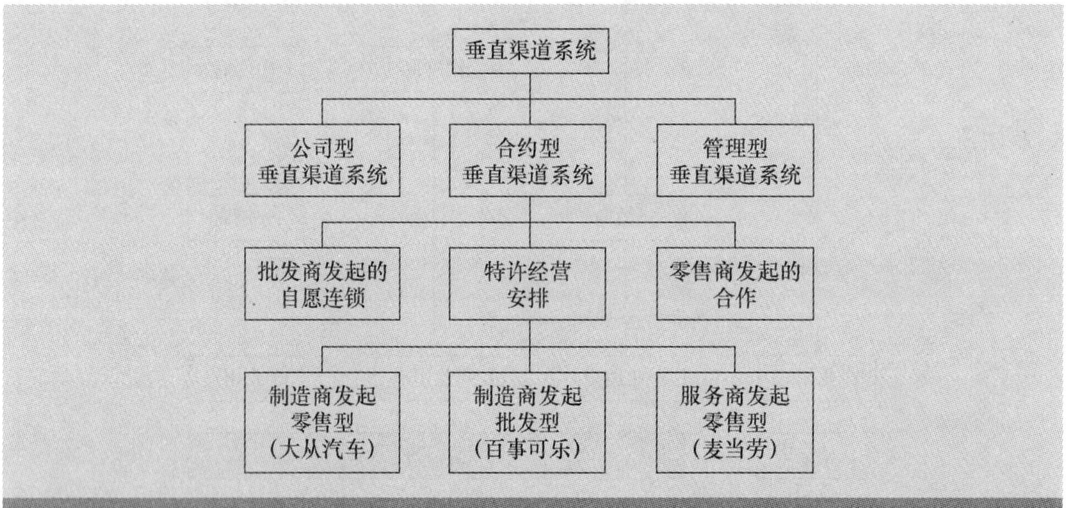

图 1—9　垂直渠道系统的类型

（二）水平渠道系统

水平渠道系统是指两个或两个以上企业横向联合而形成的渠道系统。这方面的典型例子是可口可乐和雀巢联手组成的水平渠道系统。雀巢在茶类饮品市场中占有品牌优势，可口可乐则拥有强大的生产和分销体系。两者共同斥资组建了 BPW 公司，在具有广泛市场认知度的雀巢柠檬茶的基础上推出了即饮型冰爽茶饮料，下一步还可能会推出雀巢牌咖啡类饮品。

（三）全渠道系统

在中国，随着网络日益普及，电商规模不断扩大，其中手机用户端的销售逐渐增加，令传统线下流通企业备受煎熬。在美国，为对抗电商，线下企业开辟了“全渠道零售”的崭新模式。所谓全渠道零售就是通过实体店、网站、电视、报纸等各种渠道与顾客互动，将迥然不同的渠道整合成全渠道的一体化无缝式体验。但是这种模式目前还处于发展初期，尚未形成完善的理论体系。企业应当了解全渠道零售也分为商品策略、店铺策略、促销策略、人事策略、服务与物流策略等。

全渠道零售在商品策略中非常重要的一点就是“改变线上销售与线下销售的商品结构和提供方法”。因为线上线下各有优势，制定商品策略时要善于使两种渠道最大限度地发挥各自的优势。例如厨房电器这类商品，在网上是无法感受到商品的质感和使用效果的，只有让顾客亲临店铺、亲身体会才能使其真正了解商品的真实信息。相反，电视机电源线或者电脑配件等周边商品，许多人会因为更方便而选择在网上购买。

专栏1—2

上品折扣

2012年8月，上品折扣与支付宝合作的店内二维码支付系统上线。该系统在APP中内嵌了移动支付模块，顾客在实体店内选中某件商品后，用手机扫描导购员Pad中的二维码就能完成支付。此外，它们还推行了电子购物卡、基于会员系统的促销牌、人脸识别设备，并鼓励顾客使用上品折扣的手机APP应用。上品折扣网可以通过对顾客点击页面的先后顺序、停留时间、价格区间等行为进行统计，再结合恰当的场景分析，从而提供清晰的顾客个性化需求信息，为精细化营销提供依据。上品折扣在互联网、移动互联网、实体店等多渠道的布局，可以通过线下与线上一体化运营有效地串联在一起，使任何一个门店都能在全渠道中进行消费者信息的采集与挖掘。这样，上品折扣通过"全渠道的商品运营——购物需求挖掘分析——供应链快速响应——更精准的商品运营"的流程转变，完成了一个不断深度匹配消费者需求的正向循环（如图1—10所示）。

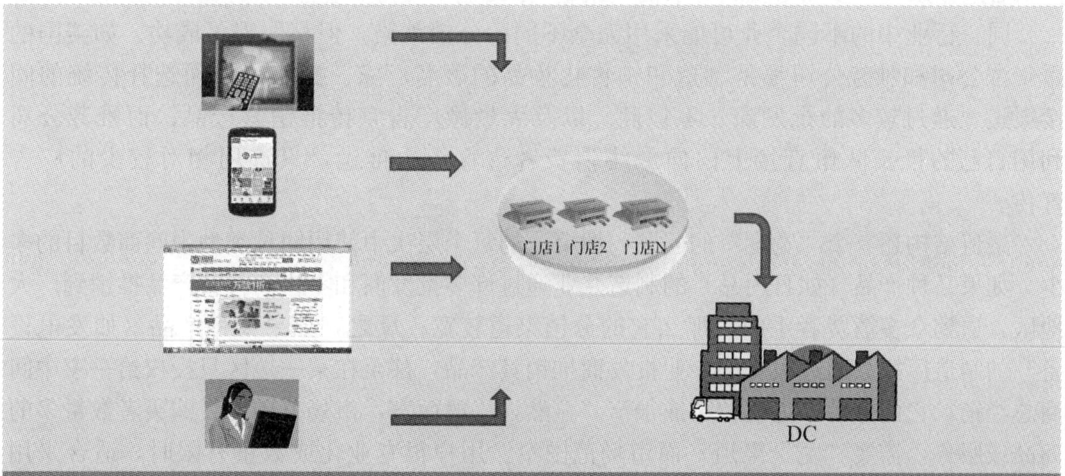

图1—10　上品折扣的全渠道体系

三、渠道伙伴关系

渠道伙伴关系是指渠道成员之间通过协议或程序，加强相互之间的合作，以缩短执行渠道功能时所需的时间和成本，更好地为消费者服务。例如，一些制造商利用现代信息和沟通技术，通过在大型零售商的售点安装扫描系统来收集顾客信息和库存信息，以提高自己满足顾客需求的能力。

直观地看，随着渠道层次的增加，生产者控制分销过程和获得市场信息的难度将大大提高，并可能导致流通加价过高。但我们并不能笼统地以渠道的"长"或"短"来论其优劣。因为一种产品流通过程中要完成的职能并不随着渠道长短的变化而增加或减少，而只是在参与流通过程的机构之间转移、替代或分担。例如，一家电脑公司决定改由自己的销售机构直接向消费者出售商品，这样，它就要把原来由批发商、零售商替它承担的产品的储存、运输、包装、拼配以及资金投入与占用等多种职能统揽起来，收益固然增加，但费用也随之增大。因此，渠道长度决策的关键点是要选择适合自身特点的渠道类型，权衡利弊得失，尽力提高经营的效率和效益。实际上，企业往往采取多渠道分销产品，以适应不同的市场需求，取长补短，提高市场渗透程度。例如，同一产品，如果要推向远方的市场，或销往全球市场，其渠道环节肯定比仅在当地市场销售要多，涉及的中间商数量也多。

直接渠道在一部分产业市场分销中占有主导地位，如组装汽车需要的轮胎、汽车零部件以及各种仪表等一般都通过直接渠道抵达汽车总装厂。近年来，随着电子商务、网络营销的发展，直销商品的范围进一步扩大，如戴尔公司开创的计算机直销模式即取得了巨大的成功。当然，刺激生产企业采取直销模式的动力是能够降低流通成本，直接面对最终客户和控制分销过程。这里还应注意的是，网上销售并不都等于直销，如经营网上书店的亚马逊公司虽打着直销的旗号，但它仍属于中间商，因为它所卖的图书并不是自己制作的，而是购自出版商。事实上，迄今为止，间接渠道仍是消费者市场上的主要分销模式，因为消费者人数众多，多为零星、分散的小批量购买。

同一行业中的不同企业可能采用完全不同的分销策略，但都取得了成功。如美国的露华浓公司和雅芳公司都是制造和销售化妆品的著名厂家。露华浓公司选择传统的间接渠道，通过较多的批发商、零售商，以及大量做广告宣传推销其产品；而雅芳公司利用自己的推销队伍直接上门向最终消费者边宣传边推销，只选用相对较少的广告宣传。

渠道结构还有个“宽度”的问题，即渠道的每个层次中使用同种类型中间商数目的多少。如果某种产品（如日用品）的制造企业通过许多批发商和零售商将其产品推销到广大地区，送到众多消费者手中，那么它的分销渠道较宽；反之，如果某种产品（如发电设备）的制造厂家只通过很少的专业批发商推销其产品，甚至在某一地区只授权给一家中间商总经销，它的分销渠道就较窄或很窄。显然，一般而言，市场范围广、购买者数量多的商品或服务，需要“宽”渠道；而市场范围窄、用户很专业化或数量有限时，适合采用“窄”渠道。

虽然企业分销渠道的结构是多样化的，而且“条条大路通罗马”，但渠道结构的形成并不是完全随意的，实际上有若干因素决定着分销渠道的结构。

首先是服务。布克林（Bucklin）认为，营销渠道提供四方面的基本服务：(1）空间上的便利性（由于市场的分散）；(2）将大批量分散为小批量；(3）减少等待或交货的时间；(4）品种的多样化。显然，顾客居住越分散，一次购买的批量越少，同时需要的商品品种越多，越不愿意为供货而等待，需要渠道组织承担的职能就越多，进入渠道的中间商数量就可能越多，如图1—11所示。随着所提供服务的增加，销售成本无疑也会增加，由顾客承受的成本也会增多。这时，顾客就会面临一个选择：是接受高价格、高服务，还是选择低价格、自我服务（如开架自取商品，自己运输，自己组装）？

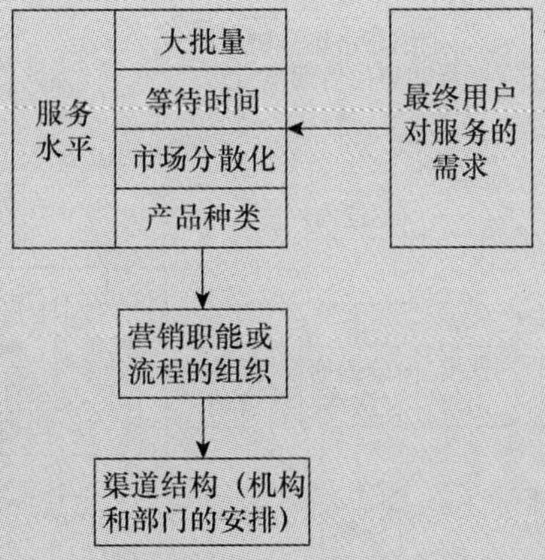

图 1—11　服务对渠道结构的影响

其次是营销成本和投入规模。每种营销流程有不同的成本曲线，一些资源有限的小公司可能会把推销、仓储、运输、融资等职能都委托给其他公司，因此对中间商、仓储、运输和金融机构非常依赖。但随着时间的推移、经验的积累和公司规模的扩大，这些公司可能逐步开始组织自己的销售队伍从事仓储、运输等职能。因为在新的情况下，公司自身已经能够以最优的规模效益来执行这些功能了。

最后，影响营销渠道结构的原因除了经济因素外，还有许多技术的、文化的、自然的、社会的和政治的因素。例如，超级市场在现代食品分销渠道中的出现，与食品包装、广告、运输和冷链技术的发展分不开；大卖场、大型专业店和批发俱乐部的发展与高速公路和家庭轿车的普及分不开；便利店和自动售货机等毛利较高的销售终端之所以能为消费者所接受，亦与人们收入水平提高、时间价值提升，因而非常看重方便和舒适有关。

第 4 节　渠道的演化

社会营销渠道是一个系统，它是一个国家经济系统的一部分或一个子系统，随着时间的推移和环境的变化而不断地发展和演化着。图 1—12 显示了这样一个演化的过程。

营销渠道的演化和渠道成员之间的优胜劣汰说明营销渠道是一个开放的系统，任何一个渠道成员都必须适应环境的变化，不断调整自己的功能，调整自己的组织结构和任务，而整个渠道系统的演变就是渠道中各个组织对渠道内部和外部环境各种影响力量不断适应的结果。

那么，到底有哪些因素以怎样的方式影响着营销渠道的演化呢？外部环境因素的变迁显然是其中最重要的因素，它们的变化推动着营销渠道系统组织形式的不断创新。

一、经济环境的变迁

经济环境指市场的结构、消费者的消费特征和购买力、物价以及对物质资源的投入水

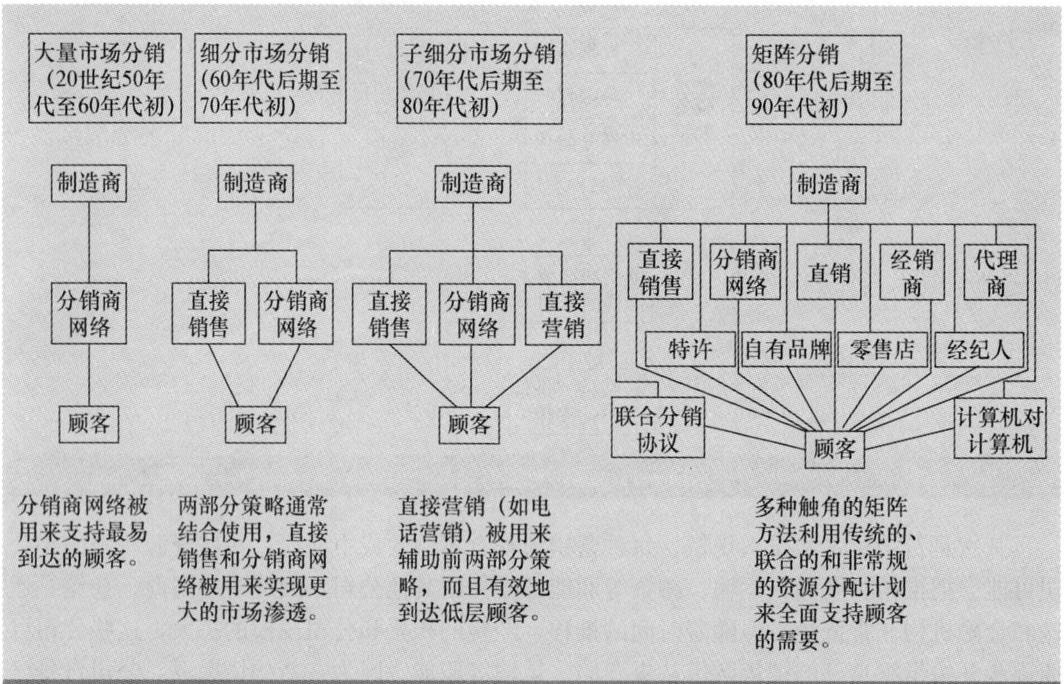

图 1—12　营销渠道的演化

平等因素。如改革开放 30 多年来，我国经济的持续发展和人民收入水平的提高直接影响了我国零售业态的发展。

二、社会和文化环境的变迁

消费者的生活态度和生活方式影响着他们收集信息、选择产品与服务及购物的方式。生活方式和消费方式的多样化，使人们在选择商品时更重视服务而不是功能；零售商在提供服务方面能比生产商更好地了解消费者的需求；收入水平和消费水平的提高，现代化的交通设施，居住空间和家用冷藏设备的增加，使上街购物不再成为每天的例行事务，从而促成了超级市场的大型化，为减少渠道层级奠定了基础；生产者和批发商越来越依赖能够使其产品到达目标顾客的零售商，这意味着零售商的地位上升，生产商对零售商的依赖程度加大。

三、技术环境的变化

20 世纪 90 年代以来，以电子信息技术为基础的通信手段高速发展，消费者在家里就可以通过有线电视、电话、电脑系统与生产商和零售商沟通。随着微电子技术的发展，以 POS，DDI，MIS 等技术为内容的商业自动化系统可以及时地收集处理各种信息，加以汇总分析，并提供准确及时的决策依据，解决了商业企业信息的收集、加工、传递的困难，使连锁店、超级市场获得了强有力的技术支持。而采用 POS 系统可以在极短的交易过程中自动抓取与顾客有关的关联信息并存入计算机。电子系统还可以使零售商实现小批量订货，满足时尚的消费，节约资金占用。另外，现代电子信息技术使支付手段发生了革命性的变化，纸币被电子货币——信用卡取代，不仅方便了消费者，简化了付款手续，同时也便于生产商、批发商和零售商及时了解市场动态，加速企业资金的周转。

国务院总理李克强在2015年《政府工作报告》中首次提出“制定‘互联网＋’行动计划，推动移动互联网、云计算、大数据、物联网等与现代制造业结合，促进电子商务、工业互联网和互联网金融健康发展”。“互联网＋”随即成为关注和讨论的热点。“互联网＋”是对创新2.0时代新一代信息技术与创新2.0相互作用共同演化推进经济社会发展新形态的高度概括。

“互联网＋”代表一种新的经济形态，即充分发挥互联网在生产要素配置中的优化和集成作用，将互联网的创新成果深度融合于经济社会各领域之中，提升实体经济的创新力和生产力，形成更广泛的以互联网为基础设施和实现工具的经济发展新形态。

“互联网＋”行动计划将重点促进以云计算、物联网、大数据为代表的新一代信息技术与现代制造业、生产性服务业等的融合创新，发展壮大新兴业态，打造新的产业增长点，为大众创业、万众创新提供环境，为产业智能化提供支撑，增强新的经济发展动力，促进国民经济提质、增效、升级。

四、竞争环境的变化

竞争是营销渠道系统创新最大的外部动力。在现代市场经济条件下，企业竞争环境发生了以下变化：

1. 营销渠道的差异化竞争加剧

现在，越来越多的商品和服务是通过不同的渠道通路进入市场的，这就存在差异化的竞争。差异化竞争的强度取决于不同爱好的消费者对不同销售组织区别的程度。如果区别的程度小，差异化竞争的强度就大。如快餐类食品对消费者的差异度不是很大，超级市场也可以提供加热的熟食与肯德基和麦当劳之类的快餐连锁店进行竞争。为了有效地适应营销渠道的差异化竞争，生产商、批发商和零售商要经常分析目标顾客与各种不同渠道所产生的品牌效应和提供的服务水平的相关性。如两瓶酿造时间相同、由同一产地生产、用同一种葡萄酿制、具有同样包装的葡萄酒在超级市场和名酒专卖店的定位是不同的。

2. 零售机构的生命周期缩短

随着市场竞争的日益激烈，零售机构从发展到成熟的时间不断缩短：百货商店从开始到成熟经历了上百年；购物中心、便利店从开始到成熟经过了几十年，而且越来越短。经营成本和创造顾客价值决定了零售机构的命运，决定了生产商和零售商对零售机构的创新要以市场为导向。

五、政治法律环境的变化

政治法律环境因素直接制约着营销渠道系统的行为、结构和创新。像美国重要的贸易管制法令《谢尔曼法》、《克莱顿法》、《罗宾逊—帕特曼法》和《联邦贸易委员会法》都含有旨在阻止某些类型的具有反竞争效应的商业行为的条款，以保护企业创新的积极性。如对双轨销售、排他性交易、价格差别、价格维持协议、转售限制、销售安排和垂直一体化等商业行为作了严格的限制，从而制约了渠道系统内生产商、批发商和零售商的垄断倾向。良好的政治和法律环境为营销渠道系统的创新提供了良好的机制。

第5节　渠道的改进与创新

在营销渠道系统中，每个渠道成员的行为在经济、技术和竞争等环境因素的作用下不断发生变化，其根源是渠道内的动力机制——渠道成员的利益分配。营销渠道系统中的生产商、批发商和零售商正是在经济利益的诱导与压力之下，对营销渠道的形式和销售组织进行改进与创新的。

一、渠道改进

在对营销渠道的环境进行分析和评估之后，接着就要针对所存在的问题对渠道作相应的调整，以优化渠道、增进效益。渠道的改进通常分为三个层次，这三个层次主要指的是“硬性”改进，如果加上渠道的“软性”改进，则是四个方面。

（一）调整渠道政策，但不增减渠道成员

这是渠道的“软性”改进。调整的范围可包括但不限于价格政策、铺货政策、市场推广政策、信用政策、激励政策等。

（二）增加或减少某些渠道成员

做这种决策时通常需要进行增量分析，以估算其对企业利润的影响。但是，当个别渠道成员对同一系统的其他成员有间接影响时，直接增量分析方法就不适用了。因此，在实际业务中，不能仅仅依据增量分析的结果采取行动，而宜采用整体系统模拟来测量某一决策对整个渠道系统的影响。

（三）增加或减少某类渠道

信息技术的发展与网络经济的出现催生了许多新的渠道模式，同时，消费者的购买行为也处于动态变化之中。生产厂家需要经常思考这样一个问题：企业现有渠道是否仍能有效地将产品送达目标消费者手中？比如，针对网上书店的发展，传统书店需要考虑是否增加网上渠道。多种渠道并用是当今时代的一个显著特点。如海尔率先在家电行业开展B2C渠道的建设；戴尔公司在中国除了直销外，也开始开辟经销商和零售商渠道。

（四）改进和修正整个营销系统

这是最复杂的一种渠道改进决策，因为此时它不仅涉及渠道改进，还涉及整个营销系统的修正。比如，杉杉集团从自有渠道转为特许经营模式。这种决策通常由企业的最高层来制定。

二、渠道创新

企业内外部环境的变化为渠道创新提供了动力，也提供了条件。渠道创新是以价值链

增值最大化的理念创新为指导，以实施目标管理机制的扁平化组织创新为基础，以营销管理信息系统的技术创新为工具的系统工程。一味地盯住传统销售通路不放，或者一味地追求渠道扁平化，甚至自建终端，都可能流于片面，甚至会由于竞争的变化或利益的驱使而导致大部分经销商一夜之间倒戈。

（一）渠道创新的信号

以下五种信号标志着渠道需要创新或存在创新的可能：

1. 最终用户不满意

不满意的用户通常难以觉察，特别是当整个行业都经营不善，问题普遍存在时。如在电脑行业，戴尔当年正是在经历了从分销商处购买电脑的不愉快后才创造了电脑直销模式，谱写了个人电脑业的神话。现代社会人们对分销系统的要求越来越高，不合格的分销渠道将招致最终用户越来越多的不满意，因此，令最终用户满意是对分销渠道的最低要求。

2. 存在许多可供利用的分销渠道

新的分销渠道会给企业带来全新的顾客期望，并可以重新确定分销成本或服务标准。由于我国消费者众多、消费水平参差不齐，企业运用单一的渠道策略很难达到理想的营销效果，多渠道策略便应运而生，它是提升业绩和降低费用的有效手段。一般而言，不同的分销渠道服务于不同的细分市场，这意味着如果企业放弃一种分销渠道，就有可能失去整个细分市场，造成市场覆盖中的空白，因此企业需要不断探索开创新渠道的可行性。

3. 渠道费用持续上升

随着市场竞争的加剧，企业需要发掘每一寸利润空间，而市场开拓带来的销售费用上升，很大一部分体现在渠道上，如何通过渠道创新降低分销费用也就成为企业关注的问题之一。

4. 现有分销商不胜任

在许多成熟的行业中，当制造商力争取得增长或面对竞争挑战时，那些不愿意主动适应新市场却收入颇丰且贪图安逸、不思进取的分销商会成为企业发展的最大障碍。事实上，当分销商不全力去扩大销量时，企业的所有努力都会付之东流。分销商安于现状的代价是企业利润的减少和失掉最终用户。

专栏1—3

酷　派

成立于1993年的酷派经历过两次决定生死的剧烈变革。第一次是产品变革。2002年以前，酷派专注于寻呼机和寻呼系统，做到了国内领先。但面对寻呼设备发展困局，酷派决定放弃已有业务，转型做智能终端研发。进入陌生的手机领域，酷派从零开始，依托与运营商的合作，迎来了发展机会。第二次是产品十渠道变革。2009年以前，酷派专注于高端双待手机和领驰操作系统，双待手机技术获得国家级奖项，同样做到国内领先。但

2009 年面临电信业重组，以及 3G 大潮，酷派决定放弃使用自有手机操作系统和 Windows CE 平台，全面转型做基于安卓系统的手机，产品线向低端拓展，打破单一渠道模式，与三大运营商同时合作，加大社会渠道建设，建立金牌渠道客户体系。转型之后酷派发展迅猛，2013 年酷派手机销量达到了国内第三。

5. 客户关系管理方法落后

信息技术的发展为管理分销商的购销调存创造了十分有利的条件，但许多企业还继续使用尽管重要但并不到位的“走动式”的人员管理。电子信息交换系统和顾客快速反馈系统能帮助分销商管理库存，还可以帮助企业减少成本，并最大限度地密切厂商关系，提高管理效率。信息网络已经使产品、服务提供者能够跳过传统分销商与最终客户直接打交道，比如在线机票预订渐渐取代了传统的旅行社机票预订便是“非中介化”的一个例证。此外，物流领域也涌现出大量革新，包括可靠高效的隔夜快递和即时跟踪分销商库存状况的信息系统等，这些革新开始淘汰原有的产品和部件库存系统，并为分销渠道网络的再造创造了条件。

（二）渠道创新的障碍

各行各业涌现了许多新兴的分销渠道，为企业削减成本和迅速占领特定的细分市场创造了机会，如直接邮购、仓储式大型超市和在线订购等，这些新渠道对消费品制造商的重要性与日俱增。尽管有如此广泛的机遇，一些公司却未能充分利用进行渠道创新，原因有以下几点：

1. 机遇很难发现

多种原因造成渠道机遇识别的困难。首先，消费者的购物习惯不会在短期内改变，而是逐渐发生变化的。例如，人们要经过很长时间才接受信用卡和银行提款机，更别说电话付款和在线付款了。又如仓储式大型超市已经在我国的许多城市开业，这种既不影响传统分销渠道，又为消费者所接受的新型渠道起初却并未引起大多数制造商的关注和兴趣。其次，企业普遍使用外部渠道，与自己的最终用户很少直接接触，这使企业过度倚仗分销商对市场新兴渠道的敏感性，即寄希望于分销商发现和利用新渠道。而这必然是行不通的，因为新兴渠道往往拒绝从传统分销商那里采购，而倾向于直接与生产企业打交道，这显然将影响现有分销商的利益。

2. 渠道创新的最大障碍往往存在于企业内部

从管理上说，企业往往专注于对分销渠道的控制和管理（尽管并没有真正做到），忽视与消费者保持接触，不能及时、全面、准确地了解消费者的感受和意见，许多企业甚至不能准确地掌握消费者的购买习惯。对那些希望发现和利用新渠道机遇的企业，只有一种方法能够帮助它们达到目的，就是加强与最终用户的接触，了解他们的购买习惯并及时发现其变化。

3. 渠道决策受感情因素左右

由于受与传统分销商日益深厚的关系的制约和影响，许多企业不愿意退出获利性很差的渠道和从渠道中剔除业绩不好的分销商。许多企业的业务员，甚至营销管理人员，都与自己的分销商形成了千丝万缕的关系，为分销商所左右。更有甚者，由于管理不到位，导致因货款（分销商欠款）或合同（经销合同）拖累而被分销商所控制。

优秀的企业应该能对传统分销渠道的束缚有深刻的了解，并知道如何合理、合法地加以改变和创新，从而形成企业的渠道竞争优势。

（三）渠道创新的趋势

综观国内外企业营销渠道的发展，我们可以大致总结出以下几点趋势。

1. 渠道结构扁平化

厂家—总经销商—二级批发商—三级批发商—零售店—消费者，此种渠道层级可谓传统销售渠道中的经典模式。传统的销售渠道呈金字塔形，因其广大的辐射能力，为厂家深入渗透市场发挥了巨大的作用。但是，在供过于求、竞争激烈的市场营销环境下，传统渠道存在着许多不易克服的缺点：对厂家来讲，多层次的渠道格局不仅使企业难以有效地控制销售渠道，不利于落实销售政策，而且有碍于效率的提高，因为多层次的流通无法使信息得到准确、及时的反馈，还会造成人员和时间上的资源浪费，也不利于形成产品价格竞争优势。在产品利润高、价格体系不透明、市场缺少规则的情况下，传统销售网络中普遍存在的“灰色地带”更使经销商获得了超额利润，而企业产品在市场上的竞争力却下降。多层次的销售网络不仅瓜分了渠道利润，而且经销商不规范的操作手段如竞相杀价、跨区销售等常常造成严重的网络冲突。

企业面临的市场瞬息万变，消费者需求在改变，竞争愈演愈烈，技术不断创新，这些无疑使营销渠道面临挑战。许多企业正将销售渠道改为扁平化的结构，即销售渠道越来越短、同一层次上的销售网点越来越多。销售渠道短，增强了企业对渠道的控制力；销售网点多，则加大了产品的市场覆盖面和销售量。如一些企业由多层次的批发环节变为一层批发，即厂家—经销商—零售商；一些企业在大城市设置销售公司和配送中心，直接向零售商供货。戴尔就是渠道创新的一个典范，它通过直销方式，缩短了供应链，降低了渠道成本，产品销售额和利润稳步上升。

为什么会出现渠道扁平化的趋势呢？因为各品牌瓜分市场的结果要求厂商把更多的精力用于与最终客户沟通及为他们服务，并降低产品价格，提高产品竞争力。扁平化的渠道结构使企业能更敏锐地捕捉目标顾客群的需求脉络，迅速调整现有的营销组合策略，最大限度地降低营销成本，减少库存压力，使自己的产品能够具有很强的价格竞争力。

渠道扁平化是一种趋势，但绝不是简单地减少哪一个层次就可以称为渠道的扁平化。扁平化实际上是优化供应链的过程，真正减少的应是供应链中不增值的环节和增值很少的环节，而从实际操作层面来看，不同的产品有不同的用户和市场，应该有不同的渠道策略和渠道架构。关于渠道应该扁平到什么程度，目前厂商和分销商都没有明确的说法，但就中国的具体国情来讲，有一点可以明确，那就是核心代理是渠道不可或缺的。因为我国市场区域广阔，各地经济发展不平衡，各地人文特点差异也较大，单靠制造企业自己推广产品，往往花费很大的代价，却得不到预期的效果，因此，扁平化并不等于一概不要中间商。

专栏 1—4

百丽国际

百丽 2014 年鞋类收入 263.92 亿元，在中高档女鞋市场占 40%，如此优异的战绩归根结底在于有很好的经营模式。百丽的经营模式为以百货为渠道布局多品牌。公司自有品牌 15 个，代理品牌 11 个，2003 年四大主品牌布局完成，而达芙妮、千百度等 2004 年才开始布局第二品牌。百丽旗下品牌主要是职业典雅、休闲时尚和运动休闲三大类，其自有品牌主要是职业典雅和休闲时尚，代理品牌主要是职业典雅中价格较高的品牌和运动休闲品牌。

百丽品牌运作的方法是先布局销量最大的市场，将主品牌做大做强，再通过建立新品牌细分市场，占据更高市场份额。2010 年中高档女鞋中，百丽旗下品牌占前十大品牌的五席，而且牢牢占据前三，其六个主要品牌占中高档女鞋销量的 30%。2011 年，天美意、他她、思加图均超过 20 亿元，百思图和森达超过 10 亿元，此外还有 7 个超过 1 亿元的品牌。百丽能够成功运营多品牌，在于渠道的共通性，反过来，多品牌又形成集合优势，构成对渠道的谈判能力。随着渠道和品类的扩张，百丽仍有望维持 20%的增长。

2. 营销渠道一体化

随着买方市场格局的出现，生产—分配—交换—消费中各个环节的相对重要性发生了历史性的变化，现在生产商更加依赖批发商和零售商所能提供的有限市场，为了应对日益复杂的环境，许多生产商、批发商和零售商组成统一的系统，以降低交易费用、开发新技术、确保供应和需求。市场竞争表现为整个渠道系统之间的竞争。以日本汽车行业为例，现代的竞争不单是丰田汽车工业公司、丰田汽车销售公司与日产汽车公司的竞争，而是包括经销商在内的丰田集团与日产集团的竞争。

3. 营销渠道系统大型化、综合化、世界一体化

随着全球经济一体化趋势的加强，市场机会的差异催生了全球营销渠道系统的发展，地区之间销售渠道的差别日益减小。20 世纪 50 年代初，美国、欧洲和发展中国家的营销系统有着天壤之别，到今天则是日趋接近，超级市场、连锁商店和直销等形式在发达国家和新兴国家同样兴旺，一些巨型零售机构正把自己的销售网扩大到世界各地，如西尔斯在墨西哥、南美洲、西班牙和日本设立了自己的网点；马狮集团在欧洲市场零售网络中的影响久负盛名；沃尔玛海外事业部的增长速度早已超越其国内部分。这种零售商业的国际化发展，反过来进一步增强了生产商开拓国际市场的能力。生产的国际化更加依赖渠道网络的国际化，各种全球化的垂直营销渠道网络应运而生。

4. 大型零售商的地位加强

大型零售商面对市场，直接接触消费者，拥有第一手的市场信息，对市场风向感受灵敏。由于买方市场的形成，零售商在分销渠道体系中的竞争优势不断增强。从世界范围来看，以沃尔玛、家乐福等为代表的巨型零售商已经向生产商提出了咄咄逼人的挑战。

5. 营销渠道电子化

电子商务的出现，信息流相对超前发展，使物流体系成为瓶颈，建设信息流、资金

流、物流、所有权流、促销流有机结合的社会电子商务物流体系成为研究的热点。在网络经济时代，越来越多的企业关注如何利用互联网提供更多的顾客价值，将网络与传统产业成功地结合在一起。随着网络时代的到来，网络营销对传统的分销模式、分销理念形成了巨大的冲击，分销商不得不尽快调整思路，以跟上时代的变化。从发展势头来看，网络终将成为分销商手中的利器，分销商可以借助原有的分销渠道，继续巩固自身承上启下的地位：承上，可以迎合供应商实行网上交易的需要；启下，可以更好地发展二级供应商和经销商，建立广泛的扁平化渠道。如果分销商能够把网络系统和企业内部的管理信息系统结合起来，就能使管理完全实现电子化。

6. 渠道重心由批发向终端市场转移

20世纪90年代后期，企业还多是在销售通路的顶端通过对总经销商的管理来展开销售工作。当市场转为相对饱和的状态时，这种市场运作方式的弊端就越来越明显：企业把产品交给经销商，由经销商一级一级地分销下去，由于网络不健全、通路不畅、终端市场铺货率不高、渗透深度不足等，经销商无法将产品分销到厂家所希望的目标市场，结果厂家产品的广告在电视上天天与消费者见面，消费者在商店却难觅产品踪影。

产品进入零售店后，摆放到什么位置、如何展示陈列、POP广告如何做、补货是否及时等，这些终端工作经销商往往做不到位，从而影响到终端的销售力。厂家的销售政策无法得到经销商的全面执行，其结果是厂家的促销力度越来越大，促销效果却越来越差。

厂家与经销商的利益矛盾，使前者无法确保一个稳定的市场。经销商无序经营、窜货、降价倾销现象屡禁不绝，厂家调动经销商积极性的成本越来越大。针对这些弊病，成功企业开始以终端市场建设为中心来运作市场：一方面通过对代理商、经销商、零售商等各环节的服务与监控，使自身的产品能够及时、准确、迅速地通过各渠道环节到达零售终端，提高产品市场展露度，使消费者买得到；另一方面，在终端市场进行各种各样的促销活动，提高产品的出样率，激发消费者的购买欲望。

7. 渠道成员关系由交易型向伙伴型转化

传统的渠道关系中每一个渠道成员都是一个独立的经营实体，以追求个体利益最大化为目标，甚至不惜牺牲渠道和厂商的整体利益。在伙伴式销售渠道中，厂家与经销商利益融合，使分散的经销商形成一个整体，渠道成员为实现自己和大家的目标共同努力，追求双赢（或多赢）。厂家与经销商合作的形式很多，主要有以下几种：

（1）联合促销。厂家与经销商共同进行促销，如合作广告——经销商发布广告，厂家给予一定的补贴（从货款中扣除或凭单据报销）；陪同销售——厂家派销售人员协助经销商向其下级客户销售；销售工具——厂家为经销商提供样品、POP等。

（2）提供专门产品。厂家为经销商提供专门产品既可以增强销售网络的凝聚力，也可以减少消费者购买时对价格的比较。如厂家对大的零售商专门生产某一产品，以及经销商买断某一品牌经营等。

（3）信息共享。厂家与经销商共享市场调查、竞争形势、消费者动向等方面的信息。

（4）培训。厂家为经销商提供销售、产品、管理和营销等方面的培训，以提高经销商的销售和管理水平。在紧密型的伙伴关系中，厂家与经销商共同致力于提高销售网络的运行效率、降低费用、管控市场。从厂家的角度讲，需要重视长期关系（如帮助经销商制定销售计划），渠道成员责任共担（如建立零库存管理体制），积极妥善解决渠道纠纷，厂家的销售人员要担当经销商的顾问（而不仅仅是获取订单），为经销商提供高水平的服务。厂家为经销商提供人力、物力、财力、管理和方法等方面的支持，以确保经销商与厂家共同进步、共同成长。

综上所述，企业在新的市场条件下，要把握住机遇，勇于在渠道建设和管理上进行改进和创新。墨守成规，固守原有渠道，终将使企业落后于竞争对手。

本章小结

1. 营销渠道指产品从制造者手中转至消费者所经过的各个中间商连接起来形成的通道。它能够有效地减少交易次数，提高交易效率。

2. 分销渠道的基本功能是实现产品从生产者向消费者的转移，具体功能包括便利搜寻、调节品种与数量差异和提供服务等。

3. 分销渠道从结构上可分为松散型渠道和紧密型渠道两种。其中，松散型渠道包括直接渠道和间接渠道；紧密型渠道包括垂直渠道系统、水平渠道系统和全渠道系统。

4. 营销渠道是一个开放的系统，它随着经济环境、社会和文化环境、技术环境、竞争环境和政治法律环境的变迁而不断创新演化。

5. 渠道的改进包括“硬性”改进和“软性”改进，共四个方面。五种信号标志着渠道需要创新或存在创新的可能。渠道创新的未来趋势可总结为以下几点：渠道结构扁平化，营销渠道一体化，营销渠道系统大型化、综合化、世界一体化，大型零售商的地位加强，营销渠道电子化，渠道重心由批发向终端市场转移，以及渠道成员关系由交易型向伙伴型转化等。

思考题

1. 阐述中间商存在的经济学意义。
2. 简述分销渠道的主要功能。
3. 分销渠道的松散型结构和紧密型结构分别包括哪些类型？各自的特点是什么？
4. 举例说明环境因素是如何决定分销渠道的创新演化的。
5. 简述分销渠道改进的主要方面。
6. 为什么渠道结构扁平化是营销渠道未来发展的趋势？
7. 请结合现实分析我国企业进行渠道创新的必要性及未来趋势，并举例说明企业在渠道创新时面临的主要障碍。

案 例

为何大葱卖不掉？

2015年4月，河南荥阳王村镇房罗村近千亩大葱可免费挖，这几天去的人多，不过还有500亩大葱无人挖。9日，荥阳供销社中心超市员工又来帮忙挖葱后送给市区居民。

葱主人是一家企业，因葱卖价低、人工成本高、急等翻地种别的作物，无奈“任性”送。

等到了葱地，眼前场景令记者大吃一惊：一眼望不到边的葱地，很多人在挥舞铁锹挖葱，还有人边吃大葱边拔，一派热闹景象。他们当中不仅有当地人，还有从郑州市区开车赶来的人，葱地旁边的公路上停了多辆汽车，装得满满当当。

韩女士带着母亲从郑州开车来。“很心疼啊，这葱长势多好。我就想着哪怕多少给点钱也行，不能白要，可不知道葱主人是谁。”她说。

前来挖葱的还有荥阳供销社中心超市的员工，和大多数人不同的是，他们把挖来的葱免费送给居民，以及当地的养老院。

荥阳王村镇房罗村村委会主任许天资透露，当地一家企业在此租了千余亩地，发展生态农业，头一年种葱。

这是一家生态农业公司。昨日，公司总经理杨保信赶到葱地，先笑着给记者来了一句：“心疼葱，但看到这么多人来挖葱很高兴。”

杨保信说，他们几个合伙人通过土地流转形式，2008 年在房罗村租了 245 亩地搞养殖，2013 年又租了 1 507 亩地发展生态农业，规模化经营。考虑到葱的行情不错，就种了 1 000 亩葱，另 507 亩地种萝卜、白菜。

2014 年 11 月，葱下来。本来核算着怎么着一亩葱也能赚上几百元，谁知道，销售行情如同当头一棒。“地头销售价先是每斤 0.25 元，后来 5 分钱，还得请人工采挖，又是一笔不小的开支。”杨保信说只卖了不到 100 亩葱，一看这行情，眼看葱快要老在地里，老板决定把剩余的 900 多亩葱免费送了。

站在长势喜人的葱地里，看着不少自行来挖葱的人，杨保信还是有些犯愁——着急腾地种下茬玉米和葱，还有 500 余亩大葱没有采挖呀。

资料来源：赵丹：《荥阳近千亩大葱滞销 剩下 500 余亩免费送》，http://henan.qq.com/a/20150410/014725.htm。

问题：

1. 大葱为什么会滞销？
2. 如果是渠道问题，你认为应该建立什么样的渠道结构？
3. 是否可以预测玉米的未来？

第2章 零售——渠道终端

学习目标

- 掌握零售业的职能、特点及构成
- 了解主要的零售业态
- 了解网络情景下的零售
- 了解零售连锁和特许联营的含义、构成、优势及局限

京东是中国最大的自营式电商企业，2013年，活跃用户数达到4 740万人，完成订单量达到3 233亿。2013年5月6日，京东商城在完成内测后，正式与消费者见面，用户可在京东上购买食品饮料、调味品等日用品。此次京东将超市搬到线上，也是京东在“一站式购物平台”战略布局上的又一次发力。让消费者足不出户，就能轻松实现“打酱油”、“买啤酒”等日常生活购物需求。

京东商城首次上线的商品逾5 000种，涉及休闲特产、纯净水、粮油、调味品、啤酒饮料等多个产品品类；这些品类都与消费者日常生活息息相关。与以往打包出售所不同，如今在京东商城中一罐可乐、一瓶酱油，消费者都可零买，京东送货到家。加上支持货到付款等服务，真正能帮用户实现购物的“多、快、好、省”。

零售商是分销渠道中最重要的成员，它关系到亿万普通消费者的日常生活，更关系到无数消费品制造商的生存。现在最时尚的做法就是把原来只卖给企业的产品变成消费品卖给个人：空调、计算机、打印机、汽车，无不如此。因此，企业在设计分销渠道前，首先要了解渠道环节中这个最重要的成员：他是谁？他做些什么？他怎么做？我们有什么选择？我们在选择时要注意些什么？

第1节　什么是零售

零售是整个商品流通的出口或末端。在个人消费者市场上，无论制造商采取何种渠道战略，零售商都是不可缺少的合作伙伴，道理很简单：是零售商在直接与消费者打交道，离消费者最近。怎样才能让消费者对企业产品产生与众不同的强烈印象呢？生产者需要把产品打入知名度高的商场，争取更大的场地、更好的陈列位置。市场研究表明，一般来说，任何品牌只有不断地在第一线给消费者施加强烈的感官刺激，方能从众多品牌中脱颖而出。零售终端还是企业最直接的市场信息来源，而这些信息对于生产企业来说绝对至关重要。从竞争的角度看，控制住了零售终端也就是控制了本企业产品与消费者见面的机会。

一、零售的概念

所有面向个人消费者的销售活动都称之为零售（retailing)，以从事零售经营为主的企业和个人就是零售商（retailer)。零售是最古老的商业形式。当生产力的发展促成批发贸易和零售贸易的分离之后，零售业就变成了最能代表商品运行终极目标的商业形式，商品只有通过零售才能最终完成其从生产领域经过流通进入消费领域的全过程，完成消费。零售商是直接为最终消费者服务的商业单位，其主要业务活动是把商品直接卖给最终消费者。零售业务与批发业务的本质区别在于零售面对的是个人消费者市场，因此是整个分销网络系统的出口，是商品流通的最后环节。

零售面对的顾客十分分散，其经营形式也非常多样化。在发达国家，零售都是一个庞大而分散的行业，企业数量通常超过生产企业和批发企业之和。

零售业的商品销售额是一国宏观经济运行状况的脉搏。一方面，因为消费者的个人收入很大一部分花在了零售商店，用于购买消费品，因此，如果一国的社会商品零售总额大幅度下降，表明该国在这一时期的经济不景气，具体表现为商品库存积压增大、经济萧条、失业人数增加、公众收入减少；反之，如果零售增长，生意兴隆，社会商品零售总额增幅较大，则表明经济运行状况良好。另一方面，由于零售商是生产者与消费者或批发机构与消费者之间的中间环节，零售商经营状况的好坏不仅关系到市场供给状况，而且会影响整个宏观经济的增长。零售商经营状况好，货畅其流，批发业才能购销兴旺，社会再生产才能持续，就业才能增长，也才能实现经济的实际增长；反之，如果零售经营状况不佳，销售不畅，会造成商品在零售环节大量积压，批发和制造业也无法发展，进而一国国内生产总值（GDP）的增长速度就会放慢，造成社会资源的闲置和浪费，最终必将导致经济衰退。

二、零售的特点

综观各国的商业运行，零售具有如下主要特点：

（1）零售业是国民经济中的一大行业，从业人数众多，零售销售额占国民生产总值的比重很大，社会商品零售总额是国家制定宏观经济政策的重要参考指标和依据。

专栏 2—1

美国零售业

零售业是美国最大的产业，拥有最多的就业人口和企业数量。美国商务部统计，2011年零售业就业人口占美国总就业人口的10.8%；2010年美国零售业共有公司66.4万家，占当年美国所有公司数量的11.6%，其中4人以下公司占57.9%，20人以下公司占86.2%，500人以上公司仅占0.9%，食品和饮料商店、杂货商店、汽车和零配件商店是公司数量最多的三大行业。2010年、2011年零售业分别实现销售额3.37万亿美元和3.64万亿美元，平均销售毛利润率为28.1%和27.2%，为美国财政贡献税收1 447亿美元和1 383亿美元。各类商品中，销售额最大的是汽车和零配件、百货、食品和饮料。

（2）零售商的服务对象是最终消费者，因而其分布受一国的人口数量、人口地理分布、市场分布状况的影响较大。

（3）零售商的主要业务活动是把商品直接卖给最终消费者，由于最终消费者的购买时间、购买习惯又受传统风俗习惯的影响，因此，零售商的业务活动具有明显的时间性和季节性。例如，在我国，一年一度的春节是最重要的传统节日，节日前后的零售总额在全年中是最大的；而在美国，圣诞节是最主要的节日，据调查，在圣诞节期间，一个月的零售额占美国全年商品零售总额的25%以上。

（4）需求者（这里指最终消费者）对零售商的职业道德、商业信誉、文明经商等预期较高。主要是因为现在的消费市场大多是买方市场，供大于求，零售企业之间竞争十分激烈，在这种形势下，为求生存和发展，零售商必须实行“顾客永远是正确的”、“顾客第一”的经营原则，不断改善经营管理、服务态度，提高服务质量。

（5）零售业态也存在生命周期现象。一个多世纪以来，特别是第二次世界大战以后，西方国家零售机构不断创新，新型零售组织不断涌现，而且新型零售商从产生到成熟所需时间日益缩短。例如，100多年前，美国零售商主要包括地方普通商店和小型专业商店。19世纪60年代出现了百货商店，七八十年代出现了邮购。到20世纪20年代，连锁店发展很快；30年代初出现了超级市场；40年代末出现了郊区购物中心；50年代出现了折扣商店，同时有了自动售货机；六七十年代，折扣百货、超级商店、特级市场、仓储俱乐部、便利店等名目繁多的新型零售机构不断出现。零售业态从产生到成熟所需时间，百货商店花了100年（从19世纪60年代中到20世纪60年代中）；超级市场35年（从20世纪30年代到60年代）；折扣商店20年（从50年代中到70年代中）；仓储店只用了十几年（从70年代末到90年代中）。

三、零售业的构成

零售商的分类方式多种多样。按零售经营业态划分，通常首先将零售商分成经营实体商店的零售商和不经营实体商店的无门市零售商两类，当然也有一些零售形式不能简单地归入这两种类型。在北美产业体系中，零售（NAICS 44-45）包括店铺销售和无店铺销售两种形态。包括的子部门有汽车和零部件（NAICS 441），家具和家庭装饰品（NAICS

442)，电器和电子设备（NAICS 443)，建筑材料和园艺设备用品经销（NAICS 444)，食品和饮料商店（NAICS 445)，健康和个人护理商店（NAICS 446)，加油站（NAICS 447)，服装和饰品店（NAICS 448)，体育用品、业余爱好、书籍、音乐商店（NAICS 451)，百货商店（NAICS 452)，杂货商店（NAICS 453)，无店铺销售（NAICS 454)。

按所有权关系划分，零售商有独立零售商和连锁零售商，前者即所有者仅拥有一家商店，而后者则是同一所有者拥有两家或两家以上的联号商店，这些商店通常实行一定程度的集中采购和管理。以美国为例，尽管连锁公司的数量仅占零售公司数量的4%，却经营着全美1/5以上的零售商店，销售额占到所有商店销售额的60%。而且，全美最大的零售公司无一例外地都是连锁公司。其中约50家零售连锁公司拥有1 000家以上的分店，并占了全美商店零售额的1/3强。不过，即便如此，美国90%以上的零售商店仍为独立零售商所有，其中约半数的独立零售商完全由所有者自己及其家庭成员经营，即不雇用他人。当然，独立零售商的规模大多很小（除个别家族所有的大型百货公司)，总销售额只占全美商店零售额的3%。独立零售商对经济的贡献主要是吸纳了大量的就业人口，满足了消费者寻求便利的需求。

我国过去多按所有制关系、企业规模、所经营商品品种范围划分零售，西方国家也有按照所有权关系和商品经营范围划分零售企业的，但从市场营销的角度看，我们更倾向于按企业的经营战略组合分类，这也是通常所说的零售经营业态或经营形式，即根据商店的选址、商品组合价位、购物环境、服务等划分。

第2节　主要的零售业态

现在人们大多还是去各种实体商店购物。实体零售商店的经营形态（或称业态）首先可以分为食品和非食品两大类。但同时也要看到网络零售的兴起，因此我们对零售进行如下分类。

一、非食品类零售店

（一）百货公司

通常在每个城市的中心商业区或购物中心都会有一两家大型百货公司。百货公司由多个专业商品部组成，经营商品品种多、范围广，所以也称之为百货商店。百货商店起源于19世纪中期的欧洲，是城市发展、人口集聚、商品品种增多的结果。与专业商店相比，百货公司更具大众性，即对所有人开放，满足所有人各方面的需要，而且不管你买不买东西，都欢迎进来逛一逛。因此在早期的美国，百货公司曾被称作“消费者的宫殿”。

传统百货公司以经营软性高级商品为主，如各式服装、家用纺织品、鞋、美容化妆品、珠宝首饰、手包及礼品等。后来，百货公司逐渐增加了一些“硬商品”，如家具用品、小五金、炊具、照相器材、灯具、体育用品等。

百货商店的规模一般较大，经营的每大类商品都有相当多的花色品种和品牌供消费者选择，且内部装饰华丽，讲究商品陈列与橱窗布置。

百货商店经营的另一特色是向顾客提供广泛的服务，有较多的售货人员，提供商品咨询、送货、维修、礼品包装、赊销、邮购，甚至餐厅、娱乐、儿童看护等。

与其他零售业态相比，百货公司提供齐全的商品品种与全方位的服务，因此经营成本较高，商品加价率也高，传统百货公司商品加价率高达 40%。从单位营业面积获利能力上看，百货商店在各种零售形式中不具竞争优势，它的优势在于商品品种齐全、购物环境好、服务项目多。百货商店因为本身采购量大，希望越过批发商直接向生产商进货，以得到优惠的采购价格和制造商较好的售后服务，但由于其经营品种繁多，要做到这一点并不容易。

现代百货公司正在分化：一种情况是经营的商品向中低档发展，加价率也大幅度降低，这在美国以 20 世纪 60 年代后大量出现的折扣百货商店为代表，如名列世界第一的沃尔玛和著名的凯马特都是从折扣百货店起家的。另一种是商店向小型化、专业化发展，回到以经营软性商品为主，以对抗大型专业店和综合超市的低价竞争。

专栏 2—2

中国百货业

作为一种传统的零售渠道，百货商店曾经是中国国民记忆中关于消费最高大上的具象化。然而在过去的几年，国内百货业风光不再：销售增长疲态尽显，利润水平每况愈下。面临困境和挑战，百货业正在商场环境、商品服务组合、经营模式、房地产策略、新技术应用等多个方面谋求转型和突破。

专栏 2—3

天虹商场

天虹在国内首创“百货＋超市＋X”的业态组合模式，在此基础上根据目标顾客的不同按照城市中心店和社区购物中心两种模式经营百货商场，打造“亲和、信赖、享受生活”的品牌核心价值。成立 25 年来，天虹本着务实进取的精神，潜心经营，多次被深圳市政府授予“信誉好商店”称号。从 2014 年 10 月至 2015 年 5 月不到一年的时间，天虹商场陆续停止了 3 个项目的经营，并终止了同青岛诺德广场房产租赁合同的议案。对于关店，公司的解释是“经营状况未达预期，为减少亏损”。在业界看来，天虹此前的社区型购物中心模式并无问题，关键在于其具体实施中还没有找准定位，特征并不明显。值得一提的是，业态转型中的天虹正提速发展便利店，分析人士指出，在业态上的布局将是天虹后续的看点。

（二）折扣百货店

如前所述，折扣百货店是第二次世界大战以后发展起来的零售形式，20 世纪 60 年代后获得了较大的发展。其突出的特点是以比一般百货商店便宜得多的价格大量销售商品。为保持低价优势，折扣商店的主要经营措施包括：（1）一般设在郊区或小城镇且租费较低的建筑物内；（2）只有简单的内外装修及店内设施；（3）只雇用少量员工，开架自助购物，提供很少的服务项目，如一般不负责送货；(4) 经营商品以易耗日用品为主，并增加各种家用电器，但品种较少，多为销路较好的全国性品牌商品，以减少推销费用，加快周转，同时顾客也容易比较价格；(5) 大规模发展连锁经营，以扩大销售规模，降低费用率。

与传统百货店相比，折扣百货店的最大优势是商品加价率低。虽然经营的商品大类同样广泛，不过为降低经营成本，折扣百货店的购物环境相对较差，提供的服务也相对较少。

专栏 2—4

北京燕莎奥特莱斯购物中心

燕莎奥特莱斯秉承“品牌十实惠”的经营理念，借鉴国际奥特莱斯的经营模式，结合中国市场特点和消费者需求，充分发挥自身品牌优势，以国际顶级品牌、国际知名品牌以及国内知名和国内畅销品牌为主要经营方向，为广大消费者提供众多的高品质且具高性价比的品牌商品。燕莎奥特莱斯拥有 Hugo Boss、杰尼亚、MAXMARA、登喜路、KENZO、ST. JOHN、CANALI、施华洛世奇、GANT、天木兰等国际一线品牌和知名品牌近 600 个。国际顶级品牌 Hugo Boss，经营面积达 500 平方米，是亚洲地区规模最大、经营品类最全的奥特莱斯品牌直营店。这里的商品一般以低折扣出售，甚至以 1～3 折的价格销售。燕莎奥特莱斯位于北京市朝阳区东四环南路，虽远离市中心，但交通便利，卖场内环境简洁。

(三) 专业商店

专业商店的特色是经营单一大类，花色、品种、规格齐全的商品，如女装商店、鞋店、体育用品商店、电子产品商店、音像制品商店等。这类商店通常以经营该类商品中各具特色的高中档品种为主，价格亦偏高，但能给消费者充分的选择余地，满足各种特殊需求，服务项目齐全。

专业商店可大可小，经营品种可多可少。随着商品品种的丰富和人们需求的多样化，专业商店迅速发展，在各种商业中心和购物中心均扮演着主要角色。

一般来说，专业店的商品加价率偏高，高档商品专业店的加价率甚至高过百货公司，因为专业店为顾客提供有专业知识的售货人员服务和优越的购物环境。20 世纪 90 年代后期美国出现了一种大型专业店，规模类似大型仓储店，也采取超市式的自助购物，从而降低了经营成本，商品加价率也低得多。如美国的好市多、百思买和巴诺等，国内的国美、苏宁、东方家园都是这类发展很快的企业。它们的商品定价低、品种全、营业空间大，极具竞争力，因此又被称作“价格杀手”。

专栏 2—5

苏宁电器

苏宁是中国专业商店的领先者，经营商品主要为传统家电、消费电子品等，线下实体门店 1 600 多家。2013 年 3 月，它更名为“苏宁云商”（云商是指电商+店商+零售服务商，是三者相结合的新零售业务模式）。苏宁根据云商战略进行组织全面再造，打造线上电子商务、线下连锁平台和商品经营三大经营总部，以及涵盖实体产品、内容产品、服务产品三大类的 28 个事业部，形成“平台共享+垂直协同”的经营组合，对组织架构进行全面调整，打破组织壁垒。

二、以经营食品为主的零售店

（一）便利店

便利店的规模一般较小，它的主要特点是为广大消费者提供购物地点和时间上的便利。便利店选址通常深入到居民住宅区或加油站，使顾客可以就近或方便地购买到商品。此外，便利店营业时间很长，通常营业到深夜甚至通宵，而且节假日都不休息，使顾客随时能买到商品。便利店一般经营日用品、食品等，并设有多种方便顾客的服务项目，如微波炉加热食品、电话订货、送货上门等。

便利店多建在居民区内，多数顾客是常客，店主与顾客相互熟悉、信任，具有群众基础，还可以根据顾客的需求特点有针对性地提供服务。

当然，便利店由于小而分散，缺点必然是经营品种有限、进货成本高，因而商品价格较高，如果是连锁便利店，还存在管理和控制上的困难。实际上，无论中外，大多数便利店都是个体独立店，但也不乏成功的连锁便利店，如世界著名的 7-11 连锁便利店、北京的好邻居等。

目前我国的便利店大多为个体所有，不十分规范，但由于进入门槛低，对营业场地要求不高，方便居民，并能吸纳大量就业人口，因此也构成了地方经济的重要基础。因其在解决就业和为居民提供方便等方面具有不可替代的作用，世界各国政府大多对扶持个体小零售店抱积极的态度，北京市政府近年也将大力发展便利店列入要为居民办的实事之一。

专栏 2—6

中石化便利店

中石化广东石油分公司 2015 年 5 月启动了 240 座百万元便利店培育计划，计划用一年的时间培育 240 座年销售额 100 万元以上的便利店。近年来，作为加油站油品销售“副业”的非油品业务同比增长显著。2014 年，公司非油品营业额 171 亿元，逆势增长 28%。2014 年开始，中石化陆续宣布和大润发、顺丰快递、腾讯等公司成为合作伙伴，更多的业务通过便利店开展合作，领域伸展至零售、金融、广告、汽车服务等。事实上，在一些发达国家，随着油品零售业务利润率下滑，“以非油养油”已经成为主流，越来越多的石油公司意识到，非油品业务的收入已成为加油站利润的重要支撑。美国加油站便利店销售收入占总收入的 30%～40%，欧洲 80%以上的加油站开设便利店业务，销量占总销量的 60%～80%。

资料来源：吴清：《中石化启动 240 座百万元便利店再造商超帝国》，载《中国经营报》，2015-05-25。

（二）超级市场

超级市场是一种大型综合性食品零售店，起源于20世纪30年代，第二次世界大战后在美国获得迅速发展。现在美国的超级市场销售广泛系列的食品和日用杂品，包括鲜果、干果、蔬菜、罐头食品、新鲜面包、牛奶、冷冻食品、肉类、洗涤用品、化妆品、小五金、厨房用品、文具、报纸书刊、音像制品，甚至处方药等。

超级市场开创了自我服务的经营方式，由于采用开架售货，可以只雇用较少的营业人员，并以大规模、快周转、低加价、低成本为其经营特色，其商品加价率一般在20%左右，大大低于专业食品店。现代超级市场的发展趋势是营业面积更大，平均每店超过2 000平方米；经营的非食品类商品越来越多，鼓励消费者一次性购齐日常生活必需品。

在传统超级市场的基础上，随着营业面积增至1万平方米以上和更多品种、更大范围的非食品类商品的加入（如家用电器、服装、家具），出现了特级市场或超级商店，这类超市更像是一个传统超市加一个折扣百货店。如沃尔玛的超级中心（大卖场）和法国的家乐福就分别属于超级商店和特级市场。

20世纪90年代中期以来，超级市场及大卖场在我国的大中城市均获得了迅猛的发展，如上海联华超市和北京的物美、美廉美，其年销售额90年代中就已超过了北京王府井、上海一百等大型百货公司。

专栏2—7

BHG

北京华联集团投资控股有限公司（简称北京华联集团）是商务部重点扶持的15家全国大型零售企业之一，也是国际百货协会唯一的中国零售企业会员。

北京华联高级食品超市（BHG Market Place）是北京华联针对本土高档消费者及居住在本土的外籍人士开办的高档超市，提供以意、法、日为中心的国际化食品，以及天然无农药公害的蔬菜、水果和来自当地农场的绿叶蔬菜、天然野生海鲜产品、上等肉类、著名厨师现场烹饪的欧洲美食、上选酒品等。超市为顾客提供优雅的购物环境、丰富多彩的商品试用和一应俱全的商品教育。精英的管理团队和严格的业务培训确保始终如一地向消费者提供最专业的服务，让每一个顾客有宾至如归的感觉。

（三）仓储商店

仓储商店又称仓储俱乐部，源于欧洲，起初主要面对小型公司、个体企业的批量购买，后来逐渐扩大到一般消费者，但采取会员制，顾客定期交纳会费，凭会员卡进店采购。店的面积巨大（上万平方米），单店年销售额在亿元人民币以上；店址一般较偏僻，经营产品线宽，但每类商品品种不多，以周转快的全国性品牌商品为主。店内商品均直接码放在货架上，很少店内装修，最低购买包装较大，与一般零售店比，可称得上是批量购买。

由于购买批量大、周转快和自助式购物，以及商店大多位于偏僻的郊区，批发俱乐部的商品加价率最低，一般只有百分之十几，但商品品质却很有保障，因为经营的大多是名牌商品或自有品牌的商品。

沃尔玛的山姆俱乐部和德国的麦德隆是典型的批发俱乐部式商店，它们都已在我国京、沪、穗等大城市开有分店，也带动了我国各种仓储俱乐部式商店的发展。

专栏 2—8

好市多

在美国，好市多（Costco）是与另一个著名零售商沃尔玛相抗衡的劲旅。好市多的一个特点是，出售国际著名品牌和各种葡萄酒，并以不时给顾客带来惊喜而闻名。此外，好市多还提供自助洗印照片的服务。事实上，好市多是美国最大的连锁会员制仓储量贩店。好市多是会员制仓储批发俱乐部的创始者，成立以来即致力于以可能的最低价格提供给会员高品质的品牌商品。目前好市多在全球 7 个国家设有超过 500 家分店。

三、无店铺零售

无店铺零售近年在西方国家发展也较快，随着互联网的发展，有专家预言，不远的将来，1/3 的商品将通过无店铺零售渠道销售。无店铺零售也包括若干具体形式，它们的共同特点是零售商并无固定的门店供顾客上门购物。无店铺零售也可分为两大类：直接销售（direct selling）和直销（direct marketing）。前者包括上门推销和自动售货机售货；后者包括邮购、电视直销和网络零售等。

（一）上门推销

上门推销可能是最古老的分销方式，可用于产业市场，也可用于消费者市场。具体做法是销售人员直接上门，或挨家挨户，或逐个办公室推销。在消费者市场上，通常推销的商品有化妆品、家庭用品和书。著名的雅芳公司即是门对门直销起家的典范——美容顾问“雅芳小姐”挨门挨户推销，而不在商店出售其产品。当然，在今天的互联网时代，昔日的“雅芳小姐”又成了电子商务的经营者。

（二）自动售货机

使用硬币的自动售货机是第二次世界大战后出现的一种新型无门市零售形式，在美国相当普遍，可出售饮料、糖果、糕点、香烟、化妆品、平装书、音像制品、报刊等。它的最大优点是十分方便，24 小时工作，因此广泛分布于办公室、教室、车站、飞机场、加油站等各种公共场所。全美约有百万台自动售货机，虽然其商品价格一般较商店贵 15％～20％，但确实给人们带来了方便。

自动售货机的缺点是设备较昂贵，有可能被损坏，商品加价率也较高，且不便退货，有时补充货物不及时。

目前我国城市的大街小巷和公共建筑里也开始出现各种自动售货机，但总体发展并不理想，原因之一可能是我国人口密度高、人力成本低，街头有许多小贩和便民店，而安置和管理机器的费用显然过高，经常得不偿失。

（三）直销

直销与现代消费者的联系越来越密切。一方面，现代社会生活节奏不断加快，使消费者用于购物的时间逐步减少；另一方面，信息、通信技术的发展，信用系统的不断健全，给直销的发展提供了契机。

直销起源于19世纪的邮购。早期美国最成功的两家邮购公司是起家于美国中西部的沃德公司和西尔斯公司，它们后来都转入了百货业。现在，随着信用手段和信息技术的快速发展，直销得到了空前的发展，其形式不再局限于邮购，还包括电话营销、电视营销以及互联网营销。

1. 邮购

营销人员把信函、样品或者广告直接寄给目标顾客的营销活动。目标顾客的名单可以租、购或者与无竞争关系的其他企业相互交换，但应注意避免重复，以免同一份邮寄品两次以上寄给同一顾客，引起反感。

2. 目录营销

营销人员给目标顾客邮寄目录，或者备有目录随时供顾客索取。经营完整产品线的综合邮购商店使用这种方式比较多，如早期的沃德公司和西尔斯公司。

3. 电话营销

营销人员通过电话向目标顾客进行营销活动。电话的普及，尤其是免费电话的开通使消费者更愿意接受这一形式。现在许多消费者通过电话询问有关产品或服务的信息，并进行购买活动。

4. 电视直销

营销人员通过在电视上介绍产品，或赞助某个推销商品的专题节目，开展营销活动。在我国，电视是最普及的媒体，电视频道也较多，有助于发展电视购物。

5. 网络零售（对个人消费者市场的也称B2C网络零售）

营销人员通过互联网、传真等电子通信手段开展营销活动。目前，像书籍、计算机软硬件、旅游服务等已普遍在网上开展销售。除此之外，营销人员还利用报纸、杂志、广播电台等媒体进行直销活动。上述几种直销方式可以单独运用，也可以结合运用。

直销的特征可以概括为互动性、目标化、可控性和连续性。

（1）互动性。指营销人员和消费者之间的直接联系，它包括两层含义：营销人员怎样在目标市场上提供旨在引起消费者反应的刺激物；消费者怎样对此做出反应。通过与消费者的互动，营销人员可以获得有效地与消费者保持联系的信息。因此，在直销的四个特征中，互动性处于中心位置。

（2）目标化。指营销人员选择产品或服务信息的接收者的针对性强，信息的接收者可以是购买过该产品或服务的消费者，或是极有可能成为主顾的潜在消费者。营销人员通过定期检查每次推销的结果，可以获得有关目标顾客的更准确的信息，从而不断修订目标顾客名录。

（3）可控性。指的是对营销活动的管理，包括制定目标和计划，做出预算和评估结果。它是一个循环的过程，营销人员可以根据过去活动的结果制定未来的计划。

（4）连续性。指通过保留现有的顾客群，向他们销售其他产品或更新的产品。在企业中，很多利润来源于忠实的顾客，因此连续性很重要。通过与顾客的相互联系获得的重要数据能帮助营销人员更好地与顾客进行沟通，及时了解他们的兴趣和偏好，以及他们对过去营销活动的看法。

直销的上述四个特征相互联系，总目标是通过建立顾客数据库，保住老客户，吸引新客户，使顾客终身价值最大化。顾客终身价值是指顾客一生能为一个企业带来的总的净收入，等于顾客对该企业保持忠诚的期间将带来的预期未来收入的价值总和。

作为无店铺零售的一种形式，直销在美国、欧洲等一些发达国家得到了迅速发展。以美国为例，1991 年美国直销的销售额为 1 400 亿美元，占无店铺零售总额的 80%。近年来，直销销售额年平均增长率为 10%～15%，其发展速度为传统零售业的 2 倍。

在我国，传统的邮购和电视购物普及率一直很低，主要有以下几个原因：

（1）消费观念与生活方式的影响。直销与传统的零售方式有很大的不同，是一种时空分离的购买方式。我国消费者大多更习惯到商店去选择、购买所需商品。

（2）消费者对直销方式缺乏信心。由于缺少相关的法律法规保护和一些企业的做法缺乏诚信，消费者无论是对发展较早的杂志、报纸营销，还是后来的电视直销和网上销售，都很难完全相信营销企业的承诺。

随着我国消费者收入水平的不断提高，生活节奏的加快，工作压力的加重，需求层次的向上转移，消费者对闲暇时间更加珍惜，消费观念和生活方式不断改变，以网上销售为代表的直销正越来越受到企业和消费者的青睐。国内外著名的直销企业（如戴尔计算机公司、当当网上书店）的成功，全国范围金融结算系统和信用系统的初步形成，6 亿多网民的庞大队伍，都为直销在我国的发展拓展了空间，提供了契机。

专栏 2—9

工商系统打击传销

2012 年 11 月 3 日，全国工商系统打击传销规范直销执法培训班在广东省深圳市国家工商行政管理总局行政学院结束。国家工商行政管理总局副局长滕佳材在培训班上指出，做好打击传销规范直销工作，对于维护市场秩序、构筑诚信体系、构建和谐社会、营造科学发展环境具有重要意义，各级工商行政管理部门要提高认识，突出重点，始终保持高压态势严打传销，加强直销企业社会责任建设，切实提升打击传销规范直销工作效能。2013 年 5 月，贵阳市工商局为进一步规范直销企业的经营行为，召集驻黔的安利、雅芳、玫琳凯、康宝莱、新时代、完美、天狮、如新、三生等 11 家直销企业座谈，杜绝名为“直销”实为“传销”的违法经营活动。

资料来源：《打着“直销”旗号搞传销要不得》，http://www.fcxzb.com/dcdt/13267.html。

第 3 节　网络零售

自互联网诞生以来，其发展速度是空前的。截至 2014 年 12 月，我国网民规模达

6.49 亿，全年共计新增网民 3 117 万人。互联网普及率为 47.9%，较 2013 年底提升了 2.1 个百分点。从世界范围看，互联网发展普及的速度大大超过了昔日的电视和广播，因此也被人们视为继报纸、杂志、广播、电视之后的“第五媒体”，网络零售亦随之成为一种创造激情与奇迹的重要营销方式。毫无疑问，在企业走向市场的过程中，互联网正扮演着重要的角色。以前，除了科学家和技术人员外，很少有人听说过互联网，但今天它已经成为一种重要的传播交流媒介。

在网购零售商品和服务方面，根据 eMarketer 的新指数，2015 年，电子商务占全球零售市场的 5.9%，总额达 13 160 亿美元。到 2018 年，份额将增长至 8.8%，总额达 25 000 亿美元。中国和美国是全球领先的电子商务市场，2014 年合计占全球在线零售销售额的 55%。未来五年中国电子商务持续增长将拉大两国的差距，到 2018 年中国电子商务零售销售额将达到 10 000 亿美元，占全球的 40%；美国保持其第二大零售电子商务市场地位，总额达到 5 000 亿美元；英国占 1/4 份额，排在第三位（如表 2—1 所示）。

表 2—1　　2013—2018 年网络零售排名前十位的国家　　单位：10 亿美元

	2013 年	2014 年	2015 年	2016 年	2017 年	2018 年
中国内地*	315.75	426.26	562.66	714.58	871.79	1 011.28
变化百分比	47.0%	35.0%	32.0%	27.0%	22.0%	16.0%
美国**	264.28	305.65	349.06	394.43	442.55	493.89
变化百分比	16.5%	15.7%	14.2%	13.0%	12.2%	11.6%
英国**	70.39	82.00	93.89	104.22	114.64	124.96
变化百分比	17.0%	16.5%	14.5%	11.0%	10.0%	9.0%
日本	62.13	70.83	79.33	88.06	96.87	106.07
变化百分比	17.9%	14.0%	12.0%	11.0%	10.0%	9.5%
德国	51.91	63.38	73.46	82.93	91.97	99.33
变化百分比	21.7%	22.1%	15.9%	12.9%	10.9%	8.0%
法国	34.21	38.36	42.62	46.13	49.71	53.26
变化百分比	13.2%	12.1%	11.1%	8.2%	7.8%	7.1%
韩国	29.30	33.11	36.76	40.43	44.07	47.82
变化百分比	12.6%	13.0%	11.0%	10.0%	9.0%	8.5%
加拿大	20.98	24.63	28.77	33.05	37.61	42.67
变化百分比	17.7%	17.4%	16.8%	14.9%	13.8%	13.5%
俄罗斯	15.06	17.47	20.30	23.40	26.88	30.91
变化百分比	27.4%	16.0%	16.2%	15.3%	14.9%	15.0%
巴西	13.34	16.28	18.80	21.34	23.79	26.17
变化百分比	28.0%	22.0%	15.5%	13.5%	11.5%	10.0%

注：包括通过各种网络终端下单购买的产品或服务，不包括旅游和各类门票。
*不包括中国香港。
**从 2014 年 9 月开始预测。
资料来源：eMarketer，Dec 2014.

一、网络引发销售模式革命

互联网的出现彻底改变了人类的工作方式，改变了人们对商业活动中广告和销售的基本概念。这场伟大的信息革命很快席卷了全球，给商业活动带来了无限的机遇和活力。

不同国家电子商务零售销售额含义有所不同，在美国这个指标显示了实体零售业的强劲，因为美国消费者乐于在实体零售店购物。约63%的美国人进行网购，但是只有6.5%的美国零售销售额来自网购，到2018年增长至8.9%。换句话说，大部分美国消费者网购，但是每11美元中有10美元是在实体店消费的。

另两个大型电子商务市场，中国和英国在线零售销售额比例比美国高得多，而且电子商务在每个市场的发展都是独特的。例如，2014年中国数字买家只占总人口的27.5%，但是超过10%的零售消费发生在网上，这表明中国消费者网购频率更高。

亚马逊打响了网络零售的第一枪。亚马逊从未停止改革和创新，如今这家公司开始提供一小时送货服务，在纽约试行。这家公司发明了一个新的小物件，叫做Dash Button，这会使得顾客更容易订购家居用品，比如当清洁剂快用完的时候会发出提醒。

二、网上零售的创新

市场营销理念是指导企业营销活动的行动纲领和准则。网络零售对传统营销的创新首先从营销理念的创新开始。

（一）从传统的同质化大规模营销转向异质化集中性营销

传统的大规模市场营销借助电视广告、购物商城、超级市场等适合大批量消费的载体，在大规模消费广告上投入了大量资金，并通过抢占市场份额赢得利润。网络技术使整个世界步入了小型化、多样化和复杂化交融的新时代。在网络经济时代，消费者有自主选择的权利，他们通过搜索引擎寻找符合自己特殊要求的个性化产品，企业要赢得市场，就必须根据消费者的特定需要提供“量体裁衣”式的服务。在大规模市场营销的年代，小公司基本无法与人力、财力、物力雄厚的大公司抗衡，但在网络经济时代，无论多小的公司都能找到相应的有特殊兴趣的消费者群体，网络营销加快了市场从大量营销向细分市场营销的过渡，针对小顾客群体的小批量产品正迅速发展。企业规模不再是优势，成功的关键是提供与众不同的产品和服务。

（二）从单向营销转向互动营销、一对一营销

传统营销中，消费者始终处于被动的地位，只能被动地接受由媒体广告、展览、产品目录等提供的单向输送的信息，营销部门也常常因无法及时获得消费者的反馈信息而不能有效地调整营销战略，从而影响了企业的盈利。互联网络技术则可以帮助消费者与企业之间进行互动交流。潜在的消费者可以借助网络与销售商或技术人员进行对话，了解自己感兴趣的产品和服务，甚至通过超级链接系统在网页上直接浏览更具体、更直观的产品介绍。销售商也可以根据消费者的反馈信息对产品进行改进，或推出更受消费者欢迎的新产品。充分利用网络高度互动性的新型营销方法还可以使营销管理者通过市场调研、产品设

计、生产到最终服务的一系列过程与消费者保持密切的联系，共同创造新的市场需求。这种互动的网络营销更加体现了以消费者为中心的宗旨。

（三）从分散独立的营销管理转向统一协同的工作过程

网络零售不仅能使消费者与企业互动，而且能使企业营销各职能部门以及营销和其他部门之间互动。企业营销的各环节原来通过分工由不同的部门和人员负责，这样做一方面固然可以减少重复劳动带来的资源浪费，但同时也增加了部门间信息的传递和协调成本。网络技术则突破了营销管理分工和合作的相互制约性，使两者得以有效结合。企业通过网络进行市场调研，寻找为企业带来最大利益的消费群体，并设计专门的产品和服务，保留这些最有价值的客户；网络反馈的信息经分析通过企业内部网传送到生产第一线；产品定价可及时通过网络告知消费者，销售人员通过公司内部网可对公司的具体项目提供建议和意见。这样，市场调研、产品设计与生产、价格制定、销售、服务融为一体，从而使营销各职能部门、营销与其他企业部门之间能保持长久的合作和协调，更充分有效地发挥营销的整体功能。

（四）在营销组合策略上的创新

在网络经济时代，传统市场营销组合的4P（product，产品；price，价格；place，渠道；promotion，促销）正日益受到新的营销组合4C（customer，顾客；cost，成本；convenience，方便；communication，沟通）的挑战。互联网络作为跨时空传输的“超媒体”，可以随时随地为顾客提供有针对性的服务。网络技术的日趋先进和普及，使4C得到了很好的发展并越发显示出其优势。

1. 产品和服务以消费者的需求为导向

由于互联网络具有很好的互动性和引导性，用户通过互联网络在企业的引导下对产品或服务进行选择或提出具体要求。企业可以根据顾客的选择和要求及时地进行生产并提供及时服务，使顾客能跨时空得到满意的产品和服务。

2. 以顾客能接受的成本定价

顾客可以通过互联网提出可接受的成本，企业根据顾客的成本提供弹性的产品设计和生产方案供用户选择，直到顾客确认后再组织生产和销售。所有这一切都是顾客在公司服务器程序的引导下完成的，不需要专门的服务人员，因此成本也极其低廉。

3. 产品的分销以方便顾客为主

网络零售是一对一的分销渠道，是跨时空进行销售的，顾客可以随时随地利用互联网订货和购买产品，整个购买过程只需“举手击键”就可顺利完成，因此在网上真正实现了消费者与厂商的直接沟通，极大地方便了消费者的购买。

4. 加强与顾客的沟通和联系

互联网作为信息双向交流和通信的工具，已经成为企业青睐的传播媒介，被称为第五种媒体。传统媒体价格相对较高，又受到时间、地区等多方面因素的限定。相比之下，网络宣传费用低廉，回报却毫不逊色，能帮助企业把握广阔的国际发展空间和众多潜在的商业伙伴，是24小时的广告窗口。越来越多的企业建立自己的网络站点，使企业不局限于某个地区，而是直接面向全世界，它的广泛性、高效性为企业带来了不容置疑的效益和效率。

（五）营销手段上的创新

互联网正在以其独特的优势为企业开展营销活动提供新的工具和手段。企业所有的营销活动都可以通过互联网实现。

1. 网络广告

网络广告就是网站在向上网者提供信息的同时，有偿地为企业在网页上放置广告，以此获得运营收入。网络广告 1994 年 10 月 14 日最早出现在美国，1997 年 3 月首次亮相中国。此后，各大门户网站纷纷加入这一行列，网络广告成为当前网络经济的重要组成部分。网络广告具有传播范围广、交互性好、针对性强、受众数量可准确统计、实时、灵活、成本低、感官效果强烈等优点，通过依附于有价值的信息和服务载体，引起用户的关注和点击。因此，网络广告具有强制性和用户主导性的双重属性，并体现出用户、广告客户和网络媒体三者之间的互动关系。网络广告形式多样，常见的形式有：旗帜广告、图标广告、文字链接广告、邮件列表广告、电子邮件式广告、插页式广告、互动游戏式广告、BBS 广告、网上问卷调查、新闻组广告、搜索引擎广告、壁纸广告、通栏广告、巨幅广告、全屏广告、视频广告等。其发布途径主要有：主页形式、专类销售网、免费的 Internet 服务、黄页形式、企业名录、网上报纸或杂志、新闻组（Newsgroup）、友情链接、使用电子邮件和电子邮件列表发布广告、利用网络 IP 电话和网上传真发布广告等。

2. 用户网络

用户网络（User Network，Usenet）并不是真正的物理网络，而只是一种逻辑网络，各个 Usenet 服务器通过互联网连接成一个网络，提供新闻组功能，因此，从功能上看，Usenet 只是互联网的一个子系统。企业借助 Usenet 可以发布与讨论组主题相符的通知、短评、介绍性质的信息，这些信息只能是提供了解某个产品或服务更详细信息的线索。在提供线索的同时，可以加一些短评和介绍，这样的信息带给消费者的感觉就与广告不同。

3. 企业网络站点

网络站点的结构是一种层次性的结构，由概括性首页到各个组成部分，而每个组成部分也是类似的由概括性页面到具体内容页面的嵌套式的结构。这种结构适宜各类对信息需求详细程度不同的用户要求。一个典型完整的网络营销站点应包括主页、产品（服务）页面、员工页面、客户支持页面、市场调研页面、企业信息页面、参考页面及其他内容。

4. 电子邮件

电子邮件（e-mail）营销要比电话推销、邮寄信件等传统的营销方法在价格、速度与发展潜力上具有明显的优势。电子邮件分为公告型与讨论型两种，公告型电子邮件通常由一个管理者向小组中的所有成员发送信息，如电子杂志、新闻邮件等；讨论型电子邮件指的是所有的成员都可以向组内的其他成员发送信息，其操作过程简单来说就是发一个邮件到小组的公共电子邮箱，通过系统处理后，将这封邮件分发给组内所有成员。对于消费者来说，由于不可能每天花费大量时间到各类网站收集相关信息，通过加入与自己有关的邮件列表，就可以随时了解网站的更新消息、行业新闻、产品信息等，企业还可以出售广告空间直接创造收入。对于许多公司来说，注册用户数几乎成了网站最重要的资产，因此，几乎各大网站都提供免费邮件列表订阅服务。

5. 电子公告栏

作为网上直接交流对话的窗口公告栏，电子公告栏（bulletin board system，BBS）有着社区性的功能，它为情趣相近和有着共同需要的人提供一个虚拟的开放式交流空间，同时，它在网络营销中有着独到的应用，可以增进与访问者或客户之间的关系，有利于树立主持人的专家形象，还有可能直接促进网上销售。综合起来，建立论坛在企业网络营销中有下列作用：（1）与访问者直接沟通，容易得到访问者的信任，可以了解客户对产品或服务的意见；（2）当论坛或聊天室的人气逐渐旺盛时，除了为自己的产品或服务做广告之外，还可以出售网络广告空间，增加一笔额外的收入；（3）在相关的分类目录或搜索引擎登记，有利于更多人发现该网站，也可以与同类的社区建立互惠链接；（4）利用聊天室开设免费在线讲座或实时问题解答，对于增加网站访问量有着显著作用；（5）方便进行在线调查。

6. 常见问题解答（frequently asked questions，FAQ）

如公司的网站中有非常详尽的“knowledge base”（知识库），对于客户提出的一般性问题，在网站中几乎都有解答。同时还提供了一套有效的检索系统，让人们在数量巨大的文档中快捷地查找到所需要的东西。

7. 社交网络

以社区为基础的网络营销模式将网民连接成城域营销网络，最终建立以互联网为依托的跨城际甚至国境的多功能的电子商务网络。

专栏2—10

微信商城

微信本来是一款手机端的社交平台，微信的第三版更新后，出现了微信PC端，自微信公众平台诞生，短短两年时间就突破了6亿用户，这样的惊人数据吸引着无数商家的眼球，庞大的人群后面隐含着巨大的商机。微信第三方平台顺势而发，推出微信电商服务产品“微信商城”，助力企业开启微营销，抢占6亿微信市场制高点。微信快速地火爆起来，成为众多商家的一种营销方式，许多商家开始试水微信。

三、网络零售的经济性

在传统的市场销售模式下，制造商将产品批发给批发商，然后进入零售市场。在市场经济高速发展的今天，这种单一的模式将制约企业的发展。首先，企业在销售环节浪费了过多的利润，整个流通环节的销售费用往往高达50%。对许多制造商而言，这笔费用是其本身利润的几倍。其次，生产企业不能及时准确地得到顾客的反馈意见和建议，产品开发难以适应市场发展。更为糟糕的是支付问题，很多企业为从零售商处回收资金浪费了很多精力和财力，其中还有不少坏账。而现在，通过网络技术，厂家可以和用户直接打交道，了解用户的特殊需求，及时交货，降低了成本；同时，用户及时得到自己真正需要的商品，而且价格便宜。总之，互联网是当今企业和个人相互面对的乐园，是直接联系分散在广阔空间中数量众多的消费者的最短渠道。它的经济性表现在以下几个方面：

1. 降低市场搜寻费用

距离越远，通过网络进行信息传递的成本相对于信件、电话、传真的成本而言就越低。时间的缩短及数据重复录入的减少降低了信息成本，实现了多（全面）、快（及时）、好（准确、安全、可靠）、省（省钱、省力、省人、省事）地获取交易信息。这是网络零售的基本特点，也是信息化时代的基本特点。

2. 减少中介费用

买卖双方通过网络进行交易活动，无须中介参与，减少了交易环节，降低了中介费用。

3. 减少广告费用

卖方可以通过互联网进行产品介绍、宣传，避免了在传统方式下做广告、发印刷品等需要的大量费用。样品图册是开发市场的有力工具，但常被空间不足、发行制作费用较高所困扰，而且图册上的样品很快会过时。在网络零售过程中，可以采用音频、视频和多媒体技术，制作灵活多样的产品图样、宣传产品，并可以采用现行新的宣传艺术，如色彩学理论、动画艺术等，向顾客提供详细的产品样本，而且可以及时更新样品，从而促进销售。利用在线市场提供在线的产品样本具有极大的灵活性，因为空间便宜，商品厂家可以详细描述。

4. 减少文件处理费用

网络零售实行“无纸贸易”，大大减少销售活动（咨询、买卖、财务、统计等）中纸张、笔墨的消耗，因此可以节省大量成本。利用电子工具可以不使用纸张来记载交易数据，代之以磁盘、光盘，可以减少90%的文件处理费用。

5. 降低库存费用

网络零售可以在接到顾客订单后，再向制造厂家订货，而无须将商品陈列出来。网络零售的商品品种繁多，由于商品都是在网上列出，可以减少库存或实现零库存，降低库房租金资金占用率。网络零售不会因为存货而增加其经营成本，比一般的销售方式更具有竞争力。互联网使买卖双方及时沟通供需信息，使无库存生产和无库存销售成为可能。

6. 拓展市场规模

互联网在几乎不增加任何销售成本的基础上为企业带来了难以计数的客户群，这些人中的一部分实际上可能是企业商品的购买者。与其他任何销售渠道不同的是，通过互联网与1 000万用户建立联系的成本几乎等于与1 000个用户实际建立联系所需的成本。虽然并不是每个企业都能将互联网的这种独特性运用到实际销售过程中以实现其优势，但那些成功运用该性能的企业，如亚马逊网上书店，在几个月内建立起来的客户网络是那些运用其他销售渠道的企业需要几年甚至几十年时间才能建立的。

7. 提高客户忠诚度

现在大多数管理者将互联网作为向客户提供简捷、低成本商品的一种销售渠道，其实互联网的真正优势可能在于公司之间的深度合作。它包括向客户提供自我服务、更低的价格、更深入的购买支持（通过在线帮助）、生产培训、昼夜服务等。

四、网络零售方式

网络零售不仅是企业面向上网者个体的消费方式，也包含企业间的网上直接交易和消费者对消费者之间的交易。

面对个体消费者的网络零售模式即通常所说的B2C（business to customer）模式，这种模式的最大特点是供需直接见面，环节少、速度快、费用低。它的诱人之处在于能有效地减少交易环节，大幅度降低交易成本，从而降低消费者的最终价格。这种模式还能有效地减少售后服务的技术支持费用。消费者可以通过查阅厂家的主页寻求使用中所遇到问题的答案，或者通过e-mail与厂家技术人员直接交流。这样，厂家可以大大减少技术服务人员的数量，减少技术服务人员出差的频率，从而降低企业的经营成本。

这种模式的不足之处主要表现在以下两个方面：第一，购买者只能从网络广告上判断商品的型号、性能、样式和质量，对实物没有直接的感知，在很多情况下可能产生错误的判断。而某些生产者可能利用网络广告对自己的产品进行不实宣传，甚至可能打出虚假广告欺骗顾客。第二，如果购买者利用信用卡进行网上购买，不可避免地要将自己的密码输入计算机，由于新技术的不断涌现，犯罪分子可能利用各种高科技的作案手段窃取密码，进而盗窃用户的钱款。

第4节　连　锁

连锁经营是一种世界性的潮流，是当代流通渠道发展的客观产物，是商业对社会化大生产及消费方式变化的积极适应。连锁以其规模经营、衔接产销、扩大流通、方便消费、统一管理等诸多优势成为目前世界上发达国家商业服务业的重要组织形式。目前美国排名前200位的连锁贸易公司都是世界性的跨国连锁集团。可以说连锁经营是当代国际商业发展的一种潮流，已经成为占主导地位的经营方式。

连锁经营是国际上普遍采用的一种现代化商业经营体系。在我国，连锁经营自20世纪80年代后期悄然起步，90年代初逐渐兴起，并在近年得到了蓬勃发展。尤其在上海、北京、深圳等城市，连锁经营正在以超乎想象的速度发展。可以说，遍及大江南北的连锁店正以一种强大的力量进入我们的生活，影响和改变着都市人的消费习惯和生活方式。我国的连锁经营已进入了加速发展阶段，它将是21世纪我国第三产业最具增长活力的经营模式。

一、连锁经营的定义

“连锁商店”（chain store）一词，产生于19世纪末期。美国对连锁经营的定义是：由同一公司所有，统一经营管理，包括两个或两个以上的分店，这些分店经营类似的商品大类，实行集中采购和销售，还可能有相似的建筑风格和标志。这一定义主要从规模、产权关系方面考虑，而不涉及经营内容，所以既可以有百货店、超市连锁，也可以有旅馆、餐饮、洗衣、清洁等连锁。从经营方面看，连锁经营意味着通过标准化的技术和多店铺的扩张方式发展。上述两点是欧美发达国家从100多年的发展过程中总结出来的连锁经营最本质的特征。但各国对连锁商店有不同的规定，其差别一是在所有权关系，或连锁的紧密程度；二是在最少分店数量。

二、连锁经营的类型

连锁经营按照不同的标准可以划分为不同的类型。

（一）按照所有权构成不同划分

按照所有权构成不同，可划分为正规连锁、自愿连锁和特许连锁。

1. 正规连锁

正规连锁（regular chain，RC），也称直营连锁。美国在工业商业普查和统计中所认定的连锁商店均为正规连锁，即单一资本经营，有两个或两个以上分店，统一经营管理。而国际连锁商店协会对正规连锁的定义为：以单一资本经营的10个以上分店组成的零售业或饮食组织。

正规连锁是最典型的连锁，最容易形成权力集中的大资本，而且在事实上对企业经营管理的各个方面实行高度集中、统一管理，包括统一制定战略、政策和规划，对采购、人事、财务、广告、销售、定价的统一管理；分店的一切经营管理策略，几乎都听从于总部，分店经理只是总部委派的雇员，负责组织分店的销售及向顾客提供服务。本节讨论的连锁主要是指正规连锁。

2. 自愿连锁

美国商务部对自愿连锁（voluntary chain，VC）的定义是：由批发企业牵头，成员在保持资本独立的前提下自愿组成的集团。日本则认为：自愿连锁是由许多零售企业自己组织起来的，在保持各自经营独立的前提下联合一个或几个批发企业，建立起总部组织，使进货及其他业务统一化，以达到共享规模效益的目的。

自愿连锁的成员店资产独立，人事安排自理，在经营上亦有很大的自主权，但经营的商品必须全部或大部分从总部或同盟内的批发企业进货，而批发企业则需要向零售企业提供规定的服务。

专栏2—11

沙县小吃要上市

近年来，沙县小吃以“润物细无声”的方式开遍大江南北，即使是在饮食差异巨大的北方市场，扁食和拌面也变得“所向披靡”。眼看着沙县小吃的队伍变得庞大，沙县政府也在为沙县小吃寻找出路，新上任的沙县县长袁超洪开始密集调研小吃业主，沙县政府日前也提出了沙县小吃“保牌、提质、连锁、上市”的发展目标。当沙县小吃要上市的消息传开后，业界充斥着一片唱衰之声。“真以为上市是做广告啊，都没有市场化的盈利主体。”一位证券分析师对记者说。这位分析人士表示，上市企业首先必须具备完善的法人治理结构、合理清晰的股权关系及内部董事会、股东会和经营层之间的关系，“而公司内部的标准化管理、制度流程和规范的要求更是严格，还必须有拿得出手的业绩回报。单就这些，沙县小吃还有很长的路要走”。

资料来源：《沙县小吃要上市?》，大河网，http://newpaper.dahe.cn/hngrrb/html/2011-12/13/content_635390.htm? div=-1。

3. 特许连锁

特许连锁（franchise chain，FC）是连锁店的分店同总部签订合同，取得使用总部商标、商号、经营技术及销售总部开发的商品的特许权，经营权仍集中于总部。典型的例子便是麦当劳、7-11等。在餐饮、便利店、旅馆等行业，连锁企业通常会在开设了一定数量的正规连锁店后，考虑用特许连锁的方式发展加盟店。

（二）按照业态形式的不同划分

按照业态形式的不同，可分为零售业的连锁经营、饮食业的连锁经营、服务业的连锁经营等。

1. 零售业的连锁经营

连锁作为一种组织形式可用于各种零售经营形式，如超级市场、折扣商店、专业店、便利店和百货商店，因而产生了超市连锁、专业商店连锁、便利店连锁、百货商店连锁等。

2. 饮食业的连锁经营

提供标准化、系列化、大众化的饮食服务，典型的例子是麦当劳和肯德基等遍及世界的快餐连锁店。

3. 服务业的连锁经营

主要是同一服务项目间的连锁。从服务业连锁经营的历史来看，采用正规连锁、自愿加盟和特许连锁进行扩展的方式普遍存在。如美国的洗衣店大多数采取正规连锁经营的形式，中国台湾的美容美发店也较多采用正规连锁经营的形式，快速冲印业的连锁经营更为普遍，柯达公司就是采取这种形式开拓中国市场的。

（三）按照分布区域划分

按照分布区域划分，可以分为全国性连锁和区域性连锁。大多数全国性连锁都是从区域性连锁发展而来的。全国性连锁由于分布地区太广，还可设地区总部一级，协调地区内分店的经营活动，但整个经营决策仍在总部统一控制之下。区域性连锁虽然规模比不上全国性连锁，但在其所在的区域内分店密度更大，更接近于居民的生活区，并在集中化、市场细分化方面做得更好。

三、连锁经营的产生与发展

从世界上建立第一家连锁公司至今，连锁经营已有150多年的历史。1859年创办于美国纽约的大西洋及太平洋茶叶公司（A&P）是世界上首家连锁经营的公司。该公司首开“由同一资本所有者在全国各地开办多家分店，实行统一管理、统一经营”这一经营模式的先河。这种独树一帜的商业经营与组织模式就是正规连锁的雏形。

正规连锁的出现与发展，造就了一批规模大、实力强的大型连锁企业，同时也给大批中小型独立零售商造成了巨大的竞争压力。为了保护自身的利益，以便与大企业相抗衡，中小型零售商也纷纷走上了连锁经营之路，但组织形式有所不同。1865 年美国胜家缝纫机公司为了推销其产品，在全美各地设置了拥有其销售权的特约经销店，从而成为世界上第一家开展特许连锁的企业；1887 年，美国 130 多家食品零售商为了对抗大型连锁公司的垄断，共同投资创办了一家联合批发企业，为出资的成员企业服务，实行联购分销，统一管理，这便是世界上第一家后来被称为“自愿连锁”的商业组织。

连锁经营形式的产生和发展并不是偶然现象，究其原因，可以概括为其在流通领域代表了一种大工业的标准化的经营方式。即 4S 主义，具体包括以下四点：

（一）差别化

差别化（specialization）也叫特殊化，即按照企业的业态和定位，明确企业经营的商品和服务的目标，在满足顾客需求的过程中，确定在哪些环节形成与竞争对手的差别，形成竞争优势。在经营方式、服务方式等各环节都形成独自、有效的体系。品种、价格、设计、质量、形象、服务、促销手段等都能成为差别化的手段。顾客要求的满足是一个漫长的过程，在这个过程中进行正确的选择，可以吸引顾客选择本企业有别于其他企业的商品和服务。

（二）简单化

简单化（simplification）即单纯化。在科学分析、高度分工的基础上使经营管理过程中的每一环节、每一项工作都调整到简单明了、简便易行，即使是非熟练劳动者也能轻松胜任的程度。连锁经营作为一种高速扩张的组织形式，唯有简单化，才能拥有高效率，并得到快速推广。

（三）标准化

标准化（standardization）是针对经营管理过程中的每一项工作，不断探索和发现最佳方式方法予以规范化，并按照规范实施各项工作。

（四）专业化

专业化（segmentation）强调的是分工细致、责任明确，由各行专业人士分别从事商品经营、采购、物流配送、信息管理、商品摆放、店内布置、顾客服务、商店选址、市场调查、促销宣传、人员招聘和培训等工作。因此，有人说，现代的零售连锁企业雇员呈两极分化：一端是基层非熟练工人从事的最简单的劳动；另一端是由高层专业人士从事的一点不比其他制造业、服务业差的复杂管理。

四、连锁经营的特征及其经济学实质

连锁商店一般由总部、门店和配送中心构成。其中，总部是连锁店经营管理的核心，其职能主要是市场调研、商品开发、促销策划、采购配送、财务管理、质量管理、经营指导和教育培训等；门店是连锁店的基础，主要职责是按照总部的指示和服务规范的要求承担日常销售业务；配送中心是连锁店的物流机构，承担着各门店所需商品的进货、库存、分货、加工、集配、运输和送货等任务。与传统零售商店相比，连锁店具有以下四个基本特征：

1. 组织联合化

连锁店在组织形式上不再采用传统的单体店形式，而通常是由一个总部（店）和10个以上门店（或分店）构成的联合体，就如同用一条链子将各个分散的经营分支“锁”在了一起。每一家连锁分店的经营业务不同程度地受总店的控制。

2. 经营统一化

连锁店在经营方式上不再是传统的分店式经营，而是通过“克隆”的方式，实行经营统一化。包括经营理念统一化，即各连锁分支的市场定位、企业文化、信息传播、营销策划等的统一；视觉识别系统统一化，即店名、标志、商标、店貌、装饰、陈列、商品及设备等的统一；经营行为统一化，即经营方式、服务准则、行为规范、管理标准、岗位操作和营销策略等的统一。

3. 作业专门化

连锁店在各个经营分支的作业安排上不再是传统的职能混合式，而是实行了科学的专业化分工。总部负责全面的管理，并通过配送中心进行集中进货和配送，门店负责分散销售，实行购销分离。同时，总部的管理职能又进一步分解为经营规划与政策的制定、门店开发与设计、商品配置与陈列、采购与配送、库存与保管、财务与会计、人事与培训、促销与广告等，由专业化职能管理部门统一操作，形成集中规划下的专业管理式经营组织网络。

4. 管理规范化

连锁店在管理方式上不再是传统的单店管理，而必须有一套规范化的管理制度和调控体系，以保证庞大而又分散的连锁经营体系内部的各类机构能协调、有效地运转，减少个体的经验因素对经营的影响。因此，现代化管理手段的应用对于连锁经营优势的发挥至关重要。西方发达国家连锁店的发展在很大程度上正是得益于电脑管理系统、远程通信网络及其他电子技术的广泛运用。

从上述连锁店的基本特征不难看出，连锁经营的经济学实质就在于它把现代工业化大生产的组织原则及大规模集中化管理模式应用于流通领域，通过联合化、统一化、专业化和规范化等手段，实行规模化经营、标准化服务和科学化管理，达到提高整体商业经营体系协调运作能力和规模经济效益的目的，从而也形成了其特有的经济优势。

五、连锁经营的优势和不足

（一）连锁经营的优势

（1）连锁经营首先是把分散的经营主体组织起来，具有规模优势。组织联合化使分散的经营主体组合成一个规模庞大的经营整体，通过总部的统一管理和集中采购，使经营费用大大降低，具有明显的规模优势，同时，通过“遍地开花”的连锁分店，也有效地解决了企业经营的规模经济性要求与消费者分布的分散性及其对购物便利性要求的矛盾，兼顾了经营者、供应商及消费者三方的利益。

（2）由于管理集中，又有众多分店，连锁公司内部可实行专业分工，雇用优秀的专业人员，在营销策划、销售预测、存货控制、商品配送、商品定价、广告促销、新店选址、货场布置和财务管理等方面实现科学管理。而这在传统独立零售商条件下，即使规模很大，也难以做到。

（3）连锁店综合了批发和零售的功能，而独立零售商必须与众多的批发商打交道。通常，连锁店尽可能直接从制造商进货，有时甚至直接向海外制造商发订单。对一些较少的全国性制造商品牌垄断的大类商品，连锁商只要有足够的财力和销售能力，就可利用自己的品牌优势反过来向制造商下订单，从而进一步控制市场。

（4）经营统一化使分散的经营分支遵循统一的规范，既提高了企业的管理、运作效率，实现了系统的整体优化，又带给顾客一致的服务及形象，减少顾客消费的风险成本，提高顾客的消费忠诚度，具有市场整合、资源共享和无形资产倍增效应等方面的优势，也避免了重复的成本支出和营销费用。从顾客角度看，认识了连锁店的一家分店就等于了解了多家分店乃至总体。消费心理学上重视让顾客走熟路，以产生定向消费的信任和依赖，这恰好是连锁店特有的魅力。

（5）连锁公司也给各分店某种程度的经营自由，如商品构成可以有某些地方特色，不同地区商品价格可上浮或下调，以适应当地消费者不同的偏好，应对当地市场的竞争。

（6）连锁经营将分散的零售店的有限盈利集中起来使用，有较雄厚的财力投资于设施和管理的现代化，如现代化的配送中心和信息中心，甚至租用通信卫星网的线路，结合强大的计算机管理网络，形成单个零售店难以想象的全球信息收集、处理和传递能力。而管理手段和物质设施的现代化，无疑大大提高了连锁商店的效率，使传统独立商人无法望其项背，而连锁商店最终得以形成足以与制造业垄断公司相比的规模和能力。

（二）连锁经营的不足

连锁经营也有一些不足，如各分店自主性有限；整个管理高度统一后缺乏经营的灵活性；投资数额巨大，使个人投资商业的成功率降低；在分店增加到一定的数量后，容易管理失控等。同时，连锁经营也不是适合于所有的零售业，如有些行业经营的商品太细小、繁杂，不适宜标准化经营；还有些行业的单个企业规模过小，太分散，如便利店的连锁化程度就较综合商店低，饭馆的连锁化程度也较低。此外，由于服务和商品品种的刻板，一些连锁店对顾客会失去吸引力，他们宁愿去更有特色或服务更周到的商店购买商品。

第5节 特许经营

特许经营（franchise）是当今世界最流行的企业扩张和个人创业的方式。它不仅适应社会化生产和现代消费的客观要求，而且以低成本、标准化的经营达到快速扩张业务范围、实现企业经营规模化的目的。因此，特许经营正以其独特的营销方式、成功的经验、先进的管理理念成为我国未来最具影响力的市场营销方式之一。

一、特许经营的定义及类型

（一）特许经营的定义及特点

特许经营是指特许授予人（即特许人）与特许被授予人（即受许人）之间通过协议授予受许人使用特许人已经开发出的品牌、商号、经营技术、经营规模的权利。为此，受许人必须先付一笔首期特许加盟费，此后每年按销售收入的一定比例支付特许权使用费，换得在一定区域内出售商品或服务的权利，并须遵守合同中关于经营活动的其他规定。

特许经营被誉为当今零售和服务行业最有潜力和效率的经营组织形式，特别适合那些规模小而且分散的零售和服务业。与其他经营方式相比，它有以下特点：

（1）一个特许经营系统通常由一个特许人和若干受许人组成，特许人和受许人二者之间关系的核心是特许权的转让，特许人和受许人一对一地签订合同，而各受许人（或分店）之间没有横向联系。

（2）特许经营中，各受许人对自己的店铺拥有自主权，即自己仍是老板，人事和财务均是独立的，特许人无权干涉。这不同于直营（正规）连锁店。

（3）特许人根据契约规定，在特许期间提供受许人开展经营活动所必需的信息、技术、知识和培训，同时授予受许人在一定区域内独家使用其商号、商标或服务项目等的权利。

（4）受许人在特定期间、特定区域享有使用特许人商号、商标、产品或经营技术的权利，同时又须按契约的规定从事经营活动。如麦当劳要求受许人定期到公司的汉堡包大学接受制作汉堡包及管理方面的培训；对所出售的食品有严格的质量标准和操作程序的要求，以及严格的卫生标准和服务要求，如工作人员不准留长发，女士必须带发罩等。

（5）特许关系中明确规定了一点，即受许人不是特许人的代理人或伙伴，没有权利代表特许人行事，受许人要明确自己的身份，以便在与消费者打交道时不致发生混淆。在这一点上特许经营关系与代理有本质不同。

（6）在特许经营中，契约规定特许人有权按照受许人营业额的一定百分比收取特许权使用费，分享受许人的部分利润，同时也要分担部分费用。如麦当劳收取的特许费用约为受许人营业额的12%，同时承担员工培训、管理咨询、广告宣传、公共关系和财务咨询等责任。

（二）特许经营及受许人的类型

特许经营主要有以下两种类型：

1. 产品、商标型特许经营

产品、商标型特许经营也被称作传统特许经营方式。在这种形式中，特许人通常是制造商，同意授权受许人对特许产品或商标进行商业开发。特许人可能提供广告、培训、管理咨询方面的帮助。在美国，这种特许大约占所有零售特许商店的70%，最典型的是汽车制造商、大石油公司授权的加油站。

2. 经营模式型特许

这种形式的特许人与受许人之间的关系更为密切，受许人不仅被授权使用特许人的商号，还有全套的经营方式、指导和帮助，包括商店选址、产品或服务的质量控制、人员培训、广告、财务系统及商品供应等。这种经营方式常见于餐馆、旅馆、洗衣房及照片冲印等。麦当劳就是这一特许经营形式中最成功的例子。

受许人也可根据其接受的特许权性质分为以下两类：

（1）区域受许人。即特许人将一定地理区域内的独占特许权授予区域受许人。区域受许人在该区域内可以独立经营，也可以再接受次级受许人经营业务。

（2）复合受许人。一般受许人多为一个拥有一家小店的独立商人，但现在越来越多的特许权是被拥有许多分店的连锁公司所购买，这些公司称作复合受许人。除了特许业务外，它们通常还经营其他业务。它们加入特许体系的目的主要是为闲置资本寻找投资机会或使业务多样化。

二、特许经营的优点与缺点

（一）特许经营的优点

特许经营的优点可以归纳为以下几点：

（1）将经营失败的风险降至最低。对于一个缺乏经验的投资者来说，自己开一家店铺，实行个体经营，是很困难的。有时面对大店的竞争，很容易被挤垮。因此，加盟特许经营系统有时是一种明智的选择。根据国际经营协会统计，国外普通的企业，第一年的破产率达35%，5年后的破产率达92%；而加盟系统的企业第一年是4%～6%的破产率，5年后的破产率也只有12%。投资者选择一家业绩较好且有实力的特许经营企业，有整个加盟系统作为强大的后盾，又可以从总部获得专业技术的帮助，这对于缺乏经验的投资者来说确实是可以放心的。市场竞争是很激烈的，为了避免小本经营被全盘吞没的危险，接受总部的帮助，可以说不论从工作量和心理压力等方面，都会令投资者感到轻松很多。

（2）受许人通常会得到全国性品牌形象的支持。对于加盟者来说，只要能拿出足够开店的资金，借助特许经营总部的商号、技术、服务等，便可以开展事业活动。加盟者由于继承了总部的商誉，在开业之前便拥有了良好的企业形象，易于给顾客亲切感，许多活动都可以在一个好的招牌和制度下受到推动。创业阶段最艰难的一步就是不知如何打开市场，树立形象。实力强大的经营者可以尽量利用广告展开宣传攻势，力争在最短的时间内将自己的品牌留在消费者的印象之中。但一般的中小企业及个体经营者想利用大规模的广告来一鸣惊人，就不大可能了。对于加盟者来说，由于总部已有一定的知名度，且多数已有一定的顾客，所以各加盟店就借助这种商誉和技术来发展。

（3）分享规模效益，将开业成本降至最低。首先是采购的规模效益。特许经营企业一般都实行联购分销，建立配送中心，所以采购成本较低、手续简便、货源充足。相反，一些单店经营的店铺，由于资金、储运措施等有限，所以每次进货都要量出为入，造成每一种商品数量都有限，而且由于采购批量小、折扣较低、货品价格高而无法吸引顾客。其次是广告宣传的规模效应。特许经营企业由于实力雄厚，有各加盟者的支持，往往财大气粗，广告费用惊人，由此创造的商誉也可由各加盟店分享，而各加盟店只需支付千分之一或万分之一的费用。另外，遍布各地的加盟店本身也是一种广告和促销的形象，其作用不可忽视。

(4) 分享企业技术开发的成果。好的公司为了提高整个企业的名誉，会随时开发独创性、高附加值的商品和服务，以其差别化来领先竞争对手，各加盟店可以不必自设技术研究和开发部门，而享受到这种服务。

(5) 加盟者还可以从总部获得其他方面的支持与服务。如通过参加总部的训练课程，加盟者可以弥补本身基础知识和专业知识的不足；总部可以帮助加盟者选择店址，拟定重新装修计划，包括符合所有必须遵从的城市规划或条例的规定；帮助加盟者获得资金，作为购买经营权的部分款项；训练员工；购买设备；挑选或购买货品；帮助加盟者开业并顺利运作；一般小公司最头疼的是招募员工，对于加盟者来说，只要贴出总部统一印制的海报就不必担心人员的缺乏。

通过以上分析可以看出，加盟者既可以拥有自己的业务，又可以从总部不断获得帮助，可谓一举两得。加盟者在特许经营合约的范围内独立经营，可以凭借自己的辛勤劳动赚取最大的经营回报，提高投资价值。尽管在特许经营网络中，加盟者获得的服务和支援都相同，但经营业绩却有好有坏，可见加盟者还是有很大的发挥余地的。许多加盟者将加盟店视为自己的事业，并以此谋生。还有许多加盟者将加盟视为一种高回报的投资，而许多加盟者也确实如愿以偿。

（二）特许经营的缺点

(1) 受许人必须遵循特许人的要求，很少有创新余地。由于总部对全体加盟店的一致性有严格的要求，各加盟店想完全自主经营是不可能的，因为总部必须拥有控制加盟店的权力，以稳定由加盟店提供给顾客的服务或产品的质量。加盟店拥有自己的事业，同时还要接受总部对它的指导和帮助，其代价是接受总部的集中控制。

加盟店从商店装饰、商品陈列，直到经营方法，一律要按总部的规定去做，投资者在这方面没有自由发挥的余地。此外，特许经营体系通常都有一套完整的供给系统，从货品采购、分装到送货、补货，甚至器材供应都是由总部负责的，加盟店对于总部的安排只能全盘接受，不得有异议，自主权很小。而且，总部提供的一切服务，包括采购、运输、器材供应，甚至各项技术指导都不是免费的，会收取若干费用，对于投资者来说，这笔费用一定要被总部收取，各店完全没有选择的余地。因为它们已经失掉选择权，不能另找公司来代为运货和供应。总部这种整齐划一的管理，在总部监督人员并不了解地区性情况时，就会使指导徒有其名，甚至出现瞎指挥的现象，而加盟者很少能有创新的余地，这种集中管理有时可能使一些地区的加盟成员坐失良机。

(2) 如果特许经营总部不擅长业务和管理，会使加盟店受到牵连，使那些满怀希望准备大干一场的加盟店陷入经营和资金风险之中。为了防止这种情况，通常以法律的形式规定准备开展特许经营事业的企业有充分说明契约内容的义务。此外，商业界也组织自发性的活动，搜集有关信息，如日本就设有特许经营协会，为想要加入特许经营组织的店铺或投资者提供对特许经营总部的情况进行调查的机会。

（3）投资者加入特许经营组织，无形中已将自己的投资得失与整个特许系统连在了一起，形成命运共同体。加盟特许经营组织会增强依赖性，几乎一切都要靠总部来安排和指导。过于依赖总部，加盟店会失去独立性，放松经营和销售努力。更严重的是，一旦总部方面有所变化，加盟店会大受牵连，而且难以应变；如果个别加盟店失败，脱离组织，其他加盟店的形象和信用也会受到连带影响，而对总部来说，只是失去了一两个经营网点。

（4）转让或转移加盟店较困难。加盟条约都有条文限制经营业务的转让，这显然会阻止加盟者出售其业务。如果要中止合同，总部出于自身利益的考虑，往往不会轻易同意。如果店主将生意转卖给第三者，或者迁移他地，在未得到总部同意之前，私自行动也是不被允许的，即使该店土地和建筑物都归店主所有。

（5）总部的政策对加盟店的利润有很大的影响。例如，总部可能希望加盟店提高营业额（定期特许经营费正是从中提取的），但加盟者可能更想增加利润，而营业额的提高却未必会使利润增加。总部采取的革新措施一旦失败，会令加盟店蒙受损失。因此，总部应该在直营店内让其新方法经受市场的彻底考验之后，再向加盟者示范采用新的方法。有时加盟者的负担过重，使经营业绩无法表现出来。原则上，总部对各加盟店都是一视同仁的，但有时为了平衡利润率，对各店有不同的要求。如对新开张的店铺，商品的提供、价格的优惠都有所偏重，而负担往往转嫁到老店上，使老店的业绩往往不如新店。另外，总部在地区间政策的调节上也使不同店铺负担不均。

（6）由于合同期限而受制于总部。实行特许经营，加盟店都要和总部签订合约，其中规定的合约期限或长或短，这在一定程度上会影响企业的投资和经营，一旦合同到期，各店又面临新的选择，使经营没有保障。

三、对特许经营权的选择

选择特许经营事实上是一种风险和收益并存的选择，对于加盟者来说，选择特许经营权时就必须慎重，加盟者应该了解特许经营方方面面的知识，并根据自身的实际情况加以判断。

（一）特许经营的费用

特许经营的费用是指受许人为取得特许经营权而必须向特许人支付的费用，包括以下几种形式：

1. 特许加盟费

特许加盟费类似于“入会费”，用以反映特许权的价值及抵消总部的部分开支，包括对店铺和加盟者的评估、培训和监察，以及总部承担的商标或服务商标的注册费用、初始广告宣传费用、员工工资、办公费用、法律及会计服务费用等必要的开支。因此，加盟店在加盟之初向总部支付的特许加盟费是用来补偿总部提供特许加盟服务的成本的。

由于各特许经营系统的特许经营计划有所不同，特许经营加盟费的数量也各不相同，通常没有硬性规定或标准，并且也经常发生波动。一般来说，特许经营系统在创建之初，特许加盟费的水平较低，随着特许经营系统发展的成熟，特许加盟费的水平亦相应提高；知名度高的大型特许经营系统的特许加盟费较高；业务兴旺的特许经营系统的特许加盟费较高，而业务萧条的特许经营系统的特许加盟费较低。在特许经营的加盟合同中，通常会规定总部须为加盟店提供最初的设备及店铺的内部装修，这笔费用当然也由加盟者承担，包括在首笔费用之中。

2. 特许权使用费

特许经营总部定期向加盟店收取费用，以弥补向后者提供服务与支援的成本。原则上，加盟店向总部交纳特许权使用费以换取总部提供的服务，而总部则靠这笔收入作为向加盟店提供服务的经费。所以，特许权使用费的比例应当在特许经营权合同中做明确的规定。在经营中，总部对于应当承担的开支也须按合同的要求认真承担，更不能通过随意或不公平地提高供应给加盟店产品价格的办法来变相地提高特许加盟费。

要评估特许经营费的水平是否适当通常是十分困难的，虽然统计上可以反映出市场上特许经营费的平均数，但各个特许经营体系收费的高低不同，其完全取决于市场上的多种因素。其中，最主要的是总部提供的服务性质及拥有特许权的公司的价值。从总部的角度看，特许经营费是未扣除支出的总收益，以这项收入支付营运经费及作为资本回报；从加盟店的角度看，则希望付出的费用物有所值，能够换回总部的服务与帮助，而且希望这笔费用控制在适当的范围之内。为了确定特许经营费的收费水平，总部需要进行财务预测，计算自己需要多少收入才可以获得所需的营业收益，有关预测应当根据切实可行的增长目标来制定。

从实际情况看，总部应该预计到，在开展特许经营业务最初的几年出现亏损是难免的。一般需要经过 3～5 年的合理增长后才会达到收支平衡。如果总部收取的特许经营费太高，加盟店的收入会随之相应减少。总部应当预测到，当加盟店的利润过低时，加盟店会重新考虑加入特许经营是否有利，从而可能做出退出特许经营系统的决定。除非加盟店可以从特许经营业务中获得合理的利润，以作为投资与辛勤工作的回报，否则便不会加入特许经营。

一般来说，最初的特许经营费用不会超过特许经营总成本的 5%～10%。某些经营成本较低的特许经营权，最初费用占比可能更高。

3. 广告分摊费

大部分特许经营系统都规定由总部负责广告，而加盟店则须为此付出一笔费用。最普通的计算方式与收取特许经营费一样，以营业额的一定百分比作为标准。有些特许经营总部将广告费用包括在特许经营费之内，并承诺会把特许经营费的一定百分比用于广告宣传。如果地方性的广告宣传比全国性的广告宣传更为重要，则总部可能不会要求加盟店分担广告费用，而是规定加盟店必须在指定的地区性广告方面投入一定的资金。

（二）特许经营的风险

加盟特许经营实际上是一种投资，因此受许人必须充分意识到风险的存在，这些风险包括：

1. 道德风险

受许人在选择特许经营时，与特许人在信息上处于不对称的位置，受许人了解信息的途径少，信息量不够完全，信息的真实性、准确性也难以保证，因此，难免会有不法之徒利用加盟者急于致富的心理行骗。美国在《连锁加盟法》、《连锁店统一加盟须知》出台之前，曾经出现过一些不法之徒打着特许加盟旗号诈取加盟金的问题。在缺乏法律保障的条件下，“圈钱”的道德风险确实存在。其实，我国早在几年前就出现过类似企业，本身从未开过一间店，就大张旗鼓地发展加盟店。在加盟者方面，也出现过移花接木，利用总部的技术私自再开分店或把总部的技术传授给他人等。这些都是特许经营的道德风险。国际上知名的特许经营企业对被特许人的加盟条件要求越来越严，因为特许人看重的是企业形象，宁严毋滥，光有钱还不行，还必须具备相应的条件并对欲加盟者进行严格的审查。

2. 经营拓展过快导致规模不经济的风险

经济学告诉我们，经营过程中存在规模经济，但如果企业的自身素质未达到规模经济所要求的水平，企业的效益与利润不仅不会随着规模的扩大而增长，反而会随着规模的扩大而减少，这时就出现了所谓的“规模不经济”。与传统商业相比，连锁商业对企业内部管理的要求高出好几倍，一旦总部有疏漏，很可能酿成企业的重大损失。目前，我国许多企业都急于将加盟店的数量规模扩大，似乎加盟店的数量越多，自身势力就一定越强。其实在加盟店数量增加、企业影响增大的同时，企业的管理压力也越来越大。在加入 WTO 的热浪中，国内连锁商业开始大规模地“跑马圈地”，其中不少人抱着“廉价圈地，高价抛地”的心态，在管理模式、人才储备等条件跟不上门店发展的步伐时，这种心态会犯冒进的错误，必将导致规模不经济。

3. 达不到规模经济要求而导致亏损的风险

特许经营较之单店经营的优势在于特许经营通过品牌、管理模式等的统一达到事实上的规模经济，达不到规模经济特许经营就存在亏损的风险。我国特许连锁业规模普遍较小，据统计，目前我国的连锁超市公司平均拥有门店数量在 10 家左右，多数门店的营业面积在 1 000 平方米以下，年营业额大多不足亿元。

4. “貌合神离”的风险

许多企业认为加盟商按照特许经营者提供的方案将店面装修一致、店内的货品陈列保持一致就是特许经营了。其实不然，仅有外部的一致只是具备了特许经营的“貌”，真正特许经营的“神”在于管理制度的一致。“连而不锁”很难取得成功，譬如天津的某品牌食品企业就是最早搞特许经营的企业之一，加盟店是开了，但产品的品质监控、加盟店的操作管理都没有跟上，结果在北京吃到的该食品和在天津总店的味道大相径庭，最终损害了其品牌，加盟者的创业资金也血本无归。

国内外特许经营成功品牌的一个根本原因就在于操作规范，有一个高质量的加盟手册和可操作的运营手册，使得在世界各地的店铺都能较好地保持一致的形象与风格。然而，调查发现，我国目前连锁品牌中近 30%的企业没有加盟手册，20%以上的企业没有运营手册。倘若特许人不能向被受许人提供规范性的技术输出与管理，犹如给病人输入了不健康的血液，所带来的负面效应将是巨大的，后果极其严重。

专栏 2—12

麦当劳开放特许经营权

近期，麦当劳中国在上海、深圳等一线城市开放对个人的特许经营，申请人须拥有不少于 200 万元资产。目前特许经营方式是转让一家已在营运中的成熟麦当劳餐厅，不需要被特许者自行选址。对于麦当劳开放一线城市特许加盟的做法，有分析认为，受到中国经济增长放缓以及鸡肉销售受禽流感疫情的影响，麦当劳业绩受到一定冲击，很可能为了遏制业绩放缓趋势，减少业务风险，麦当劳加快了中国部分区域开放加盟的速度。但麦当劳方面对此表示，发展特许经营业务是麦当劳在全球许多市场取得成功的关键因素，也将成为麦当劳未来在中国实现快速增长的重要因素。

（三）特许经营合同及其内容

特许合同是一个相当重要的文件，是一种契约，合同对于受许人和特许人都是至关重要的。特许经营合同通常包括以下内容：

（1）尽管基本的契约关系存在于特许人和受许人之间，但合同中还要涉及不是合同当事人的两个关系方。第一方是整个特许网络内的其他受许方，第二方是社会公众，或者说是消费者。特许人和受许人都对这两方负有相当的责任，原因在于体系内的每个受许人都受到其他受许人经营情况的影响。如果某一受许人的经营与特许人品牌或形象相联系的标准不一致，将破坏整体的声誉，影响其他受许人的利益。

（2）特许人在合同中写明对受许人提供的商业诀窍、经营方式、商标和贸易名称的使用权等经营规划。

（3）合同的期限。基本的原则是能够长期维持特许关系。有些特许人不愿签订长期合同，但同时给予受许人续签合同的选择。假如合同中没有授予受许人展期权，这可能意味着特许人不准备同意任何展期或准备索取一笔高额展期费。

（4）受许人初期和后期的义务。受许人应遵循特许人的要求承担创办业务的财务负担，并在以后的经营中遵守操作、记账和其他管理规定，以保证双方都能及时获取主要信息。这些管理规定详细记载于操作手册中，在培训期间特许人就将操作手册介绍给受许人，操作手册是受许人在开业后从事经营活动的参考指南。

（5）对受许人的经营控制。这是为了保证经营的标准和规范能够得到有效的执行，因为一个业务单位不能保证经营的规范会损害整个体系的利益。经营控制措施会详细地写在操作手册中。合同中会明确双方的义务，而操作手册则解释这些义务要如何执行。

（6）合同的中止条款，即在什么样的情况下可以中止合同。此时应考虑受许人的处境，以避免其极不情愿地中止合同。中止合同的后果通常是受许人保证停止显示其与特许人的一切关系，不再享有特许人的商标、名称和其他权利。此外，受许人还有义务在一个时期内不与特许人或其他受许人竞争，也不得利用特许人的管理规范和其他经营技巧。

（7）合同中还应包括特许人评价购买者的准则和购买的程序。有些特许人在合同中明确表示：假如受许人愿意出售自己的业务，特许人将有优先购买权。

（8）合同中会规定如果受许人死亡，特许人将帮助保护企业的资产，假如受许人的家属有能力和有资格做一名受许人，则由其继续经营。

（9）合同会规定一些财务交易方面的问题，如特许人本来经营许多分支店，而现在特许人想把其中的一些分支店转换成特许店，这涉及把店铺出租给受许人的问题。再如，特许人为了保证分店地点的选择恰当，会买下或租下店铺，再转租给受许人。

（10）仲裁。仲裁实际是由双方选择的仲裁人进行的私下诉讼，它的优点在于整个程序是私下进行的。选择仲裁人可以依其对企业的专业知识而定，仲裁的时间可以依据双方的方便而定，双方还可以设定仲裁的规则，这样可以节省时间和费用。

（四）选择合适的特许经营权

特许经营是一种回报较高的营销方式，但高回报伴随着高风险，即使在特许经营高度发达的美国，特许经营店的失败率也高达45%。因此，在选择特许权时，应注意以下几方面的问题：

（1）特许人应该具有相当成熟的品牌、服务、技术等，能为受许人提供各方面的支持。

（2）受许人自身的条件，包括受许人必须愿意长时间地亲自参与经营活动；具有高度的与人相处的技巧、迫切的学习愿望、充足的后备资金以渡过某些困难时期等。

（3）受许人也应考虑自身条件是否与特许企业吻合，如受许人是否对该行业真正感兴趣；是否能接受特许企业的企业文化。目前有许多发展前景相当好的特许企业给受许人提供了很大的选择空间，但如果受许人只考虑赚钱而忽略了自己的兴趣，将难以取得成功。另外，特许企业存在一个文化系统，一旦加入就带上了特许人的商标，必须按特许人的观念从事运作，因此，受许人在选择特许企业时必须了解它的企业文化是否符合自己的个性，自己能否接受它的经营观念，如果两者格格不入，最好放弃，否则勉强加盟，也不会融合进去。

（五）特许经营的可行性研究

一个组织或个人如果想发展特许经营事业，必须制定出完善的特许经营计划。这里我们主要探讨特许经营的可行性研究及特许经营的预算。

特许经营的预算是财务部门的职能，预算可以分为以下三个方面：

（1）资金。受许人应说明所需资金的预算，在购买特许权时，特许人在公开文件中列出受许人所需资金的详细情况，假如特许合同需要展期，则要列出进一步的资金款项，还要说明是租赁还是购买。

（2）利润。受许人应估算预期的业绩，需清楚地知道每月能创造多少利润。当业务开展以后，特许人还应根据自己的经验对预期利润做出修正。

（3）现金流动。受许人还必须将现金流动率保持在一定范围内。

四、特许经营中的冲突

特许经营中特许人与受许人之间的关系可能是商界最复杂的一种关系。特许经营常被比作“商业婚姻”，这说明在法律和商业关系背后存在着长期和高度相互依赖的个人之间的关系。对特许经营有广泛研究的澳大利亚心理学家纳森（Gregory Nathan）在其书中写道：“如果我们忽视了特许经营中情感、动机和行为等人的因素，我们就忽视了特许经营关系。”

特许人与受许人发生争执的主要原因有：

（1）受许人在与自己毫无关联的行业从事特许业务。

（2）特许人提供的支持低于受许人的期望。

（3）特许人在同一个地区开店太多而影响了受许人的经营。

（4）营销或广告活动不当。

（5）特许人不能有效地在特许经营系统中进行沟通。

（6）特许人未能批准对现有特许权的购买。

（7）没有足够的理由收取相关的费用。

（8）经营程序或政策的改变增加了受许人的开支。

（9）受许人对由特许人定价和必须向特许人购买的产品价格结构担忧。

（10）特许人对特许经营的情况说明不恰当，以及受许人对特许经营的期望不现实。

上述因素不仅与特许经营理念和经营模式的可行性有关，更与特许人与受许人之间关系的后继管理分不开。双方如果能更好地理解这种关系的机理或有更现实的期望，这些行为是可以纠正的。以下两个方面需要特别加以注意：

（1）建立平衡的特许经营关系。消除潜在冲突最重要的因素是盈利性。如果受许人的经营业务无利可图，那么发生冲突的可能性自然会增大。特许经营之前的可行性研究应该从特许人和受许人双方的角度确定将要进行的特许经营在财务方面的可行性，权利金和广告费也要做相应的安排。但盈利只是平衡关系中的一部分。特许经营模式对受许人的经营在各个方面都有系统、模式和操作上的要求。对受许人自由的限制对于保证标准化和统一性是必要的，但是不必要的、不合适的和不近人情的限制有可能会在以后引发争执。当因市场条件或者特许人的行动导致盈利水平下降时，更会出现这种情况。

（2）理解特许经营关系。特许经营要获得成功，就必须理解特许经营关系错综复杂的相互依赖性，并要制定策略来处理这种超越法律和商业关系的动态个人关系。几乎每一个受许人都必须亲历这种互动的过程，特许人和受许人都应该了解这一过程，以免被某些阶段中不可避免会出现的关系紧张搞得措手不及。

本章小结

1. 所有面向个人消费者的销售活动都称之为零售，它是商品流通的最后环节。零售商作为直接为最终消费者服务的商业单位，具有从业人数众多、活动呈现明显的时间性和季节性、存在生命周期现象等特点。

2. 从经营形态（或称业态）上零售可分为实体零售和非实体零售两种类型。其中实体零售商店包括食品类零售店和非食品类零售店；而非实体零售即无店铺零售，可分为直接销售和直销。

3. 互联网的出现引发了销售模式的革命。网上直销相对于传统营销在营销理念、营销组合策略和营销手段三个方面均有所创新，同时网上直销也表现出明显的经济性。

4. 连锁经营按照不同的标准可以划分为不同的类型。与传统零售商店相比，它具有四个主要特征：组织联合化、经营统一化、作业专门化和管理规范化，其优势和不足也十分明显。

5. 特许经营是指特许人与受许人之间通过协议授予受许人使用特许人已经开发出的品牌、商号、经营技术、经营规模的权利。加入特许经营既有利益，也存在风险。因此，选择特许经营权时应充分了解特许经营的费用、风险、特许经营合同及其内容，并结合自身的情况进行可行性研究分析，同时还要能正确化解特许经营中的冲突。

思考题

1. 阐述零售商的主要特点。
2. 阐述连锁经营和特许经营的区别。
3. 试分析零售业态变化的规律，你同意说它们的生命周期也有越来越短的趋势吗？你认为未来 5～10 年会有什么新型零售业态出现？
4. 讨论直销在我国未来发展的前景如何并说明需要克服的障碍主要有哪些。
5. 目前有哪些主要的零售业态？分类的依据是什么？
6. 加入特许经营有哪些利益和风险？如何减少风险？
7. 零售业竞争的要点是选址、商品组合、存货控制，还是服务？
8. 你认为哪些领域特别适合网上零售？

案例

星巴克中国放弃特许经营

2014 年 10 月 24 日，星巴克宣布，已经取得北京美大咖啡有限公司 90%的股份，收回了京津地区的经营权。至此，星巴克在中国彻底放弃特许经营。

针对这次回购，星巴克认为在中国市场获得更多股权是星巴克全球战略的重要部分，星巴克计划在国际市场新开 2 万家门店，其中一半将落户亚太地区，而中国将成为星巴克最大的国际市场。

星巴克在全球普遍推行合资公司、许可协议、独资自营。星巴克的策略比较灵活，它会根据各国各地区的市场情况采取相应的合作模式。在星巴克看来，中国这个习惯喝茶的古老国度，咖啡市场应该很有限，再加上对中国市场的陌生，所以当星巴克准备进入中国的时候，选择了能有效规避风险的特许经营方式。然而没想到的是在短短的几年时间里，中国区很快便成为星巴克全球业务中的一个亮点。

随着星巴克在国内市场的走势一路良好，消费群体也逐渐稳定，原有的特许经营的利润模式已经不能满足星巴克在中国的发展需要了。举个例子，有资料显示：2001 年上海星巴克的收入超过 6 000 万元，2002 年超过 1 亿元。按照餐饮行业，尤其是咖啡饮料店的净利润普遍在 20%～30%推算，上海星巴克在两年内就获得了 3 200 万元以上的利润。但按照当时的股权结构，星巴克只有 5%的专利股份，也就是说星巴克公司仅能分得 5%的利润，即 160 万元左右。利润使星巴克日益认识到持有更多股份的重要性。

此外，星巴克的特许经营面临一些问题。一个原因是，由于加盟者素质参差不齐，导致对品牌、文化的理解也不尽相同。收回特许加盟权以规范市场，似乎也合乎常理。

资料来源：《星巴克股权收购“转型直营”的背后》，http://www.csai.cn/chuangtou/558209.html。

问题：

1. 星巴克为什么会对中国消费者形成误判？
2. 星巴克收回特许经营权后还面临什么问题？

第3章

批发商——企业分销中介

学习目标

- 掌握批发商的定义、职能与构成
- 了解代理商的定义和分类
- 了解生产企业自营销售组织的发展规模与趋势
- 了解网上 B2B 渠道的发展

北京动物园批发市场（简称动批）作为北方地区最大的服装批发集散地，主要有东鼎、天和白马、众合、天皓城、金开利德、世纪天乐等服装批发市场。2015 年 1 月，动批天皓成服装批发市场内，一家服装店高挂“撤店甩货”的手写海报。该市场已经摘牌撤市，大部分商家已经离开。2014 年，整个动批市场的摊位数减少了 1 300 个，占总数的 10%。12 家市场之一的天皓成市场，也已摘牌撤市转型。2015 年，动批减少摊位的数量预计也在 1 300 个左右。有人认为，动批的搬迁成本很大，例如，粗略估算，少说一个店面 50 万元，1 万个店面多少钱？50 亿元。只能是租赁的不续租，买断的合并档口升级，发展线下交易。

批发商是传统销售渠道中的一个重要机构。研究批发商将有助于企业制定有效的销售渠道策略。现代批发由三种主要类型的批发商组成，即商人批发商、代理商以及制造商的分销机构或销售办事处，三者都具有分销功能，后两者在发展过程中进一步形成了自身的鲜明特点。

第1节　批发商的职能与构成

在分析批发商的类型、经营方式以及批发商的选择问题之前，我们先从性质、作用上了解为什么会存在批发商。

一、批发机构不同于零售机构

批发机构的性质不同于零售机构，主要表现在以下几个方面：

（1）销售对象不同。批发商从事的是企业之间的商品买卖，一般不直接同消费者发生交易，批发商的交易结束后，商品没有成为最终消费品。而零售商从事的交易是把商品直接卖给个人消费者。

（2）销售批量不同。零售商的销售对象是最终消费者，而最终消费者购买商品是为了个人或家庭的生活消费，因此购买量较小。而批发商的销售对象是企业、机关用户，这些用户的购买量都较大。人们往往有一种误解：零售商的销售额大于批发商，理由是零售商从批发进货以后，加上一定的毛利再转卖给消费者。其实，批发商的销售额要大于零售商，因为零售商只将商品转卖一次，而商品在各级批发商之间有时要经过多次转卖。

（3）地区分布不同。零售商特别是为数众多的小零售商分散在全国各地的消费者聚居处，而批发商是为生产企业、各种公司用户和广大零售商服务的，所以一般集中在经济中心城市或交通枢纽地。

二、批发商为制造商提供服务

制造商的分销渠道为什么需要批发商？首先，批发商与当地的客户有长期的合作，联系紧密，尤其在企业推出新产品或进入新市场时，这种现成的市场或客户资源就显得更为重要；其次，批发商可以为制造商提供销售人员，与客户保持密切联系，这些业务人员一般比制造商的销售代表更了解市场，更了解顾客需求；再次，批发商可以较低的成本为供应商处理当地的小额订单和保持库存；最后，批发商可为制造商提供融资服务。

从制造商的角度看，批发商为其承担了以下营销职能：

（1）市场销售与沟通职能。批发商通过其销售人员的业务活动，可以使制造商有效地接触众多的小客户，从而促进销售。当制造商的市场是由众多地域分布广泛的较小客户组成时，这一职能尤为突出。

（2）市场覆盖职能。随着全国统一市场和全球统一市场的形成，制造商的产品市场地域分布越来越广泛，市场覆盖率已成为市场占有率的先行指标，产品有一个广泛的市场分布，意味着顾客能随时随地方便地接触并得到产品，而这一点显然是批发商的长项，至少在短期内如此。

（3）仓储运输职能。批发商通常负责货物的储存和运送，由于批发商一般距零售商较近，可以很快将货物送到顾客手中，并降低供应商和顾客的存货成本和风险。

（4）订单处理职能。批发商可以满足当地的小额订单客户。由于批发商往往经营同一大类不同厂商多品种、多规格的产品，因此更适合那些小批量、多品种采购的顾客。如汽车修理店的零部件采购，就更适合通过当地的汽车零部件批发商。

（5）传递市场信息的职能。批发商可以向供应商提供有关买主的市场信息，诸如竞争者的活动、新产品的出现、价格的剧烈变动等。

（6）客户服务职能。客户除了购买商品，还需要各种形式的服务，如产品调换、退货、组装、送货、维修和技术支持。制造商自己直接从事这些活动显然开支太大又收效甚微，所以，实际上是制造商雇用批发商为自己完成这些职能。

归纳起来我们可以看到，批发商的经济角色就是将制造商用于营销的支付转化成自己的生意，从提高社会总资源利用效率的角度来讲，达到了双赢。

三、批发商为零售商提供服务

在个人消费品市场上，批发商最终要靠零售商完成商品的销售，二者利益一致，因此，批发商会尽力满足零售商的需要，并努力帮助、培训和激励零售商成为更有效的经营者。对零售商来说，传统批发商的作用可归纳如下：

（1）批发商经常帮助零售商培训推销人员，布置商店，建立信息系统、管理程序、会计系统和存货控制系统，提高零售商的经营效益。

（2）配货职能。批发商替顾客选购产品，并根据零售商的需要将各种货物进行有效的搭配和送货，为顾客节约时间。

（3）提供合作广告和促销支持。

（4）及时调换有缺陷的产品。

四、批发商存在的合理性

19世纪，西方国家的批发商在分销渠道中占有重要的地位。一方面，那时资本主义还没有发展成为垄断资本主义，许多小制造商要依靠批发商推销和储存产品。另一方面，许多小零售商也要依靠独立批发商储存、供应货物和借贷资金。到20世纪二三十年代，由于集中和垄断的发展，市场竞争激烈，制造商纷纷设置自己的推销机构，跨过批发商将产品直接销售给零售商，甚至直接卖给最终消费者。同时，美国连锁商店发展很快，这种大零售商财力雄厚，进货量大，通常设有自己的采购机构，也不通过批发商进货，而是直接向制造商大量采购货物。在大制造商和大零售商的两面夹击下，批发商的地位有所下降。

20世纪20年代，曾有人预言，随着制造商和零售商的发展壮大，随着连锁店的兴起和发展，批发商的日子将屈指可数。批发商到底还有没有存在的必要呢？其实简单分析一下就可发现，只要存在着以社会分工为基础的社会化大生产，只要商品流通中的种种矛盾仍然存在，批发商就有其存在的必要性和积极作用。这是因为，在以社会分工为基础的社会化大生产条件下，批发商所执行的职能是不可替代的，具体表现在以下几个方面：

（1）小型制造商财力有限，无法单独设立直接的销售部门，只能求助于批发商。即便是一部分财力雄厚的制造商，为保持在制造上的优势，也宁愿把钱投在生产设备上，而不愿投资于费用高昂的分销渠道中，因此也不设置自己的销售部门。

(2) 在渠道的另一端，零售业仍存在大量个体、小型独立店，它们也势必要依靠从大大小小的批发商处小批量购进商品。

(3) 由于批发商在分销上可以享受规模经济（即可以享受到由于大批量购销而产生的费用成本的节约），而且与零售商网点接触广，还具有进货、批发的专门技术，这些优点使制造商愿意与之合作。

(4) 由于许多零售商经营商品品种繁多，从节约交易费用、降低交易成本的角度来讲，也不可能与单个厂商进行交易，而愿意同批发机构打交道。即便是家乐福这样的大型连锁公司，在采购瓜子一类小食品时，也免不了要与批发商打交道。

从上述分析可知，批发商之所以有其存在的必要性，主要是与零售机构相比，它有自身的特点，能为制造商、零售商以及其他机构提供多种服务。

五、批发商的分类

按照不同的划分方式，批发商可以有以下不同的分类：

(一) 按经营商品的范围分类，批发商可以分为三种类型

1. 普通商品批发商

这类批发商是指经营品种繁多的普通商品的商人批发商，销售对象主要是杂货店、五金商店、药店、电器商店和小百货商店等。产业用户市场上的普通商品批发商一般是工厂供应商，它们直接面向产业用户销售品种规格繁多的原材料、零配件、设备和工业用品。

2. 大类商品批发商

这类批发商专门经营花色、品种、规格、厂牌等非常齐全的某一类商品，同时还经营一些与这类商品密切相关的商品。例如，大类食品杂货批发商不仅经营罐头、蔬菜、水果、粮食、茶叶、咖啡等食品，而且经营肥皂、牙膏等日用品。

3. 大宗商品专业批发商

这类批发商是指专业化程度较高，专门经营某一大类商品的商人批发商。如专门经营钢材、水泥、棉花、谷物、石油等大宗商品的批发商，它们一般规模巨大，拥有相对固定的客户资源和专门的储运、加工设备。

(二) 按照职能和提供的服务是否完全分类，批发商可分为两种类型

1. 完全职能或完全服务批发商

这类批发商的特点是持有存货，有固定的销售人员，提供信贷、送货、协助管理等全套服务。

2. 有限职能或有限服务批发商

这类批发商是指为了减少成本费用，降低批发价格，只执行传统批发商的一部分职能或提供一部分服务的批发商。这种批发商又可以分为：

(1) 现购自运商。现购自运商经营有限的周转快的产品线，它们向小零售商销售并收取现金，不赊销，一般也不负责送货，顾客要自备货车去批发商的仓库选购货物，当时付

清货款。一般来说，现购自运商都是小零售商的股东。

（2）承销批发商。通常经营煤、木材、大型设备等大宗、高成交额的商品。因资金投入大，它们不是先买后售，而是先收到客户订单，再与生产商联系订货，并由生产商根据交货条件和时间直接向顾客发货。从收到订单时起，承销批发商就拥有这批货物的所有权，并承担风险，一直到将货物送交顾客时为止。由于承销批发商不持有存货，因此经营成本较低，可以为顾客节约成本。

（3）货车批发商。它们往往开着车送货上门，通常是在固定时间、按固定线路访问固定客户。货车批发商销售的产品极为有限，主要销售生鲜易腐食品，如牛奶、面包、冷饮等，客户则大多是小食品店、餐馆、超市、医院、自助餐厅等。

（4）货架批发商。是指专营非食品的家用器皿、化妆品、简装书、小五金商品等的批发商。货架批发商直接在零售店内设置货架，展示商品，管理进货，这意味着批发商要等商品售出之后才对零售商收款。在此过程中，货架批发商承担了送货、上架、持有存货和融资等多项职责，即由生产厂家或批发商将商品摆在零售商分给它们的货架上，自己管理送货、补货，有时还做现场促销。待货品销出后，定期与零售商结算。我国现在一些百货公司或商场内的货架出租实际上就是这种性质。

专栏3—1

宝洁公司

徐州万吉商贸是日化巨擘宝洁公司的中国分销商，年销售额超过1.5亿元，一度在宝洁庞大的经销商体系中排名第27位。然而，在2010年末，它宣布停下已经做了七年的宝洁生意，撒手不干了。

毅然扔掉在外界眼中仿佛金钥匙的宝洁代理权，甚至不惜以对簿公堂的方式与老东家兵戎相见，徐州万吉怎么了？显然，这样的追问需要放置到日化行业的大变局中，方可觉察其弦外之音。

纵横中国市场二十余年，宝洁已经走过了与中国市场的蜜月期。即便其财务数据每年都保持着光鲜的增长，但随着立白、纳爱斯、霸王等本土日化品牌的强势崛起以及联合利华等跨国军团的应势还击，宝洁（中国）一马平川的过往胜绩已难复制。

资料来源：《宝洁经销商新年大逃亡》，http://money.163.com/11/0218/09/6T5S8STJ00253G87.html。

六、批发商的选择

既然不同批发商在经营商品的种类、所处地理区域及完成职能多少等方面有较大的区别，那么生产企业在选择批发商时，就应根据自身产品的特点、市场分布范围及财务状况等条件，制定对批发商的选择标准，具体需要考虑的条件如下：

（1）要考虑批发商业务范围的地理分布区域与企业目标销售区域是否一致。如果企业所推出产品的市场分布范围是有限的，或先在有限的市场上销售成功，再扩大到更广的市场范围，这时企业就应选择区域批发商而不是全国批发商。

（2）要考虑批发商所经营商品的范围及其顾客群是否与本企业产品的目标顾客群一

致。例如，一家生产洗发水的企业就应选择全国性的大类商品专业批发商和地区性的普通商品批发商。因为洗发水商品的顾客分布范围广，又属于便利品，应在各小百货店、杂货店、超市出售。

(3) 要考虑批发商的市场营销能力。生产企业利用批发商主要看重其开拓市场、扩散产品的能力。产品一旦由批发商购进，其市场营销能力就决定了产品能在多大程度、多大范围内实现其价值，从而制约着生产者的生产规模、生产速度甚至新产品开发的成败。因此要选择那些业务联系广、人员素质高、促销能力强和经营规模大的批发商。

(4) 要考虑批发商掌握和反馈市场信息的能力。生产企业通常不接触最终用户，但又十分需要来自最终用户的信息反馈，而批发商由于业务范围面广，对有关专业市场的供求及竞争状况会有其独特的信息来源，因此选择批发商时要考虑批发商是否有较强的掌握和反馈市场信息的能力。

(5) 要考虑批发商的合作精神及能力。生产企业和批发商作为交易中的买方和卖方，既然是一种合作关系，就必然会产生一些矛盾，若解决不好，将影响双方的利益，所以生产企业应选择那些乐于并善于合作的批发商作为营销网络系统成员。

总之，在选择批发商时，应综合考虑其竞争优势，以确定是否符合自身所需。批发商的竞争优势包括市场开发优势、财力优势、服务优势、速度优势、成本优势、信誉优势、经营灵活优势等。

第 2 节　代理商

代理商与批发商的本质区别在于代理商对商品没有所有权，它们不经营商品，而只是代表买方寻找卖方，或代表卖方寻找买方。代理商是独立自主经营的企业，不是代理企业的雇员，所以其报酬是佣金，而非薪金，佣金大约占销售额的 2%～6%。又由于没有独立投资，其在商品分销过程中不承担经营风险，赚取的也不是经营利润。

一、代理商存在的合理性

代理商的经营范围一般较狭窄、专业性较强，所承担的职能基本限于协助完成商品所有权的转移，而不涉及批发商通常承担的实体分销、融资、风险承担等职能。很多代理商只需一间办公室、一台电脑、一台打印机及一个传真机。在现代社会中，代理商以其专业的市场和商品知识，行业内广泛的客户联系，迅速获取信息，强力推销及谈判的能力，确实为社会所需，为生产企业开拓市场、寻找客户所需，为提高营销网络系统的效率所需。

代理商的渠道优势主要表现在以下三个方面：

(1) 代理商对其代理区域的市场比较熟悉，有成熟的客户关系网络，生产商可利用这一优势“借鸡生蛋”，快速抢占市场，取得先发优势，然后再考虑是否建立自己的销售组织。

(2) 规避经销风险。对不熟悉的经销环境，制造商如果贸然进入会面临很大的风险，通过选择可靠的代理商可以最大限度地规避这种风险。

（3）运营成本较低。由于代理商的主要收入是佣金，相对于自建分销网络来说制造商就可以节省投入。

由此可见，与其他中间商相比，代理商更适合运作市场范围大、要求铺货快、占领市场快、回款快、风险程度低、相对成本低的商品。不过，代理商也有许多种，制造商与之合作前应关注其各自的特点。

代理商的存在，有其一定的经济学基础。在现代经济学中，代理商所从事的活动被定义为一种契约约定下的关系。在这种契约下，一个人或一些人（即委托人），授予另一个人或另一些人（即代理人）为他们的利益而从事某些活动的权利，其中包括授予代理人某些决策权。美国学者约翰逊（Johnson）等认为，这种委托—代理关系起源于信息的非对称性。所谓信息的非对称性，是指契约关系中的一方在某一方面掌握着“个人信息”，即这些信息只有他自己了解，而另一方并不了解。例如，一家服装公司生产了一批服装，按合同规定应在 12 月上旬交货给外商，但由于某种原因，这批产品到了 12 月初才生产出来。此时已经无法按原来的海运方式，而只能空运了。该公司在空运方面没有经验，不知如何操作，这时只有委托一家专业的国际运输公司承揽该业务，以便按客户要求及时将货物送达目的地。换言之，该国际运输公司非常了解空运业务，这家服装公司却不了解。

在市场经济发达的国家，代理商非常活跃。生产企业一般不直接面对成千上万大大小小的用户，而是将产品委托给专业流通企业代理，或者将产品卖给大型流通企业，这样可以很快地收回资金，而不必冒资金难以收回或形成“三角债”的风险。日本索尼公司的创始人、工商界巨子盛田昭夫曾指出：“若没有代理商，我简直不知道营销中将面临多少困难，你可以派出自己的常驻代表，但即便如此，你也必须通过当地代理网开展工作，或通过掌握这种代理网的某个人开展工作。”

专栏 3—2

洋行在中国的兴衰！

洋行是近代外商在中国从事贸易的代理行号。18 世纪 60 年代，中国兴起散商贸易，随之产生外商代理行号。1840 年以后，外国在华洋行日益发展，是外国对华进行经济侵略的重要工具。从 19 世纪 70 年代初期起，为适应中西交通及贸易方式的变革及对华贸易难以全面大幅度增长的情况，在华洋行特别是资力雄厚的老牌大行，开始实行代理华商经营制度，调整原有的经营方向。到 70 年代中后期贸易萧条时期，一些大洋行都把各自的力量从商品贸易的投资及收取佣金的代理业务转移到加工制造、航运、保险、金融等贸易的辅助业务上去。在这个阶段，轮船运输业仍然是洋行商人扩张势力的重要领域，与此同时，洋行商人向生产领域的投资增加。自鸦片战争到中日甲午战争的 55 年中，洋行商人投资创办的各类工厂企业共计 191 家，其中 1870 年以后创办的计 116 家。

资料来源：《外国在华洋行》，百度百科，http://baike.baidu.com/link? url=QWMJdq6q0lf_6p4Z2ktelwpX5Z5hDfoRV_8UoWCrEIj28oEw5vMLVgSSLdQzztiD。

二、代理商的分类

根据承担职能的不同，代理商可以分为以下几类：

（一）制造业公司代理商

制造业公司代理商也称制造商代表，在代理商中所占比重最大，主要任务是为签约的制造商寻找顾客，推销产品。不过，这类代理商只被委托代理制造商的部分产品，而且无权选定交易条件和价格。它们一般与两个或多个生产互补产品的制造商签约，在制造商分配的销售领域按与制造商约定的价格政策、订单处理程序、送货服务和各种保证为制造商推销产品。可见，这些制造商代表更像是制造商的推销员。虽然它们同时为几家企业做代理，但产品是互补的，而且代理的商品品种范围有限。

制造公司代理商主要适用于以下几种情况：

（1）新建的小公司，自己没有力量雇用外勤推销人员（驻在外地），或产品品种十分有限，雇用专职推销人员不合算。

（2）一些大制造商在开发新的地区市场时，因不确定性较大，可先雇用这类代理商，待销路打开、市场销量上升以后，再派出自己的销售人员或设立销售办事处。

（3）还有一些大制造商，在市场潜力较大、发展较成熟的地区派自己的推销员，而在潜在购买者数量有限、市场分散的地区委托代理商去推销，可相对降低成本。

制造业公司代理商大多是小企业，雇用的推销人员数量不多，但都十分能干。在某些行业，如家具、服饰品、大宗商品、食品及汽车配件等领域，它们的作用十分显著。

（二）销售代理商

销售代理商和制造业公司代理商有很大的不同。销售代理商被授权销售制造商的全部产品，并对交易条件、销售价格有较大的影响；销售代理商的推销范围一般不受地区限制；每一个制造商只能使用一个销售代理商，而不得再委托其他代理或设置自己的推销机构。此外，委托的销售代理商也经营与被委托人相竞争的产品。

一般来说，那些需要集中精力解决生产和技术问题的企业，或是自感营销力不从心的企业会利用销售代理商。销售代理商通常规模较大，不仅负责推销，还负责广告促销，参加国内外展销，调查市场需求变化，向生产企业提出改变产品设计、款式、定价等方面的建议。

（三）采购代理商

采购代理商根据协议为委托人采购、收货、验货、储存及运交货物。例如服装市场上通常有大量的采购代理员，他们受托为各种零售商采购合适的服装、服饰和用品。

（四）佣金商

佣金商一般在批发市场上有自己的摊位和仓库，可替委托人储存、保管货物，且有责任替委托人发现潜在的客户，获得优惠的价格，打包、送货，提供市场信息及短期商业信用。佣金商对委托代销的货物有较大的自主权，且因储存、保管的货物多为生鲜易腐商品，必须因时制宜，抓住销售机会。佣金商卖出货物后扣除佣金和其他费用，将余款汇给委托人。

（五）进口和出口代理商

这类代理商的数目和规模很大，它们通常在各国港口设有办事处，专门替委托人从国外获取供货来源或向国外推销产品。它们在进出口贸易及企业进入国外市场过程中的作用十分显著。

专栏 3—3

互联网时代如何收取专利代理费

“互联网＋”这个标签随处可见，知识产权服务业在这个标签下被热议的话题是“免费”。由于专利代理行业相对较高的企业设立门槛以及从业人员门槛，专利代理领域的免费服务话题远不如商标代理领域那么热闹。事实上，专利代理人不可或缺。对于方案简单的申请，申请人的技术方案水平偏低，要确保授权，甚至确保维权，这需要代理人创编专利文案；对于有些技术内涵的申请，企业要想以较高的撰写质量有利于后期保护，就要多支付代理费。

资料来源：《“互联网＋”免费浪潮下如何收取合理专利代理费?》，http://mt. sohu. com/20150701/n415960447. shtml。

（六）信托商

信托商接受他人的委托，以自己的名义向他人购销或寄售物品，并取得报酬。信托商具有法人地位，在交易活动中多选择远期合约交易，一般要签订信托合同，明确委托事宜及相应的权利。信托商的具体形式有以下几种：

（1）委托商行，是面对消费者进行零售的信托商形式。以零售形式接受顾客委托，代办转让出售。

（2）贸易货栈，是从事批发业的信托商形式，是一种古老的居间性商人。贸易货栈的主要功能是在买卖双方之间起代理作用，即代客买卖、代购、代销，同时兼其他服务功能，如代存、代运等。委托人一般要付一定的佣金。

（3）拍卖行，是接受委托人委托，以公开拍卖的方式，组织买卖成交的信托商。拍卖方式在零售中较少见，主要在批发行业中采用，而且通过拍卖行以公开拍卖的方式进行批发的主要是质量、规格不标准，不易分列等级的蔬菜、水果、茶叶、烟草、羊毛皮等农产品和工艺品。

三、对代理商的选择

对代理商通常有以下几种选择方式：

（一）独家销售代理与一般销售代理的选择

独家销售代理是指在某个协议规定的市场范围内，在一定时间内对某产品的销售具有独家代理权，但它不拥有商品所有权，不承担信用、外汇或市场风险，所得报酬按商品销售量的一定比例抽取佣金。代理商的任务是接受订单和发货。代理商接受订单后转交给制造商，制造商可直接将货物运送给顾客，顾客亦可直接付款给制造商。因此，在一般情况下，代理商不必维持存货。制造商依地域划分独家代理区域是由于其产品的市场销售面广泛，不可能由一家代理商承揽所有产品的销售业务，同时，亦是为了达到代理商分工负责的目的。另外，由于制造商生产多类产品，一个代理商不能同时代理多类产品，所以在同一地区也可能依产品性质不同、种类不同，设立互不侵犯的几个独家销售代理。

采用独家销售代理的优点主要有两点：一是独家代理商更乐于承担在代理区域内的广告宣传和售后服务，这样既能收到较好的宣传效果，又能享受到收益；二是制造商更容易获得代理商的充分合作，没有竞争者，易于沟通。

采用独家销售代理的缺点主要是：若独家代理商销售能力弱，销售业绩不佳，委托企业无法插手其独家代理销售区域的销售事务，只能等到合同期满后才能更换不称职的独家代理商。

一般销售代理商与独家销售代理商的主要区别在于：制造商在委托一般销售代理商的代理范围内，还可利用其他的代理商。但是经由其他代理商成交的交易，也要向这个一般代理商支付一定的佣金，不过数额较低。委托企业选择在同一代理区域中拥有多家代理商的目的是让它们共同替厂商开发这一市场。

采用一般代理商的优点主要有：(1) 共同开发市场。由于不同的代理商有不同的销售网络，厂商同时运用数家代理商便意味着同时拥有更多的营销网络。(2) 代理商之间可以互相竞争。在一个代理商不积极或业绩不佳时，制造商仍可以依靠其他代理商，代理商之间的竞争比较激烈。(3) 一般代理方式无垄断销售的嫌疑，更符合商品流通自由的潮流。

但采用一般销售代理商也有一些缺点：(1) 易于造成代理商之间的恶性竞争。特别是在同一市场内争取订单时，往往采用降价的方式，因而可能导致企业产品价格螺旋式下降。(2) 代理商之间相互推脱广告宣传和售后服务责任。由于若干代理商拥有同一市场，某一代理商对广告宣传和售后服务的投入，大家都受益，以致谁都不愿意多投入。(3) 与独家代理商相比，一般代理商的士气和积极性要低落一些。这一点在汽车销售代理中得到了证实。

(二) 买断代理商与佣金代理商的选择

从严格意义上说，买断代理不是真正意义上的代理，但在海外的商务活动中的确存在这种形式。

对委托方来说，买断代理的优点主要有两点：(1) 买断代理商一般资本雄厚，有较完善的销售网络，销售能力较强，商誉较好，同时还负担广告宣传费用或广告宣传义务。因此，企业考虑其实力同意授予“买断代理权”，有的厂商特别是名牌商品厂商，甚至同意授予其“独家买断代理权”。(2) 委托企业风险小。一旦合同签订，其后的风险一概由买断代理商承担（质量问题除外）。

对买断代理商而言，其利益主要在于两个方面：一是货源有保证，特别是经营名牌商品市场有一定的保障；二是利润比佣金代理商高，买断代理商的收入由买卖差价的大小决定，一般比佣金代理商高。

对委托企业来说，采用买断代理方式对代理商的控制程度较佣金代理小，对销售过程和价格的控制差。所以，一般而言，代理商一方对名牌产品更乐于接受买断代理；而委托方企业则只愿意将买断代理权授予那些资本雄厚、商誉好、推销能力强的代理商。

第3节　生产企业自营销售组织

生产企业的自营销售组织与企业生产部门相对独立，它实际承担着企业产品的分销职能。当生产企业由于某种原因决定不采用或仅部分利用中间商（包括批发商和零售商）时，公司的销售分支机构就要负责完成应由中间商完成的职能。

一、生产企业自营销售组织的理论分析

根据诺贝尔经济学奖获得者、新制度经济学代表人物科斯的理论，企业最显著的特征就是对市场行为的替代性。换言之，市场和企业是两种不同的资源配置方式，前者通过市场价格的变化调节生产要素的流向，后者则是通过权威（企业家）来配置生产要素在不同部门之间的比例和流动，在产业组织内市场价格的配置功能是无效的。

产生这种现象的原因是市场机制的运行需要一定的成本——交易费用。在市场上为了达成一笔交易，即商品所有权的买卖，人们不仅需要投入时间、精力搜索关于产品质量及价格的信息，还要经过谈判、协商和签约。之后，人们也许还要面临因机会主义行为产生的道德风险，签约的另一方可能会违约或在履约时以次充好，因而在客观上就存在将这一系列的交易通过内部化来降低交易费用的可能，这时所有权的完全买卖（市场行为）就会向完全的非买卖（企业内部）转变，因此我们又可以说所有权的完全非买卖是企业的基本特征。科斯的理论可以解释生产企业为什么会自营销售组织。

二、生产企业自营销售组织的发展

20世纪以来，随着生产企业规模的日趋集中和庞大以及竞争的日益激烈，自组营销组织呈上升趋势，尤其是在批发领域。据统计，20世纪70年代中期，美国生产企业销售分支机构完成的销售额在批发销售总额中所占的比例高达36%，且经营效率要较传统批发商高得多：单个企业的销售额约为传统批发商平均值的4.5倍；员工人均销售额约为后者的3倍，费用则只为后者的一半。造成这种差距的原因，可能是生产企业自营销售组织从事的批发业务直接与生产相连；同时，生产企业销售机构确实可以在企业内部协调生产与销售，更充分地利用企业的现有资源获得高效益。

实际上，在某些行业，生产企业自组分销网络具有更明显的优势。一般而言，产业用户市场上那些专业性较强的产品，如生产设备、原材料、零配件，由于用户相对集中于某些行业及地区，生产企业自组销售难度并不大。如在美国，由生产企业自组批发的产品占产品总数的比例，机器设备及零件约为40%，金属及矿产品达55%以上，电气制品约为50%，石油及石油制品和汽车及其零配件由生产企业分销网络批发的比重更高达60%以上。与之相反，个人消费市场上，由于品种多样化且顾客非常分散，生产企业自组批发的比重就低得多，但生鲜食品由于要求尽快周转及需要特殊的储藏运输条件（如冷藏、冷冻

设备），也有不少生产企业直接批发给零售商。

专栏 3—4

格力自建渠道后与国美再合作

2014 年号称“传统产业电商化爆发元年”，移动互联时代线上线下的战争，让格力固有的渠道战略受到前所未有的挑战；智能家居和物联网对家电产品的重构，动摇着格力只专注空调的单一家电产品战略；空调技术的高速发展与更新换代，也让格力不能放缓创新的步伐。

2014 年 2 月初，董明珠亲赴国美，此举受到业界高度关注，认为双方开启了一个新的合作时代。而来自国美内部的消息称，格力与国美签约金额突破了 100 亿元。

此前有评论就表示，“已经成为全球空调市场老大的格力，想要在 2014 年及后期保持这种规模高增长的态势，现有的渠道和销售网络所能提供的上升空间越来越不确定，寻求新的商业突破点就显得非常关键”。

资料来源：张鹏鹏：《格力遭遇成长天花板：渠道战略受挑战》，http://www.sootoo.com/content/484290.shtml。

在生产企业处于行业竞争相对集中、企业规模庞大的情况下，采取自组分销网络的情况较多。如前述的美国的石油和汽车行业，虽然用户相对分散，但生产高度集中。在美国医药卫生材料行业中，制造企业销售组织的批发额占到近 45%，这并非因为客户集中，而是因为制造企业的庞大和垄断地位。这种地位使得制造企业寻求通过自组分销网加强对最终市场的控制，加强与竞争对手的对抗，并更有效地通过内部计划来协调生产与销售各环节的矛盾。

各种新型商业组织和所有权形式，以及高度发达的社会分工也使生产企业独立控制自己产品的分销途径变得更为容易，如代理制度、零售连锁、特许联营及专业物流公司的发展都有助于分销渠道朝这一方向演进。在汽车行业，汽车公司通常是赋予专业汽车零售商特许经营权，专营本公司汽车及零配件的销售；又如在石油业，大的石油开采冶炼公司实际上是通过授予特许经营权的形式控制成千上万的加油站，完成对产品从生产到销售的整个过程控制。

三、生产企业自营销售组织的优势及劣势

（一）生产企业自营销售组织的优势

相对于利用经销商销售，生产企业自营销售具有以下优势：

（1）有利于企业制定灵活的销售策略。产品销售是一个复杂的过程，在这个过程中，产品的所有权发生了转移（生产者出售了产品的所有权，获得了作为产品价值补偿的销售收入；消费者付出了价格衡量的价值——货币，取得了商品的所有权），产品实体得到了转移（只有在产品完成了从生产者到消费者的空间转移之后，消费才能成为现实的消费），生产者和消费者之间进行了信息沟通，同时伴随着产品所有权的转移和实体的分配，生产者和消费者之间还发生了货币的转移，货币最终从消费者手中转移到生产者手中。

由于产品销售的复杂性，产品销售策略就变得十分重要，生产企业自营销售组织可以有效地对产品销售过程加以控制，同时制定灵活的销售策略。例如，生产企业可以制定多种形式的价格策略，以达到扩大销量的目的。

（2）进入市场的谈判成本低，速度更快。借助中间商销售产品，制造商必须在寻找中间商、甄选中间商等过程中花费不菲的费用，对那些需要迅速进入市场，时间是保证推广成功的重要因素的产品而言，生产者自营销售组织在进入市场成本、进入市场速度两方面无疑都具有一定的优势。

（3）节省佣金支出。生产企业使用中间商（主要指代理商）必须花费一定的佣金，佣金数额与产品的性质、中间商的讨价还价能力等因素相关，一些大中间商在价格谈判上具有较强的能力，生产企业自营销售组织就可以节省佣金支出。

（4）生产企业自营销售组织及其成员对企业的忠诚度高。由于中间商销售企业的产品主要是以自身能否获利为出发点，而且中间商往往同时销售几家企业的产品，这些产品之间有时因为具有相互替代性而不免产生竞争，中间商在推销某一种产品时往往不会像生产企业自营的销售组织那样尽心尽力，因为后者是企业的一个组成部分，是企业的一个销售部门，与企业有着紧密的利益关系。

（5）自营的销售组织更具有攻击性，在竞争中更容易获胜。产品在市场推广中必然会遇到其他产品的竞争，竞争在市场经济中是必然存在的，出于维护本企业利益的目的，自营的销售组织在竞争中更具有攻击性，更容易击败竞争对手取得较大的市场份额。

（6）生产企业自营的销售组织更容易获得企业人、财、物、技术等方面的支持。市场销售是一个复杂的过程，企业对这一过程的支持极为重要，特别是一些技术含量比较高的产品，生产企业对销售的技术支持十分重要。

（7）独立性强，不会受制于大中间商。生产企业借助少数大的中间商销售产品，有可能造成对这些中间商的依赖，导致企业的市场开拓能力萎缩，以致中间商在与生产企业打交道的过程中处于强势地位，从各方面制约和影响企业，在不知不觉中取得对生产企业的控制权，这对生产企业来说是十分危险的。生产企业自营销售组织则可避免这种依赖性。

（二）生产企业自营销售组织的劣势

当然，生产企业自营销售组织的劣势也十分明显，主要表现在：

（1）生产企业自营销售组织的组建成本很高。组建销售组织是一项复杂的工作，企业要组建比中间商分销效率更高的销售组织必然要花费很大的成本，而在企业普遍重视现金流的今天，将大量现金投入销售组织的建设与运营中无疑是有风险的。

（2）对企业的管理能力要求很高。销售组织的管理是一项很专业的工作，包括销售人员的管理、销售账款的管理等，企业不能像引进生产设备那样引进完全适合自己的销售组织，而必须结合企业的实际情况制定管理制度，还要有合适的人去管理。

（3）不易形成规模效益。与批发商相比，单一制造商生产和经营的产品品种总是要少得多。

（4）容易产生惰性和腐败。销售终端是企业产生实际利润的唯一部门，也是最容易产生腐败的地方，这些腐败现象有可能逐步侵蚀企业的健康发展，导致企业衰败。

（5）售后服务和维修成本高。企业为了维持固定的顾客必须重视售后服务，由企业自营销售组织承担这项工作往往比利用中间商成本更高。

（6）市场和客户信息来源较为单一。

在计划经济时代，我国国内市场上曾有一批能左右市场供求的实力强大的一级批发商，但随着改革开放的深入，这些企业大多失去了昔日的辉煌，而有限的可供选择的销售商大多又令品牌企业深感失望。“我们不能依靠它们，必须依靠自己”，这几乎成了品牌企业共同的声音。这表明一方面在国有传统渠道中中间商逐渐退出市场后销售商的力量已经减弱，另一方面品牌企业看重销售环节的收益，那种“肥水不流外人田”的思想驱使它们一个个接连织起自己的销售网络。

《中国企业家》杂志在访问大量的企业后认为，企业自建销售网络与越来越多的正在逐步壮大的连锁零售之间在销售利润上的争夺还将持续很长一段时间，谁胜谁负，很难预料。但是，我们还是可以从企业的具体做法中摸索到一些规律，看出哪些行业更适合销售商，哪些行业更适合企业自己来做。

第4节　互联网平台

早在互联网技术被大量采用之前，一些企业就开始采用电子方式进行数据、表格等信息的交换，如广为流行的电子数据交换（EDI）和电子资金传送（EFT）。不过，早期的解决方式多是建立在大量功能单一的、专用的软硬件设施基础上的，因此价格极为昂贵，只有大型企业才会利用。互联网技术的成熟、个人电脑互联性的增强和能力的提高使企业间的网上交易过程大为简化。2012年，工信部发布了《电子商务“十二五”规划》，预计到2015年，电子商务交易额将突破18万亿元。其中B2B交易规模超15万亿元，占总交易额的83.3%。中国B2B电子市场交易规模发展情况如图3—1所示，我国的B2B主要以双边市场的形式存在。

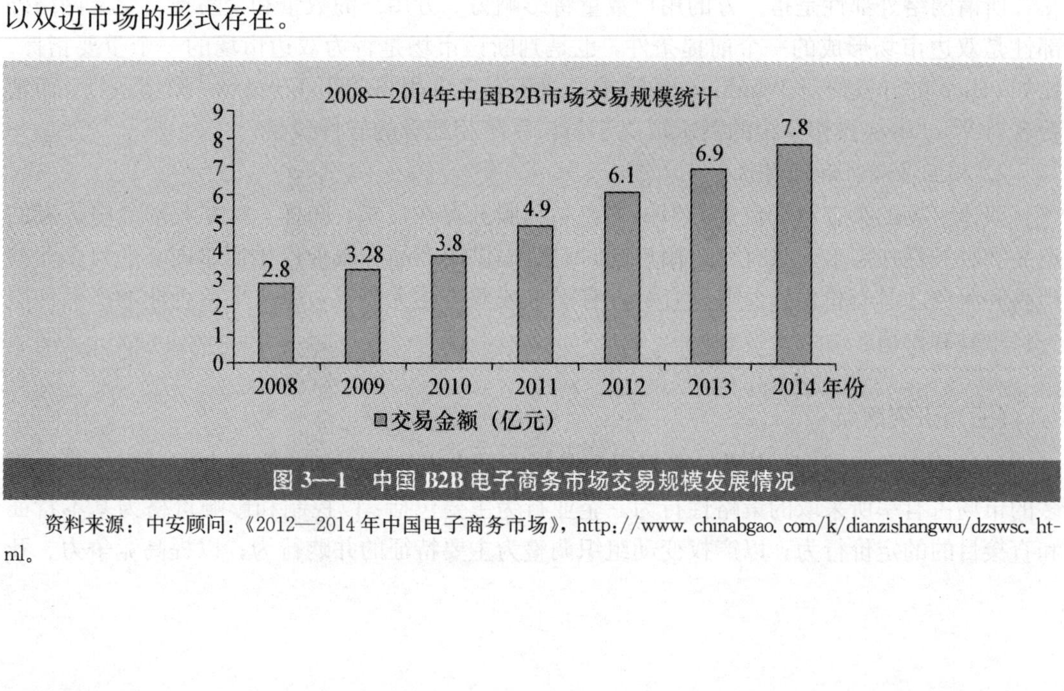

图3—1　中国B2B电子商务市场交易规模发展情况

资料来源：中安顾问：《2012—2014年中国电子商务市场》，http://www.chinabgao.com/k/dianzishangwu/dzswsc.html。

一、双边市场

双边市场理论是网络经济学和产业组织理论近十年来兴起的前沿理论。现实生活中存在着这样一类“平台企业”，它们同时向双边用户销售具有相互依赖性和互补性的产品或服务，并且将双边用户——买方（buyers）和卖方（salers）吸引到市场中来，促使双方达成交易。通常，具有这种市场结构的产业市场称作双边市场，其主要关注的是“平台”企业的行为和决策。双边市场具有典型的“哑铃型”市场结构。关于双边市场的理论研究主要集中在以下几个方面：平台企业的定价策略、平台竞争时双边用户的单归属与多归属问题以及双边市场的反垄断审查（吴汉洪，2014）。

（一）分类

现实生活中符合双边市场特征的相关产业数量众多，如银行卡、传媒、互联网、移动通信等产业。但是，在双边市场视角下研究相关产业的文献主要集中在银行卡产业、互联网及软件产业以及传媒产业。双边市场数量很多而且形式复杂，下面结合批发商内容只谈平台所有权分类方式。

从平台的所有权来分类可分为独立拥有平台和垂直一体化平台两大类。独立拥有平台又称作垂直分解平台，它是指平台的所有权只由中间层组织这样的参与者拥有，它又分为三种情况：开放平台所有权、封闭平台所有权和垄断平台所有权。垂直一体化平台是指，不再只是由中间层拥有平台，销售商或消费者也拥有自己的平台，它又可分为开放平台所有权和封闭平台所有权。

（二）特点

双边市场具有鲜明的特点。

1. *存在两组参与者之间的网络外部性，即市场间的网络外部性*

所谓网络外部性是指一方的用户数量将影响另一方用户的数量和交易量。交叉网络外部性是双边市场形成的一个前提条件，也是判断该市场是否为双边市场的一个重要指标。比如 office 的开发商对 Windows 的需求取决于有多少用户使用 Windows 操作系统，而消费者对 Windows 操作系统的需求取决于与该系统相配合的软件数量。

2. *相互依赖性和互补性*

双边市场的买方对平台卖方提供的产品和服务存在需求，同样，卖方对平台中买方的产品和服务存在需求。只有双边用户同时对所提供的产品和服务产生需求时，平台企业的产品和服务才具有价值，否则只有一方有需求或双方均无需求，那么平台企业的产品和服务将不具有价值。

（三）研究焦点

传统的产业组织理论认为，市场行为是指企业在市场上为了获取更大的利润、赢得更多的市场占有率所采取的策略性行为。企业行为主要包括：以控制和影响价格为基本特征和直接目的的定价行为；以产权变动组织调整为主要特征的并购行为；以提高竞争力、开拓市场为目的的促销行为等。

二、中国的网络平台

(一) 网络平台特点

网络平台除了具有网络产业的一般属性——这里所说的网络产业是指以互联网为依托，以网络技术为基础，以提供信息服务、商品交易等为主要内容，由互联网催生的相关产业组成的新兴产业，还具有典型的双边市场特性。

1. 存在双边或多边用户

与传统单边市场不同，网络平台是由网络平台运营商发起，提供产品或服务，吸引两类或更多的用户到平台上来交互，如电子商务平台吸引了商家和消费者在平台上进行交易，媒体平台吸引了观众、广告商及内容提供商三边用户等。网络平台组织架构如图 3—2 所示。

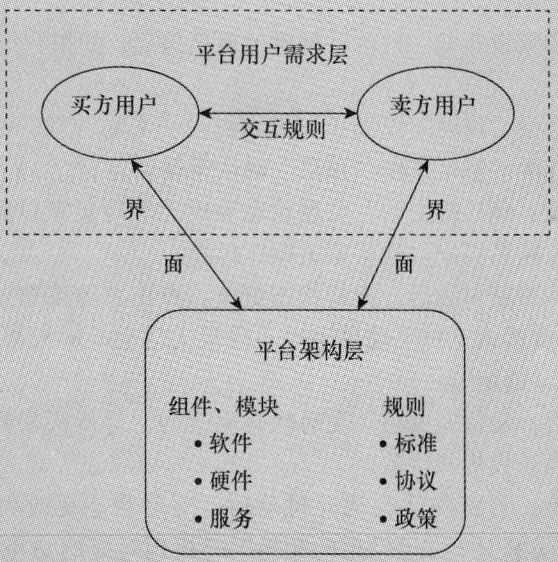

图 3—2　网络平台组织架构

2. 交叉的网络外部性

网络平台一方用户使用平台获得的效用是由平台另一方用户的数量和质量决定的，反过来亦如此。当然，网络外部性不仅可以为正，也可能为负，如媒体平台上的广告商投放太多的广告会引起消费者的抵触情绪，所以媒体平台的偏好厌恶型消费者数量越多，媒体平台对广告商收取的费用就越高。

(二) 网络平台盈利模式

国内外的研究主要集中在以下两个方面：

1. 平台盈利模式分类

最早将平台盈利模式分为 B2B 和 B2C 两大类，但这种简单地将平台参与者作为依据来划分盈利模式的方法对于平台企业没有多大指导价值，需对盈利模式进行进一步的分类。随后，人们根据互联网的商务价值，将盈利模式划分为基于产品销售、基于服务销售、基于信息交互三类；根据平台企业在价值网络中的定位将盈利模式分为广告模式、中介模式、社区模式等九大类；将电子商务盈利模式划分为在线销售商品、在线销售数字内容、在线提供服务和交易费用四种模式。

2. 平台盈利模式设计

从价值链角度提出了盈利模式构建的系统方法，认为构建盈利模式需要先识别采购、物流、生产、研发、销售等价值链要素。有人基于盈利能力理论，通过分析盈利模式的构成要素探讨了国内网络公司盈利模式的构建问题。

三、网络交易程序

网络平台的交易流程目前越来越趋同，下面以阿里巴巴卖家的交易流程为例，简要说明网络交易的程序（如图 3—3 所示）。

（1）查看订单：卖家发布的一口价、拍卖的商品信息，如果有买家下单，就登录“我的阿里助手”。

（2）补充运费：登录“我的阿里助手”后，点击“交易管理”—“我是卖家”。进入补充运费页面，填写相关信息，点击“预览”确认无误后提交。

（3）联系买家付款：确认提交后，交易状态变成“等待买家付款”。买家会收到这条交易信息，卖家也可以联系买家，让买家去操作付款。

（4）发货给买家：买家付款后，交易状态更改，点击“等待您发货”，点击“确认”，点击“确认发货”。接着输入支付宝登录密码—登录支付宝，输入相关货物运输信息，点击“确认发货”，点击“确定”。

（5）联系买家收货：发货完成后，交易状态更改为“等待买家确认收货”。您可联系买家并通知买家及时确认收货并付款。

（6）管理成功交易：买家确认收货并付款后，交易状态更改为“交易成功”。点击“交易管理”—“我是卖家”—“已结束的交易”—找到对应的交易信息—交易成功。输入支付宝登录密码—登录支付宝—申请提现（将该笔交易的金额从支付宝账户提取到银行账户）。

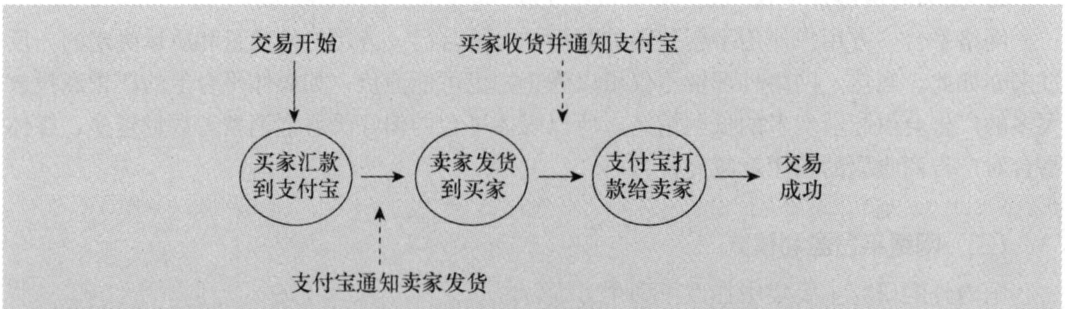

图 3—3 卖家交易流程

简单地说就是，首先，买家确认购买某一网（包括淘宝网在内的任何购物网站）上的商品后，先把货款打至支付宝这个第三方账户；之后卖家发货，等买家向支付宝和淘宝发出确认收到商品并且收到的商品满意后，支付宝才把货款划至卖家的账号。转账在网络上的传输其实就是一组数据的网路传递过程，目前常用的一种方法是在互联网的环境下通过 SET 或者 SSL 协议的支付网关平台直接与银行进行相关支付信息的安全交互。

四、线上线下的共性

（一）交易前的准备

这一阶段主要是指买卖双方和参加交易各方在签约前的准备活动。

买方根据自己要买的商品，准备购买款项、制定购货计划、进行货源市场调查和市场分析，反复进行市场咨询，了解贸易政策，反复修改购货计划和进货计划，再按计划确定购买商品的种类、数量、规格、价格、购货地点和交易方式等，尤其要利用互联网寻找自己满意的商品和商家。

卖方根据自己所销售的商品，召开商品新闻发布会，制作广告进行宣传，全面进行市场调查和市场分析，制定各种销售策略和销售方式，了解贸易政策，利用互联网发布商品广告，寻找贸易伙伴和贸易机会，扩大贸易范围，提高商品所占市场的份额。其他参与各方如中介方、银行金融机构、信用卡公司、海关系统、商检系统、保险公司、税务系统、运输公司也都要为开展电子交易做好准备。

（二）开发客户群

企业销售最重要的任务之一是要建立客户关系、掌握客户情况。只有对客户做出迅速反应的公司才能获得新客户，增强竞争力。使用互联网就好比发出了无数张名片，可以让潜在的顾客知道如何与企业打交道、如何获得产品及服务。互联网使用者往往都具有较高的受教育程度、较高的收入，这有助于企业开发比较有购买力和影响力的客户群，尤其是在受教育程度较高的年轻人市场上，使用网上直销往往会收到意想不到的效果。

企业可以利用互联网打开国际市场，扩大自己的市场空间。如果企业在国外设有分公司，互联网是分公司随时获取总公司信息最经济、最有效的方法。

（三）服务顾客

互联网可以打破时空的限制，为全球各地的顾客提供 24 小时的信息服务，并可以用最快的速度将服务推向全球市场。传统企业必须投入相当多的人力及资源来解答顾客对于产品及服务的相关咨询，其中的许多问题是一再重复的。企业销售网站可以将这些经常被问到的问题及解决方案放在网上，供使用者随时查询，以节省服务成本。通过产品信息查询、订单表格处理等及时了解顾客的意见反馈，掌握顾客的需求。

目前，网上直销的各种营销手段的有效性还未经过时间的充分验证，网络支付的安全性和有关的法律规范还不完善，但网络营销对传统营销理念、策略手段的创新，却是不争的事实，这种创新和革命对企业的营销活动具有划时代的深远意义。

非传统的分销渠道模式正在从批发商手中抢走一部分市场，批发商的竞争对手正变得模糊，更高效的中间商经营方式的出现正迫使制造商和用户不断地重新评价自己的传统渠道伙伴，而竞争压力的不断增强也迫使企业充分挖掘每一寸利润空间。随着现代供应链理论和企业流程再造的流行，批发商与渠道其他成员之间正在形成某种战略联盟，以共同打造高效、胜任的分销渠道。

本章小结

1. 批发商是传统销售渠道中的一个重要机构，它在销售对象、销售批量及地区分布上均不同于零售商。批发商为供应商和零售商提供了多项服务，其存在具有一定的合理性。按照经营商品的范围，批发商可以分为普通商品批发商、大类商品批发商和专业批发商三种类型；按照职能和提供的服务是否完全，批发商又可分为完全职能或完全服务批发商、有限职能或有限服务批发商两种类型。它们都有各自的明显特征，应按照一定的标准进行选择。

2. 代理商与批发商的本质区别在于代理商不拥有商品的所有权。它们是独立自主经营的企业，以获取佣金作为报酬，具有一定的渠道优势。根据承担职能的不同，代理商可以分为制造业公司代理商、销售代理商、采购代理商、佣金商、进口和出口代理商、信托商等几种类型。实际运作中通常会进行独家销售代理与一般销售代理、买断代理商与佣金代理商的选择。

3. 生产企业的自营销售组织与企业生产部门相对独立，它实际承担着企业产品的分销职能。在某些行业和某些方面，生产企业自营销售组织比利用经销商销售具有较明显的优势。

4. 互联网技术的成熟使企业间的网上交易过程大为简化。企业销售网站主要具有发布信息、开发客户群和服务顾客的功能。虽然网络支付的安全性和有关的法律规范还不完善，互联网引起的创新对企业的营销活动具有深远的意义。

5. 在中国的B2B主要以双边市场的形式存在。双边市场理论是网络经济学和产业组织理论近十年来兴起的前沿理论。

思考题

1. 简述批发销售和零售销售的区别。
2. 简述批发商的分类及它们的区别。
3. 简述批发商存在的合理性。
4. 批发商为制造商和零售商分别提供哪些服务或功能？
5. 为什么制造商纷纷进入批发领域，直接从事市场开拓与销售？
6. 指出你认为最有发展前景的开展网上B2B的领域。

案 例

山姆会员店为何在中国“起死回生”？

山姆会员店（Sam’s Club）是世界上最大的零售商——美国沃尔玛公司旗下的高端仓

储式会员制商店。山姆取自沃尔玛创始人山姆·沃尔顿（Sam Walton）的名字，Club 在英语中是俱乐部的意思。

1983 年，首家山姆会员店在美国米德韦斯特城开业，至今已有 30 多年历史。目前在全球范围内有 800 多家门店，为全球超过 5 000 万名个人与商业会员提供服务，已成为全球最有影响力的零售商之一。1996 年，山姆会员店在中国深圳开设了全亚洲第一家分店。

1. 进入中国市场

进入中国以来，山姆会员店一直坚守"优质优价在山姆"的承诺。山姆会员店以会费为支柱，没有花哨的门店装饰，通过沃尔玛全球供应链以大规模采购、大包装商品和简约的货架陈列降低采购和运营成本，为会员提供全球高品质、与众不同和极具性价比的商品。

一家典型的山姆会员店面积在 20 000 平方米左右，层高 9 米，过道宽 3 米，有宽敞、舒适、安静的购物环境，提供充足停车位。全店提供 5 000 多种商品，包括生鲜、粮油、零食、日用品、家居床品和电器等各种品类。

山姆会员店的会员分为个人会员和商业会员。个人会员卡满足家庭购买需求，商业会员卡满足各类商户和企事业单位的商业采购需求和福利采购需求。在中国，每年花费 150 元即可加入山姆会员店，会员卡可在全球 800 多家门店通用。

虽然每三个美国家庭中就有一个是山姆的会员，但沃尔玛必须承认，山姆会员店这种业态并不适合目前的中国市场。2003 年、2004 年两年间，由于没有足够多的会员来支撑，沃尔玛中国无奈宣布将云南昆明和吉林长春的山姆会员店改为沃尔玛广场业态。此后山姆会员店的在华扩张陷入停滞。到 2011 年，山姆会员店仅开出 6 家门店，相比之下大卖场则已跑马圈地开出数百家。

2. 快速发展

就在中国消费者习惯了山姆慢吞吞的步调时，沃尔玛又突然宣布它要加速了。在苏州山姆店开业时说，苏州店是山姆在中国的第 10 家门店，也是在过去两年里开出的第 4 家。并且，在未来两三年内，至少还会多出 7 家新的门店。

汽车在这个生态闭环里扮演着至关重要的角色。将中产阶层定为目标消费群体的山姆会员店终于在中国大城市的边缘找到了自己的位置，一辆辆汽车和崭新的道路将两者紧密地联系起来。"城市中心区的交通和路况越来越拥挤，城市也在逐步向外扩展。人们愿意开车到交通更便利的地方，从市区往这里开 20 多分钟就到了。"山姆会员店营运副总裁杜丽敏在杭州西溪店开业时说。

截至 2013 年，山姆会员店已经在北京、上海、深圳、广州、福州、大连、杭州和苏州共经营 10 家门店，未来还将加速发展中国市场。

问题：

1. 山姆会员店属于零售商还是批发商？
2. 汽车在山姆会员店中扮演什么角色？

第二篇　如何制定营销渠道战略

第4章

权衡渠道与其他营销要素关系

学习目标

- 了解营销组合要素与渠道之间的关系
- 了解如何根据产品生命周期选择渠道战略
- 了解渠道成员定价策略与渠道战略的关系
- 了解企业如何选择渠道促销工具

沃尔玛最近再一次对供应商收紧采购政策。2013年1月22日，这家零售巨头发了10页纸的新规向供应商提出警告，将对违反其全球采购标准的供应商采取“零容忍政策”，如果在沃尔玛不知情的情况下供应商擅自向其他工厂转包业务，沃尔玛即时取消所有订单。

2012年11月，孟加拉国生产服装的制衣厂Tazreen发生火灾，112名工人死亡。这家发生火灾的工厂是给包括沃尔玛和西尔斯在内的美国零售商生产产品的。此次事故引起全球关注。沃尔玛称未授权Tazreen给公司供货，是一家供应商在未得到公司允许的情况下将业务外包Tazreen。事发之后沃尔玛已对擅自外包的两家供应商终止了合作关系。

按照沃尔玛一名副总裁的说法：“我们的零容忍政策是为了引起人们的关注。”据悉，沃尔玛将在其官网上公布那些未经授权与供应商合作的企业的名字。“通过强调责任与透明度，供应商再也不能以不知情为借口了。”

如何加强渠道成员协作、避免渠道冲突，同时科学规划渠道价格战略、促销战略，是企业亟待思考的一大问题。本章将通过回顾市场营销组合要素的组成，分析营销渠道与其他要素之间的联系，研究产品战略、定价战略和促销战略和渠道战略之间潜在的相关性。

第1节　营销组合要素与渠道

营销要素理论（或称4P理论）是美国学者麦卡锡教授于20世纪60年代提出，在营销实践中不断发展、深化的营销理论之一。营销要素理论选取企业运营过程中最为重要的四个可控因素——产品、价格、渠道、促销并将其综合运用与优化组合。

4P理论有一些不完善的地方，主要表现为无法涉及所有营销变量、无法适应当前服务营销发展迅速的学术环境等。但随着营销环境的改变、营销实践的变革和理论研究的发展，营销要素理论一直作为市场营销理论的核心与基础而广泛运用，是营销知识体系中的核心内容。

一、核心概念

（一）产品要素

在制定战略的过程中，企业首先要思考如何满足客户需求、为客户提供所需的产品与服务。产品是市场营销组合中的核心要素。产品要素与其他要素联系最为紧密，对营销组合的效率产生最为重要的影响。它可以是有形的物质产品，也可以是无形的服务。产品包括产品种类、性能、品牌、产品质量、设计包装、规格、退换货、售后服务等元素，这些元素共同构成了产品属性。

（二）价格要素

价格影响企业的竞争力、产品的销量与成本、企业最终盈利等多个方面，涉及渠道分级中各个成员利益。企业生产一种新的产品、采取新的分销渠道时，均会根据产品或渠道制定相应的价格策略。价格要素包括折扣、转让、信用条件、目录价格等。

（三）促销要素

促销指销售者为了达成销售目标、促使目标客户完成购买而进行的一系列沟通或说服活动。促销的主要工具包括销售促进、广告、人员推销以及公共关系四大模块。多数情况下，企业的促销活动需要渠道成员来支持。

二、渠道战略与营销战略

营销组合的合理运用是企业发展、赢得市场、取得消费者青睐的重要保证，必须处理好营销组合中四个P与营销战略之间的关系。营销组合中，渠道战略不仅仅是市场营销战略的一个独立分支，更是与其他战略计划息息相关。

营销渠道战略的合理高效实施有助于提高企业竞争力，甚至在危急关头帮助企业渡过难关。在现代商业发展的历程中，各个领域均有企业从渠道问题入手，通过科学管理有效改进营销渠道，从而改善企业财务运营状况，帮助企业在激烈的竞争环境中把握主动权。渠道管理对于企业来说，无论是在运营、盈利还是风险控制方面均占突出地位。

三、渠道与其他营销要素

营销四要素紧密相连，我们无法将渠道与价格、促销、产品截然分开。后三者的问题常常需要放在渠道的框架下进行思考。渠道管理者首先应当弄清营销组合变量与渠道变量之间的联系，将营销组合变量视为一种有助于渠道战略设计的资源。运用营销组合变量这一资源，企业能了解、控制甚至影响渠道成员的行为。

第 2 节　渠道与产品

产品是价值创造的核心。产品作为沟通企业与消费者的媒介，能直观反映出企业市场定位、战略目标，甚至更深层次的品牌文化。把握好产品管理与渠道管理的关系，能帮助企业高效地把握市场潮流。

一、整体产品与渠道管理

整体产品包含三方面的内容：核心产品（或称实质产品）、形式产品、附加产品（或称延伸产品）。经过研究，菲利普·科特勒等学者又将三层次产品整体概念理论扩展为五层次理论，即在三层次理论基础上又增加了期望产品、潜在产品两个分支。

（一）核心产品

核心产品指产品本身所能提供给顾客的基本效用和利益。每个产品的存在均有其意义。企业开发生产新产品，就是瞄准了顾客存在的某一问题，一旦企业通过提供实物商品或无形服务能解决相关问题，产品便有了在市场上参与竞争的原动力。例如，我们购买纯净水，是为了解决口渴的生理需求；购买图书，是为了解决获取知识的渴望。核心产品是产品概念的最重要基础。

（二）形式产品

形式产品是核心产品展示出来的实体和外观，是核心产品借以实现的形式。形式产品包括包装、商标、式样、品质、特征。对于方便食品，形式产品就是食品的品牌名称、商标图案、外包装和食物的口感品质；对于餐饮业，形式产品是包含餐椅和餐桌的场地、餐馆的门面设计以及提供的各类菜品。产品的基本效用必须通过特定形式才能实现，而在核心产品相似的情况下，形式产品越吸引顾客，品牌越能够在市场上占有一席之地。

（三）附加产品

附加产品是消费者在执行购买决策的过程中，所获取的除产品本身外全部附加利益的总和。消费者在购买过程中，除了买到产品本身，还需要获得与产品密切相关的一整套条件。附加产品这一属性对于大多数产品并非“附加或可有可无”，而是必不可少的。附加产品可以是产品说明书，可以是产品维修、配送服务或是商品使用培训。

（四）期望产品

期望产品指购买者在购买时期望得到的与产品密切相关的一整套属性和条件。不同的人的期望是不同的。

（五）潜在产品

潜在产品是指现有产品包括所有附加品在内，可能发展成为未来最终产品的潜在状态，是现有产品的演变趋势和前景。

（六）整体产品与渠道

传统观念认为，产品是能够在市场上得到，并能够满足人们欲望和需要的任何东西。各种各样的产品构成了日常生活的方方面面。苹果公司生产的手机、雀巢公司生产的咖啡、资生堂生产的洗面奶甚至电影公司出品的电影都是产品。因此，从传统视角出发，渠道主要是分销实实在在的产品。但渠道从来就不是这么简单，它的功能还包括提供售后服务、传递信息、协助企业推广等。

随着服务、品牌等无形因素在产品中的比重逐步增加，传统的产品概念也扩展为整体产品概念。此时，产品不仅仅指有形商品，广义的产品还包括设计、理念、服务或所有这些的组合。相应地，渠道的功能也发生了变化，更侧重于服务等方面的提供。

二、产品生命周期与渠道管理

（一）产品生命周期理论

一般认为，产品生命周期（product life cycle）包括开发导入期、成长适应期、成熟期以及衰退期四个阶段。随着产品经历生命周期的不同阶段，产品的生产成本、销售数量将发生变化，处于不同生命周期阶段的产品会给企业带来不同的利润。

为了保障企业利润最大化、延长企业存续寿命，企业需要为处于不同生命周期阶段的产品制定不同的营销战略。科学有效的渠道管理与产品能否发挥最大价值密切相关，一成不变的渠道管理战略无法适应产品市场的动态变化。企业管理者应当把握产品生命周期的不同特点，及时追踪产品生命发展状态，根据产品实际生命周期阶段进行相适宜的渠道管理战略。

（二）根据产品生命周期进行渠道管理

在不同的产品生命周期，企业投入成本、获得利润有所差异（如图 4—1 所示）。

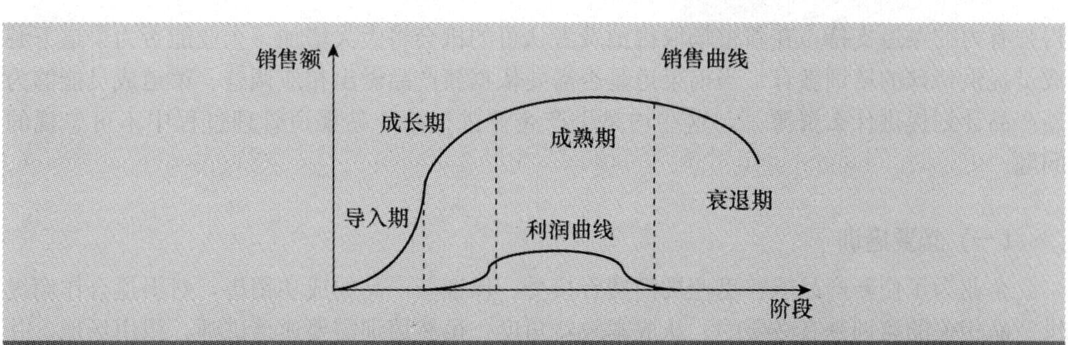

图4—1　产品生命周期与利润曲线

在导入期，从企业着手准备设计开发一款新产品开始，这一过程需要企业投入大量的研发费、设计费，以及随之而来的市场开拓成本（即吸引鼓励分销商进货）。从渠道管理角度，企业需要开拓新渠道，或者加强原有渠道的建设，保证各渠道成员能够支撑产品导入阶段的市场销售。在这一阶段企业无法利用产品获得收入，利润为负。

在成长期，产品自推向市场起，到逐渐被市场认可并产生巨大的销量，企业凭借产品销售获得的利润从负值变为正值。这一阶段企业需要加强和巩固渠道成员的关系建设，使上下游合作伙伴沟通顺畅、交流无阻，为产品快速适应市场创造稳固高效的渠道环境。

产品成熟期，是持续时间最长的一个阶段。随着越来越多的潜在消费者购买行为的发生，产品的市场覆盖逐渐饱和，销售额增加速度放缓、利润水平在一定时间内维持不变。产品已经被市场认可，并且在同类型市场上占有一定的销售份额，销量下降导致企业面对生产能力过剩、产品库存积压等问题，行业竞争加剧。此时企业应当加强对竞争对手的观察，避免同类型竞争产品抢占渠道资源、干扰渠道结构。同时在渠道内部控制渠道竞争，采取渠道沟通、渠道激励、关系营销等措施保持渠道权力，减少渠道冲突，保证渠道控制的有效性。企业利用成熟期产品平台期的宝贵时间，积极利用销售资源与经验创造研发新产品，开启新的渠道战略，着手建设新渠道。

第四阶段为产品衰退期。即使产品制作精良、工艺先进、成熟期受到热烈欢迎，也难免迎来衰退的结局。产品衰退期有可能相当漫长，例如小灵通在移动通信市场上存活17年之久，一直到2014年才完全退出市场；也有可能极为迅速，如昙花一现的康师傅“优健美”乳饮料。产品衰退的原因包括更具竞争性的产品出现、科学技术进步以及消费者偏好改变等多个方面。企业为衰退期产品放弃部分市场即分销渠道，减少促销费用和渠道建设费用的投入，控制或削减产品占有的存货成本、销售成本以及管理部门的时间成本。同时企业准确把握渠道成员关系建设，争取在旧产品彻底退出市场后，企业能通过调整原有的渠道结构保证在后续产品销售过程中成员之间渠道合作的开展。

三、新产品开发与渠道管理

新产品的失败率居高不下，对于某些行业的企业来说是很常见的。制造商为了提高利润，较好的应对措施是降低产品的失败率，制定更加细致周密的新产品开发计划。在产品开发过程中，渠道开发是进入市场前的准备工作中一个重要的组成部分。产品如果能够获得强有力的渠道支持，在新市场取得消费者认可的机会将大大增加。企业能否为渠道下游成员提供特殊的培训教育、当前渠道是否需要依据新产品做出相应调整、渠道成员能够为新产品计划提供什么资源等，这些均是生产企业进行新产品渠道管理过程中不可忽视的问题。

（一）必要培训

企业为了使新产品能够迅速被消费者接受、保证新产品的成功销售，对渠道合作商提供产品相关的培训是有必要的。从成本效益角度，虽然培训需要邀请讲师、租用场地，并在针对培训对象的沟通、激励活动中产生资金上的支出，但培训将直接增加渠道合作的效果。由培训产生的效益是不可计量的，如果放弃培训将使产品在面向市场的过程中遭遇风险。

（二）促使渠道成员接受新产品

新产品能否获得成功，除了取决于是否被最终用户接受以外，还受渠道成员对于新产品接受程度的影响。渠道成员关注的是产品是否容易销售、在储存上的便利性等问题。为了促使渠道成员接受新产品，一些企业从储存便利性、陈列规则性的角度出发，在产品外观设计上下足工夫。

专栏 4—1

薯愿包装改良

“好丽友·薯愿”是韩国食品企业好丽友出品的非油炸薯片。薯愿新推出时就放弃传统充气塑料袋包装，采用纸质圆柱体盒装，大大减少了单位商品的体积，使运输、储存与货架陈列更为便利。相对于薯愿而言，同样是薯片膨化食品品牌乐事薯片则坚持采取充气塑料袋包装，在一个能够摆放 5 包充气塑料袋包装薯片的货架上，能够放置 15 盒以上的纸质圆柱体盒装薯片，大大提高了存货效率，为超市带来潜在的成本节约。

（三）渠道成员参与开发

邀请渠道成员参与新产品开发能够提高合作商对于新产品的关注度，对产品进入市场之后的渠道合作起到激励作用。让下游企业参与到产品开发过程中，共同商讨产品进入市场中的某些问题，详细记录合作伙伴针对项目实施的想法和意见，能最大限度地减小产品风险。然而，由于市场竞争的存在，向合作者公开产品计划意味着公司机密的泄露。泄露产品信息是许多企业的“禁区”，准确把握渠道合作者的参与程度、在控制风险的前提下做到沟通最大化是企业需要事先考虑清楚的。

四、产品线调整与渠道管理

产品线指功能相似、销售给同一类顾客群体的相关产品。保证产品种类数量和产品线长度相协调，能够最大限度地为企业带来收益。企业产品线战略主要包括两个方面：产品线拓展和收缩、产品线延伸。

（一）产品线拓展和收缩

企业通常拥有较长的产品线来保证有各种不同需求的目标客户都能够获得想要的产品。宝洁公司佳洁士牙膏在美国本土拥有 52 种不同的产品，海飞丝洗发水拥有 31 个品种。

企业通常很难找到一种各个渠道成员都满意的产品线组合。如果企业选择产品线扩展战略，随着产品种类增加、品种趋于复杂化，中间商需要在运输、储存上加大成本支出，零售商也需要准备更大的货架空间来满足所有品种，这将使销售工作难度加大。如果选择产品线收缩战略，一部分渠道成员则会抱怨由于产品种类减少，需要这些产品的顾客可能无法购买到满意商品，导致利润降低。

企业应当考虑渠道合作者关于产品线调整的看法，根据渠道整体的最佳利益选择最为合适的产品线。为了避免渠道冲突，降低产生误会的风险，制造商应当及时向渠道下游合作者解释产品线调整的原因。此外，制造商应提前通知渠道合作者相关变动，为合作者提供做好充分准备的时间。

企业产品线的拓展或者收缩战略应当获得渠道合作者的支持与配合。宝洁公司在 2014 年净销售额与上年几乎持平，其最重要的竞争对手联合利华公司则保持净利润增长，且拥有着比宝洁公司更高的销售额。面对强大的竞争压力，宝洁公司庞大臃肿的公司体制和种类繁多的产品线成为增长的首要难题。为了解决这一问题，宝洁公司决定减少旗下部分品牌的产品，并联合各大超市、零售店展开调查，仅保留消费者最需要的产品。

（二）产品线延伸

产品线延伸是指部分或全部地改变企业现有产品线的市场定位，即将企业的产品线延伸超出所有的范围。在渠道管理方面面临的最主要问题是渠道成员对新市场的不了解而产生的问题。企业调整产品线后，产品线的后向延伸或前向延伸都会瞄准新的细分市场，而原有的渠道是否能够足够覆盖高端或低端市场，是企业需要重点考虑的因素。如果原有渠道无法全面覆盖，则需要对渠道成员做出必要的调整。为了避免在产品线调整过程中出现问题，企业应当做好新市场的测试工作。在对市场进行营销测试后再将产品线扩展至新目标市场，以规避营销风险，打消渠道合作者的疑虑。

专栏 4—2

辉腾车系与白酒副线品牌

大众汽车生产的辉腾系列高端车型，以奥迪 A8、宝马 7 系等为竞争对手，在家用轿车高端市场上占有一席之地。这一品牌是大众汽车产品线的前向延伸的具体事例。而与之相反，不少品牌通过产品线的后向延伸来提高企业利润。高端白酒品牌在限制“三公”消费、“塑化剂”事件的影响下，开始推出副线品牌，迎合低端市场消费者的需求。

第3节　渠道与价格

任何营利性组织或非营利组织，在提供产品和服务时都必须为所付出的努力定价。价格在日常生活中表现形式多种多样。我们为教育付学费、为公寓付房租，或为消耗掉的各类商品支付一定的价格；资本的价格是银行收取的利息，劳动的价格是工资。狭义而言，价格是卖方对产品或服务的标价；广义而言，价格表现为消费者在交换行为发生后，所能够获得和使用的产品或服务。

一、“价格—渠道”简要逻辑

随着经济的发展，非价格因素对消费者购买行为的影响越来越大，但价格仍是影响消费者选择购买的主要因素。价格是买卖双方竞价的结果。从图4—2中可看出，为了得到自我价值的最大化，卖方提出一个比期望中自己能够获得的公平价格更高的价格，而买方与此相反，提出一个比自己能够获得的价格更低的价格。竞价的结果是在买方需要产品的数量和卖方能够提供的产品数量的基础上，达成的一个双方同意的价格。

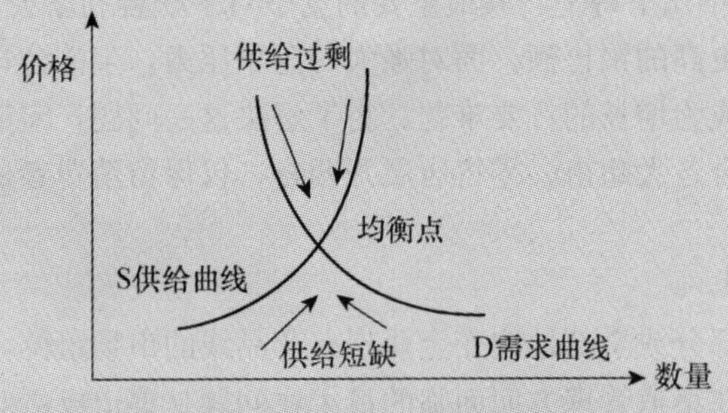

图4—2　产品销售的“供给—需求”曲线

在营销渠道中，价格的确定是各渠道成员之间竞争的结果。交易价格除了与供给需求数量有关，更多地受渠道成员对渠道的控制力、话语权或讨价还价的能力影响。价格在市场营销组合中是唯一代表收入的要素，而其他要素（如促销等）则代表成本。渠道成员之间对于价格的控制能力将代表渠道控制力的大小。渠道控制指某一渠道成员对于另一个渠道成员的计划、决策、行为施加影响的过程，是企业运行和管理渠道的能力。渠道成员之间相互影响、互惠互利，渠道控制根植于相互依赖的渠道关系。企业竞价能力越强，越能把控渠道价格，保证渠道上下游流通过程朝着有利于企业的方向发展。

二、渠道价格结构

渠道定价相当于渠道成员间针对渠道利润“分蛋糕”的过程。渠道中每一个层次的渠道成员都希望获得最终消费者支付价格中的一部分，以此来获得预期的利润值。图4—3列出了最终市场定价为4 000元的空调在渠道中各个成员之间的利润瓜分情况。顾客以

3 800 元从零售商手中购得空调，相当于总价格的 95 折，即获得 5%的折扣；零售商在 3 800 元中赚取了 1 000 元的毛利润，即从批发商手中购得的空调价格为 2 800 元，获得了总价格 30%的折扣；批发商在 2 800 元中赚取了 800 元的毛利润，即从制造商手中购得的空调价格为 2 000 元，获得了总价格 50%的折扣；制造商以 1 500 元的生产成本生产空调，最终以 2 000 元卖给批发商，即赚取 500 元毛利润。

图 4—3 右侧列出各个渠道成员在商品流通过程中获取的毛利润。在流通过程中，各个渠道成员除了从上一级渠道成员手中购买商品的成本外，还需要付出其他成本，如中间商的运输成本、储存成本等。各渠道成员获得的毛利润减去所有成本即得到净利润，构成企业的资产。

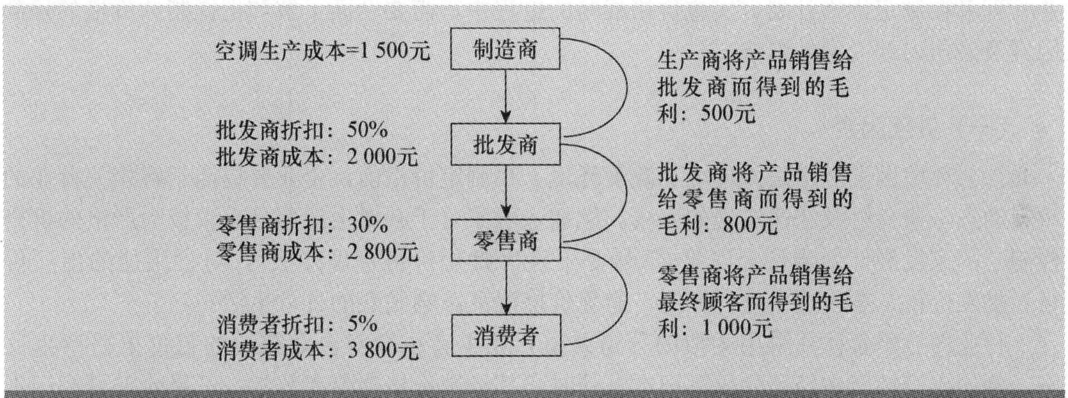

图 4—3　渠道成员利润流程图

因此，在成本一定的条件下，渠道成员获得的毛利润越高，最终净利润越高，企业效益越好。而毛利润的划分取决于各个渠道成员议价能力与渠道控制力。制定严格的价格体系有助于减小渠道冲突、提高渠道整体利益并为社会创造最大价值。这事实上可以解释为什么中国农产品的“地头价”和最终零售价相去甚远。

专栏 4—3

法国农民抗议肉类太便宜

近日，法国农民的抗议潮有愈演愈烈之势。他们认为肉类（猪肉和牛肉）的收购价太低，抵不上生产成本，因此在诺曼底封锁了公路，要求农业部长勒弗尔前来对话。抗议声还蔓延到了多尔多涅大区、布列塔尼大区和芒什省。如果说法国人已经吃不起肉，显然是言过其实了。一公斤牛排在法国超市会卖到 15 欧元，还不至于让一般消费者负担不起。那么法国养殖户一年的收入究竟有多少？

《费加罗报》根据几个养殖协会的数据算了一笔账，2013 年平均税前收入 25 500 欧元，包含政府补贴。其中，牛类养殖户平均收入 18 300 欧元，屠宰场收购价大约在每公斤 3.6 欧元，在超市货架价格中仅占很小一部分，也比欧盟其他国家低很多。2012 年法国猪肉养殖户的平均收入为 45 200 欧元，到了 2014 年却降到了 22 100 欧元，原因也是成本高于卖价。养殖一头猪成本需 1.75 欧元/公斤，但全国零售商协会规定的收购价仅 1.5

欧元/公斤。农民收入不断下降的很大原因，正是中间商给养殖户的收购价格太低——尤其是跟超市给消费者的卖价比起来。按照农民行业工会负责人的说法，工业企业、屠宰场/加工企业和零售商层层加价，钱都让他们给赚走了。

资料来源：《农民又抗议了，法国的肉类是太贵还是太贱?》，http://www.oushinet.com/news/europe/france/20150722/200159.html。

三、渠道价格影响因素

渠道内部各成员的定价决策受到多方面影响因素的制约，除了企业自身发展规划以外，市场、社会文化环境、政策等外部不可控因素也是左右渠道价格制定的重要因素。企业管理者在制定价格计划、实施价格战略的过程中，需要全面了解和把握制约价格的外部因素及公司内部因素的影响。

（一）外部因素

社会环境因素包括法律环境、政策环境。在制定价格前，企业要提前了解相关行业的政策动态，避免触及法律法规的底线。例如，国家对于必要生活用品有着极为严格的价格控制。国家发展计划委员会以第 27 号令下发《食盐价格管理办法》，对食用盐的出厂价格、批发价格、零售价格进行控制，避免价格混乱影响民众的日常生活。

行业内竞争者往往采用类似的分销渠道，竞争者也会对企业渠道的定价策略产生反应。例如，经销商在经销联想笔记本电脑时，其经销价格会参考戴尔、三星或宏碁笔记本电脑的价格。

（二）内部因素

企业定价策略需要与企业市场营销整体策略相辅相成。不同企业有着不同的目标市场选择，目标市场选择之后又有具体的产品市场定位。如果企业有着明确的市场定位，则渠道价格策略制定相对简单。

成本是企业制定产品价格的一个重要因素，销售给渠道下游合作者的价格必须在首先满足补贴生产或分销成本的基础上，才能追求一定的净利润。如果销售价格无法覆盖销售过程中的成本支出，导致企业亏损经营，将会影响企业的长远发展。

渠道的长度、宽度、广度与产品价格策略也相互影响。渠道越长，同一渠道上的中间商越多，留给单个中间商的利润空间就会缩小，同时生产企业对于渠道终端的价格控制能力会大幅削弱。渠道长度缩短时则情况相反。渠道越宽，营销渠道越多元化，不同渠道类型所适应的价格层级结构有着较大的差异。生产企业对不同渠道类型制定不同的价格策略，有可能引起渠道下游不同渠道末端企业之间的价格竞争，导致定价混乱，严重时会诱发窜货等渠道冲突。

四、渠道成员的价格策略

渠道各个成员在渠道中的地位、作用不同，在渠道定价中拥有的权力也有着较大差别。不管位于渠道中哪一个层次，企业都是以追求利润为目标，根据自己的位置和整体环境制定相应的价格策略。表 4—1 是渠道成员的价格策略。

表 4—1　　渠道成员价格策略

	生产者	批发商	零售商
稳定策略	目标：控制渠道终端，防止价格无序 要求：实施价格维持战略，具有明显的优势	目标：保证自身在获取一定利润的同时不会被行业竞争者排除在市场外	稳定目标：确定商品总体定价水平，并以此来确定品牌市场定位 低价策略目标：选择比竞争对手更低的价格吸引潜在消费者，通过“薄利多销”渗透市场、吸引消费者 高价策略目标：通常在地理位置、客流量上占有明显优势，例如景区内部、火车飞机上等
可变策略	目标： （1）需要中间商提高市场占有率 （2）市场本身的差异性	低价策略目标：减少产品毛利来吸引更多顾客 高价策略目标：牺牲部分价格敏感顾客来换取更精细的服务体验	目标：实现特定时期内的销售目标 手段：积分与会员、价格促销与多买多赠

从表 4—1 可以看出，多数渠道企业希望价格保持稳定；但越接近消费者，企业更有可能面临更为多变的市场环境，其调整价格的意愿相对较强，策略也越多。

专栏 4—4

屈臣氏的会员制度

屈臣氏采取会员积分制度进行客户关系管理。办理了会员卡的客户，每次购买商品获取相应积分，节假日还可以多倍积分。积分到一定数额后，屈臣氏会给予会员一定的物质奖励，奖品通常针对女性顾客的消费习惯，兼具实用与美观，通常是雨伞、化妆包等耐用品。除此以外，会员还享有价格优惠。在每一阶段促销期内，会员商品的价格通常会比正价商品便宜 20%～30%，以吸引更多的潜在客户办理会员卡。

第 4 节　渠道与促销

产品战略、定价战略，这两部分都与渠道管理密切相关。除了产品、价格两个营销组合要素，生产企业常用促销手段促进销售量的提高。本节重点讨论生产者如何结合促销战略与渠道战略决策使市场份额扩大，生产企业如何正确处理促销环节中的常见问题。

一、“促销—渠道”简要逻辑

美国营销学者佩尔顿认为，促销的主要目的在于产品差异化、共享信息资源以及刺激购买行为。促销决策过程主要包括：确定目标群体、确定促销目的、设计沟通信息、选择沟通方式、设计促销组合与评价促销效果。为准确理解促销与渠道的关系，我们从三个层面予以解释。

（1）促销活动的发起者通常是生产企业。我们把促销看作生产企业的行为，即狭义的促销仅仅包含生产企业本身发起的、由渠道成员共同参与的沟通行为。

（2）促销的实施者一般是经销商和零售商。他们不仅要负责促销活动的实施，还要负责信息的收集。经销商和零售商的投入程度直接关系到生产企业的促销效果。以家用电器有奖促销为例，经销商和零售商需要在活动之前备足库存，电器的体积越大，以经销商为主的家电分销体系中的企业的库存压力就越大。

（3）促销需要借助一系列沟通与说服活动，这一过程其实质是准确、快速地将有关产品的信息传达给消费者。促销活动可以由一系列促销工具构成，不同的生产企业往往依据产品特征选取不同的促销方法。这些沟通活动在传播效率、成本、最终效果方面有所差异，生产企业往往结合使用。

二、促销手段选择

生产企业促销战略能否获得最终效果，很大程度上取决于生产企业能否保证相互独立的渠道成员在产品促销方面的配合。从整体上来看，促销工具主要包括广告、公共关系、营业推广、人员推销；促销方式则可以归纳为两大类别，即拉式促销与推式促销。

不同的促销方式适合不同的促销工具，两种促销方式之间在动机、活动对象、效率等方面有所差异。下面先从实例角度介绍典型促销工具的使用，再介绍两种促销方式以及各自最具代表性的促销工具。

（一）常见的渠道促销工具

广告是企业能够为渠道成员提供的最常见的促销工具。广告一般定义为广告主付费、通过一定形式的媒体公开而广泛地向特定受众传播某种思想、信息的宣传手段。共同付费广告是在渠道促销中，为了达到促销效率最大化，生产企业与渠道合作者共同分担广告成本的促销工具。生产企业可以发布全国性广告，在全国市场上推广产品，例如百事可乐在电视广告中选择年轻偶像代言，利用鲜明的色彩和轻快地节奏吸引青少年消费者的购买欲望。除了全国性广告，零售商还可以针对特定产品在其特定区域内进行地方性广告。全国性广告通过简单明了的介绍促使目标客户产生购买兴趣，地方性广告则通过对商品价格、属性的详细介绍来刺激购买行为。

促销人员在与目标客户或渠道合作商代表沟通谈判过程中，能够根据对方的语言、语气等来做出不同的应对措施。相比于广告而言，人员推销的高接触度更容易建立起良好的客户关系，使得目标客户或渠道合作商代表产生品牌信任与偏好。在直销领域最为著名的品牌是雅芳（Avon）。雅芳公司每年将大部分促销资金投在人员推销和直接营销上，虽然在促销成本上投入较大，但在减少渠道冲突、获取顾客满意方面则有较高的效率。

营业推广为消费者立即购买提供理由，例如肯德基发放优惠券，还在官网上开发电子优惠券，吸引顾客购买。此外，通过销售竞赛和激励活动进行营业推广，也是激发渠道成员销售生产商产品积极性的常见方法。销售竞赛主要分为中间商之间的竞赛和推销人员之间的竞赛两种形式。

（二）推式促销与拉式促销

推式促销指在制定和实施促销战略的过程中，重点利用推销人员、贸易促进的方法针对中间商进行营销活动，进而刺激消费者购买行为发生的一种促销方式。推式促销在渠道管理中，促销的起点是生产制造商，直接作用对象是渠道中间商，再由中间商将产品推广至消费者。生产企业将更加直接地与渠道成员一起工作，以此获得更加可靠的渠道支持。通常利用谈判的沟通方式使中间商提高订货量、增加库存，并促使产品最终推向消费者，进而引起企业利润的增加。推式促销渠道的信息流可以概括为“制造商—批发商—零售商—消费者—制造商”。推式促销的促销工具主要以人员推销为主，企业利用推销人员与渠道合作者在合作范围、渠道价格或利润分配方面谈判，结合企业利益满足渠道商在优惠折扣方面的需求，利用中间商的力量将产品推向市场。

拉式促销指生产企业首先刺激消费者，增加消费者对于品牌知名度、品牌认知度的关注，反过来拉动中间商对于生产企业产品的进货量。拉式促销的起点是生产制造商，直接作用对象是最终消费者。当消费者通过销售促进活动而被刺激购买该产品，购买量的增加导致零售商存货下降，从而促使零售商加大从批发商处购买产品的数量，最终拉动批发商加大从生产企业的进货量，形成一个良性闭环。拉式促销渠道的信息流可概括为：制造商—消费者—零售商—批发商—制造商。广告是最能体现拉式促销特点且使用最为频繁的营销方式。企业通过将整体品牌或者某个产品通过电视媒体、平面媒体等途径广而告之，将品牌或产品的相关信息及时、准确地传播至最终消费者，有效地刺激了目标客户群体的购买欲望。市场上产生巨大的需求量导致渠道中间商不得不增加向上游渠道合作者的产品购买量来缓解库存减少的压力，消费者的购买需求通过渠道信息的传播被一级一级向上传递直至生产企业达到促销目的。此外，营业推广和公共关系也是拉式促销的重要手段。公共关系利用社会化媒体为企业营造良好的、负责任的品牌形象，增加消费者的品牌偏好，诱发客户的购买欲望。这也体现了拉式促销的特点。

本章小结

1. 自营销组合概念提出以来，国内外各个行业的现代企业逐渐认识到把握各组合中要素、科学制定营销组合的重要性和必要性。一个企业，从产品的设计、生产开始，到通过销售网络将产品转化为持续的顾客关系，这一过程中的方方面面都离不开渠道战略的制定与实施。

2. 如何在企业销售过程中的渠道节点有效把握市场机会，合理妥善处理渠道冲突、解决渠道问题，都是企业需要考虑的重要战略细节。面对企业实际可能出现的各种问题，企业决策者要从企业整体战略角度，权衡渠道战略与其他营销要素之间的关系，实现企业短期营运目标，最终达到品牌知名、市场占有率提高、客户忠诚度提升的长久战略规划。

思考题

1. 企业选择渠道时为什么要考虑其他营销组合要素？
2. 企业在产品生命周期的不同阶段如何选择中间商？
3. 企业应如何考虑渠道价格因素？
4. 常见的渠道促销手段有哪些？

案　例

联合利华净水宝

联合利华在中国的业务主要是日化品和食品，主要品牌包括奥妙、中华、力士、旁氏、清扬、多芬、夏士莲、凌仕、舒耐、家乐、立顿、和路雪等。经过多年的大力培植，这些品牌都已家喻户晓，成为中国消费者日常生活中的常用品牌。

从2000年起，联合利华开始了在中国的新的战略布局：以上海为管理和科研中心，以安徽合肥等地为生产加工基地。联合利华在合肥的生产基地自2002年投产，生产范围涵盖家庭及个人护理产品以及茶叶加工。合肥工业园已成为联合利华全球最大的生产基地之一，产品出口14个国家。2011年，联合利华确定在天津投资设立北区生产基地；2012年，确定在四川眉山投资设立西区生产基地。同时，随着中国加入世贸组织，联合利华在上海成立了全球采购中心，依托中国丰富的资源，向联合利华全球出口原料及产品。

1. 开发净水宝

联合利华与沁园正式合资，沁园集团股份有限公司在继续保持沁园在技术创新、营销创新、制造能力提升等方面优势的同时，快速吸收联合利华的先进技术、研发能力和管理经验，特别是联合利华净水宝，在事业部成立五个月期间，通过联合利华全球研发中心和沁园集团技术中心共同努力，成功开发出涵盖饮水、净水、软水等一系列新产品。部分新产品在上海国际水展期间一经亮相，便得到行业内外的一致认可。当然，此次新产品的成功开发只是联合利华净水宝在中国业务全面启动的开始，接下来，净水宝团队还将在产品研发、工艺创新、渠道建设、品牌宣传等领域开展更深入、更大胆、更创新、更全面的工作。

在产品定位上，联合利华净水宝将以时尚和个性化为特点，在核心技术研发的同时，加大对产品工艺创新、产品外观设计、产品功能性开发等方面的力度，将时尚外观、个性化功能作为产品的核心卖点。

2. 净水宝的渠道

2014年9月4日，在上海外滩茂悦大酒店大宴会厅，联合利华净水宝2014年首届经销商会议暨新品发布会举行。会议期间，通过新产品的发布，完善了联合利华净水宝的产品线，公司试图提振全国经销商的信心；通过体验中心模式的发布，表明联合利华净水宝在借助现有销售终端的同时，将快速在全国范围内进行自建终端的布局，为品牌的市场占有率、网络覆盖率、品牌知名度的快速提升奠定基础。

联合利华净水宝将依托现有的销售渠道，快速在全国推广体验中心模式，计划到

2018 年，全国实现 2 700 家联合利华净水宝体验中心的布局，完成品牌自主终端的建设。同时，体验中心还将成为日后联合利华净水宝品牌推行 O2O 模式的线下支撑。

问题：

1. 为什么联合利华对净水宝的渠道很有信心？
2. 你认为联合利华利用现有渠道分销净水宝是否会导致定位混乱？

第5章

制定营销渠道战略

学习目标

- 了解渠道战略管理设计概念
- 了解渠道战略管理设计程序
- 掌握渠道战略设计的基本逻辑
- 掌握渠道战略设计的注意点

联想移动业务进一步扩大，尤其是海外市场增速较快。从2014—2015财年看，中国市场占联想智能手机销量的59%，海外市场的销量则获得450%的大幅增长。此外，已被联想收购的摩托罗拉手机在该财年销量超过780万部，同比上升23.6%。

相较中兴、华为等竞争对手，联想集团可以说是在开拓电商渠道中发展较慢的国产手机品牌。数据显示，联想移动业务的总销售收入同比上升71%，达到91.42亿美元，占集团整体收入约20%，但移动业务集团仍亏损3.7亿美元。

公司总裁杨元庆认为，造成这一现象的主要原因是，过去集团重点靠营运商销售渠道出货。在相当长一段时间内，联想在手机渠道战略中仍然有近70%依赖于运营商渠道。目前联想移动要转型至公开市场及网上销售，将重新建立在线业务。

企业的分销渠道是企业满足顾客需要的一种手段，是企业获得并保持市场竞争优势的重要条件，同时它也是企业扩大销售、顺利实现经济目标、赢得发展的重要保障。分销渠道在企业市场营销中具有战略意义，企业应从战略的高度来看待分销渠道，设计出适应不断变化的市场环境、以最低成本传递重要的消费者信息、最大限度地满足顾客需要的分销渠道。同时企业的渠道战略必须与企业的总体战略相一致，还要满足效率要求，并确保其长期的灵活性。

第1节　渠道战略设计概述

分销渠道决策与管理已日益具有战略性。经济全球化、科技迅速发展和市场竞争的加剧，迫使企业接受和采纳新理论，如价值链理论、交易成本理论、全面质量管理理论等，以更宽的视野对进入市场方式作系统的战略调整。许多企业将分销作为企业整体目标和战略的核心，并将分销渠道作为构建、发展企业核心竞争力的重要战略手段。

一、什么是渠道战略

渠道战略是指企业为了实现其向目标市场分销产品的营销目标而遵循的基本原则。

1. 分销在企业目标市场中扮演着重要角色

制造商只有通过渠道，才可能提供不同种类、不同水平的服务，以满足目标市场消费者的需求。高水平的客户服务源于公司对分销战略的高度重视，源于以对目标市场需求特征充分了解为前提的分销渠道的高效运转。

2. 与其他营销组合变量相比，分销对企业发展具有更大潜力

事实证明，营销组合4P中的3P——产品、价格和促销，都渐渐缺乏“张力”，变得没有竞争优势。首先，信息技术的飞速发展带动产品技术在全球快速转移，一个地区或一个企业在技术上遥遥领先的情况变得不太可能，通过产品取得竞争优势的机会越来越少。其次，伴随技术优势丧失的是价格优势，企业难以获得超低水平的成本优势。最后，指望促销来赢得市场也因为其易模仿性而变得“稍纵即逝”和不堪一击。但分销却可以提供更多、更持续的优势。分销战略是一个长期战略，必须假以时日才能真正建立起一个分销体系。分销战略具有隐蔽性，从建立到最后显山露水，很难被竞争对手察觉。待到渠道发挥作用时，竞争对手已很难模仿。

3. 分销系统创造的资源对公司发展有弥补作用

企业可以从渠道中获得一些公司自身很难取得的资源，从而促进企业发展。例如，现在随着国内外市场竞争的加剧和买方市场的逐渐强大，越来越多的制造商开始与经销商建立长期稳定的关系，以获取有价值的资源，提高渠道关系收益。威尔逊和詹特拉尼亚（Wilson and Jantrania，1994）认为发展渠道关系的目的就在于获取关系价值，包括经济价值、战略价值和行为价值。特别是，知识经济时代，知识已经取代劳动和资本成为企业最有价值的战略资源，是企业竞争优势的来源和企业成功的关键（Drucker，1993）。对于企业来说，从分销系统中获得关于市场、竞争者、消费者等市场知识，对于企业改进产品、应对竞争，进而取得更进一步发展有重要作用。

二、渠道战略设计的层次

渠道设计是指为了实现分销目标，对各种备选渠道结构进行评估和选择，从而开发新型的销售渠道或改进现有营销渠道的过程。渠道的设计与其他营销组合的决策领域相似。

从管理角度看，市场营销者必须在营销组合的各个方面（包括产品、价格、促销与营销渠道）作出决策。

广义的渠道设计包括在公司创立之时设计全新的渠道以及改变或再设计已有的渠道。对于后者，现在也称为渠道再造，是市场营销者更经常要做的事，相比之下，从一开始就设计全新的分销渠道的情形比较少见。

渠道设计更具有战略意义。渠道战略设计是指对关系企业生存与发展的基本分销模式、目标与管理原则的决策。其基本要求是：适应变化的市场环境，以最低总成本传递重要的消费者信息，达成最大的顾客满意。为此，渠道设计必须遵循两个价值原则，即以合理价格向消费者提供值得信赖的产品或服务；准确确定细分化的目标市场并以合适的产品或服务满足这一需要。具体地说，渠道战略设计应当回答下列问题：

（1）为达成终端顾客满意，分销渠道一般需要提供哪些服务？

（2）可以通过何种营销努力来提供这些服务？

（3）由哪一类机构提供这些服务，可以做得更好，效率和效益更高？

专栏 5—1

招商银行拓展电子渠道

招商银行 2014 年年报显示，招行大力推进电子渠道创新，积极探索移动金融和金融互联网新模式。报告期内，网上银行、手机银行和远程银行已经实现对物理渠道的有效补充，个人网上银行专业版 7.0 成功发布，手机银行和 iPad 银行下载量居行业前列，以可视柜台为核心的无实体柜员的简易支行新网点模式初步成型，微信银行为客户提供随时随地的自助式交互服务，保持了行业领先的客户体验。

三、渠道战略设计的步骤

每个企业的分销渠道设计的操作不尽相同，但基本步骤是大致相同的。斯特恩（Stern）等学者通过对多家大型公司的长期研究，总结出了“用户驱动分销系统”设计模型（见图 5—1）。该模型将分销渠道设计分为 12 个步骤，我们将之归类合并，把渠道战略设计过程分为 4 个步骤。

第一步，分析渠道环境。这一步的核心是对目前企业分销渠道的状况、市场覆盖面及其对公司绩效的影响、面临的挑战等有一个清醒的认识和准确的把握。

第二步，建立渠道目标。这一步的核心是将渠道功能的预期具体化。依据对不同服务产出水平的需求来识别细分市场，再决定服务于什么细分市场和在各种情况下都能应用最好的渠道。

第三步，渠道战略模式的选择。这一步的核心是确认公司经过什么渠道到达消费者。每种渠道都有各自的优势和劣势。一个渠道选择方案由三方面的要素确定：中间商的类型，所需的中间商数目，每个渠道成员的条件及其相互责任。要从经济性、可控制性和适应性这三种标准来进行评估。

第四步，渠道战略模型的实施。这一步的核心是将渠道战略方案具体化。依据战略方案和战略重点，提出更具体的数量和时间方案。例如，根据任务的轻重缓急和时机，进一步明确工作量和期限，并考虑由谁来执行战略计划等。

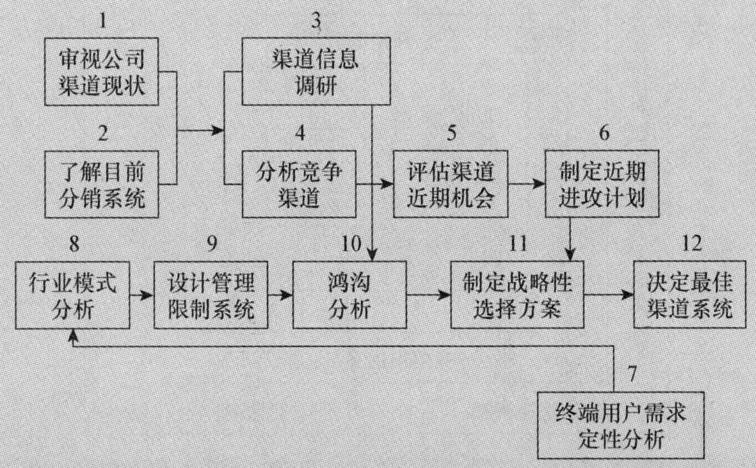

图 5—1　斯特恩的用户驱动分销系统设计步骤

第 2 节　分析渠道环境

对渠道环境的严格的定义很少，从某种意义上说渠道即相互依赖的组织集合，众多学者在研究渠道环境的过程中更多地借用了组织理论的环境概念。实际上组织理论对环境也没有统一的定义，通过文献研究可以将这些定义归为两类，一类是基于系统的观点，将环境视为所研究的组织之外的客观存在的实体；另一类则认为环境并非实体，而是所研究组织的决策者的一种主观认知。大部分学者在研究过程中采用前一种环境定义。

基于系统的观点认为，企业在设计分销渠道时，首先要将渠道作为开放系统，认识渠道环境对渠道变化的影响。由许多相互依存的组织构成的渠道组成一个系统，这个系统的各个成员共同创造渠道的服务产出。一条分销渠道包含两大部分：经营者和最终使用者。前者为垂直结合的营销组织，主要由制造商、批发商和零售商组成，是渠道系统的经营亚系统；后者由相关市场的消费者（集团购买者和家庭）构成，是渠道系统的用户亚系统。经营亚系统的存在以满足用户需求为前提。其成员要彼此协调，才能实现渠道功能并达成各自目标。同其他系统一样，分销系统有它的边界，包括地理边界（如区域市场）、经济边界（如处理产品或服务的能量）和人力边界（如相互交往的能力）。同时，所有分销渠道也是一个更大系统即经济分配结构系统的一部分。经济分配结构系统又是国内环境的一个亚系统。国内外环境包括实物、经济、社会、文化和政治等亚系统。这些系统即渠道环境系统影响着渠道效率、效益和形态变化。分销渠道系统关系与影响如图 5—2 所示。

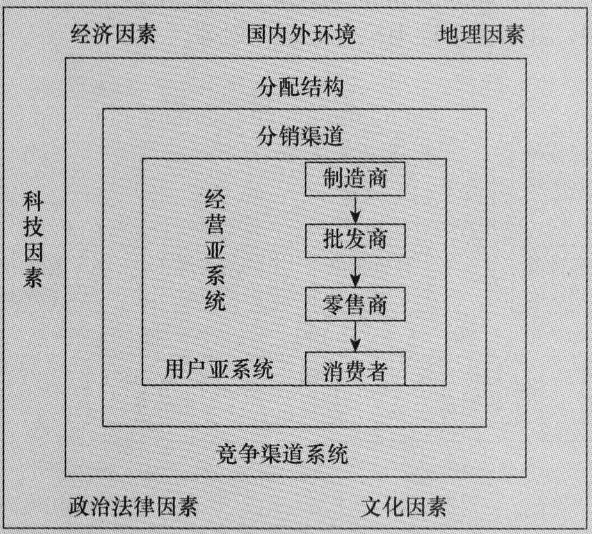

图 5—2　分销渠道系统运行环境

一、渠道设计环境

渠道环境对分销结构和行为的影响是多方面的。就比较直接的影响来说，主要有下列四个方面。

（一）经济环境

经济环境（发展水平、制度、特征、人口数量、收入水平、消费方式等）及其变化，直接影响分销渠道的规模、结构和行为。如改革开放以来，我国经济体制转换、经济高速增长和人民生活水平提高，直接导致原计划经济型分销模式的瓦解，形成了多元化、专业化的网络渠道结构。主要由经济发展水平决定的市场规模及渠道支持系统（如运输、通信、银行信贷等基础设施和服务系统）的发展，对分销渠道系统的构建和创新也有重要影响。

（二）社会文化环境

社会文化环境（意识形态、道德规范、生活方式、价值观念、风俗习惯等）对分销渠道模式与运行特征产生深刻影响。一个国家或地区的渠道结构是其经济与社会文化的历史产物。日本的分销渠道具有多层次结盟、严密管理、互相保护和拥有等特征，被西方国家视为“渠道壁垒”。其实，这种渠道模式正是日本企业在竞争压力下，以东方的家族、团队文化构造出来的。社会文化环境的变化，常常对渠道提出变革要求。如日益强烈的社会生态环境危机意识要求引进和推广“绿色营销”观念：渠道成员要更好地选择经营有利于环境保护的各种产品（服务），更多考虑以逆向营销渠道回收利用废旧物资。

（三）竞争环境

竞争环境，特别是竞争格局和程度的变化，对分销渠道的模式变迁产生重大影响。西方国家的分销渠道从 20 世纪 50 年代的泛市场分销模式，发展到 90 年代的矩阵分销模式，很大程度上是由竞争环境的变化引起的。

图 5—3 列示了西方分销渠道典型结构演变的主要阶段。从中可以看到，伴随竞争的加剧，分销渠道由粗（泛市场分销）到细（细分化和亚细分化分销），然后又在更高的基础上进一步综合，使矩阵式分销成为渠道主流。矩阵式分销结构可以充分利用传统的、非传统的和共同安排的销售网络，使产品充分到达所有的顾客细分市场。为了争夺顾客，分销渠道越来越需要渗透到更为细微的目标细分市场。

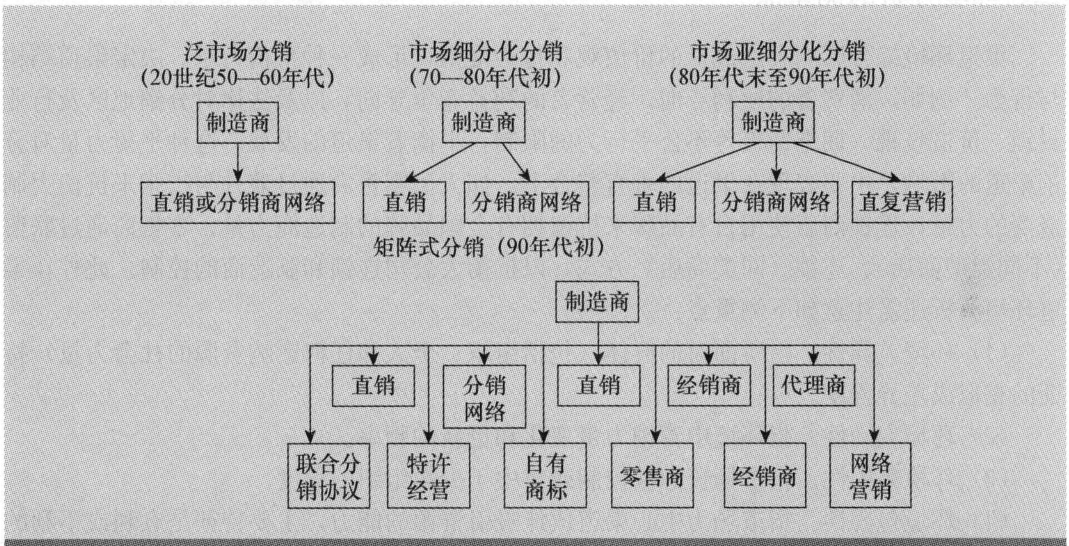

图 5—3　分销渠道的演变

专栏 5—2

德比软件：酒店如何优化多渠道分销策略

总部位于上海的德比软件目前平均每月处理约 300 万间夜的订单。公司总经理张焕杰说："如果消费者愿意通过微信或团购平台预订房间，酒店就该顺应这一需求。通过对比国际酒店和中国酒店的渠道对接方式，我们发现中国酒店应该向新应用和渠道，比如 Google 和 TripAdvisor 这样的比价平台开放数据。酒店要重新考虑如何分配可售房及房间库存信息，否则可能最终会与大好的收入机会失之交臂。"

张焕杰称，要提升整体分销技术，酒店需要考虑以下几个方面。"对接（通过整合分销系统和酒店预订系统来促进交易并传送预订数据）、缓存（快速将酒店数据对接到合作伙伴渠道）、内容（不只是可售房及房间库存信息，还包括酒店描述等静态信息、预订取消条款等半静态信息等内容）、计算（处理数据的能力）和控制（对数据的掌控）是渠道分销的关键要素。分销市场在不断地演变，因此酒店需要积极快速地进行决策。如果系统不易实现对接，从而支持酒店的决策，那么问题就依然得不到解决。"

(四) 科技环境

科技环境对分销渠道的结合方式和运行特点有很大影响。现代科技日新月异的发展，从多个方面改变着生产方式和流通方式。互联网、家庭电视购物、电子商务等大量新技术的使用，极大地改善了企业与顾客、中间商之间的沟通关系，必然导致渠道功能和流程的重新组合。科技手段的应用，可以大大减少分销费用，缩减供应链中的分销商，使渠道结构趋向扁平，直销渠道得到进一步发展。

二、环境分析的侧重点

渠道环境综合影响渠道成员的价值观和行为准则，形成一种平衡力量，决定渠道结构与行为。例如，消费者的便利导向，经营者的利益竞争导向，以及法律对分销地区及行业封锁、价格歧视、捆绑销售等不公平行为的限制，平衡着渠道的发展。这种平衡力量对分销渠道的影响，主要表现在渠道的垂直整合上。如大型零售商通过兼并与扩张来抗衡大制造商的力量；连锁商店使用自有品牌来抗衡拥有全国品牌的制造商力量；零售商通过联盟（不同类型商店）、连锁（同类商店）方式，以抗衡大公司连锁和制造商的控制。此外，渠道环境分析还需注意如下侧重点：

（1）环境差异性。指所面对的群体（包括组织、个人和任何影响资源的社会力量）特征的相似或差异程度。

（2）环境变动性。指环境中营销力量变化和更新的频率。

（3）环境集中性。指市场资源被控制或集中于少数组织的程度。

（4）环境包容性。指市场为中心渠道伙伴吸引资源的能力，主要特征是有利或不利的经济和需求条件。

（5）环境相互关联性。指相关的组织之间联系或联结的数量和类型。

（6）环境冲突性。指以渠道成员争夺对市场资源的控制为特征的不正常竞争压力的水平（由以竞争者为中心的行为所引起）。

（7）环境相互依赖性。指在市场资源相互竞争中，一个成员对其他成员行动的反应度和敏感度。

第 3 节　设定渠道设计的目标

一、渠道设计理论

(一) 渠道共创价值网络理论

在传统的产业链模型中，生产者生产的出发点是对客户需求的预测，也即生产者根据历史同期产品的销量、替代品以及客户购买力等方面的情况，来决定产品的生产量。这时企业就会面临两大问题：第一，可能因为预测市场状况时选择的变量或标准不当使得预测出现偏差；第二，因为市场的需求是随时变化的，而预测仅仅是基于当前的需求作出的，所以当产品生产出来以后，可能已经过时。传统供应链中的这些缺陷，使得价值不断流失，究其原因，正是没能及时地对市场变化作出反应。要做到及时有效地对市场需求作出反应，仅靠一个企业是无力完成的，所以一些对企业来说成本较高或不具备完成能力的任务，就要交给其他合作企业来完成。正是在这种情况下，有互联网和不断发展的信息技术作支撑，就出现了价值网络的概念。

阿德里安·斯莱沃斯基（Adrian Slywotzky）在《利润区》一书中首次提出了价值网络的概念，他认为："价值网络是一种新的业务模式，它将顾客日益提高的苛刻要求和灵活、有效率、低成本的制造相连接，采用数字信息快速配送产品，避开了代理费用高昂的分销层，将合作的提供商连接在一起，以便交付定制的解决方案，将价值提升到战略水平，以适应不断发生的变化。"

与传统的供应链相比，价值网络具有以下特征：

（1）以顾客需求为中心。企业的生产活动是基于顾客的实际需求，关注的是如何使顾客的价值最大化。

（2）高度协作。网络中的企业关注的是整个网络成员共同效率的提高，企业要充分利用合作伙伴的能力，其中内嵌和外包是价值网络中企业运作的主要手段。

（3）快速反应。信息技术增强了各网络成员间的沟通能力，能够及时有效地对市场需求做出反应。

（4）低成本。虽然在企业信息技术方面的成本增加了，但是信息技术为企业带来的交易成本的降低，能够抵消基础设施建设方面增加的成本，总体看来，企业的成本是下降的。

（二）渠道设计总成本理论

美国渠道问题专家布克林在20世纪80年代提出"分销系统总成本最低原则"理论。他认为，企业在设计分销渠道时不仅要考虑制造商和中间商的成本最低，而且要考虑用户成本最低。企业分销渠道的选择与订货时间的提前或延后直接相关，订货时间会影响企业选择直接渠道还是间接渠道。

一般来说，分销系统设计面临两大相反的制约因素。一类因素是由于消费者需求多变、市场日益细分、产品花色品种越来越多等，而要求渠道系统尽可能推迟订货时间，即延后订货，使订货时间更接近消费时间，减少订货后需求变化带来的货不对路风险。对制造商来说，延后订货意味着它能根据更为确定的需求（订单）来组织生产，将市场风险降到最低，并能减少产品储存费用。因此，分销系统效率的提高，可以通过最大限度的延后订货来实现。另一类因素如生产的规模经济性、消费者购买的随机选择、减少多次进货的较高成本、减少存货断档带来顾客"跳槽"的机会损失等，又要求渠道系统通过尽早订货来实现。显然，延后订货有低风险的好处，但增大了机会成本；尽早订货可以产生规模经济效益，但风险较大，分销成本较高。这两类因素相互作用，决定了分销渠道的组织特征，即是由生产者组织流通还是由中间商来组织流通更加合理。

（三）交易成本理论

交易成本理论认为，组织与协调商品交换会产生一系列交易费用。这些费用主要来源于三项经济活动：一是买卖双方互相寻找，比较产品质量、厂商信誉等过程引发的调研活动费用；二是与买卖双方商定供货条件的谈判签约活动相关的管理费用；三是协约执行费用。不同类型的产品，其交易费用可以有很大差别。例如，质量等级简单的矿产品，交易费用很低；而技术复杂的专利产品，交易费用就高得多。企业应根据交易费用的高低及市场环境的要求，选择不同控制程度的渠道模式（高度控制、中度控制、低度控制），以取得长期最佳效益。

在渠道设计中，要具体分析影响交易成本的各种因素。这些因素主要有四个方面，如图 5—4 所示。

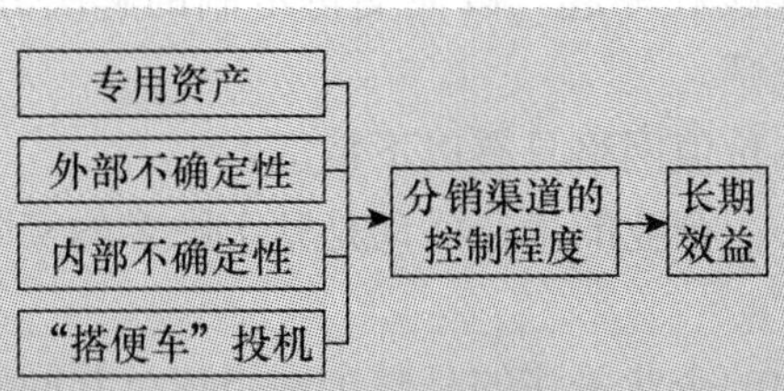

图 5—4　影响交易成本的主要因素

（四）进入市场的战略行为理论

企业战略行为理论认为，竞争优势和超额利润之所以存在，是因为该市场存在“进入壁垒”。否则，各类企业源源不断涌入，就会使超额利润消失。因此，企业进入市场时，首先要考虑的问题就是如何突破这种壁垒，占据有利的战略地位。进入壁垒主要表现为两大类型：成本劣势和报复威胁。

这就要求企业在进入市场时，要做好战略选择并尽量避免报复威胁。一般可以采取两种战略。一是选择进入行业的特定部分，或新的细分市场，以差异化产品降低相对成本劣势；二是兼并该行业中的现有企业，尽量避免行业总生产规模过大而导致价格战，尽可能不改变行业现有结构，避免与行业巨头正面冲突。日本汽车进入美国市场就是选择市场中某些特定部分，瞄准市场低价车，以简单、小型、省油的车型，配合相应的渠道，区别于美国厂商的豪华车市场，从而取得了成功。

二、分析顾客价值

（一）分析顾客需要的服务产出水平

在进行渠道设计时必须了解目标顾客的服务产出需要。提高服务产出水平意味着渠道成本的增加和提高价格。

1. 批量大小

批量是在购买过程中提供给顾客的单位数量。集团和组织市场的购买量较大，一般消费者以单件购买为多，当然，有些顾客为了得到数量折扣也会提高单次购买量，但数量仍然较少。单次购买数量还受到家庭住房面积等方面的限制。在欧美国家，由于家庭住房较大，不少家庭离销售场所较远，因而其单次购买的数量较大。相反，在人口稠密、住房紧张的国家和地区，其单次购买量相对要少些。单次购买量小，也决定了其购买的频繁性，要求渠道提供的服务产出水平更高。

2. 等候时间

等候时间是指渠道顾客等待收到货物的平均时间。顾客一般喜欢快速交货渠道，快速服务要求高的服务产出水平。它与分销系统流程的合理设计、渠道成员的工作效率、服务水平和网点数量有密切关系。它要求企业建立快速的顾客反应系统。

3. 空间便利

空间便利是营销渠道为顾客购买产品所提供的方便程度。例如，雪佛兰比凯迪拉克有更大的空间便利，它有更多的经销商。雪佛兰较高的市场分散化帮助顾客节省运输和寻求成本，并为汽车修理提供方便。空间便利被直接营销进一步强化。

4. 产品品种

产品品种是营销渠道提供的商品花色品种的宽度。一般来说，顾客喜欢较宽的花色品种，因为这使得实际上满足顾客需要的机会更多。例如，汽车购买者喜欢在经营多家制造商品牌的经销店购买汽车。

5. 服务支持

服务支持是渠道提供的附加服务（信贷、交货、安装、修理等）。服务支持越强，渠道提供的服务工作越多。

（二）设计能满足顾客需要的分销渠道

首先，要识别顾客的渠道偏好。要在顾客愿意交易的地方与他们相会。例如，你拥有世界一流的电话推销业务，但如果顾客不想通过电话购买产品，所有这一切就毫无意义。在确定分销渠道时，顾客对某种分销渠道的接受程度和接受意愿尤为重要。不了解顾客渠道偏好的企业在激烈的市场竞争中将处于危险的境地。例如，不列颠百科全书出版社就因为不了解现代顾客的渠道偏好，而遭到了致命的打击。人们都知道不列颠百科全书内容丰富、印刷精良，但该出版社一直挨家挨户推销这套价格不菲的丛书，而不是采用制作成50美元的CD-ROM版百科全书，通过零售店、邮购公司等销售。显然不列颠百科全书出版社的分销渠道已落后于时代，它的竞争对手已成功地把购买百科全书的顾客转移到低成本渠道，并为这些渠道配备了产品。结果是不列颠百科全书出版社在20世纪90年代年均销售收入下降了近10%，并解雇了500名销售人员。不列颠百科全书不得已也转向了低成本销售渠道。

其次，了解顾客所需要的渠道服务项目。为使顾客所接受和认可的渠道能够留住客户，渠道必须积极响应顾客的需求。例如，对一台个人电脑的购买者来说，他要求的服务项目包括：产品演示、保证条款、使用培训、安装和修理服务、维修期间可否使用备用机以及技术建议等。顾客可能要求以上所有的服务项目，但势必加大分销成本，这就需要企业在所有的服务项目中作出准确的判断，响应顾客的关键购买准则。另外，不同顾客对渠道服务项目的要求是不同的，如果不同顾客之间的差异程度很大，则很难用一条渠道满足所有顾客的要求，此时可根据不同顾客群体对特定服务项目重要程度的认识进行顾客细分，并为每个细分群体确定能为其提供最优服务的渠道类型。

总之，在这个顾客是“上帝”的时代，渠道设计的一个原则是发现顾客想从渠道中获得什么，并通过改进和创新更好的渠道为顾客服务。客户的满意度和对不同分销渠道的评价，对分销渠道的设计具有决定性的影响。

专栏 5—3

iPhone 在印度销售受阻

Strategy Analytics 数据显示，2013 年第二季度，印度智能手机出货量近 1 200 万部，但苹果仅占 3%，25%的人选择三星。为何 iPhone 在中国内地受追捧，却在印度遭遇如此冷遇？很重要的原因在于，智能手机在中国消费者手中已不只是打电话那么简单，还是游戏机，是移动的电脑。但在绝大多数印度用户的印象里，其手机还停留在打电话、发短信的阶段。印度手机用户对移动互联网的理解远未达到中国用户的程度，印度的互联网也处于初级阶段。以印度机场为例，用户基本登不上网络，对于习惯上网的人来说难以忍受。更重要的是，iPhone 实在是有钱人的奢侈品，印度年轻人很少能承受 iPhone 令人咋舌的高价。

资料来源：雷建平：《印度手机市场大战：iPhone 遇冷 中国厂商涌入》，http://tech.qq.com/a/20141006/002477.htm。

（三）设定渠道目标

渠道目标往往是渠道设计者对渠道功能预期的具体化。一般来说，可依据对不同服务产出水平的需求来识别细分市场。有效的渠道计划要求决定服务于哪一细分市场，在各种情况下都能应用最好的渠道。

渠道目标因产品特性的不同而不同。易腐商品要求较直接的营销。体积庞大的产品，如建筑材料，要求采用运输距离最短、搬运次数最少的渠道布局。非标准化产品，如顾客定制机器和特制模型等，则由公司销售代表直接销售。需要安装或长期服务的产品，如冷热系统，通常也由公司或者独家特许商经销。单位价值高的产品如发电机和叶轮机等，一般由公司人员销售，很少通过中间商。

渠道设计反映不同类型的中间商在执行各种任务时的优势和劣势。例如，制造商的业务代表接触每个顾客费用较少，因为总费用由几个客户所分摊。但是，业务代表对每个顾客的销售努力则低于制造商人员所能达到的水平。渠道设计还受到竞争者使用渠道的制约。

渠道设计必须适应大环境。当经济不景气时，生产者总是要求利用较短的渠道将其产品推入市场，并且取消一些会提高产品最终价格的非必需性服务。法律规定和限制也将影响渠道设计。具体的渠道目标如表 5—1 所示。

表 5—1　渠道设计的目标

目标	操作说明
1. 顺畅	最基本的功能，以短渠道较为适宜
2. 增大流量	追求铺货率，广泛布局，多路并进
3. 便利	应最大限度地贴近消费者，广泛布点，灵活经营
4. 开拓市场	一般较多地倚重经销商、代理商，待站稳脚跟之后，再组建自己的网络
5. 提高市场占有率	渠道维护至关重要

续前表

目标	操作说明
6. 扩大品牌知名度	争取和维系客户对品牌的信任度与忠诚度
7. 经济性	要考虑渠道的建设成本、维系成本、替代成本及收益
8. 市场覆盖面及密度	多家分销和密集分销
9. 控制渠道	厂家应扎扎实实地培植自身能力，以管理、资金、经验、品牌或所有权掌握渠道主动权

（四）渠道设计原则

1. 客户导向原则

企业欲求发展必须将市场客户要求放在第一位，树立客户导向的经营思想。这需要通过周密细致的市场调查研究。不仅要提供符合消费者需求的产品，还必须使营销渠道为目标消费者的购买提供方便，满足消费者在购买时间、地点以及售后服务上的需求。

2. 最大效率原则

企业选择合适的渠道模式，目的在于提高流通的效率，不断降低流通过程中的费用，使分销网络的各个阶段、各个环节、各个流程的费用合理化。这样能够降低产品成本，取得市场竞争优势并获得最大的效益。

3. 发挥企业优势的原则

企业在选择分销渠道时要注意发挥自己的特长，确保在市场竞争中的优势地位。现代市场经济的竞争早已是整个综合性网络的整体竞争。企业依据自己的特长选择合适的渠道网络模式能够达到最佳的经济效益和良好的客户反应。同时企业也要注意通过发挥自身优势来保证渠道成员的合作，贯彻企业的战略方针与政策。

4. 合理分配利益原则

合理分配利益是渠道合作的关键，利益的分配不公常常是渠道成员矛盾冲突的根源。企业应该设置一整套合理的利益分配制度，根据渠道成员负担的职能、投入的资源和取得的成绩，合理分配渠道合作所带来的利益。

5. 协调及合作原则

渠道成员之间不可避免地存在着竞争，企业在建立、选择营销渠道模式时，要充分考虑竞争的强度。一方面鼓励渠道成员之间的有益竞争，另一方面又要积极引导渠道成员的合作，协调其冲突，加强渠道成员的沟通，努力使各渠道有序运行，实现既定目标。

6. 覆盖适度的原则

企业在选择分销渠道模式时仅仅考虑加快速度、降低费用是不够的，还应考虑商品能不能销售出去，是否有足够的市场覆盖率以支持针对目标市场的销售任务。不能一味强调降低分销成本，否则可能产生销售量下降、市场覆盖率不足的后果。成本的降低应是规模效应和速度效应的结果。在营销渠道模式的选择中，应避免扩张过度、分布范围过宽过广，以免造成沟通和服务的困难，导致无法控制和管理目标市场。

7. 稳定可控的原则

企业的分销渠道模式一经确定便需花费相当大的人力、物力、财力去建立和巩固，整个过程往往是复杂而缓慢的。所以企业一般不会轻易更换渠道模式及成员，只有保持渠道的相对稳定才能进一步提高渠道的效益。畅通有序、覆盖适度是分销渠道稳固的基础。

8. 控制平衡的原则

企业在选择管理分销渠道时，不能只追求自身的效益最大化而忽略其他渠道成员的局部利益，应合理分配、控制平衡各个成员的利益。

第4节　设计分销渠道系统方案

一般来说，分销职能是由生产商、经销商、代理商、辅助商以及顾客等共同来完成的。它们一起组成了生产商所生产的产品的分销系统，联合起来把产品从生产商手中转移到消费者手上，满足消费者需要。可以说，分销系统是为某个生产商的商品执行分销职能的一种市场化的合作组织。

企业要根据市场和行业竞争的情况，设计出适合自身情况、符合企业目标的分销系统。在这一系统中，企业要把处于价值链不同环节各自独立的生产商、经销商、零售商组织起来，通过构建一种相对稳定、谋求双赢的伙伴关系，对它们进行科学合理的分工，使之成为一个有机整体。组成企业分销系统的渠道可能不止一条，不同渠道之间应通过相互补充和配合形成一个包括多种渠道形式的网络系统，来共同满足市场需求，从而完成企业的分销任务。

一、确定渠道的层次结构

渠道的长度和宽度是渠道设计的两大要素。渠道长度是指为完成企业的目标而需要的渠道层次的数目。渠道宽度则指渠道的每一个层次上所需中间商的数目。

渠道长度的选择可以从零阶渠道（直销）到三阶渠道（产品由制造商卖给代理商，再到批发商，再到零售商，最后到最终消费者）。在一个短渠道中，制造商将产品和服务直接卖给最终消费者而不通过任何中间商业机构，这种短渠道的存在意味着某种程度上的垂直一体化，或者大规模的制造商如前向一体化的大型跨国公司的存在。长短渠道的优劣比较见表5—2。

表5—2　长渠道与短渠道比较

渠道类型	优点及适用范围	缺点及基本要求
长渠道	市场覆盖面广；厂家可以将中间商的优势转化为自己的优势；一般消费品销售较为适宜；可减轻厂家费用压力	厂家对渠道的控制程度较低；增加了服务水平的差异性；加大了对中间商进行协调的工作量
短渠道	厂家对渠道的控制程度较高；专用品、时尚品及顾客密度大的市场区域较为适宜	厂家要承担大部分或者全部渠道功能，必须具备足够的资源；市场覆盖面较窄

专栏 5—4

中国降关税对阵宝马产品调整

2015 年 4 月中国的四地自贸区开始试点，多部委出台文件“护航”，国家寄希望于引进平行进口车，减少流通环节的费用，降低车价，从而打破目前汽车市场的垄断，让中国这个世界最大的汽车市场能够健康稳定地发展。

但据路透社纽约 4 月 2 日报道，梅赛德斯—奔驰和宝马正在调查中国的平行进口车，并将“平行进口”称作“未经授权的，从美国向中国出口豪车的行为”。认为这类汽车数量的急速增加，已经对车企在中国的利润构成了威胁。

奔驰方面透露，仅在 2014 年，就有超过 4 000 辆各种型号的奔驰品牌汽车从美国运往中国市场，而宝马汽车在 4 000 辆之上。根据这些车企的规定，美国的经销商只能将车辆卖给当地的客户，直接出口到中国市场是它们禁止的行为，因为这会破坏中美两地市场奔驰车型价格的平衡。

资料来源：《宝马单独提高美版 X5 排量 抬高国内平行进口成本》，http://finance.qq.com/a/20150429/035756.htm。

渠道密度传统上有三种类型：密集型、选择型和独家型。密集型是指在渠道的每个等级使用尽可能多的销路。选择型是指在一个特定的等级中不是所有的中间商都被使用，只有那些经过仔细挑选的才能使用。独家型，其实也是一种选择性分销渠道结构，它是一种特殊选择，指在某些特定的市场领域只使用唯一的中间商。三者的优劣比较见表 5—3。

表 5—3　独家型分销、密集型分销及选择型分销比较

分销类型	含义	优点	不足
独家型	在既定市场区域内每一渠道层次只有一个中间商运作	市场竞争程度低；厂家与经销商关系较为密切；适宜专用品和特殊品分销	因缺乏竞争，顾客的满意度可能会受到影响；经销商对厂家的反控力较强
密集型	凡符合厂家最低要求的中间商均可参与分销	市场覆盖率高；比较适合便利品分销	市场竞争激烈，导致市场混乱，破坏了厂家的营销意图；渠道管理成本较高
选择型	从入围者中选择一部分作为经销商	通常介于独家型分销和密集型分销之间	

二、确定采用一种渠道模式还是多种并用

对于采用一种渠道模式还是多种并用，企业可以从两个方面来考虑，首先是企业应决定使用相同分销渠道还是不同分销渠道销售不同商品，或者是用一类分销渠道还是用多类分销渠道销售同种商品；其次，企业应决定是采取开放性渠道策略还是采取排他性渠道策略。

对于选择用相同分销渠道销售不同商品，还是用不同分销渠道销售不同商品，其要害在于企业产品线中的产品关联度，关联度大的可采用相同分销网络销售不同商品；相反，对于实施多角化战略，企业产品关联度不大的情况，则应考虑使用多种分销渠道。此外，

也可以对大客户采取直接渠道销售，而对中小客户通过中间商来进行分销。还可以在不同的地区运用不同的渠道设计。对成熟市场区域可以由经销商负责，而对新开辟的市场则由厂家的销售代表首先来进行开拓。使用多种渠道模式，应考虑的是企业处理多种分销渠道矛盾冲突的能力。多种分销渠道并存会引起矛盾冲突，致使分销网络成员不愿积极努力。因此采用多渠道策略时企业必须采取措施防止渠道冲突。比如给不同渠道提供不同品种或不同品牌，明确定义各分销渠道的销售区域，加强或改变分销渠道的价值定位，或通过年终政策加以控制等。

采取开放性渠道策略意味着：一是企业将不仅依据自身的分销力量来销售产品，同时还将选择中间商；二是企业将不断根据变化的市场情况对分销网络进行调整，或者是增加新的渠道销售形式。如随着计算机技术和互联网的发展，越来越多的企业在采用传统分销渠道的同时，也纷纷“触网”，采用电子商务、网上营销的方式来销售自己的产品，作为整个分销系统的一个组成部分。而排他性渠道策略则意味着企业全部运用自身销售力量来分销产品，如运用庞大的销售队伍，在全国各地建立销售分支机构，设立专卖店等。

三、挑选渠道成员

不同行业的厂商，选择渠道成员的原则不同。市场的不同发展阶段，厂商选择渠道成员的原则也不同。但总的说来，厂商选择渠道成员，需要遵循如下基本原则：

1. 中间商的市场范围

这里首先要考虑预先定的中间商的经营范围所包括的地区与产品的预计销售地区是否一致，比如，产品在东北地区，中间商的经营范围就必须包括这个地区。其次，中间商的销售对象是不是生产商所希望的潜在顾客，因为生产商都希望中间商能打入自己已确定的目标市场，并最终说服消费者购买自己的产品。

2. 中间商的产品政策

中间商承销的产品种类及其组合情况是中间商产品政策的具体体现。选择时一要看中间商有多少“产品线”（即供应的来源）；二要看各种经销产品的组合关系，是竞争产品还是促销产品。

3. 预期合作程度

中间商与生产企业合作得好会积极主动地推销企业的产品，对双方都有益处。有些中间商希望生产企业也参与促销，扩大市场需求，并相信这样会获得更高的利润。生产企业应根据产品销售的需要确定与中间商合作的具体方式，然后再选择最理想的合作中间商。

4. 中间商的财务状况及管理水平

中间商能否按时结算包括在必要时预付货款，取决于财力的大小。中间商管理是否规范、高效，关系着中间商营销的成败，这些都与生产企业的发展休戚相关，因此，这两方面的条件也必须考虑。

5. 中间商的综合服务能力

现代商业经营服务项目甚多，选择中间商要看其综合服务能力如何，有些产品需要中间商向顾客提供售后服务，有些在销售中要提供技术指导或财务帮助（如赊购或分期付款），有些产品还需要专门的运输存储设备。合适的中间商所能提供的综合服务项目与服务能力应与企业产品销售所需要的服务要求相一致。

专栏5—5

薇姿走出药店

很多人没有想到，原本只在药店有售的药妆品牌薇姿如今正加大力度将重心放在药店以外的渠道，这意味着，之前薇姿"全世界只在药房销售"的渠道策略将成为历史。日化行业专家于斐表示，药店的体验感有局限性，如今薇姿、理肤泉等也在进行渠道转型，原来高高在上，相当理性和严谨。但走出药店后，随着其渠道的多元，造假的机会也更多。在他看来，任何品牌进入新的渠道都有引发假货的可能。因为目前国内化妆品企业95%都是小企业，小企业虽然创新能力不足，但模仿能力却很强。"薇姿等大品牌走出药店后，也给了小企业制假的空间，假货自然也不可避免。"

资料来源：黄荣：《薇姿走出药店 渠道乱象引来"并发症"》，载《中国经营报》，2015-01-26。

四、明确各成员的任务

可以将分配渠道任务这一过程细分为两个具体活动：明确渠道成员的职责并将任务分配给生产商及其经销商。

表5—4列出了分销中渠道成员的职责，主要包括以下任务：推销、渠道支持、物流、产品修正与售后服务以及风险承担。这些渠道任务必须在渠道参与者之间分配。

表5—4　　渠道成员的任务

任务	主要内容
推销	新产品市场推广；现有产品的推广；向最终消费者促销；建立零售展厅；价格谈判与销售形式的确定
渠道支持	市场调研；地区市场信息共享；向顾客提供信息；与最终消费者洽谈；选择经销商；培训经销商的员工
物流	存货；订单处理；产品运输；与最终消费者的信用交易；向顾客报单；单据处理
产品修正与售后服务	提供技术服务；调整产品以满足顾客需求；产品维护与修理；处理退货；处理取消订货
风险承担	存货融资；向最终消费者提供信用；存货的所有权；产品义务；仓储设施投资

表5—4中所列出的每一项任务都需要由渠道成员承担。其中，许多职责可以由生产商来执行，或分配给经销商，或移交给消费者/最终用户，或分配给辅助商（如广告代理商、运输公司等），也可以由渠道成员共同承担。从生产商的角度出发，在渠道成员中分配任务的主要标准是：降低分销成本；增加市场份额、销售额和利润；分销投资的风险最低化和收益最优化；满足消费者对产品技术信息、产品分布、产品调整以及售后服务的要求，从而在竞争中取得优势。

在渠道成员之间分配渠道任务时，必须考虑如下几个因素：渠道成员是否愿意承担相关的市场渠道职能；不同的渠道成员所提供的相应职能服务的质量；制造商希望与顾客接触的程度；特定顾客的重要性；渠道设计的实用性。

渠道成员的职责明确、任务清晰，是渠道顺畅运行的基本前提。制造商、经销商在渠道中应该各自承担什么样的职责，由谁来担当渠道领袖管理渠道，这些工作都应在进行渠道设计时认真考虑。明确了各成员的权责后，各方都应恪守既定规则，避免任务交叉导致的渠道冲突。

在分配渠道任务时，应注意各方的协商，力求各方的任务分配可以做到扬长避短，发挥渠道的整体优势。

第 5 节　评估和落实分销渠道设计方案

在进行渠道战略模式选择与实施时，必须使企业内部和外部的资源协调起来，因此必须了解其限制条件因素，在此基础上选择、确定和实施方案。

一、评估方案

这是指企业根据目前实力与环境状况对各个战略备选方案进行可行性分析，做出适用与否的评价。它的主要任务是在诸多方案中比较、选定其中相对满意的方案。在战略选择过程中，为了减少风险或增大机遇，有关管理人员可对某些次要目标及其措施做出适当调整。企业可从以下方面对渠道进行评估。

（一）经济标准

每一种渠道模式都会产生不同的销售量和销售成本，因此生产企业需要考察的首要问题是：是使用企业自己的推销队伍带来的销售量大还是借助分销机构带来的销售量大?

同意使用企业自己推销队伍的人认为：企业的推销人员对企业有绝对的忠诚，对企业的产品有足够的熟悉度，他们更富有进取心，推销员的前途与企业命运息息相关，所以选用自己的推销队伍，采用直接销售方式将给企业带来更大的销售量。在实际活动中顾客也表示出愿意与企业营销人员直接沟通的意愿，这样既可以全面了解产品，又可以获得技术、资金上的支持。主张借助分销商来扩大销售的人认为：分销商的存在是社会分工的必然，由于专门从事产品分销工作，分销机构具有比企业自身销售更丰富的经验，其可以动用的人力、物力、财力资源远在生产企业之上。分销机构深入社会，与顾客有着最紧密、最广泛的联系，信息沟通迅速，分销沟通迅速，分销产品得力，只要给予其必要的价格折扣或佣金，他们就会比企业的推销人员干得更出色。所以企业在进行产品分销模式选择时，必须考虑企业自销和利用分销机构销售的利弊得失。

其次是比较分销成本问题。分销成本的高低与销售量的大小密切相关。从理论上讲，在某个销售量水平上，无论采用哪种分销方式，其分销成本应该是相等的。如果实际销售量低于上述销售量水平，则利用分销机构比较有利；而当实际销售量高于上述销售量水平时，利用企业自身销售人员及机构更为有利。一般来讲，小型企业或大企业在一个很小的区域销售产品时，就没有必要使用自己的推销人员，借助分销商的力量比较有利。

（二）控制标准

分销机构本身是一个独立的经济利益主体，它关心的也是自身的经济利益最大化问题，所以分销商的精力主要集中在如何刺激消费者购买方面。一家分销机构承担分销的产品少则几十种，多则上万种，对于众多产品的一些技术问题或相关资料信息缺乏细致周到的了解，导致不能有效地针对产品特性和顾客特性进行营业推广活动，影响企业产品的销售量。因此，生产企业在选择分销模式时，要考虑如何对分销机构施以控制。要想使分销机构全力以赴地推销自己的产品，除了在价格上给予一定的折扣外，还必须在管理上加强对分销机构成员的控制。

控制程度标准，主要考虑衡量分销机构成员之间的纵向、横向经济关系及分销机构成员稳定性等具体因素。分销机构成员之间的纵向、横向经济关系复杂，如果出现问题，诸如横向关系中的竞争冲突、纵向关系中的利益分配等处理不当，或由于利益一致而结成的无原则的联合迫使生产企业做出更大的让步，都会直接影响到生产企业的切身经济利益。如果企业所选择的分销机构成员缺乏相对的稳定性，分销商的法律地位不明，其作为独立的市场行为主体的作用也就很难体现，其分销作用也会因此而受到多方限制，会对企业的产品分销工作带来不良影响。

（三）适应性标准

由于市场营销环境的不断变化，每一种分销网络模式都只能持续一段时间，而不能一劳永逸、长久地发挥作用。因此，在一种分销网络模式运行的有效期限内，生产者还必须根据变化了的环境适时进行其他网络模式的选择。当然，从经济性和可控性角度考虑，生产企业最好是利用现有的分销网络模式，只对其中一些不适应环境变化的要素进行局部调整。除非原有的分销网络模式已完全不适用，否则不要轻易舍弃现有的分销网络模式。在实际营销活动中，企业选定的分销商，必须承担相应义务，不能随便变动。当然企业还必须积极采用更适当的分销网络模式。

现实约束是需要考虑的另一个重要方面，法律限制、文化限制和历史沿革的营销方式，都是应当认真评估的重要约束条件。尤其在开展国际市场营销活动时，企业将面临完全不同于国内的政治法律、社会结构、文化教育、审美、语言文字、宗教信仰与价值观等方面的客观环境。国际环境比国内市场更加复杂，其不确定性、不可控性更强，在建立国际销售渠道时更应对现实约束加以注意。

二、制定实施计划方案

渠道战略只是规定了渠道的方向与任务，不可能提出更具体的数量和时间方案。战略实施计划就是将战略方案具体化，依据战略方案和战略重点，规定出任务的轻重缓急和时机，进一步明确工作量和期限，并考虑由谁来执行战略计划，如何才能顺利完成战略计划要求的工作。不编制具体的实施行动计划，再好的战略也无法实施。

如果在编制实施行动计划时，事先没有认真研究战略的要求，心中无数，而只是靠汇报材料加减拼凑而成，这种缺乏战略指导的拼盘式计划，其实施效果也不会理想。尤其是渠道战略的实施往往还会涉及企业人力资源部门、财务部门、生产部门等方方面面的配合，因此，在明确战略实施需要做哪些事情的基础上，还要求企业各层次的管理者都应对企业内部组织进行全面的考虑，在企业总体经营战略的指导下，提出支持企业战略实施的项目方案，编制出方案的成本预算，制定出执行方案的详细工作程序，要求包括所提方案的时间进度、资源条件、经营预算、企业能力等方面的可操作性内容，以便为经营战略的真正实施做好准备。

经营战略实施计划的内容包括：

（1）根据渠道战略所规定的各项目标编制出较为详细的战略项目及其行动计划，如资金筹集计划、人力资源安排计划、市场开发计划、广告促销计划等。

（2）区别各战略项目间必要的顺序和关系。划分重点区域市场、一般区域市场；也可划分钉子市场（问题市场）与规范市场。

（3）确定各战略项目的执行人员及负责人。对重要市场区域应配备得力的销售管理人员和市场开拓能力强的销售人员。

（4）确定各战略项目的实施方法和所需资源，如各区域市场广告的投入、促销方案的制定。

（5）估计各战略项目所需的时间。

（6）与渠道相关成员进行沟通，取得外部分销商的理解和支持。

（7）评价与控制，即建立工作目标和考核标准，如销售额、货款回收、完善的客户开发与管理、对各市场区域实施跟踪，发现偏差，不失时机地予以纠正和解决。

本章小结

1. 分销渠道为越来越多的企业所重视。建立和管理分销渠道正在成为企业获得竞争优势的重要途径，并成为营造和维持企业核心能力的重要来源。这一切都将分销渠道的建设和管理上升到了战略的高度。

2. 渠道设计需要考虑的外部环境包括：行业集中度、宏观经济形势、经济管理体制、当前和未来的技术状况、竞争者行为、产品的生命周期、市场密度与市场秩序。

3. 互联网的出现引发了销售模式的革命。网上直销相对于传统营销在营销理念、营销组合策略和营销手段三个方面均有所创新，同时网上直销也表现出明显的经济性。

4. 渠道的目标一般可以分为九类：顺畅、增大流量、便利、开拓市场、提高市场占有率、扩大品牌知名度、经济性、市场覆盖面及密度和渠道控制。

5. 渠道设计过程中应遵循的原则主要有八个：客户导向原则、最大效率原则、发挥企业优势的原则、合理分配利益原则、协调及合作原则、覆盖适度的原则、稳定可控的原则和控制平衡的原则。

6. 设计理想的分销系统需要按经济标准、控制标准和适应性标准对其进行评估和选择。在战略实施阶段，企业各层级的管理者都应根据企业总体经营战略，支持分销战略的实施。

思考题

1. 试述分销渠道战略管理的要点。
2. 渠道战略设计的程序包括哪些方面?
3. 渠道战略设计需要遵循的原则有哪些?
4. 对渠道进行评估的标准有哪些?
5. 调查和了解个人电脑、家电、食品饮料业目前的渠道运作模式，并以此为例进行行业模拟分析。

案例

康师傅携手星巴克

开瓶就能喝的咖啡，特别适合中国这个生活快节奏的国度。这个领域在很长一段时间内都是雀巢的天下。但现在，包括跨国巨头星巴克与本土快消大佬华润怡宝在内的两大快消巨头试图打破这种局面。

2015年3月19日，星巴克咖啡公司与中国领先的饮料生产商康师傅控股有限公司宣布正式签署合作协议，在中国大陆生产星巴克即饮饮品，并拓展本地市场分销渠道。根据协议，星巴克负责提供产品原料、研发和创新以及品牌发展，康师傅负责在中国大陆生产、销售星巴克的即饮饮料产品。

目前，中国即饮咖啡和功能饮料市场规模达60亿美元，预计未来3年将增长20%。根据星巴克与康师傅的合作协议，双方将依托各自优势，将全部星巴克即饮饮料产品线带入中国市场，并强化本地化的创新能力，以满足中国顾客的需要。

国内某企业市场总监表示，“此前星巴克已经在华拥有自己的瓶装咖啡产品生产能力，但是分销能力非常有限。星巴克与康师傅的合作，能够帮助这两家企业快速开拓尚未触及的中国高端瓶装饮料市场”。

高端瓶装饮品对多数中国人来说仍很陌生，目前可口可乐、百事可乐以及康师傅与汇源果汁等企业把持着中国饮品市场。这些企业的产品售价集中在3～8元人民币这个非常窄的价格区间，竞争异常激烈，一个品类通常有好几个企业在竞争。以冰糖雪梨为例，随便哪家便利店，几乎都能找到三四款不同品牌的冰糖雪梨饮料，惨烈的竞争使得这款饮品利润微薄。为此，业内普遍估计，星巴克未来和康师傅推出的即饮咖啡的售价将高于这个区间，也许突破每瓶15元。

通常，康师傅的渠道主要分为两种：直营和经销。一方面通过办事处、营业所等直接将产品铺向终端，部分地区则通过中间经销商发展终端网点。其业务人员也因此分为两种：直营业代和经销业代。直营业代分工很细，有的专门负责商场、超市、量贩店等大卖场，有的则专门负责零售店的管理；经销业代则主要负责经销商的开发管理和维护。

在中间经销商管理这一块，一方面，康师傅非常严格，在价格控制、窜货等事情处理方面毫不手软；另一方面，康师傅又大力扶持经销商成长，让经销商把康师傅当作一种主要事业来经营。康师傅通常把经销商当作物流环节中的中间仓储中心，除有效利用经销商自有网点以外，康师傅业务人员会经常性地帮助经销商开发新网点并维护老网点。

康师傅对渠道网点的促销力度很大，超市等大卖场会经常争取采用大面积堆头陈列，并尽可能张贴悬挂更多的产品海报，烘托现场气氛，同时往往也会回馈给超市更多的利益，还会定期组织大型特卖、免费试吃等活动来促进卖场销量，维系大卖场对经销康师傅产品的信心。

问题：

1. 星巴克看上了康师傅渠道的什么特征？这会对星巴克带来损害吗？
2. 康师傅为什么要实施两种分销方式？

第6章 选择渠道成员

学习目标

- 了解寻找渠道成员的主要途径、标准和方法
- 掌握确定渠道成员的决策过程
- 理解厂商吸引渠道成员的政策和具体措施

2014年，国美集团围绕“开放式全渠道零售商”的战略目标，通过优化开放式供应链平台，逐渐完善在采购、物流、信息系统及金融服务方面的建设，并通过“线上＋线下＋移动终端＋其他社会化渠道”的全渠道界面平台，为消费者提供跨地域和跨渠道消费体验。截至报告期末，在低成本高效率的开放型供应链优势支撑下，国美电器上市公司部分实现核心财务指标连续八个季度同比增长，经营效率提升，归属母公司拥有者应占利润达人民币12.8亿元，同比大幅增长43.5%。差异化商品销售占比已从2009年的1.2%大幅增长至2014年的33.0%。

但在一片利好的情形下，国美的发展模式存在隐忧。有专业人士认为，国美的做法并不能将盈利一直持续下去，这是为了做财报而做业务。之所以能够在营收提升有限的情况下净利润实现翻倍，主要得益于线上渠道的收缩与线下渠道的扩张。其中线下渠道扩张部分，国美电器是一边在关闭自己盈利能力较弱的门店，一边又在选择性进驻线下的商超与连锁卖场，进驻的形式是为这些商超、连锁卖场供应家电商品，开放自己的供应链给这些合作伙伴。

深层次地，面对海尔、TCL等家电制造企业向互联网转型，入驻了天猫、京东等互联网直销渠道，国美越发显得力不从心。这是因为，从渠道中间商的5个基本职能来看，国美承担的职能事实上非常有限，海尔等大企业均建立了全国性物流、维修渠道，

国美仅作为资金结算和展示的场所，渠道中间商的存在感并不强。

在互联网时代，国美这些职能由制造企业来完成并不存在障碍。面对互联网的不断冲击，国美等家电中间商可存活的时间已很有限，且不断被“全渠道”等网络概念所误导，并不能真正回归中间商的本质。

渠道成员选择是在渠道设计完成之后，渠道管理者所要完成的渠道组织职能。在上一章中，我们简要论述了渠道中间商的选择标准，本章将重点讨论企业如何联合渠道成员共同来进行产品分销，制造商如何利用来自渠道成员的人力、物力、财力和知识资源来完成产品分销。选择渠道成员的战略意义在于，一旦选择某个渠道成员作为商品分销的渠道伙伴，就在分销渠道中形成相对应的社会分工或引起分销渠道结构的重组。这种分销渠道结构通常能够影响分销成本，影响到商品能否及时准确地转移到消费者手里，也影响产品在消费者心目中的定位。对于成功的渠道管理者而言，需要研究和理解的渠道选择至关重要。

第 1 节　寻找渠道成员

营销渠道能否发挥正常的功能，渠道策略能否贯彻，渠道目标能否实现，使企业在营销渠道中获取竞争优势，很大程度上取决于企业对于渠道成员的选择。选择渠道成员不是为获得一批商品的销售合同，而是选择商品分销的战略伙伴或合作者，也是对有关分销渠道的功能承担者的战略性选择。对于制造商而言，选择适合的渠道成员至关重要。

一、寻找备选渠道成员的程序

寻找备选渠道成员的过程也就是招商的过程，招商过程的核心是制定一个好的招商方案，并保证该方案的实施，具体内容如表 6—1 所示。

表 6—1　　寻找备选渠道成员程序表

程序	寻找备选渠道成员的活动
1. 诉求点的确定	吸引中间商的卖点，如有效的促销计划
2. 成立招商部门	依具体情况确定岗位与规模
3. 确定信息发布渠道	内部人员举荐、顾客提供、交易中的伙伴、广告和招商会议、互联网
4. 确定招商层级	省级、地区级还是县乡级
5. 确定中间商政策	区域划分、价格折扣、付款规定、服务标准等
6. 选择招商的形式	（1）拍卖经销权：中间商通过竞标方式买断区域经销权，竞标价格为买权费而非货款 （2）经销招标：中间商通过竞标方式取得区域经销权，标的是首批进货额和一定时间的销售额承诺。竞标价格不是买权费而是进货款 （3）开放式招商：在报名的备选渠道成员中依评价标准进行评选

续前表

程序	寻找备选渠道成员的活动
7. 确定招商流程	确定招商方案—配备招商人员—发布招商广告—处理应招信息—发出会议邀请—召开签约会议—督促履约—款到发货—将客户档案移交销售部—分销开始
8. 费用预算	设定总费额，并在招商广告、促销品、办公场地、人员开支、办公费等方面进行分配

二、寻找渠道成员的主要途径

确定了营销渠道目标和渠道策略以后，企业就要开始招募和筛选中间商。虽然在众多的候选中间商中选择出合适的渠道伙伴是一项较为困难的工作，但事实上只有少数实力雄厚的制造商才可能有大量的中间商供其选择，大多数制造商都需要首先通过各种方式去寻找合适的中间商。招募中间商的途径很多，一般来说，有以下几种：

1. 发布招商广告

这种方式费用大、见效快、操作水平高，可以主动地、较全面地了解经销商情况。

2. 举办产品展示会、订货会

这种方式对展示公司品牌形象有巨大的推动作用，专业性的订货会可招来大批专业性经销商。

3. 通过专业网站

现在越来越多的中间商，尤其是品牌意识强、有长远眼光的中间商都开始创建自己的网站，这已经成为业界的发展趋势。对此，企业应该加以充分利用，通过各种搜索引擎，在网站上浏览各家中间商的详细信息，对其进行高效率的对比选择。

4. 同行、朋友介绍

这种方式最可靠，同行、朋友与经销商相处时间久，对经销商的了解比较全面，这样可节省时间成本，降低选择风险，并且和经销商沟通比较快。

5. 媒体广告或工具书

企业应当关注当地电视、报纸、广播上的同类产品广告；同时，应善于利用各种专业工具书，包括当地的电话号码簿、工商企业名录、地图册、手册、消费指南、专业杂志等，尤其是电话号码簿。一般情况下，当地有经验、有实力的经销商都会在电话号码簿上刊登自己的公司名称、经营范围，有的甚至在电话号码簿上做广告推介自己的公司。

6. 广告公司咨询

当地的广告公司对当地各行业的市场情况及经销商分布比较了解，在与它们进行广告代理业务洽谈时，可详细询问本地经销商的情况。

7. 去销售现场或专业性的批发市场调查

企业可到市场上各零售终端现场询问专柜组长或采购人员，了解同类产品的进货渠道，调查各家中间商的实力、诚信度及业界口碑；另外，许多城市都设有专业性批发市场，大部分经销商为了扩大自己的知名度，都会要求厂家给它们制作“××地区总经销、总代理”等各式招牌、横幅等，悬挂在经销商门口或是店堂里面，这也不失为一种有效的信息来源。

三、选择渠道成员的标准和方法

渠道成员的选择，就是从众多的同类渠道成员中，选择出适合公司渠道系统，能够有效帮助公司完成分销任务的渠道合作伙伴的过程。对于每个企业来说，这个标准都是不同的，本书第 5 章从一般意义上介绍了制造商选择中间商要关注的问题，这里不再重复。

（一）选择标准

这里强调选择渠道成员标准的多维性和可操作性，如布伦德尔（Brendel，2003）设计了渠道成员评选的问题表，用于制造商选择经销商的依据。布伦德尔的选择标准已成为营销渠道的经典之作，今天同样具有适用性。这 20 个选择性问题如下：

（1）经销商是否真的对我们的产品感兴趣？

（2）它的实力如何？

（3）它在企业目标顾客群体中声誉如何？

（4）它在供应商中信誉怎样？

（5）它是否富于开拓精神？

（6）它同时经销哪些其他的产品？

（7）它的财务状况如何？

（8）它经营某类产品的能力如何？

（9）它的规模如何？

（10）它要求货物清单必须准确清晰吗？

（11）它的消费群体是哪些？

（12）哪些人群对它所出售的商品从不过问？

（13）它认为价格需要保持稳定吗？

（14）它过去 5 年的销售业绩怎样？

（15）它的业务员销售区域有多大？

（16）它的业务员经过培训吗？

（17）它的外勤人员有多少？

（18）它的内勤人员有多少？

（19）它的团队精神、销售培训及促销活动怎样？

（20）经销企业的产品，它能提供什么优惠条件？

（二）选择方法

选择渠道成员的主要方法有：

1. 评分法

评分法就是对拟选择作为合作伙伴的中间商，分别就其所具备商品分销的各项能力和条件进行打分评价，同时根据不同因素对分销渠道功能建设的重要程度分别赋予一定的权数，然后计算每个中间商的总加权得分，从中选择得分较高者。该种方法主要适用于在一个较小范围地区的市场，为了建立精选的渠道网络而选择理想的中间商。例如，一家公司决定在某地区采用精选的一级分销渠道模式（即厂家把自己的产品销售给零售商，再由零售商销售给消费者）。经过考察，初步选出三家比较合适的候选人。公司希望选取的零售商具有理想的地理位置，有一定的经营规模，顾客流量较大，声望较高，与生产厂商积极协作，主动进行信息沟通，货款结算信誉好。各个候选人在这些因素中的某些方面都有一定优势，但是没有一个在各方面均名列前茅。因此，公司采用评分法对三个候选人进行评价。如表6—2所示。

表6—2　　加权评分法

评价因素	权数	候选人1		候选人2		候选人3	
		打分	加权分	打分	加权分	打分	加权分
地理位置	0.2	85	17	70	14	80	16
经营规模	0.15	70	10.5	80	12	85	12.75
顾客流量	0.15	90	13.5	85	12.75	90	13.5
市场声望	0.1	75	7.5	80	8	85	8.5
合作精神	0.15	80	12	90	13.5	75	11.25
信息沟通	0.05	80	4	60	3	75	3.75
货款结算	0.2	65	13	75	15	60	12
总分	1	545	77.5	540	78.25	550	77.75

通过打分计算，从表6—2的总分栏可以看出，第二个候选人得到最高的加权总分，该公司应当考虑选择它作为当地的分销商。

2. 销售量分析法

销售量分析法是通过实地考察候选中间商的顾客流量和销售情况，并分析其近年来销售额水平及变化趋势，在此基础上，对有关分销商实际能够承担的分销能力（尤其是可能达到的销售量水平）进行估计和评价，据此选择最佳候选人的方法。

3. 销售费用分析法

渠道管理和运作需要付出一定的成本和费用，主要包括分担市场开拓费用、让利促销费用、由于货款延迟支付而带来的收益损失、谈判和监督履约的费用等。这些费用构成了销售费用或流通费用，它减少了制造商的净收益。企业可以通过控制流通费用来提高渠道的效益，进而增加净收益。因此企业可以把预期销售费用看做选择中间商的一种指标。常用的方法有三种：

（1）总销售费用比较法。在分析有关候选人的合作态度、营销战略、市场声誉、顾客流量、销售记录的基础上，估算各个候选人作为分销渠道成员在执行分销功能过程中的销售费用。然后，选择费用最低的中间商。

（2）单位商品（单位销售额）销售费用比较法。销售费用一定时，销量越多，则单位商品的销售费用越低，渠道成员的效率就越高。因此在评价有关中间商的优劣时，需要把销售量与销售费用两个因素联系起来综合评价。就是将中间商的预期总销售费用与该中间商能够实现的商品销售量（或销售额）之比值，即单位商品（单位销售额）销售费用做比较，选出比值最低者作为营销渠道成员。

（3）费用效率分析法。也就是以销售业绩与销售费用的比值作为评价依据来选择最佳中间商。与前者不同的是，此方法采用的比值是某中间商能够实现的销售业绩（销售量或者销售额）除以该中间商总销售费用，称为费用效率，其公式如下：

$$\text{费用效率}=\frac{\text{某分销商的总销售额（或总销售量）}}{\text{该分销商的总销售费用}}$$

可以看出，费用效率是单位商品销售费用的倒数。当然，也可以进行量—本—利综合分析，这需要利用盈亏平衡分析原理和曲线图。

专栏 6—1

中国林产品的中间商

林产品的交易方式呈现出多元化模式，现实中林产品交易方式也有很多具体的模式，例如农户直接销售、“企业＋农户”、“企业＋经纪人＋农户”、“企业＋大规模生产户＋农户”和“企业＋合作组织＋农户”、“企业＋生产基地＋农户”等模式。徐星宇等人（2015）以云南省 348 户农户为例分析林产品交易中农户选择中间商的影响因素的研究表明：农户的年龄、性别、文化程度以及家庭的劳动力数对农户选择中间商影响不显著；村干部或者有亲戚朋友从事林产品销售相关工作的农户更愿意选择自行销售或合作社等其他销售方式；农户拥有的林地面积和生产的林产品种类对农户是否选择林产品交易中间商具有显著负向影响；参加过林产品种植和销售方面培训的农户则更愿意选择中间商销售其林产品；林产品交易频率越高或经过品质认证的林产品，农户更愿意选择中间商销售；技术适用度对农户选择中间商有显著的正向影响；运输的难易程度则对农户选择中间商有显著的负向影响。

资料来源：徐星宇、谢彦明、扈立家、刘珊：《农户林产品交易中间商选择影响因素分析——以云南省 348 户农户为例》，载《林业经济问题》，2015（1）。

第 2 节　确定渠道成员

渠道成员的识别是渠道结构的基本要素。图 6—1 描述了确定营销渠道成员的决策过程。第一个问题是决定是否使用营销中间商。如果选择“否”，渠道就是没有中间商的直接渠道。如果选择“是”，那么接下来的问题是在渠道结构中应该增加什么类型的非零售中间商（如工业分销商与独立销售代表）和零售中间商（如目录销售、专业商店与大规模商场）。最后，一旦发现某一特定类型的中间商值得加入到渠道中，则其身份必须加以明确（如使用哪个目录销售商或哪个工业分销商）。回答这些问题将有助于整个决策过程各个层次上必要决策的制定。

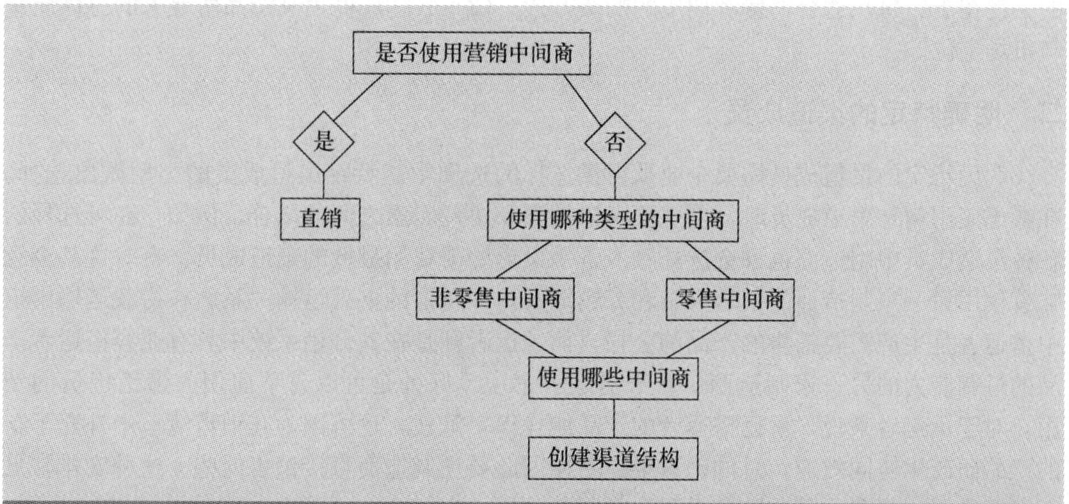

图 6—1　确定渠道成员的决策过程

一、确定渠道成员类型

如果企业决定采用渠道成员，非零售和零售渠道成员都可以使用。问题是，为了满足终端用户的服务产出需要哪个或哪些渠道流可以通过渠道成员来执行？例如，在一个市场区域内，让仓库保有一定的库存量非常重要（为了满足空间便利性，渠道成员必须承担实物流），采用独立的销售代表就不是一个好的选择，因为通常它们是没有库存的。另外，假设终端用户更加重视顾客，而不是空间便利性，那么由销售力量代表的促销流就是一种重要的投入，而不是实物拥有和储存。制造商选用独立的销售代理商而不是自己雇用销售队伍，能够更好地满足服务产出需求。

（一）非零售渠道成员的确定

在决定采用非零售渠道成员时，一个需要特别考虑的问题是把不止一种渠道流分配给单一渠道成员是否存在协同效应。考虑使用卡车将产品从制造商工厂运输到收货人（买方）的问题，制造商经常使用独立的卡车公司运送产品，也就是把产品的实物拥有流外包给卡车公司。但是，越来越多的发货人希望运输商能够起到物流整合的功能，而不仅仅是执行实物拥有流的运输部分。把多种渠道流分配给一个渠道成员能够大幅降低成本。例如，使用一个一体化的第三方物流公司去处理诸如化学危险品的运输，从而使得产品转手次数最少，以降低危险品的溢出或渗漏风险。

（二）零售渠道成员的确定

当决定使用零售渠道成员时，一个需要特别关注的问题是终端用户如何购买产品。通过足够的推广与教育也许可能引导终端用户到新的零售商场去购买，但是，将产品与终端用户熟悉的零售商场适当结合也许更容易些。而且，某一类型的零售商场可能适合也可能不适合制造商对产品的总体市场定位。因此从终端用户方面来说，寻找一个零售渠道成员的关键在于：（1）适合消费者期望的购买方式；（2）表达厂商为其产品所寻求的总体质量与市场定位。

二、明确特定的渠道成员

明确特定的渠道成员需要企业从可供选择的选项中就特定渠道成员的类型做出选择。在考虑使用何种渠道成员时，应主要考虑效率和协调因素之间的结合。例如，在可选择的各种渠道成员中制造商也许会选择融入营销渠道所需费用最低的渠道成员。有时这甚至意味着使用另一家制造商的销售人员和分销能力，即所谓的搭载运输关系。在搭载运输渠道中搭运者是生产需要销售的产品的公司，而承运者则是在其分销系统中具有兼容搭运者产品的过剩能力的另一家制造商。对于搭运者来说，好处是可以省下雇用大量销售员的费用。对于承运者来说，承运搭运者的产品能挣得一笔钱，还可因为在销售清单中补充了新的产品而产生协同效应，总的销售渠道费用因此要比制造商直接销售低些。这种安排常见于医药公司、消费食品包装公司和金融服务公司。

然而，协调问题与效率问题同等重要。当承运商品正是承运者的直接竞争产品，希望承运的合作伙伴保持努力是困难的。因此选择能从搭载者利益出发的真诚努力的合作伙伴的途径是，寻找生产互补性而非直接竞争产品的公司。这样的伙伴才更有可能把有关搭载者产品的工作做好，因为好的结果会令其自身的产品销售增加。

另一种经常性的策略是实行"互换搭载"，即每个公司既出售自己的产品也出售合作伙伴的产品。任何一方都因为担心自己的产品在合作伙伴处遭受同样的命运，而不会只做出微弱的销售努力。

总之，营销渠道的成员选择决策的所有层次都围绕三个关键因素：需求方问题、供应方或效率问题以及协作问题。这些因素在回答诸如在渠道的某一给定层次上渠道成员的最佳数量、是否运用双重分销等其他渠道结构问题时同样行之有效。

专栏 6—2

运营商渠道转型的新模式

自建他营是电信运营商将自有产权的营业厅外包给社会资源的一种渠道管理模式。电信运营商负责提供运营场所，承担房屋租金（或购置房屋）以及装修和配套设备等固定资产费用，并根据合作商的经营情况支付酬金；合作商负责运营管理，承担人工、水电、安保等运营管理费用，并在电信运营商的业务规范下经营业务。

自建他营渠道介于自营渠道和社会渠道之间，兼有两者的特点。面向外部，自建他营渠道能够给客户带来和自营厅同样的感知，即同样的形象和标志，办理同样的业务，享受同样的服务，体验同样的功能；面向内部，电信运营商对合作商实施类似于社会渠道的管理制度，按照业务销售情况向合作商发放酬金。

资料来源：王力、许盈：《自建他营——运营商渠道转型的新模式》，载《通信企业管理》，2011（6）。

第3节 确保渠道成员的稳定

渠道成员一旦确定，生产企业可制定吸引渠道成员的政策和采用优惠措施，目的是吸引优秀渠道成员加盟，向渠道成员表达厂商对它们的承诺和支持，确保它们成功运作。事实证明，在彼此承诺、互相协作的基础之上，由生产商和渠道成员（批发商/零售商）建立起来的伙伴关系或战略同盟关系不仅普及，而且已成为衡量厂商与多个渠道之间关系的准则。

一、厂商吸引渠道成员的政策

分销渠道政策是生产企业、渠道成员和消费者三方利益的联结点，利用这些政策能够对渠道成员产生真正有效的作用力，同时也有利于实现生产企业的分销渠道建设目标，维护消费者的利益，确保渠道成员的稳定。厂商吸引渠道成员的政策主要有以下几方面。

（一）商品销售政策

1. 销售区域

企业应根据生产能力、市场需求的分布、产品市场生命周期的变化等因素，考虑开拓各个区域市场的次序、时间以及相应的策略。由于不同区域市场通常因为文化差异、经济发展水平及经济形势的差异、商业环境与习惯的差异，对商品分销渠道存在着不同的要求，这就要求分销渠道政策针对不同区域市场的特点，提出不同的区域分销渠道政策。商品销售区域政策应能体现快速占领市场空间、不断扩大有利的销售空间范围、在市场潜力较大的区域实现深度渗透的渠道策略。

2. 销售服务

不少商品在销售给顾客前后，都需要提供一定的服务。然而，渠道成员从事商品销售服务，必然会增加人力、物力的占用，增加经营成本。分销渠道政策应当能鼓励渠道成员向顾客提供力所能及的服务，规范渠道成员的服务范围（项目）与服务操作流程，必要时提供相关服务人员的服务技能培训和专业服务设备或工具，建立服务质量回访和监督机制，并根据服务提供的数量与质量给予补偿和奖励。

3. 专人负责

对所销售的商品，渠道成员是否派出专人进行管理和销售，反映出这一商品在渠道成员心目中的地位，也关系到顾客在选择购买该商品时能否获得足够的信息。分销渠道政策应当鼓励渠道成员对所销售的商品实行专人负责，并对专职人员在商品分销过程中的权力与职责进行规范，必要时还要提供相应商品及商品展示知识的培训，建立相关岗位的监督与考核制度，对表现优秀的专职人员以及渠道成员给予奖励。

（二）价格政策

生产企业将商品销售给渠道成员的价格，或者支付给渠道成员多少佣金，与生产企业能否盈利、渠道成员或渠道成员的利润与投资报酬多少有关，也会间接反映到商品最终销售价格上，关系到最终购买者的购买价格。除了有关渠道成员销售产品的价格是否由企业所掌握和利用之外，它们从上游供应商进货时，能否获得合理的进货价格以及理想的折扣，也关系到它们的利润高低。

转售定价权是指生产企业要求渠道成员以多高价格将商品销售给最终顾客。有关转售定价权的规定，关系到消费者或最终用户的购买价格，也关系到所销售商品的市场竞争力，进而影响到生产企业和渠道成员的销售规模。

（三）商品供应政策

1. 备货水平

备货水平是指每个销售门店或机构必须持有多大数量的存货，以便满足一定期限内的顾客购买需求；或者每个门店必须持有适合多少天销售需要的商品存量。企业应规定销售门店的最低备货水平，目的是防止缺货，保证顾客需求得到满足；规范供应方的货物配送，减少不必要的运输费用和商品积压；协调生产和销售的关系，均衡地利用生产能力与物流能力。

2. 商品质量

生产企业要保证商品质量是合格的，同时要求渠道成员也向消费者或顾客保证商品质量，尤其是对顾客了解商品性能与特征的权利、顾客选择商品的权利、对不适用商品的退货与换货的权利，要给予足够的保障。关于有瑕疵商品的处理，应有明确的程序规定，既要让顾客满意，也要增强各方保证商品质量的责任。

（四）货款支付政策

货款支付政策指商品销售货款应在什么时间支付的规定。如果发生货款支付时间延迟即拖欠货款的情况，必须规定可容忍的延迟期限长度、延迟支付比率。另外，还要规定延迟者应承担的代价，包括拖欠货款期间，拖欠者应给予债权人的补偿，最后期限之后还不能支付货款时债权人有权采取的法律行动。

（五）铺货政策

生产企业为了建立分销渠道，开发市场，一般愿意向有关的渠道成员事先提供一批货物而并不要求渠道成员马上支付货款，以便让这些渠道成员通过产品的销售产生再次购买、长期分销的兴趣。生产企业对渠道成员的这种支持行为就是铺货。铺货可以减少渠道成员的风险，也有利于快速建立和扩大产品的分销渠道。有关铺货的规定必须说明铺货适用的条件、最高铺货水平、铺货效果的考核标准、铺货货款的回收规则等。

（六）配送政策

商品销售过程形成了商品实体的运动，因此，每个销售门店仓库与货架上的商品需要经常补充。此外，那些体积大、笨重的商品，或者技术复杂，需要专业人员上门安装调试后才能使用的商品，以及在非店铺销售场合，采用送货上门、当面支付货款方式的商品，也要求送货上门，实现商品实体的转移。分销渠道政策应鼓励渠道成员承担各种情况下的商品实体转移职能，并就必要的设备与场地投资问题、使用租金问题、人员工资与附加费用、信息沟通及管理费用、配送程序、损失责任、垫付货款问题作出规定。

（七）奖励政策

对于渠道成员承担一定的渠道职能的成本费用，生产企业应当考虑给予补偿。对于渠道成员在履行分销渠道职能过程中的积极表现以及对渠道有效运行所做出的重要贡献，还要给予奖励。奖励的方式包括物质奖励和精神奖励。物质奖励主要是指支付奖金，支付的方式也是多种多样的，可以就某项职能给予奖励，也可以综合考察若干相关职能的执行情况来颁奖。物质奖励也可以采用非现金的方式发放。精神奖励对渠道成员品牌建设、信誉提升具有重要作用。分销渠道政策对这些费用的补偿、佣金的支付以及奖励项目应有明确的规定，以便形成制度，有效操作，真正达到激励渠道成员积极合作、努力履行渠道职能的目的。

（八）保障机制

1. 信息沟通

在分销渠道中，成员之间应经常沟通的信息包括非常广泛的领域，从日常交易、商品存量变化到竞争行动、顾客咨询和区域事件。分销渠道政策应鼓励渠道成员和生产企业建立经常性信息沟通机制，包括专门机构、信息范围与沟通程序，并对相关费用补偿问题制定相应的规范和考核制度。

2. 顾客满意度监测

分销渠道是否真正为顾客提供有价值的服务，是否全面有效地满足顾客的需求，都要通过顾客满意度调查评估机制来作出评判。分销渠道政策要对顾客满意度调查评估机制的建立和运行提供保障，尤其是对顾客投诉、公关危机事件的处理作出明确详细的规定，要鼓励渠道成员建立顾客满意度监测与预警管理系统，并对相应系统的管理费用补偿问题加以规定。

上述各个政策都是关系生产企业、渠道成员、消费者三方利益的因素，分销渠道政策通过对这些内容进行分析和规范，提出具有可行性和吸引力的政策主张，从而推动分销渠道有效运转。

二、吸引渠道成员的具体措施

生产商所能提供的支持和帮助的内容越具体越好。生产商可以提供的优惠条件有多种，但大都属于下列四种情况之一：（1）提供质量好、利润高的产品；（2）广告、促销支持；（3）公平交易、友好合作关系；（4）管理援助。

（一）提供品质好、利润高的产品

生产商要提供的所有条件的核心是品质优良、销路好和利润丰厚的产品。实际上，如果生产商能做到这一点，为稳定其渠道成员而做的其他相关服务就可以少很多。显然，如果生产商的产品闻名遐迩，备受青睐，它肯定要比那些不知名的生产商条件有利得多。因此，对名不见经传的生产商来说，应从渠道成员的利益出发，使它们充分认识到经销其产品的利益所在特别重要。生产商往往容易过分宣传产品自身的优点，而不是侧重强调它的销路及经营利润。

（二）广告及促销支持

渠道成员还期望生产商能提供广告和促销支持。在消费市场上，大规模、全国性的广告最能吸引零售商。只要生产商能做到这一点，渠道成员产品的销售潜力会大幅度提高。在工业品市场上，强有力的广告宣传效果同样显著。另外，无论是消费品市场还是工业品市场，诸如合作式的广告活动、购物指南宣传资料及展示会都表明了强有力的渠道支持，对想要加入的新成员很有吸引力。

（三）公平交易、友好合作关系

渠道关系不仅是一种经济关系还是一种人际关系。尽管它以烦琐的、正统的协议形式或法律契约形式出现，但这不能取代它的人际关系因素。尤其是厂商应向渠道成员传递这样一种信息：它不仅作为商业实体，更作为人本身，真正想与渠道成员之间建立起一种信任和关心他们切身利益的良好关系。实际上，一些生产商甚至把渠道成员看做“大家庭”的一员。它表达了生产商的一种信念：建立渠道靠的不仅仅是物质利益。

（四）管理援助

管理援助包括多个方面：提供培训、财务分析及预算、市场分析、库存控制流程、促销手段等。援助的程度根据相互关系状况大不相同。协议中涉及特权待遇的合同式渠道成员，应比传统、松散合作关系的成员享有更全面的管理援助。即便是后一种情况，某些形式的管理援助也是可能或需要的。渠道成员都想了解生产商是否承诺不仅帮助它们为推出某一产品而提供的广告宣传、促销支持，还会进一步帮助它们搞好这方面的管理工作。提供管理援助就是这一承诺的有力见证。

专栏 6—3

长安汽车金融

长安汽车经销商和购车者可以直接在重庆汽车金融有限公司融资了。2014 年 12 月 25 日，重庆汽车金融有限公司与长安股份签订战略合作协议。3 年内，重庆汽车金融公司将为 200 家长安授权经销商提供 100 亿元的贷款；而贷款购车，可以享受最低两成首付和零利率的优惠。

2014 年 8 月，重庆汽车金融公司正式成立，这是我国西部首家汽车金融公司。重庆汽车金融公司总经理李松涛说：“汽车金融，可为客户提供一种个性化、定制化的融资渠道。”李松涛介绍说，此次签约后，重庆汽车金融公司给经销商提供的 100 亿元贷款主要用于购置、新建、扩大或改建汽车销售展厅，包括汽车销售区和售后服务区。重庆市国资委副主任林军认为，这种创新模式可放大汽车销售环节的融资规模，有利于经销商扩大销售规模，提高市场占有率。

资料来源：《汽车经销商可向汽车金融公司贷款》，http://www.csai.cn/yinhang/683619.html。

本章小结

1. 确定了营销渠道目标和渠道策略以后，企业就要开始招募和筛选中间商。企业招募中间商的途径有：发布招商广告，举办产品展示会、订货会，通过专业网站，同行、朋友介绍，媒体广告或工具书，广告公司咨询和去销售现场或专业性的批发市场调查。选择渠道成员的标准包括：中间商综合实力的大小、中间商的预期合作程度、中间商的市场及产品覆盖面和中间商的信誉等。选择渠道成员的主要方法有：评分法、销售量分析法和销售费用分析法。

2. 渠道成员的识别是渠道结构的基本要素。渠道成员的确定是制造商与渠道成员达成共识的结果。这就需要双方进行沟通，了解彼此的需要，处理好相互间的利益关系，最终确定渠道成员。如果企业决定采用渠道成员，非零售和零售渠道成员都可以使用。明确特定的渠道成员需要企业从可供选择的选项中就特定渠道成员的类型做出选择。

3. 渠道成员一旦确定，生产企业可制定吸引渠道成员的政策和采用优惠措施，目的是吸引优秀渠道成员加盟，向渠道成员表达厂商对它们的承诺和支持，确保它们成功运作。厂商吸引渠道成员的政策主要有：商品销售政策、价格政策、商品供应政策、货款支付政策、铺货政策、配送政策、奖励政策和保障机制。生产商吸引渠道成员的具体措施有：提供品质好、利润高的产品；广告、促销支持；公平交易、友好合作关系；管理援助。

思考题

1. 企业选择渠道成员应考虑哪些因素？请举例说明。
2. 企业选择中间商的方法有哪些？
3. 企业如何确定渠道成员？
4. 企业为确保渠道成员的稳定所采取的政策和措施有哪些？请举例说明。

案　例

大众支持经销商

据美国《底特律新闻》2015年7月9日报道，有知情人士透露，大众集团将为其在华经销商提供10亿元人民币的援助，帮助经销商渡过中国汽车需求下降的难关。

据两位匿名消息人士称，10亿元人民币的资金援助将用于销售大众品牌的一汽大众汽车经销商。大众是在华销量最高的海外汽车制造商。该公司是最新一家为在华经销商提供资金支持的海外车企。宝马公司曾于2015年年初宣布为其中国经销商提供补助来弥补损失。宝马经销商当时已经停止向车企订购汽车。

1. 经销商在亏损

大众品牌成为销量下滑的“重灾区”。其上半年累计销量跌至 54 万辆，同比出现 13.3％的下滑，其中饱受“断轴”争议的速腾上半年销量为 134 505 辆，同比下降 13.4％，而受到产能调整影响的迈腾更同比下滑了 29.5％。

为了消化库存，经销商唯有降价走量。南都记者从珠三角多地了解到，目前一汽—大众车型的价格也进入了“群雄乱战”的局面。以迈腾 2015 款 1.8T SI 舒适型为例，珠三角有的店让利 2 万元，有的销售员首次报价即让利 4 万元，优惠政策无法统一，相信“没有最低，只有更低”的车主因此到处比价，这令经销商非常头痛。“现在平均卖一辆车亏 5 000 元。”有经销商无奈地表示。

2. 销售换帅

就在 7 月初的媒体恳谈会之后，有关一汽—大众人事调整的消息相继传出。原一汽—大众大众品牌公关总监拱兴波调往奥迪品牌客户关系管理岗位，该消息目前已经被证实。而有关董修惠接替胡汉杰担任一汽—大众销售公司总经理一职的说法，目前并未得到一汽—大众的官方答复，但是根据上述接近一汽—大众的内部人士表示，该消息将于近日由一汽集团正式公布。

王冀对《时代周报》记者表示，针对一汽—大众目前的问题，如产品系列相对不合理、对经销商的商务政策不到位等，主要还是得从战略层面入手去解读。“换帅之后，要看新任总经理能否找到问题的根源，并有能力和魄力进行相应的调整。如果能，则有望带来全新局面。”

3. 充实产品线

产品方面，2015 年下半年至 2016 年年底，宝来、捷达等车型会根据中国市场的需求作出一些配置上的调整，高尔夫 R-Line、全新改款迈腾也将陆续上市，以解决产品阵容过于陈旧的问题。在此前一汽集团与大众汽车集团股比调整方案最终落地之后，一汽—大众未来将有多款新品，包括 SUV，MPV 以及新能源产品推出，弥补其一直以来在高速增长的 SUV 和 MPV 市场的产品短板。据悉，备受外界瞩目的一汽—大众旗下大众品牌首款 SUV 和 MPV 车型将于 2017 年问世。

资料来源：环球网，2015-07-12。

问题：

1. 为什么要对经销商予以补贴？难道大众公司混淆了经销和代理的概念区别？
2. 你认为充实产品线有助于解决经销商的困境还是雪上加霜？

第三篇　如何管理营销渠道

第7章

领导与激励营销渠道

学习目标

- 理解渠道权力的来源与权力的发展
- 理解权力战略与权力基础间的关系
- 掌握不同环境下应该运用不同的渠道沟通策略
- 掌握渠道领导权迁移的过程

成立于2011年的祥源茶业股份有限公司是一家致力于祁门红茶等茶类的茶业复兴的公司。中国茶产业主流的流通模式为：茶农→茶企→经销商→…→零售商→消费者。经销商和零售商之间还可增加环节，这个产业链条会更长，茶农的“地头价”和最终零售价差异也会更大。最近几年，每逢早春头摘茶叶季节，很多茶客从五湖四海来到各村各寨，到茶山访茶，到茶山旅游，顺带买点茶叶带回去。这个时节的各村寨的茶叶销售，大概就相当于卖旅游产品，相当于零售。这种现象本身其实很正常，但如今茶农期待以这种类似零售的价格去代表全年的茶叶销售价格，则无疑是不现实的，因为大部分毛茶还是需要通过生产企业加工成适合市场需求的产品才能销售出去。针对这种情况，公司提出了“组建价值链联盟，专业化经营，为消费者提供种类丰富的优质茶产品和相关服务，创导一种有滋有味的健康生活”的战略。他们不断与茶农沟通、交流和组织培训，让农户知道可以用更好的方式种好茶。公司带动茶农增收，让茶农认识到根本出发点还是必须着眼于消费者，首先要消费者能接受，生产企业可经营，否则都可能只是昙花一现或者不切实际。

渠道由不同的组织构成，这些独立的组织都有自己的盈利目标，企业通过什么样的手段来达到对它们的控制呢？不仅要让渠道成员恪尽职守，而且还要让它们心悦诚服。商机驱使、利益诱惑、顾客变换、环境迷茫，在这样内忧外患的情况下，若要如此更是难上加难！本章主要介绍企业运用渠道权力、加强渠道沟通、渠道激励这三种方法来了解渠道成员、控制渠道成员。

第1节 获得、运用和保持权力

分销渠道成员是不会自发地进行合作的。几乎每个渠道成员都在独立地追求自己的利益，因而会使渠道的总绩效降低。通过渠道权力的作用，可以使各自利益不同的渠道成员进行合作。渠道管理者拥有一定的渠道权力是有效开展渠道管理、实现渠道良好运作的重要保障。

一、什么是渠道权力

渠道权力，是指渠道成员让其他成员为其做事的一种力量。渠道权力的正确运用，对有效管理和控制渠道的总体运作、提高效率、实现渠道目标，具有重要意义。

（一）渠道权力的分类及整合

渠道权力主要有奖赏权、胁迫权、专家权、感召权、法定权等五大类。

1. 奖赏权

奖赏权（reward power）是指渠道成员在另一个成员完成特定工作任务后能给予某种有价值的东西的能力。奖赏权的基础是被奖赏方认为奖赏方所拥有的资源是有价值的，而且相信自己执行被要求的义务后就能获得此项资源。渠道成员提供的奖赏项目通常包括：提供能带来高利润的产品，促销津贴和其他补偿，功能性折扣计划，地区独家经销权等。

2. 胁迫权

胁迫权（coercive power）是指渠道成员在另一成员没有很好地完成合作任务时，威胁撤回某种资源或终止合作的权力。胁迫权的对象是那些有能力执行渠道功能而又没有很好完成的渠道成员。胁迫权可包括诸如减少利润、取消承诺的酬金、推迟交货等权力和措施。实际上，胁迫权可视为付酬权的对立面。需要特别指出的是，使用威胁和制裁的手段通常被认为是“病态的”，从长远来看，这种权力的影响力是最弱的。

3. 专家权

专家权（expert power）是指某一渠道成员由于具有某种其他成员所不具有的专业知识而产生的对其他成员的影响力。实际上，专业知识是因渠道分工、专业化和相对优势而产生的。如制造商会较为依赖零售商提供的有关市场和消费者需求的信息，这是由于零售商与购买产品的消费者密切接触。通过市场信息的收集、传递和运用，一个渠道成员可以为另一个渠道成员化解不确定性。譬如，如果制造商具备较强的学习能力，就拥有较多专业知识，零售商和批发商就会非常信赖制造商提出的专业建议。通用磨坊食品公司就尽心培训批发商掌握提高仓库储存能力的方法，还向销售其产品的超级市场介绍提高商场营业面积利润率的方法。

4. 感召权

感召权（referent power）是指渠道成员由于在渠道中拥有较好的地位、较高的声望或其他资源而对其他渠道成员产生的吸引力，导致其获得其他渠道成员的尊重和认同。在营销渠道中，下游渠道成员愿意经销享有较高知名度的制造商品牌以抬升自己的形象；而上游渠道成员则利用声望很高的下游公司的名声。例如，一家公司有望获得TCL和索尼公司的彩电代理权，如果这家公司发现代理TCL彩电和索尼公司彩电的投资回报率是相同的，而且两家在促销支持、服务人员培训等方面都相差无几，这家公司最终选择索尼的产品，可能是因为成为索尼的代理商是令人自豪的。这样，索尼公司就对这家公司享有较高的感召权。

5. 法定权

法定权（legitimate power）是指渠道成员让对方感到有责任和义务按自己的要求去做而产生的影响力。一般情况下影响的接受方感到从道德、社会或法律角度出发它都应该同影响者保持一致。法定权一般有两种来源：法律意义上的法定权和传统意义上的法定权。法律上的法定权又包括国家法律和渠道成员之间签署的合同，而后者即指规范或价值观，渠道成员可以通过选择具有较好文化和价值观相容性的渠道成员来获得法定权；也可以通过建立良好的合作关系来增进共同的规范和价值观。

以上这些权力尽管具有相对独立性，在实践中却通常结合起来使用，以产生协同效果。例如，法定权有助于专家权的提高，感召权可提高奖赏权的使用效果，胁迫权有时可有力保障法定权的运用。专家权、感召权、法定权在使用时通常结合奖赏权，以求通过奖励来加强渠道成员调整行为的愿望。另外，这五种权力之间也存在矛盾和冲突。例如，胁迫权会造成感召权的损失，也会伤害专家权的作用。渠道管理者应该有效地整合运用各种权力方式以提高权力效能。

（二）权力的来源和权力的分配

渠道权力是因拥有和控制其他渠道成员所追求的资源而产生的影响力。能产生渠道权力的资源，包括各种资产、管理经验、特色、关系和地位等有形与无形资源。每个具有资源优势的渠道成员都拥有相应的权力。这些权力之所以产生，是因为其他渠道成员对这些资源具有依赖性，是其达到目标必须利用的。权力的大小取决于其他成员需要借助这些资源去实现其目标的重要程度。对这些资源的依赖程度越高，资源拥有者的权力就越大。

渠道成员中存在着彼此依赖的渠道关系。这种依赖关系是渠道形成的原因，也是渠道运作的条件。因此，渠道成员在渠道中各自都具有相应的角色权力。渠道成员承担渠道角色所必须拥有的资源的多少，决定了它们的渠道权力的大小。渠道成员彼此依赖，使渠道权力能有效调节成员的行为，使之朝着协作的方向努力。渠道成员彼此的权力约束，使它们有可能彼此协作，提高渠道的运作效率。

但是，由于渠道成员拥有的资源数量和质量存在差异，渠道权力在它们中的分配是不均衡的。有些渠道成员在渠道中的权力更大一些，有些渠道成员的权力要小一些。有些成员可以使用多种权力手段，有些则权力单一，具有最多最大权力的渠道成员就会成为渠道领袖。

（三）渠道权力的发展

渠道权力是渠道成员在渠道系统中地位和实力的具体反映。渠道成员拥有的权力手段多、权力大，说明其地位高、实力强。因此，渠道成员往往会通过对新的权力手段的获取和对原有权力手段的加强来发展权力。

渠道权力的发展有赖于可依赖资源的增加。渠道成员可以通过必要的投资来增加资源，实现渠道权力的发展。例如，有些渠道成员通过投资创新，获得了专家权或者使专家权得到了发展；有些渠道成员通过购并方式的投资，同时取得了专家权、奖赏权和法定权。麦当劳一直不遗余力做品牌形象广告，使该品牌对特许经营商具有巨大吸引力。这种品牌投资，使麦当劳获取了感召权。

渠道成员做好权力投资是至关重要的。通过有目标的投资，渠道成员可以改变自己在渠道中的权力地位。只有当这种投资比其他渠道成员的投资更正确和更有效时，渠道成员的权力地位才会有所改变。

二、如何使用渠道权力

渠道权力是一种潜在的影响力，它存在于目标对象的感知中。可能存在这样的情况：权力主体没有实际使用权力，但是权力客体基于对权力主体拥有权力的认知而采取顺从或合作的行为。即使如此，许多研究者仍然坚持权力占有和权力运用是不同现象，应该在两者之间作出明确区分。这是因为一方面从主观上看，权力主体都倾向于使用权力，拥有权力优势就是为了使用它，而不是留待以后使用或弃置不用（Coughlan et al.，2001），不使用权力可能是不明智的（Stern and Ansary，1992）；另一方面，大量经验研究证实，单纯的权力占有并不能保证权力主体对权力客体的控制而只是对权力客体行为产生有限影响，权力客体行为或决策的实际改变是权力主体有效地使用权力的结果（Gaski，1985；Leonidou，2005）。由此可见，渠道企业除了考虑如何获取权力之外，更为重要的还是应关注如何通过运用权力来改变目标企业的行为或决策。

在营销渠道管理中，沟通是一个黏合剂，将渠道参与者黏合在一起。通过沟通，渠道成员运用权力，对其他渠道成员的行为或决策施加影响，把自身潜在的影响力转变为对方行为的实际改变（Frazier and Summers，1986；Mohr and Nevin，1990；Stern et al.，1996；Coughlan et al.，2001）。有学者将权力运用看做影响或影响的沟通过程，当一个渠道成员想真正改变另一个渠道成员的行为时，就需要采取一定的交流方式。

一部分学者将渠道成员在影响过程中采用的交流方式术语化为“权力战略”，通过关注各种权力战略的使用探讨渠道沟通的效果（Frazier and Rody，1991；Boyle et al.，1992；Simpson and Mayo，1997）。权力战略实质上是一种特殊的渠道沟通战略类型，因为它只关注渠道沟通的一个要素——沟通内容，而不包括沟通频率、沟通方向与沟通形式等其他三种要素。简单而言，权力战略就是权力运用的各种方式，具体来说指一个渠道成员为了改变另一个渠道成员的行为或决策而有目的地与后者所进行的沟通努力。

（一）渠道权力战略

当权力运用被看做影响或影响的沟通过程时，制造商可以选择使用多种战略来影响其经销商。弗雷泽和萨默（Frazier and Summer，1984）首先识别出六种西方营销渠道中较为常用的战略类型，为以后的研究者所广泛认可和接受。

1．威胁战略

当制造商在与经销商沟通过程中明确告知或暗示如果经销商不按照自己的意愿行事，将会受到惩罚时，制造商就是在运用威胁战略。比如，当经销商未遵照制造商要求行事时，制造商可能以减少服务种类甚至停止服务，或者以提高产品价格、缓慢交货等手段胁迫经销商改变某种行为。威胁战略成功与否取决于威胁信息的可靠性和惩罚的严重程度，也就是经销商不遵从制造商意愿所受到的惩罚与遵从制造商意愿所产生的成本的比较。威胁战略是一种高成本的权力战略。首先，该战略实施的监督成本较高，并且如果实施失败，成本可能更高；其次，威胁战略最大的成本可能就是对渠道关系的负面影响，比如导致渠道冲突或降低目标企业的满意度；再次，威胁战略也会弱化或者破坏其他权力战略的有效性，如信息交换和建议战略是基于双方的相互信任，而威胁战略往往会对渠道成员彼此的信任产生负面影响；最后，威胁可能会减少经销商的利润。这种总体的负面影响会降低经销商对制造商的依赖程度，增加经销商脱离当前渠道关系的可能性。

2．许诺战略

制造商承诺如果经销商按照其意愿行事，则会给经销商提供特定的奖励。许诺战略不同于建议战略，因为它直接影响经销商的行为。在决定使用许诺战略之前，制造商需要仔细计算自己所能提供给经销商的奖赏，因为如果经销商改变某种行为所引致的成本超过制造商给予的奖赏，许诺战略是很难实施的。一些社会心理学家认为许诺战略的实施会加强经销商对制造商的依赖和认可。但也有研究者指出，必须谨慎运用许诺战略，因为它也可能对渠道关系产生负面影响。渠道关系中，每个渠道成员都担任某种角色，它被一系列任务和责任所定义，如果制造商实施奖励是为了诸如产品分配等特定任务，那么经销商可能会认为制造商没有能力履行角色所规定的要求，或者经销商可能会感知制造商的奖励是在贿赂或侮辱自己。

3．法律战略

它指基于正式的法律契约，制造商要求经销商按照其意愿行事，这种意愿已经有清楚明晰的法律基础，双方认为是一个公平的协议。这种战略能产生一种长期持续的作用，并且不需要额外的监督。但是，如果经销商认为合同或协议是不明确的，就会有抵抗情绪，这种情况下就需要额外的监督。当法律行为带有威胁的意味时，它可能会产生负面作用，比如加剧渠道冲突，以及增加潜在的监督成本，而且还可能使经销商产生脱离关系的意愿。

4．信息交换战略

制造商就整体商业和运作程序与经销商进行分享和讨论，让其在观念上认识到实现自身利润最大化的最优途径，从而实现改变经销商态度或行为的目的。制造商可以采取保留一定信息或者使用某种巧妙的方式与经销商进行讨论。实际上，信息交换作为一种沟通方式，双方交换信息的过程就是制造商对经销商行为的影响过程，但制造商不要求或者暗示任何经销商需要采取的特殊行为，经销商态度或行为的改变完全是其自身一种主动的、积极的行为调整。

5. 建议战略

制造商表达需要经销商改变某种行为或决策的建议。通过让经销商避开不利局面或者获取有利形势，这种建议可以维持经销商现有的或者增加经销商期待的结果，如销售量或利润。与信息交换战略不同的是，建议战略对目标企业有明确的行为指示。如果建议战略能被有效行使，其所需的时间与努力较少，也能达到改变经销商行为的目标。但是，当制造商使用建议战略时，它对经销商明确指示期望的行为，可能会影响经销商的自主决策权，也容易引起经销商的怀疑。

6. 请求战略

制造商简单地要求经销商按照自己的意愿执行某种任务，但没有暗示任何依从或不依从的正面或负面的结果。这种情况下，经销商遵循制造商要求的激励来自对渠道互惠关系的认同。在这种互惠关系下，渠道成员会对对方的期望、感情及需要做出反应，经销商受激励的强度主要基于它从与制造商关系中获取的经济收益或者其他收益。请求战略在以下情况下运用非常有效：一是双方有共同的目标；二是经销商认为遵从的收益超过遵从的成本。请求战略的合理运用会加强彼此的关系，促进相互信任，并且这种战略对信息交换或建议战略具有促进作用。

（二）权力战略的基础

权力战略源于权力基础。早期渠道权力研究很少探讨权力战略，而是关注权力基础的使用，这可能是因为权力基础暗含着或间接地表示权力战略的内容。可能正是出于这种认识，研究者才未将注意力集中于权力战略这一议题，即渠道成员如何通过实施权力战略达成预定目标的问题。许多学者已认识到权力基础与权力战略之间存在的联系，比如，希尔和斯特恩（Scheer and Sturn，1992）指出权力基础是权力战略的“原料”；约翰逊等人（Johnson et al.，1993）也主张六种权力战略类型理论上来自六种传统的权力基础。权力基础也可以转变为渠道成员用于影响其他渠道成员的行为或决策的权力战略（Keith et al.，1990）。一些学者更是明确地将每种权力战略类型与相应的权力基础相联系。张闯（2006）认为威胁战略、许诺战略与法律战略分别对应着强制权、奖励权和法律权的运用；而请求战略、建议战略和信息交换战略则包含着专长权、认同权与信息权的运用。约翰逊等同样认为每种权力战略都基于五种特定的权力来源，并说明了权力战略和相应的权力基础之间的关系，见图 7—1。

没有投资于相应权力基础的渠道成员会发现它们使用影响力的努力经常是无效的（Coughlan et al.，2001）。当一个渠道成员对其他渠道成员使用权力战略时，即意味着前者对后者使用了它所拥有的权力。因此，可以说权力战略研究就是探讨渠道成员如何以权力战略的形式更加有效地实施各种权力基础的问题。

权力战略	必要的权力基础
许诺	奖赏
威胁	强制
法律	法律
请求	认同、奖赏、强制
信息交换	专长、奖赏
建议	专长、奖赏

图 7—1　权力战略与权力基础

第 2 节　渠道领袖

营销渠道由在功能上相互依赖的不同性质的企业或机构组成，它们之间最低限度的合作是营销渠道得以产生与存在的前提。因为相互依赖又性质不同，所以为了使渠道运转有效、高效，它们中间必须有人出面协调，一方面通过各种激励方式，增进彼此的合作；另一方面采用各种技巧，解决在合作中必然会出现的摩擦或冲突。有研究表明，有没有渠道领导，渠道领导得好不好，在很大程度上影响着渠道的兴衰。

一、渠道成员组成

营销渠道可能包括企业（厂家）、一级分销商、二级分销商、零售终端等多个中间环节，各渠道成员的地位也不尽相同，它们可能会分别扮演以下几种角色中的一种。

1. 渠道领袖

渠道领袖即渠道的主宰，微软、沃尔玛等实力很强的企业往往扮演着渠道领袖的角色。渠道领袖的职责通常包括：制定标准，寻找渠道成员；制定渠道运作规划；负责解释渠道运作规则；为渠道成员分配任务；监控渠道成员；优化渠道。

2. 渠道追随者

渠道追随者是渠道的核心成员，具有以下特点：参与渠道决策，是渠道政策的主要实施者；是渠道领袖的忠诚追随者和助手；是渠道资源的主要受益者；是现存渠道格局的坚决维护者。渠道追随者往往是一些与渠道领袖一同创业的“兄弟”，对企业的发展壮大可能立下了汗马功劳，但是，作为现存渠道游戏规则的主要受益者，它们往往不希望渠道格局发生剧烈变化。因此，它们又往往是渠道创新的最大障碍。

3. 力争上游者

力争上游者也是渠道的主要成员，但与渠道追随者相比，处于核心层之外。因此，立志成为核心渠道成员是它们追求的目标之一。在渠道运作中，力争上游者具有如下特点：能严格遵守渠道政策与规则；不易获得渠道的主要资源；与渠道领袖谈判能力较弱。力争上游者往往希望通过自己的努力和为渠道多做贡献来获得渠道领袖的青睐，因此，渠道决策层应将渠道优惠政策尽可能向它们倾斜。力争上游者经常会为渠道提供合理化建议，是渠道创新者。

4. 拾遗补缺者

拾遗补缺者分布于主流渠道之外，主要特点如下：数量众多；无权参与渠道决策；缺乏参与热情；经销小批量商品；承担边缘市场分销任务；谈判能力最弱；能够遵守渠道规则。

5. 投机者

投机者是非渠道固定成员，徘徊于渠道边缘，其特点如下：以获取短期利益为行动准则，有利便进，无利便退；缺乏渠道忠诚度，是否遵守渠道规则视收益情况而定。对于此类成员，企业（厂家）应提高警惕：渠道顺畅之时问题不大，一有风吹草动，它们极有可能反戈一击，出卖渠道利益。

6. 挑战者

挑战者是现存渠道的最大威胁者，它们往往试图通过发展全新的渠道运作理念来代替现有模式。在顾客眼里，挑战者是受欢迎的，但既得利益集团会竭力阻碍挑战者的创新行为。挑战者的“破坏”行为如果成功，往往会激发一场革命，使整个渠道发生翻天覆地的变化。

二、渠道领导与渠道领袖

（一）领导与领袖

在汉语中，“领导”有两种意思：一是作名称使用，指领导人、领导者或领袖；二是作动词用，指领导行为。这里我们用领袖专指起领导作用的人或组织，领导专指领导的行为过程。作为一种行为，人们常常认为领导就是指挥、命令别人。这其实是一种误解，现代管理理论认为，领导的本质是一种影响行为，即通过沟通来影响、激励和引导他人执行任务，使人们积极地、心甘情愿地为实现组织或群体的目标而努力工作。其实，一条营销渠道并不一定非要有渠道领袖发挥领导作用才能运行，而且营销渠道的领导也在不断变化。

（二）渠道领导与渠道领袖

渠道领导指一个渠道成员为了控制营销渠道运行的各个方面，而影响其他成员之营销政策和策略的活动。渠道领袖则是指在一条营销渠道中发挥领导作用的企业或组织。不过，渠道领导活动，需要通过渠道领袖企业或组织中的渠道经理及渠道管理人员来完成。

在一条营销渠道中，渠道领导与渠道领袖不会自动出现。虽然在现实生活中，经常有一些渠道成员对其他渠道成员使用权力，影响后者做一些其原本不愿做的事情，但前者并不一定是渠道领袖，其行为也并不一定就是渠道领导行为。渠道领导和渠道领袖行为的要点在于：通过领导、沟通、先行（包括计划、决策和榜样）、感情培养和激励等领导行为，协调整个营销渠道的运行过程，增强渠道合作，提高渠道效率，获取渠道竞争优势，使每一个渠道参与者都能得到应有的利益。

当然，一条营销渠道并不一定非要有渠道领袖发挥作用才能运行。不过，在没有渠道领袖的营销渠道中，渠道参与者的联系往往是松散的，很难形成合力，因此也很难达到较高的渠道效率和获得持久的竞争优势。一旦发生矛盾，各方都不愿承担责任，或有较大的利益引诱时，渠道很容易解体。

渠道领袖不仅仅是某个企业以某种功能（如供货或销货）把其他企业简单地聚在一起。它要发挥领导作用，使渠道参与者之间产生凝聚力，为共同的繁荣而努力，创造出单个企业很难获得的竞争优势。当然，这是很难办到的。正因为难办，所以如果一个企业由于渠道的凝聚力而获得了竞争优势，这一竞争优势就是别的企业难以模仿的，因而是可持续的。正是在这种意义上，营销渠道被称为“超级组织”（super-organization）。换言之，只有那些有领袖且领袖发挥领导作用而产生凝聚力的渠道，才能称为“超级组织”。

（三）渠道领导权的迁移

1964年，布鲁斯·麦伦（Bruce Mallen）认为渠道领导权变化的规律是：在20世纪之前主导者是批发商，之后是制造商，20世纪中后期将变为零售商。这是对渠道领导权最初也是经典性的研究成果。

沿麦伦的思路，美国营销学者舒尔茨提出渠道领导权力对角线转移理论。其基本结论是，随着时代的变化，渠道领导权力由初期的生产商拥有过渡到发展时期的中间商拥有，最终过渡到成熟期的消费者拥有。整个演变过程呈现为沿对角线移动的轨迹，因而称之为对角线转移理论。该理论比较真实地描述了渠道领导权力转移的历史轨迹。

李特尔（Robert W. Little，1970）认为，大型制造商、大型批发商和大型零售商，由于强大的经济力量有能力主导渠道。此外，一些小型制造商和多层的经销商（如批零兼营商），或对某种产品有垄断地位者，或在渠道中占有利地位者，也成为渠道的主导者。经济力量和位置优势是主导渠道的决定因素。从整个社会来看，谁应当主导渠道，有两个判断标准：选择和效率。“选择”意味着消费者有选择消费品的自由，这当然首先要有多种可供选择的产品。“效率”意味着在广泛的选择自由下，生产和消费成本最低。当然，选择和效率这两个指标，在小范围内有可能互相矛盾。由于制造商在产品和服务开发方面有独特的优势，多层经销商在位置上有优势，它们在消费者选择的自由方面都有贡献。如果新产品提供的选择优势超过位置优势，在成本也较低的情况下，制造商应主导渠道。

也有人说渠道中谁都不应该当领导渠道，而应当在平等的基础上进行合作；合作的渠道成员应是力量相当者；渠道合作成员的利益分配应按各自的贡献进行，才能持续合作。

三、渠道领袖的领导工作

（一）渠道指导

渠道领袖在对渠道目标进行设计，并选择了适当的成员组成“超级组织”以后，就要通过指导行为，把有关的政策和决策传递给其他成员。与组织内管理不同，渠道指导较少使用命令的方式，更多地使用洽谈、信息沟通、请求和说服等方式。当然，必要的时候，在条件允许的前提下（比如在渠道领袖权力很大时），命令可能是一种更有效的方法，因为命令直截了当，不含含糊糊。

（二）渠道沟通

渠道领袖只有通过向其他渠道成员传达感受、意见和决定才能对其施加影响，才能实施领导行为；其他渠道成员也只有通过沟通才能使渠道领袖正确评估自己的领导活动，并使渠道领袖关注其他渠道成员的感受与存在的问题。因此，渠道沟通以及创建一个可沟通的渠道氛围，是渠道领袖要做的第二个领导工作。

（三）渠道先行

渠道领袖要站在其他渠道成员之前，鼓舞引导这个群体追随自己，齐心协力去实现渠道目标。鼓舞引导群体，自己得先行。渠道先行包括三个方面的内容：第一，渠道设计与组织，即渠道领袖要设计渠道目标、渠道结构和选择渠道成员；第二，风险承担，渠道领袖一般要比其他的渠道成员承担更大的风险和责任；第三，榜样，渠道领袖一般在利益分配上要有一种先人后己的风格，在危难之时，要能够镇定从容地指挥。

（四）渠道激励

渠道激励是指渠道领袖对其他渠道成员激发、调动其热情和积极性的行为。从心理学的角度看，激励是通过外部的某种刺激，激发人的内在动机，形成动力，从而增强和减弱人做某件事的意志和行为。因此，激励的核心问题是动机能否被激发。通常，激励的程度越高，人们的动机被激发得就越强烈，为实现目标而进行工作也就越努力。

专栏 7—1

阿芙精油被压迫

2012 年 11 月，精油品牌阿芙对外发布一份从京东商城撤店声明，称“鉴于京东商城锁死我们后台，硬逼着商家上恶劣促销”，决定从京东商城撤店。阿芙精油方对外公布的电脑屏幕截图显示，在京东商城网站上的产品售价无法更改，这也是导致该品牌从京东商城撤出的原因。但是，京东商城贴出的与阿芙精油之间的聊天记录显示，早在 10 月 17 日，阿芙精油已经答应参与京东商城的促销活动，并且承诺尽快开放数据接口。京东商城称，禁止阿芙在答应参与促销的情况下再修改商品售价，是为了维护用户正常购物权益。另外，京东商城暗示，该品牌从京东商城撤出，是淘宝施压的结果。一位业内人士向记者爆料，阿芙精油从京东撤店后，淘宝再对其施压，要求必须将属于京东商城的库存清零。网易旗下惠惠网公布的一份报告显示，京东商城和天猫占据国内整体电商一半的流量，在C2C领域，淘宝一家独大占据97%的市场份额。网民希望购买的是便宜的商品，京东和淘宝两大网购平台争夺的是优质商家，并希望它们为自家提供的是最优惠的商品。在即将到来的“双十一”网购大战中，商家“站队”就成为必须的选择。

资料来源：北京晚报：《商家自爆遭京东商城强迫促销 京东称系淘宝施压》，http://tech.gmw.cn/2012-11/10/content_5636473.htm。

第3节　渠道沟通

营销渠道要正常运行，必须进行各种形式的沟通，沟通可以增进相互了解，及时传达信息，沟通可以排除交流障碍，获得相互的理解和信任。更为重要的是，通过沟通可以把组织整合成一个整体，采取统一的行动。在多个企业组织组成的营销渠道中，协调各种关系，解决各种矛盾，就必须进行有效的沟通。

对于渠道沟通的概念界定，理论界最初倾向于采用两种不同方式：一种方式集中关注渠道成员之间沟通流的内在属性，包括沟通的频率、双向沟通的程度以及沟通的正式性等，这方面的代表人物包括布朗（Brown，1981）、安德森和韦茨（Anderson and Weitz，1989）等；另一种方式则集中关注渠道沟通质量的整体评价，包括沟通的益处、沟通是否充分以及沟通的效力等，代表人物是吉尔提纳、雷亚和罗杰斯（Guiltinan，Rejab and Rodgers，1980），比亚拉泽威斯基和吉亚洛拉斯基（Bialaszewski and Giallourakis，1985）等。

早期的渠道沟通研究存在较大的局限：一方面是把以上这两种研究方式完全割裂开来，忽视了沟通属性与沟通质量之间可能存在的有机联系；另一方面，对于沟通属性和沟通质量评价所包含的多元维度也仅仅选取其中某一维度进行研究，没有考虑多元维度之间的相互作用并进行综合研究。针对这些问题，莫尔和索希（Mohr and Sohi，1995）建立了一个制造商与分销商的沟通模型，并以个人电脑分销渠道为例进行了实证研究。该模型把沟通属性、沟通质量评价、信息共享的准则以及沟通满意度纳入，着力寻求它们之间的相互关系。在他们的研究中，沟通属性选取了三个最有代表性的维度，即沟通频率、双向沟通程度以及沟通正式性；沟通质量评价主要是通过沟通信息的完整性、可信度、精确度、及时性和充足性五个指标来衡量；信息共享的准则被界定为渠道成员之间共享信息的规范和标准；沟通的满意度被定义为分销商对于其与核心制造商沟通的整体感觉（通过与其他制造商沟通的对比）。

研究发现：（1）信息共享准则与沟通属性密切相关。良好的信息共享准则增强了沟通的频率、双向沟通的程度以及沟通的正式性。（2）沟通属性与沟通质量的关系错综复杂，其中沟通频率与沟通质量正相关，而沟通双向程度和沟通正式性与沟通质量的相关度似乎并不大。（3）沟通质量与沟通满意度之间呈正相关关系。良好的沟通质量增强了渠道成员对于沟通的满意度。

一、渠道沟通策略

沟通策略这里被定义为沟通属性（如频率、方向、形式、内容等）的不同组合方式。综合渠道沟通要素的四个方面，渠道沟通策略可以分成两种大的倾向：合作式渠道沟通策略和自主式渠道沟通策略。合作式渠道沟通策略，倾向于与其他渠道成员进行高频率、双向、非正式和间接沟通；自主式渠道沟通策略，则倾向于与其他渠道成员进行低频率、单向、正式和直接沟通。

（一）沟通属性

1. 沟通频率

沟通频率（communication frequency）指一定时期内组织间进行沟通的次数。尽管沟通是必要的，但是过多的沟通会加重组织成员的负担，从而影响组织的效率。因此，对于沟通频率进行评估时，要把渠道成员间的实际沟通量与合作所必需的沟通量放在一起对比，过高和过低的沟通频率都意味着沟通方面存在问题。

2. 沟通方向

沟通方向（communication direction）指沟通信息在组织中纵向或横向的流动。在营销渠道中，分为向上游沟通、向下游沟通和双向沟通。这是渠道沟通与组织内部沟通的一个重要差别。组织内部沟通一般分为向上、向下和双向沟通；“上”、“下”表示组织内部的层级关系。然而，在营销渠道中，层级关系并不很清楚，有时生产制造商权力较大，有时批发商或零售商权力较大，因此按照营销渠道的结构，将渠道成员向生产制造商方向进行的沟通称为向上游沟通，向零售商方向进行的沟通称为向下游沟通。这里的“上”、“下”并不表示渠道权力的大小和地位高低，而是营销渠道中相对位置。向上游沟通和向下游沟通都是单向沟通，当一方渠道成员向上游沟通，而相对一方的渠道成员同时向下游沟通时，就是双向沟通。

3. 沟通形式

沟通形式（communication modality）指信息传送的形式，如面对面沟通、文字沟通和电话沟通等。沟通分为正式沟通和非正式沟通。正式沟通一般指渠道成员通过书面或会议形式进行的沟通。非正式沟通则是指渠道成员的员工之间所进行的较为个性化（如口头传播）的跨组织沟通方式。

4. 沟通内容

沟通内容（communication content）指沟通所传送的信息内涵。就沟通内容而言，主要有两种分类。一种是信息交换的内容，另一种是信息交换过程中施加影响的类型。格罗斯（Gross）认为市场营销渠道中信息交换的内容主要包括储存、促销、产品特征、定价结构和市场情况。弗雷泽和萨默区分了直接和间接影响。直接影响是直接通过暗示或者要求信息接收者做信息传送者所希望的事情，以此来改变信息接收者的行为。具体包括要求、建议、承诺或者诉诸法律等。间接影响是通过改变信息接收者的信念或者态度，而不直接提出具体要求。在权力平衡的情况下，就会采取间接沟通。因为双方的权力是平衡的，通过信息交换，双方能够做出相应的决策。相反，当权力不平衡时，权力较强的一方就更容易采取直接沟通，权力较强的一方会非常明确地说明权力较弱的一方应该采取的行为。

（二）渠道沟通策略

莫尔和费舍尔（Mohr and Fisher，1999）对合作性渠道沟通策略给出了更加明确的定义，即针对分销商的、以加强合作为目的的密集性沟通策略。该策略通常包括以下四个重要组成部分：（1）包含各种沟通方式（如面对面的交流、电话、电子邮件等）的高频率的相互交流。（2）更强调相互的、双边的沟通以及制造商与分销商之间持续的对话。（3）正式的沟通（即依赖于制定关于沟通的政策与程序）。强调正式沟通并不是说非正式的沟通就不重要，而是正式沟通作为该策略的组成部分，不可缺少。（4）使用影响策略来强调双方共同的目标。诸如通过讨论来改善分销商的经营，为分销商增强盈利能力提供建议等。

二、渠道沟通环境与渠道沟通策略

这里考虑三种渠道沟通环境：渠道结构类型、渠道氛围和渠道权力结构。表7—1显示出渠道沟通环境与渠道沟通策略之间的关系。

表7—1　渠道沟通环境与渠道沟通策略之间的关系

渠道沟通环境	渠道沟通策略要素				渠道沟通策略
	频率	方向	形式	内容	合作式/自主式
结构					
关系型	高	双向	非正式	间接	合作式
市场型	低	单向	正式	直接	自主式
氛围					
支持	高	双向	非正式	间接	合作式
不支持	低	单向	正式	直接	自主式
权力					
对称	高	双向	非正式	间接	合作式
不对称	低	单向	正式	直接	自主式

渠道结构类型可以根据渠道成员之间交换的特点分为两种极端的形式：市场型渠道结构和关系型渠道结构。市场型渠道结构（market channel structure），指渠道成员之间的交换以实物为基础，是一种非连续性交易——有明确的开始与结束，且持续时间很短。关系型渠道结构（relational channel structure），指渠道成员之间的交换以无形的东西（如感情、承诺、信任等）的交换为基础，可以追溯到先前交换双方的活动，反映一个持续的过程，且持续的时间较长。一般而言，在市场型渠道结构中，渠道成员倾向于采用自主式渠道沟通策略与其他成员沟通；而在关系型渠道结构中，渠道成员倾向于采用合作式渠道沟通策略与其他成员沟通。

渠道氛围指渠道成员对于渠道工作环境的总体认知，包括渠道的组织特点和成员之间的关系状态。它有点像渠道文化，人们看不到它，它却无处不在。渠道氛围有很多不同的分类方法，简单一点，可以把它看做一条直线，两个端点分别是：(1) 互相支持与彼此信任的渠道氛围；(2) 缺乏支持与信任的渠道氛围。两个端点之间存在着大量的中间状态。在相互支持与彼此信任程度较高的渠道氛围中，渠道成员倾向于采用合作式渠道沟通策略与其他成员沟通；而在互相支持与彼此信任程度较低的渠道氛围中，渠道成员倾向于采用自主式渠道沟通策略与其他渠道成员沟通。

渠道权力结构通常分为对称的权力结构（symmetrical power structure）与非对称的权力结构（asymmetrical power structure）。在对称渠道成员关系中，对称的权力结构指双方拥有大致相同的渠道权力；非对称的权力结构则指一方拥有的权力结构明显大于另一方。在对称的权力结构中，渠道成员倾向于采用合作式的渠道沟通策略与其他渠道成员沟通；在非对称的权力结构中渠道成员倾向于采用自主式的渠道沟通策略与其他渠道成员沟通。

专栏 7—2

天狮集团的渠道沟通

2015 年年中，天狮集团组织 6 500 名员工游法国，据传言，当员工们身着整齐的蓝白服装走在法国街头时，法国人都震惊了。直销公司保持员工的整体兴奋至关重要，因为直销队伍的扩大依赖于每一个员工的宣传，而保持员工的激情非常重要。员工集体旅游可以显示公司的慷慨，给外界一个财大气粗的印象，进一步起到宣传公司的作用。制造轰动性的奖励活动有助于公司发展“下线员工”，也有利于员工之间的交流和宣传。

资料来源：大公财经：《无限极天狮等集体狂欢 豪华福利背后是什么》，http://finance.takungpao.com/dujia/2015-05/3004835.html。

第 4 节　渠道激励

在全球化制造与营销态势下，制造商为了集中自身的制造优势，通常要依赖于外部渠道力量完成再生产过程的循环。营销渠道成员间的专业化分工已成为社会化大生产条件下的必然趋势。由于每个渠道成员都是市场中的独立经济实体，其行为目标是多元化的，渠道成员的行为不会自动地相互一致。制造商针对渠道激励措施所设计的根本目标是在满足最终用户的服务水平下，以合理的费用对经销商产生最大的激励。有效的渠道激励可以促使渠道成员求同存异，完成整个渠道的输出最大化。许多学者对制造商与中间商的关系及其影响的因素、中间商的评价与控制方法、销售佣金的设计等进行了研究。这些研究是为了能够寻找到解决冲突、激励营销渠道成员的途径。

一、渠道激励的期望理论

图 7—2 是根据激励的期望理论构建的渠道激励模型示意图。

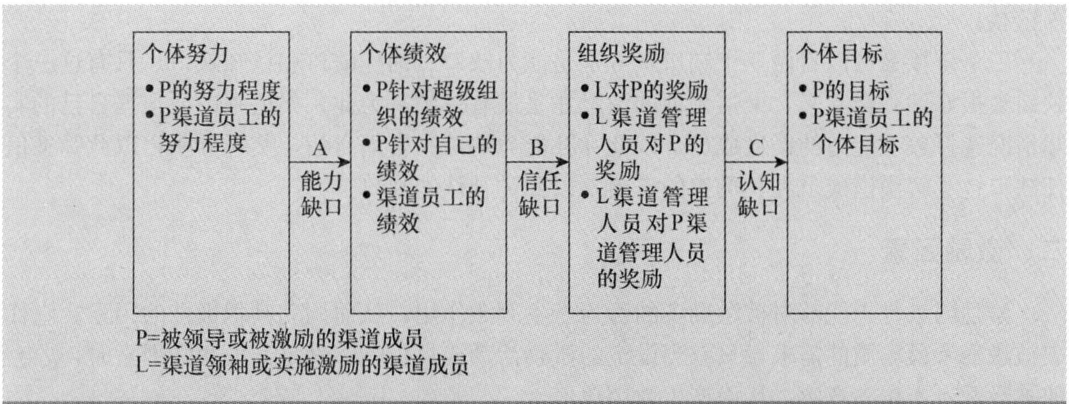

图 7—2　渠道激励模型示意图

期望理论相信，个体的行为倾向取决于他对这种行为可能带来的结果的期望和这种结果的吸引力。其中，涉及三个变量或三种关系。

A. 期望——努力与绩效的关系。回答这样的问题：我能达到要求的绩效水平吗？为了达到一定的绩效水平，我必须付出多大的努力？

B. 工具——绩效与奖励的关系。回答这样的问题：达到要求的绩效水平，我能得到奖励吗？我会得到怎样的奖励？

C. 吸引力——奖励与我个人目标满足的关系。回答这样的问题：那个奖励是我想要的吗？它能够帮助我实现自己的目标吗？奖励的吸引力有多大？

将其应用到渠道激励中，首先，渠道参与者 P 和其渠道员工对其工作产出或结果有一个认知。对他们而言，工作产出的效果可能是正的，如渠道领袖 L 和 L 的渠道管理人员对他们的各种奖励，他们自己通过工作所得到的利润和工资，以及从 L 处得到的安全感和 L 的渠道管理人员所建立起来的合作关系；也可能是负的，如工作的艰辛、无聊、烦琐和压力，以及 L 管理人员的严密监控和威胁。这里问题的关键在于他们怎样看待它们的工作结果。

其次，渠道参与者 P 和其渠道员工会对他们工作产出的吸引力进行评价。评价结果可能是正的，也可能是负的，还有可能是中性的。此评价是非常个性化的，取决于不同渠道参与者和其渠道员工的态度、个性和需要。当一个工作产出被一个渠道参与者认为有吸引力时，它就希望这个结果能够出现；相反，它就会想办法躲避这一结果。这里讲的是 C 链接。

再次，当工作产出被认为有吸引力时，为得到这一产出，渠道参与者 P 和其渠道员工会考虑他们需要采取的行动。只有当他们清楚地知道他们需要做什么、需要怎样做，以及工作绩效怎样评价、评价标准是什么时，以渠道领袖为首的超级组织的奖励才会影响他们的行为与工作绩效。如果他们不相信渠道领袖会兑现奖励承诺，他们一般不会为提高工作绩效而努力工作。这时讲的是 B 链接。

最后，当上面的问题都得到了肯定的回答以后，渠道参与者 P 和其渠道员工就会考虑他们的能力，以及他们成功完成任务的可能性。这时，如果业绩指标定得太高，渠道参与者 P 和其员工根本无法达到，则其他一切激励措施都很难产生激励效果。这时讲的是

A 链接。

三个链接又可以看做三个缺口，分别是能力缺口、信任缺口和认知缺口。只有这三个缺口被很好地弥合起来，渠道领袖的激励才是最有效的。为此，渠道领袖要根据自己的实际情况选择较有能力的渠道成员，以此弥补能力缺口；言而有信，奖罚分明，以此弥补信任缺口；了解渠道成员和其员工的需要，以此弥补认知缺口。

二、激励因素

激励因素是指能够对被激励者的行为产生刺激作用，从而调动其积极性的因素。它代表被激励者最本质的需求，只有当设定的激励活动或目标能够满足某种激励因素时，才会使被激励者产生满意感，从而产生效用价值。

典型的渠道类型是由分销商（一级分销、二级分销）、代理商（或经销商）组成的。从制造商视角看，这些渠道成员可以统称为中间商。中间商是制造商与最终用户之间产品及所有权转移的渠道，可以为制造商提供多种服务。它们为上游制造商提供了市场工作的组织、市场调查、经营网点的建设、进出口、成品库存资金的占用、物流配送、维修、回款风险等服务。只有当一个制造商能够与分销商建立起双赢、互利的合作关系时，才能激励分销商持续地为制造商提供高水平的服务，建立起比竞争对手更高效的供应链运作体系。

（一）获得利润

通过销售制造商的产品获取利润是任何规模的中间商与厂商合作的根本目的之一，也是双方合作的基础。制造商通过向中间商提供优惠的价格政策，可以刺激中间商加大对该产品的市场投入力度，在自身获得利润的同时，帮助制造商扩大市场份额。

（二）降低风险

中间商一般是风险厌恶者，竞争和不确定性是风险产生的主要原因。对于中间商来讲，不确定性可以来自外部市场环境中与其交互的各种因素，如制造商的新产品开发、产品供货、价格变动，竞争对手产品及营销策略的变化，以及顾客需求的快速变化等，这些因素都会给中间商带来一定的风险。而制造商通过与中间商建立伙伴关系，增加相互之间的信息交流，如新产品开发信息、产品生产信息、供货信息等，并且经常提供一些制造商掌握的市场及顾客信息等，有利于帮助中间商在制定经营策略及实际销售过程中减少不确定性带来的风险，这对于规模较小的中间商来讲是非常重要的。物流信息的及时传递和共享，可以提高物流系统的运作效率，缩短订货周期，保证快速及时到货，以及制造商共同承担降价风险等，均有利于减少中间商的库存风险，使大型的分销商获得较高的满意度。除此之外，信息交互的增加，不仅有助于减少不确定性，而且有利于建立和巩固协作关系，增加相互间的信任程度，提高中间商的满意度。

（三）提高竞争力

在充分竞争的市场中，短期的利润获取并不能保证长期的持续发展。在市场中，每年都有许多分销公司由于各种原因无法继续经营，其中不乏成长飞速的明星企业。竞争的惨烈使越来越多的中间商认识到，要想在快速变化的市场中处于不败之地，必须具备核心竞争力。处于成长阶段的中型规模的中间商，培养其核心竞争力最易使其获得满足感。因此，制造商可以通过为中间商提供发展的机会，对其员工进行技术培训，辅助其决策制定及投资等方式，帮助其业务的拓展，提高中间商的核心竞争力，提高其满意度，从而达到激励的目的。

综上所述，获得利润、降低风险、提高竞争力使中间商获得满意感，产生激励作用。这三种需求可以单独发生作用，也可以同时发生作用。

表 7—2 列举了分销商希望从上游制造商获得的支持。

表 7—2　　分销商希望从制造商获得的支持及其基本需求满足

制造商提供的支持	分销商希望的渠道政策	分销商不希望的渠道政策	分销商的基本需求
价格政策	优惠的有吸引力的价格政策	制造商价格政策死板，利润空间小	获得利润
分析渠道	控制分销商数量，控制恶性竞争	分销渠道密集，竞争惨烈	获得利润
订货政策	最小订货批量小，能及时到货，降低库存风险	制造商压货，到货周期长，最小订货批量大	降低风险
库存风险分担	制造商不压货，制造商分担库存积压风险，提供价格保护政策	制造商不分担任何产品积压风险	降低风险
信息沟通	制造商及时提供产品换代、价格调整、市场变化趋势、营销策略调整等信息	制造商不与分销商分享信息，相互不信任，导致分销商决策失误	降低风险
营销支持	品牌知名度好，制造商提供市场拓展的支持，提供商机信息	品牌知名度差，制造商缺乏市场宣传力度，对分销商缺少市场开拓的支持	获得利润，提高竞争力
技术支持	制造商对分销商提供产品、技术、运作管理等培训	制造商技术支持弱，分销商难以及时掌握最好的技术，失去眼前及未来的商机	提高竞争力

三、渠道激励的原则

渠道激励作为调动渠道成员积极性的一种手段，需要遵循一定的规矩或原则，轻则起不到激励的作用，重则可能引起渠道成员的不满、渠道领袖和渠道成员之间的矛盾、渠道成员与渠道成员之间的争斗，以及一个企业不同渠道之间的混乱。

（一）实事求是原则

渠道激励的起点是满足渠道成员的需要。但是，不同渠道成员的需要存在着差异和动态性，因人而异，因时而异。因此，渠道领袖在进行激励时，要坚持实事求是的原则，深入了解各个渠道成员的实际需要。只有在调查研究的基础上，根据大多数渠道成员的需求层次和需求结构，有针对性地采取激励措施，才能收到实效。

（二）目标相容原则

在激励机制中，设置目标是一个关键环节。目标设置必须体现超级组织的目标要求，兼顾个体组织目标，力求使渠道中各个成员的目标相辅相成。当渠道目标与某些渠道成员的目标相左时，渠道领袖应设法弥补其损失。

（三）适时原则

激励的适时原则，指在激励过程中应注意时机的把握。如果时机把握不当，应奖励时不奖励，则会使渠道成员丧失工作的积极性，甚至产生不满和消极情绪。如果导向错误，如过分重视短期效应的激励措施，则会使渠道成员产生错误的营销理念，只顾眼前，采用不道德的手段销货，损害企业形象，酿成恶果。因此，激励要及时，要注意长期效果。

（四）奖励与惩罚相结合的原则

奖励是一种正激励，处罚是一种负激励，两者都是必要的。只奖不惩，领袖没有威严；只惩不奖，渠道成员没有积极性。渠道领袖在激励时要善于正负结合，以正为主，以负为辅，鼓舞士气。

（五）公平原则

人们通常用两种方法来判断自己所得报酬是否公平，即横向比较和纵向比较。横向比较，是将自己与别人相比较来判断自己所获报酬是否公平。纵向比较，是把自己目前的状况与过去进行比较。一个人对所得到的报酬、奖励是否满意不是看其绝对值，而是通过纵横比较看其相对值——如果经过比较认为自己现在的所得偏低就会感到不公平、不合理，从而影响工作热情。因此，渠道领袖在激励渠道成员时一定要遵循公平的原则，只有这样，才能充分调动渠道大多数成员的积极性。

专栏 7—3

恒大冰泉激励方案

2014 年 1 月 12 日下午，“恒大冰泉全国合作伙伴大会暨订货会”在广东清远恒大世纪旅游城召开。恒大集团董事局主席许家印、总裁夏海钧等恒大高管与全国 3 000 多家经销商参与此次活动，并在现场完成全国订货 57 亿元。恒大冰泉认为只凭一纸合同就要渠道成员为企业卖命的想法是天真的；只有诱惑才能激发渠道成员的潜力；不仅要严格管理渠道成员，更要给予，使其脚踏实地地为企业效力。以激励中间商为例，恒大冰泉应该把中间商视为消费者的总代表，在产品的数量、质量、品种、价格和交货时间等方面尽可能满足中间商要求，为其创造良好的营销条件。还应该根据市场需要以及中间商的要求，经常地、合理地调节生产计划，改进生产技术，改善经营管理，生产物美价廉、适销对路的产品。

资料来源：三亿文库：《恒大冰泉渠道激励方案》，http://3y.uu456.com/bp-1fcfde7cq1sf804d2b16c167-1.html。

本章小结

1. 渠道权力有奖赏权、胁迫权、专家权、感召权、法定权等五大类，在实践中五种权力通常结合使用，产生协同效果。渠道权力是一种潜在的影响力，存在于目标对象的感知中。当权力运用被看做影响或影响的沟通过程时，制造商可以选择使用六种战略来影响经销商，这六种战略是威胁战略、许诺战略、法律战略、信息交换战略、建议战略和请求战略。

2. 渠道领导指一个渠道成员为了控制营销渠道运行的各个方面，而影响其他成员营销政策和策略的活动。渠道领袖则是指在营销渠道中发挥领导作用的企业或组织。渠道中可以没有领袖，但存在领袖的渠道往往有较高的竞争力。

3. 渠道领袖要发挥领导作用，就要对渠道成员进行激励。渠道激励要很好地弥合三个缺口：能力缺口、信任缺口和认知缺口。激励因素是指能够对被激励者的行为产生刺激作用，从而调动其积极性的因素，有三个方面：获得利润、降低风险和提高竞争力。渠道激励要坚持实事求是原则、目标相容原则、适时原则、奖励与惩罚相结合原则和公平原则。

4. 渠道沟通是在渠道中组织间的沟通。有四种沟通属性：沟通频率、沟通方向、沟通形式和沟通内容。渠道沟通策略是沟通属性（如频率、方向、形式、内容等）的不同组合方式。渠道沟通策略可以分成两种大的倾向：合作式渠道沟通策略和自主式渠道沟通策略。渠道沟通策略要与渠道沟通环境相匹配。

思考题

1. 渠道领袖有哪些领导工作？
2. 渠道权力有哪些？权力战略呢？它们之间有什么关系？
3. 沟通属性有什么？渠道沟通环境与沟通战略是怎么搭配的？
4. 根据渠道激励的期望理论，渠道激励有哪几个缺口？各是什么？
5. 渠道激励的因素有哪些？举出两个激励的具体措施，并说明其中的激励因素。
6. 渠道的激励原则是什么？

案　例

沃尔玛将严控供应商抗生素用量以保证动物福利

全球零售业巨头沃尔玛2015年5月23日发表声明，将敦促沃尔玛超市和山姆会员店的供应商采用更严格的动物权利标准，包括为饲养的动物提供充足的空间和饮食，以及人性化屠宰，并控制抗生素的使用。目前，这项新标准仅针对美国市场实施。

沃尔玛要求其禽畜、海产、蛋类、乳制品和熟食供应商每年通报抗生素使用情况，除医疗必需外，严格控制饲养过程中的抗生素使用。此外，供应商要为牲畜和禽类提供合理的、可持续的生存空间，确保动物饲养过程符合动物权利的五项基本原则，即免于饥饿、免于不适的圈禁、免于肉体折磨和伤害、免于精神压力和恐惧，以及表达自然习性的自由。

实际上，近年来动物权利组织也向沃尔玛施加了相当大的压力。非营利组织“动物慈善”（Mercy for Animals）在2012—2014年间，多次调查了一家向沃尔玛供货的肉猪养殖场，发现存在严重问题。在该养殖场，牲畜长时间被圈禁在狭窄的空间中，生存状况极差，也加大了瘟疫传播的可能性。

不过，在5月23日的声明中，沃尔玛并未提供详细的时间表，也没有说明未能遵守这一条约的供应商将面临何种处罚。但这貌似有先例，沃尔玛提出绿色供应链时，很多经销商面临压力。

2005年，全球范围内有141家企业因为各种各样的原因，永久性失去了为沃尔玛供应产品的资格。在中国日益成为沃尔玛的主要供应地时，沃尔玛对在华工厂的验厂频率也从每年1次，提升至每年4次。针对浙江省义乌市70家企业执行的验厂程序，通过的仅为2家，绝大部分被沃尔玛亮了黄灯。

在沃尔玛《2005年企业道德标准报告》中，特别提到了中国工资状况的改善。不过，报告又强调，“我们的稽核员将把精力放在各种各样关于用工的统计当中，核查是否隐藏了没有支付的薪水和福利”。

作为被稽核的企业，一些企业家坦承心理压力巨大。一位刚刚接受过沃尔玛第三次验厂的总经理说：“如果第三次通不过，意味着第四次就要进行第三方验厂，要1 000美元费用不说，若是再不通过，工厂将冻结一年不得接新订单，心里像压着块石头。”

“对于沃尔玛在中国企业社会责任当中所发挥的作用，我们不能简单地肯定或者否定，因为跨国公司在这方面的诉求是非常复杂的。”中国人民大学劳动人事学院的一位教授告诉记者，“出于自身利益、美誉度、竞争压力来做，最终有其商业目的。”

资料来源：赵奕：《沃尔玛绿色风暴逼近中国供应商》，http://www.shoeshr.com。

问题：

1. 沃尔玛在其渠道中扮演什么角色？
2. 如果供应商对其有异议，会面临什么风险？
3. 在中国环境下，供应商有其他措施应对沃尔玛的变化吗？

第8章
管理渠道成员的合争

学习目标

- 了解营销渠道冲突的解决方法
- 理解渠道战略联盟
- 理解渠道控制
- 了解企业渠道成员管理的周期性特征

在洗牌节点到来之际，各家汽车经销商使出浑身解数以图浴火重生。除了新车销售，经销商都力求在售后服务、金融信贷、保险租赁、二手车等领域开辟新财源。不过，由于整车厂与经销商之间的利益冲突，现行税收、金融及法律政策等因素的制约，经销商在寻找新的利润增长点时再陷围城。

“4S店在利用客户资源去做一些盈利模式创新的时候，难免会遇到一些既得利益者的阻碍。”中国国际金融有限公司研究部副总经理郑栋表示，经销商如果发展基于客户的盈利创新模式，来自零配件厂商、整车厂、金融机构甚至一些法律机构的障碍会非常大，这是目前经销商面临的共同难题。

例如，上市与集团化是经销商破解困局的流行办法。目前，多数百强经销商都在通过资本市场和渠道扩张等模式做大做强，提升抗风险能力。然而，经销商做强做大是汽车厂家不愿意看到的，后者更希望将经销商维持在可控范围内，以获得稳定的利润来源。汽车厂家还担心经销商集团对市场的控制会损坏汽车品牌，因此，坚决反对经销商过于强大。

渠道管理既包括企业——主要是生产厂商——如何在渠道系统中协调、控制渠道活动的问题，也包括渠道系统中独立的渠道成员之间如何通过构建相互关系来共同协调渠道活动时面临的问题。

第1节 管理渠道冲突

“渠道冲突”一词应作为中性词，它描述了这样一种状态，即一个渠道成员意识到另一个渠道成员正在阻挠或干扰其实现自己的目标或有效运作，或者一个渠道成员意识到另一个渠道成员正在从事某种会伤害、威胁其利益或以损害其利益为代价获取稀缺资源的活动。

渠道冲突直接体现为渠道成员的一种商业行为。首先，它不可避免，没有冲突往往意味着没有合作；其次，它有多方面的影响，冲突会影响渠道成员之间的合作水平、渠道满意度、渠道效率和渠道成员未来的合作意向，也可能会使渠道关系得到加强与提升。企业管理渠道的一个重要目的就是要把渠道冲突控制在一定的水平。

一、渠道冲突的类型

渠道冲突是由处在企业产品通路中的若干渠道伙伴在从事经营活动的过程中形成的必然产物。因此，渠道冲突也随着其产生的主体、背景、原因甚至场所的不同而有多种表现形式，以下介绍两种主要的分类方式。

（一）按照渠道冲突产生的主体分类

水平渠道冲突是指同一渠道模式中，同一层次中间商之间的冲突。在水平渠道中，各成员之间是一种横向的关系，这个层次中大家都是平等的，即在权力上处于同一个水平线，但利益上是独立的。由于各渠道成员的资本、技能、素质、认识等各方面的差异，很容易发生矛盾，一旦发生冲突，往往难以协调。相对于制造商来说，表现更多的是其内部中间商之间的矛盾，通常也称之为“商商矛盾”。比如说，某个省市的中间商对另一个省市的中间商不满，埋怨它们促销过于积极，价格过低，或者它们的服务不到位，损害了整体形象等。可以看出，产生水平渠道冲突的本质原因，一是各分销渠道成员作为不同的利益主体，每个渠道成员都在追求个体利益最大化；二是各渠道成员在目标上有差异，有的渠道成员追求长远发展，有的则只重视短期效益；三是制造商提供给渠道商的政策不一致，引发矛盾，如有的企业在某些特殊地域实行特殊政策，但是并没有在所有渠道成员之间进行说明和沟通，导致有的渠道成员不理解；四是制造商对渠道成员的管理力度不够，没有形成凝聚力，而是任由各渠道成员各自为政，这类冲突在我国较为普遍，如不能及时解决，最终可能导致整个渠道失控，严重影响产品的品牌形象。

垂直渠道冲突指在同一渠道中不同层次企业之间的冲突，垂直渠道冲突也称作渠道上下游冲突。例如，在某些情况下，生产企业为了推广自己的产品，越过一级经销商直接向二级经销商供货，使上下游渠道间产生矛盾；某些批发商往往认为生产企业在价格方面控制太紧，制定的分销政策过于苛刻，提供的服务支持（如广告、培训等）又太少等，因此经销积极性不足，甚至转而经销竞争品牌的产品；而零售商对批发商或生产企业，可能也存在类似的不满。因此，生产企业必须从全局着手，妥善解决垂直渠道冲突，促进渠道成员间更好地合作。

不同渠道间的冲突指的是生产企业建立多渠道营销系统后，不同渠道服务于同一目标市场时所产生的冲突。随着顾客细分市场和可利用的渠道不断增加，越来越多的企业采用多渠道营销系统即运用渠道组合和整合方式。例如，惠普公司原来一直采用大力发展经销商的渠道模式，当其建立起自己的专卖店时，两种渠道的冲突便日益尖锐起来。

专栏 8—1

ThinkPad 香港水货笔记本电脑

每年的 8、9 月份，以 ThinkPad 为代表的香港笔记本电脑学生机都会准时杀到。表面上，这是香港各大学针对学生的一项优惠购机活动，但事情真的就如想象中的那么单纯吗？

一些水货商家以学生 ID 的名义大量购买特价学生机，并以水货形式销往内地赚取巨额的价格差。这不仅严重扰乱了学生机的正常购买秩序，同时也给香港及内地的笔记本电脑市场带来极大的负面影响。

（二）按照渠道冲突的不同表现程度分类

潜在型冲突指渠道成员自己都未能意识到的冲突，属于低水平冲突。这类冲突往往只存在于潜意识中，不一定会直接产生行动。

可察觉的冲突指渠道成员表达出了明显的不满和敌意，产生争论。此时若及时加以沟通或协调，往往能够避免消极行为的产生。

公开的冲突指渠道成员开始采取行动，如阻挠对方实现其目标甚至破坏或报复对方，此时必须采取明确的手段来认真解决冲突，否则有可能破坏渠道的利益和稳定性。

从静态的渠道关系来看，冲突的程度是可以评估出来的，而从渠道的整体发展来看，冲突也表现为一种过程，部分取决于成员间过去的关系，也会逐步从微小的差别演变为剧烈的冲突。因此，渠道管理者应从开始就力争建立起一个良好的渠道关系，为日后减少冲突打下基础。

二、渠道权力、冲突与合作之间的关系

事实上，渠道中的权力、冲突与合作是密切相关的，它们共同植根于渠道成员之间的相互依赖。多年来，针对渠道行为中的这些问题，西方学者进行了大量的实证研究，验证了渠道中的权力、冲突与合作三者之间的相互关系，得出了许多对于企业有实践指导意义的结论（见图 8—1）。

归纳起来主要包括以下几点：

（1）在依赖与权力之间存在正相关关系，即一个渠道成员越被另一个渠道成员所依赖，这个渠道成员对于另一个渠道成员就有越大的权力。

（2）权力分为强制性权力和非强制性权力。通常而言，使用强制性权力可能导致渠道

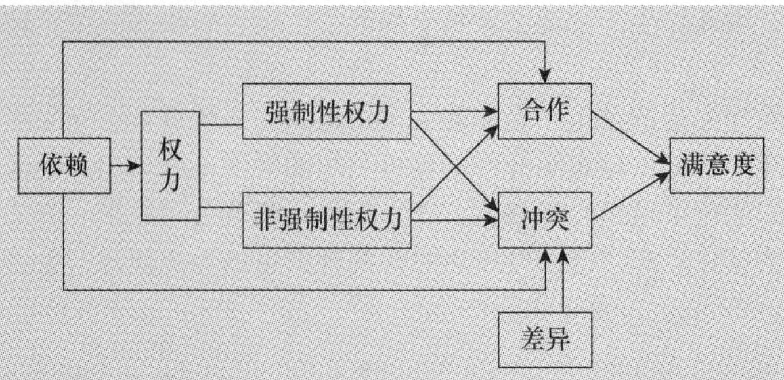

图 8—1 权力、合作与冲突关系图

资料来源：庄贵军：《权力、冲突与合作：西方的渠道行为理论》，载《北京商学院学报》，2001（1）。

冲突，降低渠道成员间合作的意愿；而使用非强制性权力则可能减少渠道冲突，提高渠道成员间合作的意愿。例如，人们通过对餐饮特许经营渠道的研究发现，非强制性渠道权力与渠道满意度呈正相关关系，而强制性渠道权力与渠道满意度呈负相关关系。

（3）冲突产生于渠道成员之间的差异。一般来说，在目标、预期、价值观和对各自所承担角色的认识等方面，渠道成员的差异越大，它们之间的冲突越频繁，也越严重。

（4）冲突与合作之间是负相关关系，即渠道成员之间的冲突越频繁、越严重，它们之间的合作意愿就越弱。

（5）合作会提高渠道成员的满意度，而冲突则会降低渠道成员的满意度。

三、渠道冲突的起因

由以上分析可以看出，渠道冲突的表现形式多种多样，各种冲突产生的原因也不尽相同。

（1）成员间经营目标与购销利益不一致。这是渠道冲突产生的最根本原因，它也决定了渠道冲突无法彻底消除。例如，制造商希望占有更大的市场，获得更多的销售额及利润的增长，但部分中间商则单纯追求销售额及短期利润；制造商希望中间商只销售自己的产品，但大部分中间商却希望销售尽可能多的有利润有销路的商品以扩大经营规模；制造商希望中间商将折扣让给买方，而中间商却宁愿将折扣留给自己；制造商希望中间商为它的品牌做广告，中间商则要求制造商负担广告费用等。从企业追求利益的出发点来看，这些矛盾也是无法避免的。

（2）渠道成员的任务和权利不明确。许多企业的渠道政策并不明确，规则制定也不够公平，如地区边界、销售信贷等方面任务和权利的模糊和混乱便会导致矛盾。

（3）渠道成员中一方对另一方的依赖性过高。例如，在汽车行业中，普遍采用的独家经销商政策，使得中间商的利益及发展前途均直接受制于制造商的产品设计和定价决策，而很少有自己的自由发展空间，这往往是产生冲突的极大隐患。

（4）产品的购销差价常是产生渠道冲突的直接诱因。中间商的市场销售价格过高或过低，都会影响企业产品的形象与定位；制造商给中间商的折扣过低则使其无利可图，丧失销售热情；同一市场上各中间商的销售价格不同，也会直接影响其产品销量和市场份额。

（5）制造商和中间商为了减少库存成本，都希望把存货水平控制在最低。然而存货水平过低将导致中间商无法及时向用户提供产品而引起销售损失，甚至使用户转向竞争者。同时，分销商过低的存货水平将相应提高制造商的库存量，不仅会影响其运营效益，还可能产生产品积压过时的风险。

（6）产品直销与渠道分销之间始终存在较为尖锐的矛盾。制造商直销的对象通常是大客户，即购买量大或有特殊服务要求的客户。由于工业品市场需求的二八规则非常明显，通常这部分客户也是中间商极力争取的对象，这便使二者之间面临直接竞争。

（7）为了减少资金占用和运营风险，制造商通常希望中间商先付款、后发货，而中间商则希望制造商能允许其采取代销、赊销等方式，即货卖出去后再付款，或获取一定的回款周期，这使二者产生了直接矛盾。

四、渠道冲突的危害

概括起来，渠道冲突的主要危害有如下几点：

（1）破坏渠道成员间的关系，损害双方的利益。许多渠道成员间的冲突都是从一些微小的局部利益摩擦或认知误差产生的，如果协调不力，可能使冲突一方针对另一方采取严重的报复行为，如此不仅会导致冲突双方的关系由互相依存的合作伙伴变成势不两立的竞争对手，而且会使其出现明显的目标偏移，将提升渠道业绩和获取企业利益的营销目标抛于脑后，甚至可能做出不顾一切打击对方的非理智行为，最终损害双方甚至整个渠道的利益。

（2）降低整个渠道的销售业绩。在充分竞争的市场环境中，产品销售的成功需要所有渠道成员的共同努力，任何一个环节的冲突都会导致销售业绩的下降。例如，联想一直以渠道网络见长。为了在客户的个性化服务和快速响应上有所改进，联想于2004年年初开始通过电话访问、登门拜访等手段直接了解大客户的需求，同时继续加强直销力度。由于缺乏必要及时的沟通，许多中间商认为自己的客户资源正在被厂商蚕食，利润空间也被挤压，从而产生了不信任和危机感，丧失了经销积极性，最终使联想一季度的市场份额由28%左右跌至24%，甚至引发了业界对联想的质疑。

（3）使整个渠道的规则体系受到破坏。在渠道建设初期，制造商通常都会制定一整套渠道成员的行为规范，借以规定中间商的权利和义务，并以此为标准对中间商予以检查和评价。规则的主要内容包括价格政策、付款方式、中间商的区域范围以及双方应提供的特定服务内容等方面，而某些中间商为了获取更大利润，常常超越规定区域进行销售或擅自压低商品价格，如果不能及时发现并制止这种行为，必将使渠道其他成员由于担心利益受到损害而纷纷效仿，最终导致原有的价格体系、经销商区域划分规则完全崩溃。

（4）影响产品品牌在消费者心目中的地位。对消费者来说，判断一个产品品牌价值的高低，最直观的标准应该是具备可靠的质量、稳定的价格、放心的服务、良好的口碑，而渠道成员间的恶性冲突则常常将其毁于一旦。例如，渠道管理中常常存在窜货现象，即分公司为完成销售指标、取得业绩，将货销售给需求量大的同级分公司，或将假冒伪劣产品与正品混同销售，掠夺市场份额。这种恶性经营行为，势必造成市场倾轧、价格混乱，严重损害消费者利益和产品品牌形象，必须严加防范和控制。

但是，有些时候渠道成员间的冲突是积极而有益的，这种冲突可能会促使渠道产生一种新的更有效率的沟通模式；或者使渠道成员间互相监督、互相促进，关系更为密切。另外，渠道冲突的激烈程度还可以成为判断冲突双方实力及商品热销与否的“检验表”，使其管理更加科学和规范。在这种冲突中，渠道成员都非常明白它们之间的互相依赖性，在将对方作为竞争对手进行挑战的同时，指出对方的弱点并监督改进，共同提高业绩。

五、如何解决渠道冲突

大部分的渠道冲突都是具有危害性的，有些冲突甚至可能威胁到渠道体系甚至整个企业的生存，必须进行严格的管理和协调。

（1）选择渠道成员时要进行严格的评估和审核。作为渠道体系的基本组成元素，每个渠道成员的行动都会对增进或阻碍其他成员达到目标产生很大的影响，因此必须严格按照选择原则和标准进行，把好第一关。

（2）在管理上要设立完善的沟通及预警系统，及时了解和反馈渠道成员的动态和信息，争取在冲突发生之前予以控制。如通过渠道成员之间的相互交往，可以随时了解产生相互抱怨、延迟付款、推迟完成订货计划等矛盾的线索；通过对对方的观察，也可以衡量出它们的满意程度并收集到有益的建议。

（3）在战略上要建立共同愿景和发展目标。有了共同的发展目标，当渠道面临外部威胁时，渠道成员便能够迅速分清矛盾的主次，主动联合起来排除威胁。

（4）应鼓励冲突双方进行自我协商调解。谈判是解决冲突的有效方式，只要双方都有解决问题的诚意，就能达到理想的效果。也可由冲突双方合作进行渠道内部人员的互换，促使双方进行换位思考，以更多地接触和理解对方，也有助于冲突的解决。

（5）由第三方（如制造商、其他中间商或专门的仲裁机构）出面调解和仲裁，但是需要调解方具有较高的地位或威信，冲突双方都比较信服，调解的效果才会较为理想，仲裁结果也才可能具有一定执行力度。

专栏 8—2

经销商与皇明太阳能

郭建琴是皇明太阳能在甘肃酒泉的第一任经销商，在合作 4 年之后的 2003 年，皇明单方面取消了她总代理的资格。2004 年 11 月，与皇明协商未果的郭建琴向山东省德州市德城区人民法院提起诉讼，要求皇明偿付货款等款项。认为没有讨回公道的郭建琴开始实名举报皇明太阳能“偷税漏税”。2012 年是郭建琴与皇明太阳能打官司的第 9 个年头。皇明太阳能是山东德州的“明星企业”，郭建琴是皇明太阳能在甘肃酒泉的第一任经销商。9 年来，郭建琴数十次艰辛奔走于甘肃与山东之间，打官司、实名举报……这位历尽沧桑、骨子里有股韧劲儿的女商人只想拿回属于自己的东西。

资料来源：http://blog.sina.com.cn/s/blog_414415dc01015011.html.

（6）退出。解决冲突的最后一种方法就是使冲突成员退出该营销渠道。当渠道冲突影响到整体渠道的效率而又无法解决时，使冲突成员的一方或多方退出也不失为一种解决方

法。但这种方式不宜多用。

第 2 节　渠道战略联盟

在市场竞争日益激烈的背景下，中间商的成长发展离不开生产企业的支持，只有与具有一定品牌知名度或较有实力的制造商进行战略合作，才能达到快速发展的经营目标；而制造商也必然要借助中间商的力量，使销售活动覆盖所有目标客户，才能最大限度地扩大市场知名度与美誉度。因此，加强渠道内部各成员间的协调与合作共创价值便成为大家共同努力的方向。

一、渠道战略联盟的运行机理

渠道战略联盟指渠道系统中上下游企业之间为降低渠道运营成本、增加渠道共享收益而结成的战略性合作联盟。这是一种新型的渠道关系，这种伙伴关系或战略联盟强调的是制造商与渠道成员间持续的和相互的支持关系，其目的是建立更加主动的团队、网络或者渠道伙伴的联盟。在这种渠道伙伴关系或战略联盟中，传统的“我们—他们”观念已经被“我们”所取代。

如图 8—2 所示，在渠道联盟关系中，相互信任是伙伴关系建立的基础和关键推动要素，相互承诺与关系投入使渠道联盟关系的建立有了实质性进展，而成员间具有共同目标则是渠道联盟关系维系和发展的有力保障，共同的收益则是渠道联盟双赢的结果。

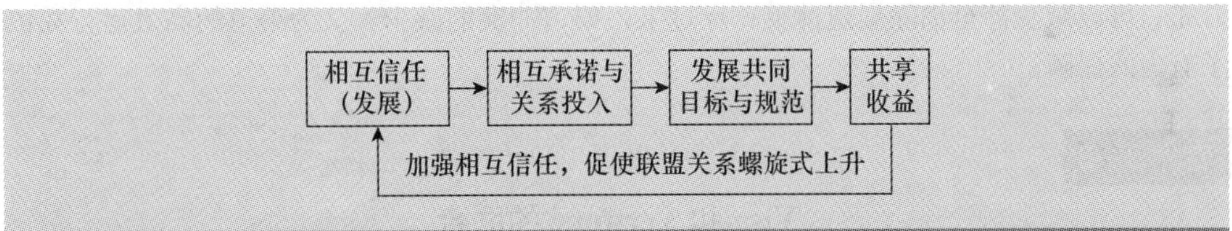

图 8—2　渠道联盟的运行机制

资料来源：张闯、夏春玉：《渠道权力：依赖、结构与策略》，载《经济管理》，2005（2）。

在这一运行机制中，我们还应该认识到以下问题：

（1）利益的满足既是渠道联盟的动因，也是渠道联盟的结果。作为一个渠道成员，从渠道联盟关系中得到的经济性和非经济性的利益越多，双方的信任度就会越高，这将促使双方更积极地对联盟关系进行投入，共享更多的利益，加快联盟关系的螺旋式上升过程。

（2）渠道联盟建立的过程中，关系双方对联盟的投入应当是对等的，这不仅是表达对渠道伙伴信任的最直接方式，而且会避免不均衡投入造成的权力倾斜。

（3）双方在联盟中所树立的共同的目标，避免了合作中的机会主义行为，在共担风险、共享收益的渠道联盟中，争取渠道控制权的动机也会大大削弱。

二、渠道战略联盟的作用

建立渠道战略联盟比传统的渠道关系更有效率。具体来说，其作用主要表现在以下几点：

1. 节省渠道成本，降低渠道风险

渠道成本主要由渠道建设成本和渠道维护成本两部分构成。相对于企业自建的营销渠道，伙伴型渠道关系通过与分销公司的密切合作而节省了大量的渠道建设和运营成本；更重要的是，它改变了传统渠道系统内成员的“零和博弈”关系，通过厂商之间的战略性合作，将企业和中间商变成一个建立在共同发展基础上的利益整体，有效地降低了渠道运作的风险。

2. 改善渠道的物流、资金流和信息流

渠道的高效率很大程度上取决于渠道中物流、资金流和信息流的运行效率，而渠道战略联盟以其特有的信息共享机制使企业的资金流、物流和信息流得到明显改善，从而保持了渠道系统的灵活性，提高了企业对市场变化的反应能力。

3. 更加有效地控制渠道

在传统的渠道关系中，由于其渠道成员实力不均衡，往往周旋于控制、被控制和反控制几种角色之间，形成一种利益的矛盾体，极大地影响了渠道运行的效率。渠道战略联盟就是将利益矛盾体转化为利益统一体，通过有效的沟通协调，实现对渠道整体的良好控制。

4. 减少渠道冲突

营销渠道通常由许多各自谋求自身利益的公司组成，因为这些利益是相互竞争的，所以渠道成员常常无法合作，甚至各自目标完全相反，由此产生的渠道冲突往往导致渠道效率下降。渠道战略联盟则使渠道系统内成员的根本利益趋于一致，实现了渠道权力的均衡分布，可以减少甚至消除渠道冲突；反过来，渠道冲突的减少，又为渠道的高效运行提供了有力的保障。

专栏 8—3

Visa 和 Verifone 的联合

多数人使用信用卡和移动支付解决方案，这凸显了 POS 系统和技术在通过多种渠道接受不同形式支付时的作用和重要性。Visa 和 Verifone 之间新的合作伙伴关系正在改善消费者的全渠道体验，并给予商家更多的选择。两家公司资源整合后能够让世界各地数以百万计的消费者和客商开展更为轻松的交易。Visa 为世界各地 200 多个国家和地区提供安全的电子支付手段，Verifone 的作用是将它的 POS 网关与 Visa 的 CyberSource 全球商户支付管理平台相连接。这将给商家带来跨渠道支付解决方案，以及集中交易报告，简化支付流程，增强市场洞察力和增加客户参与程度。

资料来源：http://www.ctiforum.com/news/world/456234.html.

三、渠道战略联盟的主要形式

渠道战略联盟有多种不同的形式。在我国，常见的有会员制、销售代理制、特许专营、联营公司等。

（一）会员制

会员制渠道联盟，指渠道成员通过协议方式成立一个类似于俱乐部的组织，组织内部成员间有较高的信任度，大家互相协调，互相帮助，共同遵守游戏规则，共同发展。这是渠道联盟的初级形式，对成员的约束力较弱。

为了便于控制，会员制渠道联盟的核心企业可以根据自己的地位和其他渠道成员的接受程度，向会员收取一定的保证金或签订具有较强约束力的保证协议书。实际上，这种保证金或保证协议书就是核心企业要求参与企业进行的行为承诺或书面承诺。这种承诺，会强化渠道联盟中的互信和互依，有利于渠道合作活动的展开。

（二）销售代理制

渠道联盟的销售代理制，一方面要求销售代理商签订销售代理制协议，另一方面要求制造商签订制造承包制协议。因此，这种代理制从制造商角度看是销售代理制，从销售代理商的角度看则是制造承包制，它是一种比会员制更紧密的渠道联盟，不同于一般意义上的销售代理制。

（三）特许专营

特许专营指授权方将自己的运作技术、管理方式、经营诀窍以及教育培训方式等无形资产特许传授给授许方，准许授许方按照双方协议规定从事经营活动的一种联盟方式。具体来说，特许专营涉及授权方（特许方）和授许方两方，授权方是上游产品制造商或服务创始人，授许方是单独的公司，是营销渠道流中的下游提供者。双方签订合同后，授许方以付费的形式获取授权方品牌的营销权，包括使用由授权人建立的经营方式、商标、名称、产品、专有技术、生产技术和营销技巧等，与此同时，授许方还有义务遵循授权方的经营方式，授权方则通过特许权获得收入来源。

（四）联营公司

联营公司是指合作双方为充分发挥各自的优势，通过法律程序而建立的联合经营体。作为一种联系非常紧密的渠道战略联盟方式，联营公司要求各方在利益上有更高的一致性，风险共担、利益共享。其合作形式主要包括合资经营和相互持股两种。

如前所述，建立和发展渠道战略联盟，必须符合渠道伙伴关系的运行机理。同时必须明确，建立战略联盟是要付出成本的，因此不是每一条渠道都应当建立联盟，建立联盟的条件与公司的战略、产业和市场有关。一个合适的战略联盟必须同时具备四个条件：一是一方有特殊的需求；二是另一方有满足这些需求的能力；三是双方都面临退出关系的壁垒；四是双方都能从联盟中获得利益。其中，前两个条件创造了特别的价值增值基础，渠道成员满足特殊需求的能力是双方可以交易的基础，这会将大多数可能的其他伙伴排除在外；第三个条件是确保联盟能够维持较长时间，真正成为战略性联盟；最后一个条件既是渠道联盟建立的前提条件，也体现了公平分配的原则。如果这些条件能够同时满足，渠道战略联盟就有了生命力和真正的价值。

第 3 节　渠道控制

渠道控制是一个渠道成员对另一个渠道成员的行为与决策变量成功施加影响的过程。渠道控制的本质是对渠道成员（组织）的行为进行控制，同时它也是一种跨组织控制、相互控制（或交叉控制）和结果导向的行为过程。

渠道权力是一个渠道成员影响另一个渠道成员决策变量的能力；渠道控制则指一个渠道成员对另一个渠道成员行为和决策变量的实际影响。权力是一种潜在影响力，控制则是权力应用的实际结果。比如，当 A 使用某种方法影响了 B，使 B 采取了 A 所希望的行为，A 就在一定程度上控制着 B；当 A 对整个渠道中的成员都有相当大的影响力的时候，A 就在一定程度上控制着整个渠道。渠道控制与渠道权力及其运用密切相关。渠道权力是渠道影响力，渠道权力的运用是影响力的使用，而渠道控制则是影响力的成功使用。当然，渠道控制也可以通过其他方式达到，如合作、参与、关系与关系的发展等。

一、渠道控制的分类

（一）按照渠道控制的程度分类

1. 绝对控制

绝对控制是指生产商不仅能够选择负责其产品销售的中间商的数量、类型及地理区域分布，而且能够支配这些中间商的销售政策和价格政策。绝对控制往往要求制造商具备雄厚的实力和强势的产品品牌，如日本丰田汽车公司专门把东京市场划分为若干区域，每一区域都有一名业务经理专门负责，业务经理对本区域内的每个中间商的资料都详细掌握，及时根据市场变化及中间商的表现进行政策调整，确保渠道的努力程度，保证企业获得良好的经济效益。绝对控制的优点是可以防止中间商的恶性价格竞争，保证公司渠道政策的顺利实施，有效控制渠道成本，有利于维护产品的统一品牌形象。缺点是容易形成完全集权，不利于形成渠道成员的对等关系。

2. 低度控制

并非所有的制造商都能对渠道进行绝对控制，实力较弱的企业也可以通过对中间商提供具体支持协助来影响渠道成员，这种控制称为低度控制，也称为影响控制。大多数企业的控制都属于这种方式，通常采用的方式有：

（1）向中间商派驻商务代表。较大的制造商一般都会派驻代表到中间商那里进行监督，同时帮助中间商进行产品的销售活动。

（2）与中间商进行多方位的合作。如联手开展广告宣传、促销、公关活动，共同进行产品研发与改进，以及共同进行市场调查、售后服务等。

（3）对中间商进行培训、激励。如向中间商进行有关销售管理、存货控制以及有关产品的专业知识培训，奖励业绩突出的中间商或向中间商提供价格、交易条件上的优惠等。

在这种控制过程中，制造商的议价能力相对较弱，对渠道的掌控能力不强，但是这种方式也会促使渠道成员间的合作更为平等和紧密，有助于信息的双向交流，民主性较强。

（二）按照渠道控制的具体内容分类

1. 利润控制

中间商的利润取决于产品的销量和购销差价，并且与这两项正相关。企业既要保证分配给中间商颇具吸引力的利润空间，又要确保渠道成员间利益的相互平衡，避免个别中间商因收入过多、实力增长过快而掌握渠道的控制权。

2. 目标控制

渠道成员间保持战略目标的一致性是渠道长期稳定发展的前提条件，同时，渠道管理者应在经营管理过程中，协助中间商对其营销目标的执行情况进行评估，及时调整实施策略或营销目标，确保企业目标的顺利完成。

除了以上两点控制内容以外，企业还应随时控制中间商的具体经营活动，从而确保中间商的努力和投入程度，如对中间商进行库存控制、促销方案控制，以及执行情况的监控等。

二、影响渠道控制的因素

影响渠道控制的因素有很多，主要有企业交易资产的投入数量和专有程度、不确定性、企业对于营销渠道控制的欲望和能力，以及渠道成员因素、顾客需求因素等。

1. 交易资产的投入数量和专有程度

由于企业在交易专有资产方面的投入不能毫无成本地转移，所以一个企业在交易资产上的投入越大、专有程度越高，为防止交易伙伴的投机行为会伤害自己，它就越需要使用垂直一体化的方式构建自己的营销渠道，使渠道控制内部化（如对直销渠道的控制实际上就是组织内控制），提高自己对渠道的控制程度；反之，它会较少地控制渠道，将许多渠道功能交由合作伙伴来完成。在后一种情况下，企业对渠道的控制机制和控制程度有很多变化。

2. 渠道控制的欲望与能力

这一因素本身受很多其他因素的影响，如上面提到的企业产品的特点、企业的渠道目标和渠道策略，以及企业实力等。因为控制是有成本的，所以一个企业并不是任何情况下都愿意控制渠道。当渠道控制的成本大于收益时，企业就失去了控制渠道的动力。另外，渠道控制还有能力问题，一个企业不是想控制渠道就能控制得了的。当然，控制能力也不是控制欲望的必要条件，一个企业可能有控制能力，但可能并不想控制。渠道控制的欲望与能力，会以某种方式和在某种程度上影响一个企业渠道控制的结构、方法和水平。比如，渠道控制欲望较强、能力较大的企业，倾向于选择垂直一体化的控制结构，采用较为直接和明确的方式，进行高水平的渠道控制；渠道控制欲望较弱、能力较小的企业，倾向于选择偏向于市场化的控制结构，通过关系与合作来实施较低水平的渠道控制。渠道控制欲望与能力的各种组合，使渠道控制产生很多变化。

3. 不确定性

不确定性指决策环境的预测难度（外部不确定性）和渠道成员绩效的评价难度（内部不确定性）。不确定性对渠道控制的影响不很确定——随着不确定性程度的提高，一方面企业越需要通过垂直一体化的方式加强对营销渠道的控制；另一方面也越需要通过市场化行为来化解不确定性所带来的风险。

4. 渠道成员因素

渠道的功能是通过渠道流程或渠道中不同成员的职能来完成的。而渠道的基本业务流程有实物流、所有权流、促销流、融资流、洽谈流、风险流、支付流和信息流等。这些流程将组成渠道的各类组织机构贯穿起来，形成一条通道。这些渠道的职能和流程，客观上是可以由不同的成员来承担的，而特定的机构往往只从事其中一项或多项流程。由于每个机构的资源条件不同，因而其在完成某些流程时有优势、成本低，而在完成另一些流程时则情况相反。这导致渠道成员机构在运作中，往往都集中精力去执行自己最有优势的职能（流程），而把自己没有优势的职能向效率更高的成员转移，以使自己能获得较高的效益。这种变化虽然客观上能提高渠道的效率和整个渠道的竞争力，但原本由设定成员执行的职能一旦转移到其他机构，由其他机构成员承担后，渠道流程和职能实施情况也必然发生相应变化，企业对渠道的控制力也就可能随之降低。此外，渠道成员个体的经营管理能力方面也客观地存在差异。

5. 顾客需求因素

顾客需求是指顾客愿意接受分销渠道向他们提供什么样的服务。分销渠道的运作一般可提供四项基本服务：一是空间上的便利性，即产品、产品信息、销售点、技术帮助等距离顾客居住地的远近程度；二是批量规模，即允许顾客每次购买的数量单位；三是交货时间，即顾客从订货到收到商品所需的时间；四是品种的多样化，即产品多样化的类型和程度。这四项服务是通过分销渠道执行一定的职能和流程来实现的。分销渠道提供多少服务，则要取决于其所掌握的资源的多寡、企业的能力以及顾客对服务的需求。顾客需要分销渠道所提供的服务越多，参与渠道运作的成员可能越多，企业（生产商）对渠道的控制力就可能越弱。

影响企业分销渠道控制的因素还有技术、文化、自然、社会、政治等方面。如地理环境、市场范围的大小、制造中心的位置、人口密度等，对企业分销渠道的控制力也有重要影响。当产地较为集中而消费人口比较分散、分销渠道较长、有较多中间商时，企业对渠道的控制力就会降低。法律法规也直接或间接地影响企业对渠道的控制力，比如，当政府要通过许可制度来限制某些机构进入某个渠道时，企业的渠道控制力就会因此受到影响。

三、渠道控制的方式

渠道控制能力的大小及有效性的高低显然与控制模式密切相关。由于与渠道控制有效性相关的企业规模、产品类别、市场化程度、管理水平、品牌价值以及经营商素质等千差万别，因此，渠道有效控制的方式也就呈现出多样化。

1. 利用品牌控制渠道客户

在产品进入同质化的时代，竞争十分激烈。区别产品的唯一特征就是品牌，品牌从很多方面来说是最重要的资产。从渠道管理的角度来看，产品品牌通过对消费者的影响完成对整个渠道的影响。作为渠道客户的中间商、终端商等分销商也要树立自己的品牌。但是渠道客户的品牌只能是在渠道中起作用，对消费者的作用较小。渠道客户的品牌往往是附加在所代理主要产品的品牌上的，没有厂家的支持，渠道客户的品牌价值就会大打折扣。对于渠道客户来讲，一个优秀品牌的产品意味着利润、销量、形象，更意味着销售效率的提高。一般而言，畅销的产品所需要渠道客户市场推广的力度比较小，所以渠道客户销售成本比较低，还会带动其他产品的销售。同时因为销售速度比较快，提高渠道客户资金的周转速度，所以企业只要在消费者层面建立了自己的良好品牌形象，就可以对渠道施加影响。通过这个品牌给渠道客户带来销售成本的降低，带来销售效率的提高，进而增加渠道控制的有效性。

2. 利用长期战略和愿景控制渠道客户

每一个企业都必须有自己的战略目标和愿景规划，在行业中确立自己的优势与地位，这是每个企业领导者所必须考虑的事。企业若没有一个长远计划与目标，就难以在竞争中保持优势，最终会影响到企业的发展。一个长期没有战略的企业是没有灵魂的企业，是只会赚钱的企业，没有发展前途。虽然国内的渠道客户素质普遍较低，没有自己的长远规划是很正常的，但是对于生产商来讲一定要有自己的长远规划，因为渠道客户都会考虑自己企业的发展情况，市场机会是有限的，对甲公司产品的经营，很可能意味着放弃乙公司同类产品的营销。基于渠道客户这个考虑，企业一方面要用自己在市场中的地位与实绩来证明自己的优秀；另一方面要不断把自己的长远规划和愿景向渠道客户阐述，也使它们对未来有一定的“憧憬”。一旦渠道客户认可了公司的理念、企业的发展战略，认可了公司的主要领导者，即使暂时的政策不合适，暂时的产品出现问题，渠道客户也不会计较。

3. 利用利益对渠道客户进行控制

每一个渠道客户都要以一定的利益作为保障，尤其是短期的利益，因此作为厂家必须给渠道客户一定的利益空间，要保持合适的“度”。生产商必须要认识到，如果渠道客户不合作，渠道客户会损失合作的利润，也会使生产商的整体利润降低。一般而言，如果企业给渠道客户带来的利润很小，渠道客户与企业终止合作之后，还能盈利，这样的合作关系对渠道客户来讲是无所谓的，也就表明企业没有控制住渠道客户。所以对渠道客户的利润要大于渠道客户的纯利，只有这样，才会让渠道客户在和企业“分手”时感到损失很大，才表明企业能够控制住渠道客户。具体办法有增加产品的品牌优势；增加自己的产品销售量，降低渠道客户其他产品的销量；降低渠道客户其他产品的单位利润，增大自己的返利和折扣，使自己渠道客户的单位利润加大等。

4. 利用厂家服务控制渠道客户

一般而言，渠道客户与企业相比管理能力较弱，渠道客户的人员素质也要比企业差。企业有专业的财务人员、营销人员、管理人员和市场推广人员，渠道客户则可能是亲戚或朋友居多。很多渠道客户在发展到一定阶段后，非常想接受管理、营销、人力资源方面的专业指导，有一些借助大学教授或者专业咨询公司来帮助自己提高管理水平，但往往发现并不能满足自己的要求，没有达到自己的期望，而且收费也比较高。渠道客户的这种动机为企业提供了契机。企业可以通过对渠道客户的培训与咨询来达到管理与控制渠道客户的目的。企业对渠道客户的服务包括帮助渠道客户销售、提高销售效率、降低销售成本、增加销售利润。也就是说销售代表给渠道客户一个解决方案，这个解决方案能解决渠道客户目前的盈利问题，也能解决它们长远的盈利问题。厂家与渠道客户在这种情况下合作都会很愉快，最终达成双方共赢，谋求企业的长远发展。

5. 利用终端控制渠道客户

由于零售业与消费者直接接触，因此消费品行业最常用的一个办法就是直接控制终端，直接控制渠道客户的下家。每个企业的做法可能不一样，但无论哪种做法，控制零售店是最根本的目的，更让零售店首先认同产品、认同品牌、认同厂家，而不是首先认同渠道客户，这样厂家就有把握在渠道客户出现问题的时候，把零售店切换到新的渠道而不影响销量。具体办法包括培训终端员工、举行促销活动、建立零售店的会员体系、建立零售店甚至大型最终购买者的基本档案、制作零售店网点分布图以及建立零售店、主要零售店员、竞争对手、渠道客户以及厂家基本情况档案，这些档案需要经常更新，以保证基本资料的准确性和完整性。企业只有建立强大的基础市场数据库，才能在这个数据库的基础上，开展针对终端的拜访和举行直达终端的各项活动，增强与渠道客户的谈判能力，更有效地控制渠道。

专栏 8—4

百丽上游并购意在控制渠道终端

到 2015 年，百丽集团自主经营 10 个著名鞋类品牌：百丽、天美意、他她、思加图、真美诗、美丽宝、Millie's、森达、百思图及 JipiJapa，代理经营 8 个著名品牌：Bata，BCBG，Elle，Clarks，Geox，Mephisto，Merrell 及 Caterpillar。也就是说，在一般一线城市中的百货店中鞋类有 1/3 是百丽集团的产品。从 2007 年 8 月开始，百丽集团先后斥资 3.8 亿元收购 Fila 集团，6 亿元收购妙丽集团，并再次斥资 22 亿元吞并内地著名鞋业品牌江苏森达。百丽一年中已完成三起业内并购。

第 4 节　渠道的生命周期管理

渠道的生命周期越长，渠道成员的关系越稳定。一个长期导向的渠道关系将使渠道双方获得持续的竞争优势和较大的长期利益，而渠道生命周期的短期化则意味着交易费用上升和渠道效率降低。许多成功的企业，如宝洁与沃尔玛，都在努力构建一个以关系规范为核心的稳定的渠道关系。

如表 8—1 所示，渠道生命周期表现为渠道关系构建、渠道关系维持与发展、渠道关系终止三个阶段。其中，在构建渠道关系时，共同的合作意愿与未来的利益预期以及价值理念的认同是基本要素；在维持与发展渠道关系时，以沟通和协商为基础，通过专用资产、契约合同构建起以信任与承诺为核心的关系规范是关键；而在渠道关系的终止过程中，最根本的原因则是失去了共同的利益。

表8—1　　渠道关系的生命周期

阶段	描述	关键特征
渠道关系的构建期	建立完整的、系统的、标准化的甄选标准，寻找可能的合作伙伴；以建立长期的交易关系为出发点，确定具有相同的价值认知和关系利益预期的合作伙伴，开始进行尝试性合作；强化共同的合作意愿并进行积极的相互沟通，互依性逐步提高	共同的合作意愿与长期利益的预期以及价值理念的认同是构建渠道关系的基本要素
渠道关系的维持与发展期	向渠道中间商提供能为广大用户所接受的产品和服务；在合作中加强并密切沟通关系；给渠道中间商以合理的利润空间并采取有效的激励措施；双方进行专用资产投资，构建渠道双方信任与承诺的形成机制；在以法律机制治理渠道关系的同时，引入伦理治理机制	以沟通、协商为平台，以专用资产、契约合同为机制，谋求一个稳定的、长期导向的相互对称的关系型营销渠道
渠道关系的终止期	环境或双方的变化失去了合作的基础；难以化解的冲突，使双方交恶，引发解体；一方撤回投资，激起另一方的报复；维系双方关系的关键人物离去	在渠道关系的终止过程中，最关键的是失去了共同的利益基础

本章小结

1. 如何在企业产品销售过程中的渠道节点有效把握市场机会、妥善处理渠道冲突、解决渠道问题，都是企业需要考虑的重要战略细节。面对可能出现的各种问题，企业决策者要从企业整体战略角度，权衡渠道战略与其他营销要素之间的关系，实现企业短期营运目标，最终达到品牌知名、市场占有率提高、客户忠诚度提升的长久战略规划。

2. 渠道控制是一个渠道成员对另一个渠道成员的行为与决策变量成功施加影响的过程。渠道控制的本质是对渠道成员（组织）的行为进行控制，同时它也是一种跨组织控制、相互控制（或交叉控制）和结果导向的行为过程。

3. 一个长期导向的渠道关系将使渠道双方获得持续的竞争优势和较大的长期利益，而渠道生命周期的短期化则意味着交易费用上升和渠道效率降低。许多成功的企业，如宝洁与沃尔玛，都在努力构建一个以关系规范为核心的稳定的渠道关系。

思考题

1. 如何解决渠道冲突?
2. 如何促进渠道成员间的合作?
3. 渠道控制的方法主要有哪些?
4. 如何认识渠道的生命周期管理?

案　例

O2O：家居卖场缘何敢斗天猫?

“以红星美凯龙、居然之家为代表的家居卖场将对2013年天猫“双十一”家居建材类销量排名前十的品牌进行清场。”日前，这则关于家居卖场与线下厂商关系破裂的消息在网上传出。联想起刚过去不久的“双十一”，天猫家装试图通过优惠券、POS支付、实现线上线下闭环等方式吸引顾客，遭到居然之家等家居卖场的抵制。其中，居然之家发布通知：“不许同与居然无关的电商合作，不许展示其标识，禁止在场内开展线下体验活动。不许使用电商的移动POS机，一旦发现，不但没收，还处以交易金额10倍的罚款；发现两次的，直接清场。”中国家居协会也来凑热闹，它发布《关于规范电子商务工作的意见》，明确规定“不能变相让卖场成为电商的线下体验场所”，“未经卖场允许，不许利用卖场的商标、商号进行宣传”。居然之家、红星美凯龙，乃至行业协会，缘何敢挑战在“双十一”如日中天的天猫？

1. 表层原因：天猫线下延伸导致营业收入分流

居然之家等家居卖场，目前其利润主要源自场地租金和销售扣点。场地租金是家居品牌生产商和品牌商进入家居卖场的前提，该笔收入是一些家居商业地产运营商的主要利润源。对于那些侧重店铺运营的家居卖场，它们更看重销售扣点，即卖场的营业抽成，这包括合同中规定的基础扣点和以销售额为基础的抽成。家居品牌生产商和品牌商销售额越高，返给卖场的抽成越多。

前一种模式，侧重向家居生产商和品牌商提供场地和顾客体验价值，后一种模式侧重提供较高的顾客体验价值，居然之家等家居卖场正属于此类。但后一种模式存在运营漏洞，即家居品牌生产商和品牌商拿到订单后未交由卖场而是通过较低的零售价格吸引顾客通过其他渠道支付，避开了卖场，产生了业内人士所说的“飞单”。

天猫推出的支付宝POS机为家居生产商和品牌商的“飞单”提供了便利渠道，客户完成线下体验后利用支付宝POS机直接完成支付，不经由居然之家等家居卖场的统一收银。天猫将本属于卖场的资金引流至自己的账上，将卖场变成了自家的线下品牌体验店。

2. 中小生产商和品牌商渠道选择考量

家居生产商和品牌商的最终经营目标无非是利润最大化，即提高销售收入，降低营收成本。在成本方面，入住家居卖场，生产商和品牌商的成本主要包括租金、扣点和人工等。进驻天猫商城保证金10万元，平台使用费6万元，销售扣点5%；北京四环的居然之家平均租金为15元/平方米/天，销售扣点在1%～2%左右。在天猫上“开店”，品牌商只需有10个左右的线上客服人员与顾客进行沟通；在居然之家“开店”，品牌商需派出相应服务人员至各个门店。在这些方面，入住天猫要比居然之家有优势。

品牌商要考虑各个渠道带来营业收入。影响收入的主要因素包括消费者体验、物流、品牌效应等。简单地说，消费者难以只凭借图片和文字描述在天猫商城上完成购物活动。建材家居业侧重消费者的高接触和高体验，这显然是天猫无法满足的。天猫在物流和安装方面存在劣势。从天猫“双十一”的销售情况也可看出，其销售的产品以服装鞋包、家纺、化妆品等对物流要求较低的产品为主。建材家居业对物流的要求远高于这些日常用品，一是产品属于大件重件，容易残缺或者损坏，对物流运输条件要求较高；二是物流成本由很多要素构成，涉及制造、运输、储存、保管、加工、包装、装卸、配送、安装等环节，需要各方的协调和合作。对于主要依靠第三方物流的天猫和强调安装的家居业，全国性物流和安装以至较大一些的区域性配送和安装均难以展开。

居然之家等家居卖场虽然入驻成本较高，但其门店多，销售规模优势和品牌优势明显。居然之家在全国已有70多家门店，并预计在未来两三年，以每年20～25家的规模扩张。每一家门店均涵盖了家装、建材、家具、家饰四大品类，300多个知名家具建材品牌，5万余种商品，真正让顾客享受到“一站式购齐”。其规模优势能带动入店的生产商和品牌商的销售范围从城市走向区域，从区域走向全国。同时，居然之家作为一个年销售额近百亿元的家居建材连锁零售巨头，在全国有上百个家具建材战略联盟品牌，“装房子，买家具，我只来居然之家”的广告语早已深入人心，其品牌效应高于天猫。

3. 家居卖场缘何敢抗天猫?

居然之家等家居卖场之所以能号令中小生产商和品牌商，正是源于其对中小生产商和品牌商的巨大诱惑力。特别是在一二线城市，卖场作为主流渠道，其地位尤为重要。伴随着行业的产能过剩，大部分中小生产商和品牌商无法自行消解因大环境变化、管理成本变化带来的生存压力。这种由诱惑力演变而成的控制力只会增强，不会减弱。居然之家等家居卖场之所以敢对抗天猫，正是基于此，也基于在家居销售这个细分市场，天猫和大型家居卖场实力的巨大差距。

问题:

1. 是否存在天猫和居然之家等企业合作的可能性?
2. 你对未来二者之间的关系是如何预期的?

第9章 管理渠道物流

学习目标

- 掌握物流的定义及基本功能
- 掌握物流决策的核心——寻求整体效果最优
- 了解主要的物流决策
- 了解配运管理的核心内容

四通一达是申通快递、圆通速递、中通速递、百世汇通、韵达快递五家民营快递公司的合称。2012年时，这五家公司总的从业人员是21.6万人，年销售额近300亿元，占据中国快递市场总收入的半壁江山。这五家公司均由浙江省杭州市桐庐县人创立，创始人都来自该县钟山乡几个相邻的村庄，这五家公司的工作人员中桐庐人均占多数。现今，天猫的大部分快递业务都在这五家快递公司手上。但现在，由于多年来重量不重质的松散管理和超速扩张，这些民营快递企业的服务也多为消费者诟病，快递行业的投诉率也常常位居消费者协会统计的前列。由于总部的盈利主要依靠加盟商的运单的增长，这其实也助长了其对加盟商低价策略的支持。而这种低价策略带来的低利润率，又导致扩大基础设施乏力，从而形成恶性循环。

资料来源：《民营快递桐庐帮："四通一达"》，创业家，http://money.163.com/11/2011/10/7G32BLT600253B0H.html。

1997年东南亚金融危机之后，有关专家通过分析和总结东南亚各国的情况发现，以物流产业为重要支柱产业的新加坡有较强的抵御经济危机的能力。例如，1998年，受金融风暴影响较大的地区的经济增长率，马来西亚为－6.8%，泰国为－8.0%，东盟为

－9.4%，与之相比较，新加坡的情况较好，实现了1.5%的增长。虽然经济增长与物流发展之间的相关性有待证实，但这无疑使人们对物流及物流产业产生了极大的关注。“1个百分点等于178亿元”，这是现代物流领域蕴涵巨大经济潜能的生动写照。

2014年社会物流总费用10.6万亿元，同比增长6.9%。社会物流总费用与GDP的比率为16.6%，比上年下降0.3个百分点。其中，运输费用5.6万亿元，同比增长6.6%，占社会物流总费用的比重为52.9%；保管费用3.7万亿元，同比增长7.0%，占社会物流总费用的比重为34.9%；管理费用1.3万亿元，同比增长7.9%，占社会物流总费用的比重为12.2%。

第1节　什么是物流

企业无论使用哪种类型的分销渠道，都必须负责向中间商或最终消费者供应实体产品，即完成商品的实体分配。实体分配也就是通常所说的“物流”，是指商品从供应方到需求方的物理空间移动，包括存货、运输等环节。通过物流活动，企业为顾客提供了时间和空间效用。

现代物流管理在企业营销管理中占据着越来越重要的地位，一方面，因为现代企业的规模越来越大，其产品市场扩展至全国乃至全世界，大大增加了物流管理的难度和成本；另一方面，随着企业间竞争的激化，顾客对企业提供的服务要求越来越苛刻，而物流提供的送货服务正是其中一个非常重要的环节。换言之，顾客现在不仅对商品品种、质量、数量、价格有很高的要求，而且对送货时间、送货地点也有精确的要求。

一、物流的含义

“物流”（physical distribution）一词最早出现在美国。目前，国内对物流最基本的定义是：物流是指物质实体从供应者向需要者的物理转移，它由一系列创造时间和空间效用的经济活动组成，包括运输（配送）、保管、装卸、包装、流通加工及物流信息处理等多项基本活动，是这些活动的统一。

物流概念中的“物”，广义地讲，指的是一切有经济意义的物质实体，即指商品生产、流通、消费的物质对象。既包括有形的物，又包括无形的物；既包括生产过程中的物质，如原材料、零部件、半成品及成品，又包括流通过程中的商品，还包括消费过程中的废弃物品，所以也有的称之为“后勤管理”。但在实际工作中，总是根据具体的物流范围来确定和理解物的含义，这也是狭义的“物”的概念。在企业营销活动中，“物流”通常仅指产成品的实体流动。物流概念中的“流”，指的是物质实体的定向移动，既包括其空间位移，又包括其时间延续。

物流包括许多具体活动，人们进行物流活动的方式多种多样，不管用什么样的方式进行什么样的具体物流活动，都需要具备以下三个最基本的要素，即流体、载体和流向。

（一）流体

流体指物流中的物。因为物流的目的是实现物从供应者向需求者的流动，因此，总有一部分物要不断地存在于过程中，这也是流的前提，是流的一种形式。当然，所有的物终究都要经过运输等形式实现空间上的移动。因此，总的来说，物是处于不断流动的状态的。

（二）载体

载体指流体借以流动的设施和设备。载体分为两类：一类是基础设施，如公路、铁路、水路、港口、车站、机场等；另一类是直接承载并运送流体的设备，如车辆、船舶、飞机、装卸搬运设备等。物流载体的状况，尤其是物流基础设施的状况直接决定物流的质量、效率和效益。

（三）流向

流向指物体从起点到终点的流动方向。物流的流向有两种：一是自然流向，指根据产销关系所决定的商品的流向，这表明一种客观需要，即商品要从生产者流向消费者；二是市场流向，指由市场供求规律决定的商品流向。二者有时是统一的，有时并不完全一致。

物流的流体、载体和流向三要素之间有极强的内在联系，如流体的自然属性决定了载体的类型和规模，流体的社会属性决定了流向，载体对流向有制约作用，载体的状况对流体的自然属性和社会属性均会产生影响。因此，进行物流活动要注意处理好三要素之间的关系，否则就会使物流成本提高、服务质量降低、效益低下、效率下降。

二、为什么要管理物流

长期以来，人们都习惯把创造利润的焦点放在生产领域，因此产生了“第一利润源泉”和“第二利润源泉”之说。

第一利润源泉：节约物质资源。物质资源的消耗是实实在在的，也是最容易被发觉并予以关注的。道理很简单，同样的产品，在原有的生产条件下，需要100元的物质消耗才能生产出来，如果有人用90元就生产出来了，自然可以获得更多的利润。

第二利润源泉：降低劳动消耗。在减少了物质消耗之后，从生产进一步挖掘利润的最有效的方式便是提高劳动生产率，减少劳动耗费。凝结在商品中的无差别的人类劳动构成了商品的价值，商品生产的劳动耗费是以社会必要劳动时间来衡量的。在现有的社会生产水平和相同的劳动强度和条件的前提下，当其他生产者以平均10小时生产一件商品时，如果有人以平均5小时生产同样一件商品，那么他就能获得在扣除成本之后2倍于其他生产者的利润。

第三利润源泉便是物流。随着生产领域利润源泉的日益枯竭，人们开始向流通领域寻找新的利润增长点。商流，或简单地称之为销售过程，除了按照利润分配规律获得销售利润之外，一般不会创造新的价值。对于生产者来说，更不会将对利润的追求转向这一领域。然而，正是在这一领域内深埋着一个“利润源泉”——物流，越来越多的人开始认识到这一点，以至于经济理论界将物流合理化称为“企业脚下的金矿”、“第三利润源泉”，物流也因此成为当前最重要的竞争领域。在未来的市场竞争中，通过提高物流效率和物流管理水平创造的优势将起到举足轻重的作用。

三、物流的功能

物流的功能可以分为主要功能和辅助功能。如果将物流系统比作一座大桥，那么，构成其筋与梁的就是储存、运输与配送这三个功能。

（一）储存

在社会生产与消费大量分离的时代，总会存在生产与消费或供给与需求的时间差，或在等待转运中的，或现时用不上、用不了，要留待以后用的东西。如何在这期间妥善地保持物质实体的有用性，是物流中储存功能所要解决的问题。

储存功能是物流体系中唯一的静态环节，相当于物流体系的一个节点。在这里，物质实体在化解其供求之间时间矛盾的同时，也创造了新的时间上的效用（如时令上的差异等）。因此，储存功能相对于整个物流体系来说，既有缓冲与调节的作用，也有价值创造与增效的作用。

（二）运输

正如人们所说，运输是国民经济的命脉。任何跨越空间的物质实体的流动都可以称之为运输。在物流体系的所有动态功能中，运输功能是核心。

运输功能所实现的是物质实体由供应地点向需求地点的移动。通俗一点说，运输功能的发挥解决了需要的东西不在身边这一问题，可创造地点效用。从社会经济的角度来讲，运输功能的发挥缩短了物质交流的距离，扩大了社会经济活动的范围，实现了在此范围内价值的平均化、合理化。

（三）配送

配送是物流体系中由运输派生出来的功能。配送是短距离、多点的频繁送货，特别强调品种组合和时效性。

在由储存、运输和配送构建的物流体系主体框架中，还存在着诸多辅助性的功能，它们也是物流中不可或缺的部分。

（1）包装。人们通常以为，包装是指产品或商品或任何物质实体的“衣服”，只是对其中的物质实体起着美化作用。其实，物流体系中的包装功能是生产过程向流通或消费领域的延伸。包装发挥的首先是对物质实体的保护作用，其次才是美化商品、便利消费的促销作用。

（2）装卸搬运。如果说储存功能是静态的，运输与配送功能是平面的，那么，装卸搬运功能则是立体的、动态的。装卸搬运功能的实施过程中，既有统一地域（一般是库、场区）内的前后、左右的搬与运，也有上上下下的装与卸。

（3）流通加工。流通加工实际上是发生在流通领域的生产过程，主要作用是直接为流通，特别是为销售服务。加工方式也是多种多样的，如零部件的组合、形体上的分割或附加各种标识，后者有些只是为了方便物流环节的作业。

（4）信息处理。伴随物流活动的各个环节，必然会产生大量的信息需要及时地收集和处理，这一点对提高物流的效率和服务质量至关重要。

第2节　渠道物流决策的核心——整体效果最优

物流管理过程是一个寻求整体效果最优的系统工程。

一、物流活动的产出——服务

物流的功能和其在商品流通中的地位决定了物流的基本任务之一是为商品购销活动服务。因此，物流的基本产出即为物流服务，理想的物流服务要求达到适当的质量、适当的数量、适当的时间、适当的地点、好的印象和适当的价格。

二、物流活动的投入——成本

在物流过程中，为了提供有关的服务，开展各项业务活动，必然要占用和耗费一定的活劳动和物化劳动，这些活劳动和物化劳动的货币表现即为物流成本，也称为物流费用。物流成本包括物流各项活动的成本，如商品包装、运输、储存、装卸搬运、流通加工、配送、信息处理等方面的成本与费用，这些成本与费用之和构成了物流的总成本。

三、寻找产出与投入的平衡点

降低物流成本和提高服务水平是物流管理所肩负的两大使命，正确处理和协调两者之间的关系是物流管理的核心。在制定各项物流决策时，企业通常考虑的重点是如何降低成本，因为随着产品数量的增长和市场地理范围的扩大，物流成本呈加速上扬的趋势。在市场营销领域内，物流成本降低的可能性比其他市场营销环节大得多，以致有人将物流领域称为获取利润的最后一块“黑大陆”，即该领域可以节约大笔费用。如果物流决策不协调，势必提高成本。

然而，降低成本不是目的，促进销售才是目的。许多用户在选择供应商时，很重要的一项标准就是供应商能否提供完善的服务。例如，能按时供货、交货速度快，并提供紧急发货等。这些服务有时看上去是增加了企业运营成本，但由于企业服务周到，能吸引到更多的用户，实际上促进了销售的扩大。

由于物流决策包括成本和利润两个指标，所以对备选方案的评价应以能够获得多少利润为基础。如某企业试图开展快速送货业务，必将增加费用，但同时扩大了销售量，那么，只要增加的销售扣除成本后仍有利可图，就是值得一试的决策了。所以，企业应对不同的物流备选方案进行权衡，采用利润最高的方案。

四、物流管理的最高目标——增进销售

最后，物流不仅是个成本问题，而且是竞争性营销的有力工具。企业通过改进物流系

统，提供更好的服务或降低成本，可以吸引更多的顾客，获取竞争优势，甚至形成公司的核心竞争力；反之，企业提供的物流服务差，则可能失去顾客。所以，在物流决策中，不能只是囿于投入产出的平衡，更要从获取竞争优势、增进整体销售考虑。

设计一个企业的物流系统，首先要研究顾客需要什么和竞争者提供了什么。不同顾客对不同服务要求的程度不一。例如，对复印设备购买者来说，维修服务时间特别重要。公司在确定自己的服务标准时，需参照竞争者的做法，一般要求提供至少与竞争者水平相当的服务，但目标应该是利润最大化，而不是销售额最大化。公司必须同时考虑在提供较高水平的服务时所产生的费用：有些公司提供的服务很少，相应的产品售价也很低；有些公司提供的服务比竞争者多，但价格也定得很高，以便抵补它们的成本。其次，公司还须制定物流各环节的目标费用，以指导各环节的决策。在制定了一系列物流目标后，公司就可以着手设计一个物流系统，并以最小的成本达到这些目标，从而得到企业的最佳物流策略组合。

专栏 9—1

网店的物流流程

快递对于淘宝卖家非常重要。卖家天天都在和快递打交道，快递是联系卖家和买家的纽带，它们直接关系到店铺动态评分、评价、客户体验等。卖家与快递的爱恨情仇说不清、道不明，如何选择合适的快递，如何与快递谈判，成为卖家的一项重要课题。卖家应主动出击找快递。例如，第一次发货，新手卖家量小，手中无筹码，事先做功课，加上诚意和技巧就能找到合适的快递。快递行业鱼龙混杂，并不是价格便宜的快递就适合卖家，每家快递都有名自不同的特点，卖家需要选择对自己来说性价比最高的快递。网店的物流流程如图 9—1 所示。

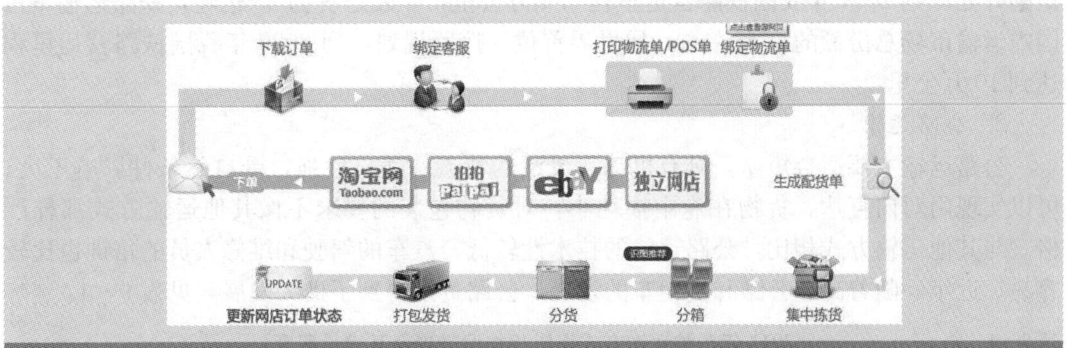

图 9—1　网店物流流程

第 3 节　物流管理的主要决策

每一个可能的物流分配系统都包含了下式所表示的总费用：

$$C=T+FW+VW+S$$

式中：C——物流的总成本；

T——物流中的运输成本；

FW——物流中的固定仓储成本；

VW——物流中的变动仓储成本（主要是存货成本）；

S——由于缺货导致交货延误而失去订单或影响商誉引起的成本。

从这一总成本公式中，可以看出物流决策主要解决两方面的问题，即运输决策和库存管理与控制。下面我们将就物流系统设计中的这两个主要决策做详细说明。

一、运输决策

市场营销人员需要对公司的运输决策加以关注，因为运输方式、运输路线的选择，都将影响物流成本从而影响商品定价，而且能否准时送货以及商品抵达时的损耗情况等，又将影响顾客的满意度。

（一）运输方式选择

在将商品运往仓库、中间商和顾客的过程中，公司可从下列五种运输方式中进行选择，即铁路、公路、水路、航空和管道运输。

1. 铁路运输

铁路的运量大，连续性强，不受气候和季节的影响；铁路在我国可以延伸到大部分地区；运输成本较低，适合运距长、批量大、单位价值较低的笨重货物，如煤炭、矿石、砂、农产品和木材等。但铁路运输商品的费用率很复杂，满载起运的收费最低，零担起运的收费较高。因此，企业需尽力将送达同一目的地的商品集中运输，以获得满载起运收费低的好处。到 2004 年我国铁路营运里程 7.4 万公里，年发送货物 25 亿吨，铁路运输量占国内运输市场总份额的 55%左右，居世界首位。按照规划，到 2020 年我国铁路营运里程达到 10 万公里。

2. 公路运输

公路运输主要适合短途，具有机动、灵活的特点；适应性强，受自然条件影响不大；可以实现门对门直达，货物在途中损耗小，对货物包装的要求不像其他运输方式那样严格。与其他运输方式相比，公路运输的技术性较低，汽车的驾驶和维修人员的培训也比较容易。近年，随着高速公路和货柜车的发展，公路货运得到了极大发展，见表 9—1。

表 9—1　　2013 年各种运输方式完成货物运输量及其增长速度

指标	单位	绝对数	比上年增长（%）
货物运输总量	亿吨	450.6	9.9
铁路	亿吨	39.7	1.6
公路	亿吨	355.0	11.3
水运	亿吨	49.3	7.5
航空	万吨	557.6	2.3
管道	亿吨	6.6	6.3

续前表

指标	单位	绝对数	比上年增长（%）
货物运输周转量	亿吨公里	186 478.4	7.3
铁路	亿吨公里	29 173.9	0.0
公路	亿吨公里	67 114.5	12.7
水运	亿吨公里	86 520.6	5.9
航空	亿吨公里	168.6	2.9
管道	亿吨公里	3 500.9	9.0

资料来源：国家统计局：《2013年全国GDP 56.8万亿元》，http://news.china.com/finance/11009723/20140224/18357206.html。

3. 水路运输

水路运输包括内河运输和海运，它是以天然河流及广阔的海域为水道的一种运输方式，其突出特点是载运量大。现代船舶的载重量随技术的进步不断扩大，特别是海运，10万吨级以上的货轮已十分普遍。但水路运输因受到自然条件的限制，如河流的宽度、长度、通航季节、自然流向、是否靠海等，而不能人为地选择或任意改变。

4. 航空运输

航空运输的优点是飞行速度快，不受地形限制，能够深入到其他运输方式难以抵达的地区，但成本高、运能小、运费高，故一般只适宜运输高附加值的产品、生鲜易腐品（如鲜花等）或精密产品（如技术仪器等）。由于航空运输迅捷可靠，能降低公司存货水平，有利于为顾客提供快速供货，从而提高竞争力。航空运输近年来发展很快，而且从长远看，航空运费也呈下降趋势。

5. 管道运输

管道运输主要适用于液体货物和气体货物，如石油、天然气、煤粉及煤气等。它的优点是基建投资及运输成本较低。输油管道可以埋在冻土层以下，不受气候限制，不占用空间，对环境和生态也没有影响，而且途中损耗量较小。管道运输的不足之处是运输量的变化范围小，输送品种单一。此外，还需要在水、电都具备的情况下才能运输。

物流决策人员在为某一特定产品选择运输方式时，需要综合考虑运输速度、频次、安全、容量、有效性和费用等，并根据公司经营的侧重综合考虑。如果货主追求快速运输，那么空运和公路就成为主要的选择；如果目标是成本最低，那么水路和铁路就成为主要的选择。

现代运输中，越来越多地将两种或两种以上的运输方式结合起来使用，这主要归功于集装箱的出现。集装箱运输将商品装于箱内，方便了两种运输方式转换时货物的搬运，便于做到门对门的运送。

在选择运输方式时，货主还可以在私人运输、契约运输和公共运输中做出决策。如果货主自己拥有卡车和飞机，就是私人运输；契约运输是一种提供运输服务的组织，按照契约向其他组织提供服务，如UPS等大型公司专门承担这类运输服务；公共运输是按时刻表在预先规定的地点之间提供服务，对所有货主都按标准的价格收费，如海运中的班轮。

专栏 9—2

UPS 亚洲提速

2015 年，UPS 全球特快货运（UPS Worldwide Express Freight™）宣布其服务的覆盖区域在全球范围内新增了 12 个始发地和 9 个目的地国家和地区，该服务专为需要紧急运输、有高时效要求且高价值的国际重货推出。至此，UPS 全球特快货运的服务范围已覆盖全球 50 个始发地和 51 个目的地国家及地区，该服务是企业在新品发布、库存短缺或设备故障更换零部件时首选的货运服务。在工业制造、汽车、高科技、零售和医疗保健领域，重量超过 70 千克的托盘货件十分常见。现在，凭借比其他快递物流服务商更多的货运航线，以及多段业内最快的中转速度，UPS 能够为这些重货客户提供具有保证的、指定日期到达的门到门递送，其中包含清关服务。UPS 提供的从亚太地区始发的递送服务包括隔天送达亚洲城市，以及最快三天送达欧洲及美洲地区等。

资料来源：UPS 新闻，http://www.ups.com/content/cn/zh/about/news/press_releases/20150107_apac_wwef.html。

制定运输决策还要考虑到各种运输方式和其他交易因素之间复杂的交易关系，例如仓储和存货。

（二）运输路线选择

决定运输路线与选择运输方式是同时进行的两项运输决策。选择运输路线的一般原则是：货物运达用户的时间最短；尽可能缩短运输总里程，避免迂回或相向运输；选定的运输路线应首先确保较大的用户得到较好的服务。

选择合理的运输路线对产品流通范围广、用户分散的企业尤其重要。此外，在区域内短途、多用户的频繁配送业务亦是重要决策，我们将在下一节专门讨论。对运输路线的选择用运筹学等数学方法很容易计算出最佳方案。但数学方法不是绝对的，并不排除企业自身与顾客的协调，以寻求更为合理的方案。一般来说，企业可在前述原则的基础上采取以下各项措施：

（1）有计划的定时定路线运输或送货。运用线性规划等技术可计算出最佳巡回路线。对接受这一方案的用户可给予优惠。

（2）在消费地设置自有的送货中心，或委托该地专业储运公司、大型批发企业代办运输业务，厂商将货物直接运给它们，再由它们配送给分散的用户。

（3）中小企业组织起来建立运输联合体，集中运输职能，集中小额订单，争取合并装载，沿途分头卸货。

（4）调整企业的营销渠道，重新划分销售区域，改变仓库地址，以求运输路线合理化。

（5）区分不同地点、不同运输方式、不同订货批量，制定差别收费标准，利用物流成本意识，引导本企业的营销部门和顾客的销售和采购，实现最佳运输组合。

二、库存管理与控制

各企业在经营中，一般不可能将产品全部从生产车间直接运给客户，而是需要在商品待售期间将其储存起来。储存功能的产生，在于生产和消费所需的时间周期很少一致，这一点在农产品的生产和消费过程中表现得尤为明显。大部分农产品的生产都是季节性的，而对农产品的需求在一年中却是持续不断的。储存功能帮助企业克服了商品在生产和消费预期数量上和时间上的差异。库存管理和控制包含两方面的内容。

（一）库存决策

库存决策包括决定仓库的地点、数量、类型（即是自建、购买还是租赁仓库)、设备条件以及费用的协调处理等。

仓库的地点选择是一个很难处理的决策问题，因为有许多变动因素影响库址的选择，而选择的标准只有一个，即是否有利于增加企业的利润。因此，企业必须考虑向顾客发货的运费和顾客所要求的服务等。

运输费用由全部运输量乘以运输里程和单位运价确定。运量越大，路线越长，单位运价越高，运输费用越高。

顾客对服务的要求中最关键的因素是从发货人接到订单后，到订货人收到商品的时间期限，而这个时间的长短主要取决于运输方式和运输距离。例如，顾客要求两日内收到货物，而卡车每日运行400公里，那么，商品的运输里程就必须在800公里以内，才能按指定时间把货运到。换言之，仓库的选址与顾客所在地的距离应在800公里以内。

存货控制是物流管理的另一要点。企业营销部门目前正极力争取获得对存货控制的决策权，它们对提高顾客服务和满意度水平负有责任。把存货决策看做一种创造需求过程的工具，因为顾客在选择供应商时所考虑的主要因素之一就是供应商是否备有充足的存货，使其订单能很快得到妥善的处理。因此，企业的市场营销人员总是希望能答应顾客立即处理订单的要求，并以最快的速度完成送货。

但维持大量存货对公司来说在经济上是不合算的。当对顾客订单的回应水平趋近100%时，存货成本将以加速度增加。管理者应该了解，因此而增加的销售量和利润是否足以抵过较高存货所伴随的成本，并应在考虑成本与服务两因素间平衡的基础上做出存货决策。

（二）存货控制决策

存货控制的两个最基本的决策是何时进货和进多少货，即订购点和订购量的决策。

存货量总是在当期内随着对存货的提取而降低，因此，管理者需要决定当库存下降到什么水平时就必须发出新的订单，以避免完全缺货，这个库存水平就称为订货（或重新订货）点。所谓订购点为20，是指当库存的商品下降到20个单位时就必须发出订单，以保持应有的存货水平。

订购点取决于订购前置时间、使用率、服务水平以及其他因素。所谓订购前置时间，就是自订购单发出到接到货物所需要的平均时间；使用率，则是指在某一段时间内顾客的平均购买量；服务水平，是指企业希望依靠存货完成顾客订单的百分比。显然，要求的订购前置时间越长，使用率和顾客服务水平越高，订货点相应也高；反之则低。假定顾客使用率（服务水平）或订购前置时间中任何一项或两项同时变化不定的话，则企业需要有较高的订购点，以避免缺货。也就是说顾客使用率和订购前置时间变动越大，订购点应越高，只有这样，才能达到一定的服务水平。一般把高于订购点的存货叫安全存货，而企业安全存货的大小取决于顾客服务与成本两项因素。

由此可见，订购点决策是寻找一个最低的存货水平（在保持一定顾客服务水平的前提下），当达到这一水平时，就必须发出新订单。在使用率高、订购前置时间长以及订购前置时间变动的条件下，要求的服务水平越高，则所需的订购点也越高。换言之，订购点取决于在缺货的风险和存货多导致的成本之间的平衡。

为对缺货的风险进行具体的衡量，在本节开头的公式中引进了缺货成本。缺货成本指由于存货供应中断而造成的损失，包括产品库存缺货造成的拖欠发货损失和丧失销售机会的损失，以及需要主观估计的商誉损失等。

订货量决策即进多少货。显然，每次订购量越大，购买频率就越低（即购买次数越少）。每次订购要支付订购费和送货费，但存货量大会增加保管费和商品资金占压。因此，公司需在订货成本和存货成本之间权衡取舍。下面是三种基本的存货控制方法：

1. 定期订货方法

其计算公式为：

$$\text{订货数量}=\text{每日平均需要量}\times\left(\text{订货前置时间}+\text{间隔天数}\right)+\text{安全储存量}-\text{订货日实际库存}-\text{订货余额}$$

式中，间隔天数为本次订货与上次订货间隔的时间；订货余额为前次订货至此次订货前仍未到货的部分。

2. 定量订货方法

与定期订货方法相反，这种方法需要事先确定一个订货数量（订货量），当存货数量降至订货数量时，立即组织订货，而订货时间则不固定。其计算公式为：

$$\text{订货量}=\text{每日平均需要量}\times\text{订货前置时间}+\text{安全库存}$$

3. 经济批量订购方法

即寻找一个最佳订货量，使企业在与之相应的订购时间按此量订购时，能达到订货与存货的总成本最低。有了经济订货数量后，企业可以很容易地找出最适宜的进货时间。经济批量订购也可用数学方法求得，其计算公式为：

$$Q'=\sqrt{2DS/(IC)}$$

式中：Q'——经济批量；

D——每年需要量（按单位计算）；

S——每次订购处理成本；

I——每年的存货维持成本占订购总成本的百分比；

C——订购总成本（按金额计算）。

考虑到需求、数量折扣、可变订货成本和存货占用成本等方面的变化，必须经常修订经济订货批量公式。

下面是有关几项成本的基本概念。

（1）经销商的订货成本。订货成本也就是订货处理成本，对于经销商和制造商来讲是不同的。经销商的订货成本是指每次从发出订单到收货、验货所发生的成本，如物品费用（邮票、订单表格、信封等项支出）及差旅费、办公费、电报电话费等支出。订货成本中有一部分与订货次数无关，如常设采购机构的基本开支等，称为订货的固定成本，另一部分与订货次数有关，如差旅费、邮资等，称为订货的变动成本。不同企业对订货处理成本估计数值之间的差异来自实际经营成本与所采用会计方法的不同。

（2）制造商的订货成本。包括该产品的设备装置成本和营运成本。如果设备装置成本比较低，制造商就可以经常性地根据订单生产该产品，其单位生产成本会是一个常数而与营运成本几乎相等。如果设备装置成本较高，制造商则需要安排一个较长的生产周期，以降低每单位产品的平均成本。此时，企业愿意采取大批量单一产品生产的方式，同时维持较高的成品库存。

（3）存货维持成本。订货处理成本必须与存货维持成本相比较。订货次数越少，平均库存量越大，存货维持成本越高。一般来说，存货的维持成本大致可以分为以下四种：1）存货空间费用。保存商品需要热、光、冷冻、安全等专门的服务，这些可以租赁，也可以自己提供，但无论是租赁设备还是自建设备，都是存货越多，费用越高。2）资金占用成本。实际上，存货也是企业投资的一种形式，因此，当企业将资金用于存货时也就丧失了投资于其他方面获得收益的机会。存货占用的资金量越多，全部存货的资金成本也就越高。3）税金与保险费。企业的存货通常都需要购买保险，并负担税金。企业的存货越多，相应的税金与保险费金额也就越高。这部分存货维持成本也是企业在作订购量决策时必须考虑的。4）折旧与报废损失。存货都有损坏、降价、报废等风险，尽管这项成本不易计算，但很显然，企业的存货量越多，此项成本也越高。

理解上述成本的概念及其在制定存货决策中的作用以后，我们就可以依据商品类别的不同，作出相应的订购决策了。

可应用ABC控制法对企业商品结构进行分析。一个存货量很大的企业中，有些品种价格昂贵，有的非常便宜；有的数量庞大，有的寥寥无几。如果主次不分，面面俱到，对每一种存货都进行周密的规划、严格的控制，就会抓不住重点，就不能对存货进行有效的控制。所以，必须对企业的库存产品进行结构上的分类，对不同类别的商品采取不同的存货控制办法。

所谓商品结构分析，是指对企业库存中的各种商品进行销售量、储存量、销售毛利和储存费用等的相关分析。根据销售量的大小及商品单位价值的高低、重要程度、储存风险、采购难易等情况，把企业库存商品分为A，B，C三类。一般来说，A类商品是指存货种类虽少，但占用资金多的商品，它的品种数量往往不到库存商品种类的10%，其价值却占总储存价值的70%以上。B类商品的品种数量比重和价值比重大致相当，都是约占总量的20%左右。C类商品品种数量繁多，但价值很低。当然，各类商品因缺货或延误交货对企业声誉的影响程度也依次排定。

对A类商品，应采取重点管理、慎重采购、注意补货、控制库存的原则，定期订货、定量订货和经济批量订货三种方法都可运用。而经济批量订购法也适用于B，C产品，只是依产品重要性不同，对经济批量控制的严格程度不同。

第4节　配送管理

一、配送流程与管理

一般来说，配送中心执行如下作业流程：进货→验收→入库→存放→标示包装→分类→出货检查→装货→送货。归纳起来，配送中心的作业管理主要有进货入库作业管理、在库保管作业管理、加工作业管理、理货作业管理和配货作业管理。

（一）进货入库作业管理

进货入库作业主要包括进货、验收和入库三个流程。配送中心应做好如下准备：及时掌握客户计划中或在途中的进货量、可用的库房空储仓位、装卸人力等情况，并及时与有关部门、人员进行沟通。检验活动包括核对采购订单与供货商发货单是否相符，开包检查商品有无损坏，所购商品的品质与数量比较等。经检查准确无误后方可在厂商发货单上签字将商品入库，同时及时登记有关入库信息转达采购部，经采购部确认后开具收货单，使已入库的商品及时地进入可配送状态。

（二）在库保管作业管理

商品在库保管的主要目的是加强商品养护，确保商品质量安全，同时还要加强储位合理化和储存商品的数量管理工作。商品储位可根据商品属性、周转率、理货单位等因素确定。储存商品的数量管理则需要依靠健全的商品账务制度和盘点制度。商品储位合理与否、商品数量管理精确与否将直接影响商品配送作业效率。

（三）加工作业管理

主要指对即将配送的产品或半成品按销售要求进行再加工，包括：（1）分割加工，如对大尺寸产品按不同用途进行切割；（2）分装加工，如将散装或大包装的产品按零售要求进行重新包装；（3）分选加工，如对农副产品按质量、规格进行分选，并分别包装；（4）促销包装，如促销赠品搭配；（5）贴标加工，如粘贴价格标签，打制条形码。加工作业完成后，商品即进入可配送状态。

（四）理货作业管理

理货作业是配货作业中最主要的前置工作。即配送中心接到配送指示后，及时组织理货作业人员，按照出货优先顺序、储位区域别、配送车辆趟次别、门店别、先进先出等方法和原则把配货商品整理出来，经复核人员确认无误后，放置到暂存区，准备装货上车。

（五）配货作业管理

配送作业过程包括计划、实施、评价三个阶段。

1. 制定配送计划

配送计划是根据配送的要求，事先做好全局筹划并对有关职能部门的任务进行安排和布置，包括制定配送中心计划、规划配送区域、规定配送服务水平等。制定具体的配送计划时应考虑以下几个要素：客户的远近及订货要求，如品种、规格、数量及送货时间、地点等；配送的性质和特点以及由此决定的运输方式、车辆种类；现有库存的保证能力；现时的交通条件等，以决定配送时间，选定配送车辆，规定装车货物的比例和最佳配送路线和配送频率。

2. 实施配送计划

配送计划制定后，需要进一步组织落实，完成配送任务。首先应做好准备工作。配送计划确定后，将到货时间、品种、规格、数量以及车辆型号通知各门店做好接车准备；同时，向各职能部门，如仓储、分货包装、运输及财务等部门下达配送任务，各部门做好配送准备，然后组织配送发运。理货部门按要求将各门店所需的各种货物进行分货及配货，使用适当的包装并详细标明门店名称、地址、送达时间以及货物明细，按计划将各门店货物组合、装车，运输部门按指定的路线运送至各门店，完成配送工作。如果门店有退货、调货的要求，则应将退换商品随车带回，并完成有关单证手续。

3. 配送作业的评价

主要包括对配送费用管理、配送效率管理、司机劳务管理等的评价。

二、配送成本控制

配送成本控制的途径主要有以下几个方面：

（一）加强配送的计划性

加强配送计划性的意义在于避免临时配送、紧急配送或计划外的随时配送带来的配送成本增加。这就需要制定健全的分支机构配送申报制度或完善连锁门店的POS，EOS系统，以便配送中心及时掌握各门店的存货情况，并及早安排配货计划。

对鲜活商品，需要实行定时定量申请、定时定量配送制；对普通商品，则应根据各门店的实际情况确定一个合适的存货量，然后依此确定一个合理的订货周期，由配送中心综合考虑协调，建立定期申请、定期配送制度。对于装备了POS，EOS系统的连锁门店，在订货处理上则相对主动，各门店应根据自身的实际情况确定订货点，即需订货时的存货水平。一般来说，订货点存货量等于门店从订货到收货期间的销售量加安全存货量加货架上的基础存货量，当存货水平降到这一水平时，就要考虑向配送中心订货了。

（二）确定合理的配送路线

配送路线合理与否，直接影响配送的速度和成本。因此，采用科学合理的方法确定配送路线是配送活动中一项非常重要的工作。

确定配送路线的方法主要有综合评价法、线性规划法、网络图法和节约里程法等，目的无非是要实现最大限度的里程节约、合理的车辆配载和配送时效。

（三）合理的车辆配载

不同品种的商品在包装形态、储运性能、物理密度上差别较大，因此，在车辆配载时应注重实重商品与轻泡商品的组合搭配，既要充分利用车辆的载重能力，又要充分利用车辆的有效体积。

通常，在已知两种商品密度和体积的情况下，通过解二元一次方程，可以得出两种商品的经济配载数量，但在实际操作中往往过于复杂，因此可考虑两种简化的方法：一是大类组合法，即将要配载的商品按体积和密度分成若干类别，从中选出密度最大和最小的两种，利用二元一次方程手工计算配装；二是利用计算机，将商品的密度、体积及车辆的技术指标储存起来，当配装时输入将要配装的全部商品的编号，由计算机输出配装方案。

三、降低配送成本的策略

配送管理的关键是在顾客服务水平与配送成本之间寻求平衡：在一定的配送成本下尽量提高顾客的服务水平，或在一定的顾客服务水平下使配送成本最小。降低配送成本除了依靠以上介绍的技术方面的改进以外，成功的配送策略也十分重要，主要策略有以下几种：

（一）混合策略

混合策略是指配送业务一部分由企业自身完成，另一部分则外包给第三方物流完成。这种策略的基本思想是，尽管采用纯策略（即配送活动或者全部由企业自身完成，或者完全外包给第三方物流完成）易形成一定的规模经济，并使管理简化，但由于产品品种多变、规格不一、销量不等等情况，采用纯策略的配送方式超出一定程度后反而不能形成规模经济。而采用混合策略，合理安排企业自身完成的配送和外包给第三方物流完成的配送，能使配送成本最低。例如，美国一家干货生产企业为满足遍及全美的 1 000 家连锁店的配送需要，建造了 6 座仓库，并拥有自己的车队。随着经营的发展，企业决定扩大配送系统，计划在芝加哥投资 700 万美元再建一座新仓库，并配以新型的物流处理系统。该计划提交董事会讨论时，却发现这样做不仅成本较高，而且就算仓库建起来也还是满足不了需要。于是，企业把目光投向租赁公共仓库。结果发现，如果企业在附近租用公共仓库，增加一些必要的设备，再加上原有的仓储设施，企业所需的仓储空间就足够了，且总投资只需 20 万美元的设备购置费、10 万美元的外包运费，再加上租金，也远未到 700 万美元。

（二）差异化策略

差异化策略的指导思想是：产品特征不同，顾客服务水平也不同。当企业拥有多种产品线时，不能对所有产品都按同一标准的顾客服务水平来配送，而应按产品的特点、销售水平来设置不同的库存、不同的运输方式以及不同的储存地点。忽视产品的差异性会增加不必要的配送成本。例如，一家生产化学品添加剂的公司，为降低成本，按各种产品的销售量比重进行分类：A类产品的销售量占总销售量的70%以上，B类产品占20%左右，C类产品则为10%左右。对A类产品，公司在各销售网点都备有库存，B类产品只在地区分销中心备有库存而在各销售网点不备库存，C类产品连地区分销中心都不设库存，仅在工厂的仓库才有存货。经过一段时间运行，证明这种方法是成功的，企业的配送总成本下降了20%。

（三）合并策略

合并策略包含两个层次，一是配送方法上的合并；二是共同配送。配送方法上的合并指企业在安排车辆完成配送任务时，充分利用车辆的容积和载重量，做到满载满装。由于产品品种繁多，不仅包装形态、储运性能不一，在容重方面也往往相去甚远。一辆车如果只装容重大的货物，往往是达到了载重量，但容积空余很多；只装容重小的货物则相反，看起来车装得很满，实际上并未达到车辆载重量。这两种情况都造成了浪费。实行合理的轻重配装、容积大小不同的货物搭配装车，既可以在载重方面达到满载，又能充分利用车辆的有效容积，取得最优效果。

共同配送是一种产权层次上的共享，也称集中协作配送。它是几个企业联合集小量为大量，共同利用同一配送设施的配送方式，其标准运作形式是在中心机构的统一指挥和调度下，各配送主体以经营活动或以资产为纽带联合行动，在较大的地域内协调运作，共同对一个或几个客户提供系列化的配送服务。

（四）延迟策略

在传统的配送计划中，大多数的库存是根据对未来市场需求的预测量设置的，存在一定的预测风险，当预测量与实际需求量不符时，就会出现库存过多或过少的情况，从而增加配送成本。延迟策略的基本思想就是对产品的外观、形状及其生产、组装、配送应尽可能推迟到接到顾客订单后再确定。一旦接到订单就要快速反应，因此采用延迟策略的一个基本前提是信息传递要非常快。一般来说，实施延迟策略的企业应具备以下几个基本条件：（1）产品特征：模块化程度高，产品价值密度大，有特定的外形，产品特征易于表述，定制后可改变产品的容积或重量；（2）生产技术特征：模块化产品设计、设备智能化程度高、定制工艺与基本工艺差别不大；（3）市场特征：产品生命周期短、销售波动性大、价格竞争激烈、市场变化大、产品的提前期短。

实施延迟策略常采用两种方式：生产延迟（或称形成延迟）和物流延迟（或称时间延迟）。具体操作中，常常在诸如贴标签（形成延迟）、包装（形成延迟）、装配（形成延迟）和发送（时间延迟）等领域实施。如美国一家生产金枪鱼罐头的企业就通过采用延迟策略改变配送方式，降低了库存水平。以往，这家企业为提高市场占有率曾针对不同的市场设计了几种标签，产品生产出来后运到各地的分销仓库储存起来。由于顾客偏好不一，几种品牌的同一产品经常出现因某种品牌的畅销而缺货，而另一些品牌却滞销压仓。为解决这个问题，该企业改变以往的做法，在产品出厂时都不贴标签就运到各分销中心储存，当接到各销售网点的具体订货要求后，才按各网点指定的品牌标志贴上相应的标签，这样就有效地解决了矛盾，降低了库存。

（五）标准化策略

标准化策略就是尽量减少因品种多变而导致附加配送成本的问题，并尽可能多地采用标准零部件、模块化产品。如服装制造商按统一规格生产服装，直到顾客购买时才按顾客的身材调整尺寸大小。采用标准化策略要求厂家从产品设计开始就要站在消费者的立场去考虑怎样节省配送成本，而不要等到产品定型生产出来后才考虑采用什么技巧来降低配送成本。

四、配送中心管理变革的几大趋势

随着连锁经营规模的不断扩张，配送中心的现代化管理变得日趋紧迫。目前，我国大多数连锁企业还处在由“店铺扩张”向“配送建设”发展的转型期，加快配送中心的现代化建设是改变传统经营格局、提高规模经济性的关键。配送中心管理将向以下几个方面发展，即信息管理电脑化、商品储存立体化和商品分拣自动化。

（一）信息管理电脑化

连锁企业的信息流量、传播范围在不断扩大，与物流、商流的关系也越来越密切。特别是随着配送中心地位的不断提高以及功能的不断增加，其所承担的商流、物流、信息流的整合任务必将日益沉重。传统的人工管理物流信息的办法已不适应配送中心现代化管理的要求，只有全面采用电脑来管理物流信息，引入 ERP 系统，才能保证商品配送的高效率。

配送中心的物流信息依其职能不同可以分为五类：一是来自各门店或外部的订货信息；二是反映库存影响采购决策的库存信息；三是安排采购的指示信息；四是指示配送的配货信息；五是其他方面的物流管理信息，如物流成本、仓库和车辆等物流设施的管理信息。

为了完善对上述五个方面信息的管理，配送中心需要建立五个信息管理子系统，即销售管理子系统、采购管理子系统、仓库管理子系统、财会管理子系统和辅助决策子系统，分别负责对上述几方面的信息进行加工处理。

应该注意的是，配送中心信息管理的信息化建设不是由配送中心单独实现的，只有与其他部门或社会的设施相配套，才能充分发挥配送中心信息管理的效率。

（二）商品储存立体化

商品储存立体化是指用高层货架储存货物，并通过周围的装卸运输设备，自动进行出入库作业。欧美发达国家早已实现了仓库商品储存立体化，甚至实现了计算机出入库全程控制，成为自动化仓库。高层货架仓库的主要优点在于能够最大限度地节省仓储空间，减少劳动力，提高机械化操作水平。

（三）商品分拣自动化

就配送中心物流作业来讲，商品分拣作业将随着配送中心规模的扩大而成为其内部工作量最大的一项工作。分拣作业效率的高低直接决定着配送作业的效率。随着连锁企业配送规模的扩大，分拣有可能成为影响配送作业的一个“瓶颈”。国外大型配送中心都实现了分拣自动化，我国也有企业进行了尝试。

分拣自动化系统将大大节约人力成本，但其投资及营运成本较高。日本的物流经验表明，如每天分拣量达不到2万件，使用自动分拣系统反而会增加配送中心的物流成本。此外，自动分拣系统的使用亦受商品条码、商品包装及重量标准化等因素的限制，因此，我国的配送中心在采用这一系统时应谨慎行事，不可好高骛远。

第5节 现代供应链管理与第三方物流

随着物流理论与实践的发展，传统的物流渠道的概念已经不能适应生产、流通与消费之间日益紧密的联系，因此产生了供应链和供应链管理的新概念，也产生了现代物流如何适应供应链管理发展的问题。

一、供应链的演进

供应链的发展大致经历了企业内部供应链、产业供应链或动态联盟供应链、全球网络供应链过程。企业内部供应链在1960—1975年处于典型的“推式”时代，从原材料推到成品，直至客户。1975—1990年，企业开始集成内部的资源，运营规则也从推式转变为以客户需求为源动力的“拉式”。进入20世纪90年代，工业化的普及使生产效率和产品质量不再是竞争的绝对优势，供应链管理逐渐受到重视。供应链管理的建立是一种跨企业的协作，以追求和分享市场机会，它覆盖了从供应商的供应商到客户的客户的全过程，包括外购、制造分销、库存管理、运输、仓储、客户服务等。伴随全球一体化的进程，出现了产业供应链，因为在全球化竞争环境下，任何一个企业都不可能在所有业务上成为最杰出者，必须联合行业中其他上下游企业，建立一条经济利益相连、业务关系紧密的行业供应链，实现优势互补，充分利用一切可利用的资源来适应社会化大生产的竞争环境，共同增强竞争实力。

这种广义上的供应链管理将各个企业独立的信息化孤岛连接在一起，建立起一种跨企业的协作，以此来追求和分享市场机会，通过互联网、电子商务把过去分离的业务过程集成起来，覆盖了从供应商到客户的全过程，包括原材料供应商、外协加工和组装、生产制造、销售分销与运输、批发商、零售商、仓储和客户服务等，实现了从生产领域到流通领域一步到位的全业务过程。互联网、交互式Web应用以及电子商务的出现，将改变现有供应链的结构，传统意义的经销商将消失，其功能将被全球网络电子商务所取代；传统的多层供应链将转变为基于互联网的开放式的全球网络供应链。

二、现代物流

现代物流提出了物流系统化或叫总体物流、综合物流管理的概念，并付诸实施。具体而言，就是使物流向两头延伸，融入新的内涵，使社会物流与企业物流有机地结合在一起，从采购物流开始，经过生产物流，再进入销售物流；与此同时，要经过包装、运输、仓储、装卸、加工配送到达用户（消费者）手中；最后，还有回收物流。可以说，现代物流包含了产品从“生”到“死”的整个物理性的流通全过程。

同时，现代物流又是货物流、信息流、资金流和人才流的统一：商品运输由单一的传统运输方式变成多种运输方式的最佳组合，提高了运输效率，缩短了中间储存的时间，加速了商品流动，大大降低了运输成本，加快了商品使用价值的实现；以现代电子网络为平台的信息流极大地加快了物流信息的传递速度，为客户赢得了宝贵的时间。以快节奏的商流和先进的信息技术为基础的现代物流能够有效地减少流动资金的占用，加速资金周转，充分发挥资本的增值作用。可以预见，随着现代科技的发展和全球经济一体化的加快，现代物流将向世人展现更加美好的发展前景。

三、现代物流适应供应链管理新发展的做法

供应链管理正在不断发展，物流必须适应其发展。首先，必须明确物流只是供应链的一部分，应主动适应供应链管理的发展。物流原来的定义是为满足消费者需求而对原材料、中间库存、最终产品及相关信息从起始地到消费地的有效流动与存储进行的计划、实施与控制的过程。最近，美国物流管理协会再次修正了物流的定义，明确了物流只是供应链的一个组成部分，物流是指为满足顾客需求，对来源点到使用点的货物、服务及相关信息的有效率、有效益的流动和储存进行计划、执行与控制的供应链过程的一部分。

供应链管理是指对供应链中的物流、商流、业务流、价值流、资金流和信息流进行的计划、组织、协调及控制。它是在社会化生产分工越来越细、产品生产日趋全球化的过程中提出的一种管理理念。它的目标是提高整个供应链运行的速度、效益及附加值，为整个供应链上的所有贸易伙伴带来经济效益。只有明确物流只是供应链过程的一部分，才能从整体看问题，适应供应链管理的新发展。

其次，要应用现代物流技术，融合信息流，使供应链管理更加科学。在信息时代，每天在全球范围内发生着数以百万计的交易，每一笔交易的背后都伴随着物流和信息流。供应链上的贸易伙伴都需要这些信息，以便对产品进行发送、跟踪、分拣、接收、储存、提货以及包装等。在全球信息化高度发展的今天，物流与信息流的相互配合越来越重要。

物流技术是指与物流要素活动有关的所有专业技术的总称，包括各种操作方法、管理技能，如流通加工技术、物品包装技术、物品标识技术、物品实时跟踪技术等。当计算机网络技术应用普及后，物流技术中又综合了许多新技术，如条码技术、EDI、GPS（全球卫星定位系统）、GIS（地理信息系统）、RF 技术等。这些技术的应用促进了物流与信息流的有效结合。

再次，高质量服务和总体低成本的最佳平衡仍是现代物流和供应链管理的原则之一。企业创造价值的方式是通过降低原材料和生产过程的成本而获得的。成本下降了，产品降价就有了空间，这也是许多企业通过价格战来占领市场的原因。但是，降低成本是有限度的，如果价格战使产品售价低于成本，企业将会承受不起。所以，企业逐渐开始用服务，特别是个性化服务去占领市场，而提供高质量的服务离不开现代物流和供应链管理，而且

供应链中的每一个环节都必须尽可能地坚固。

最后，第三方物流的发展使现代物流和供应链管理更完善。国外有关调查资料显示，全球第三方物流市场从2002年的1 558亿美元扩大至2007年的2 765亿美元，5年间的年复合增长率达12%。在2010年以前，将有45%的企业选择新的物流商，其中75%的企业将选择新型的物流企业，而不是原来的仓储运输企业，并且60%的企业将把所有的综合物流业务外包给物流企业。

所谓“第三方物流”是指由物流的供方、需方之外的第三方去完成物流服务的运作方式。生产企业或销售企业采用这种物流形式可以集中精力做好其核心业务，可以利用专业物流企业的规模效应达到降低成本的目的，同时专业物流企业可以随着专业化的进步不断简化、优化物流过程，为消费者提供更好的服务与价值。生产企业应该根据自身情况，按照科学严谨的程序选择第三方物流。

四、零售企业的供应链管理

对零售企业来说，供应链管理主要包括如下功能：

（一）帮助企业总部实现对下属店铺业务经营数据的全面整合

供应链管理系统可帮助零售企业全面整合下属店铺及分支机构的MIS系统或ERP系统。应用互联网技术，可有效地解决在传统情况下分店数据汇总传输不准、易出错、难管理的现象，有效实现下属店铺的经营数据、业务单据、销售信息及时准确地上报和汇总到总部，实现完备的内部供应链管理。通过业务系统的整合，使零售企业总部或相关职能部门能通过供应链管理系统方便地查询、审核、统计整个企业的相关业务经营信息和处理流程，提升零售企业对分店的统一管理和监控能力。

专栏9—3

麦德龙超市的ERP系统

麦德龙超市的ERP系统利用由全球最大的企业管理软件供应商德国SAP公司提供的R/3系统对财务采取集中统一管理。这种管理模式使得企业财务管理高度透明化，财务成本维持在一个较低的水平。麦德龙的ERP系统包含了财务会计与管理会计、物料管理、销售管理、客户服务、仓库管理等应用系统。它对麦德龙超市的日常运营产生了重要作用。

(1) 采购管理。确定合理的订货量、优秀的供应商和保持最佳的安全储备。能够随时提供订购、验收的信息，跟踪和催促对外购或委外加工的物料，保证货物及时到达。在麦德龙，电脑控制系统掌握了商品进销存的全都动态，将存货控制在最合理的范围。当商品数量低于安全库存时，电脑就能自动产生订单，向供货单位发出订货通知，从而保证商品持续供应和低成本经营。

(2) 商品管理。麦德龙的商品采购管理实行中央采购制，即连锁总部统一采购，各地连锁店无独立的采购决策权。总部统一采购后根据各连锁店的销售情况分别制定配送计划，进行统一配送。统一大批量采购既加强了总部对采购的控制，又降低了进货成本。麦德龙通过商品信息系统掌握商品进销存的全部资料，从商品的选择、订货、再订货、收货到销售、收银，每一个环节都通过电脑完成。信息系统根据历史资料，自动地预测销售，制定采购计划，产生订单，将存货控制在最合理的范围。

资料来源：《麦德龙超市 ERP 系统对企业运营的支持作用》，三亿文库，http://3y.uu456.com/bp-f64ec0abfs24ccbff1218461-1.html。

（二）帮助零售企业与上游供应商建立协同关系

通过将上游供应商加入供应链管理系统，零售企业可实现在线的新品查看、电子订货、预约结款、网上对账等功能；通过与库存和销售数据的结合分析，系统还能帮助零售企业实现订单数量、品种、库存和配送的辅助性自动提示。此外，供应链管理系统还支持零售企业与供应商结成战略伙伴关系。通过与供应商共享商品销售、库存、结算、促销等信息，使零售企业与供应商开展联合促销、消费者分析、库存管理、快速客户响应，同时减少商品的断档缺货和存货积压情况，帮助零售企业增加营业收入，更迅速地响应客户的需求，实现科学的外部供应链管理。

供应链管理系统还可帮助零售企业建立供应商关系管理系统，使企业从供货速度、商品质量、信用额度等方面，评估和选择本企业的首选或战略供应商。

（三）帮助零售企业与下游机构客户建立在线交易系统

通过将下游的大型客户、团购客户加入供应链管理系统，可使零售企业的下游客户具备在线订单、新品查看、流程审核、货款结算、商品促销等功能。零售企业还可针对不同的下游客户、不同的采购规模，设置相应的信用额度、配送承诺、应收应付、折扣返佣、促销活动等，从而有力地推动团购客户的销售和服务工作。

五、分销企业的供应链管理

对商品分销企业来说，供应链管理系统的主要功能有以下方面：

（一）加强分销企业对整个分销网络内部供应链的全面管理

在分销企业总部与各级分公司、办事处、营销网点之间实现先进的供应链管理，包括对销售、订货、调拨、配送、验收、退货、库存等全流程的管理，业务单据全面数字化。通过互联网技术，支持跨地区、多层次的分销渠道管理，并帮助分销企业总部、地区分部及时获悉下属机构的业务经营状况。

（二）加强分销企业与下游零售企业的供应链协作关系

通过将下游零售企业加入供应链管理系统，分销企业能够与下游零售企业实现便捷、准确、高效的业务信息沟通，并实现往来业务单据的数字化，减少差错争议，缩短结算周期。

同时，供应链系统还可帮助分销企业在商品配送、货款结算、应收应付、折扣返佣、促销活动等方面，与零售企业建立严格的业务流程管理、审核监控方式，从而使分销企业增强对关键业务活动的监控和管理能力，有效杜绝经营失控；供应链管理系统还可帮助分销企业全面、准确地掌握整个分销网络的各个末端，以及其对应客户的销售、库存、回款信息，从而帮助分销企业更为有效地开展全局库存调度、客户信用考核；供应链系统还可帮助分销企业与零售商建立紧密的战略合作关系，实施电子订单系统与供应商库存管理，开展更为有效的联合促销，增加本企业产品的销售业绩，更迅速地响应客户的需求，减少商品的断档现象，增加促销的针对性和有效性；供应链管理系统还可帮助分销企业建立客户关系管理系统，对于拥有众多客户和各级代理商的分销企业，供应链管理系统通过精确地记录经营业务数据，帮助分销企业从订货数量、结算情况、商品周转率、利润指标等方面评估客户和代理商，使分销企业更好地服务于重点客户、关键代理商。

六、第三方物流

随着买方市场时代的到来，人们对产品的要求越来越高，对交货服务质量也提出了更高的要求。同时，信息技术的发展和普及改变了过去的生产、交易及生活方式，使流通体制发生了重大的变化。电子商务、连锁经营、电视直销等新的流通方式的逐步发展都对物流产业的发展提出了更高的要求。所有这些都使生产企业和销售企业越来越将物流能力视为自己的核心竞争能力，一方面力求在企业内部建立科学的物流体系以满足小批量多品种的生产，另一方面在采购环节和销售环节力求提高自己的物流质量，物流管理技术也越来越专门化，一些企业便将目光转向了雇用专业物流公司。

通过第三方物流，企业至少可以获得如下三方面的好处：生产企业或销售企业可以集中精力做好其核心业务，如产品品牌、质量与销售；可以利用专业物流企业的规模效应达到降低成本的目的；专业物流企业可以随着专业化的进步不断简化、优化物流过程，为消费者提供更好的服务和更高的价值。

综观国内外的专业物流企业，种类繁多。一般按照物流企业完成的物流业务范围的大小和所承担的功能，将物流企业分为综合性物流企业和功能性物流企业。功能性物流企业，也可叫单一物流企业，即仅承担和完成一项或几项物流功能，按照其主要从事的物流功能可进一步分为运输企业、仓储企业、流通加工企业等。而综合性物流企业能承担多项甚至所有的物流功能，它们一般规模较大，资金雄厚，并有良好的服务信誉。

专栏 9—4

百度外卖是否要自建物流体系？

国内外卖 O2O 市场主要分为两种运营模式，即信息提供型和物流配送型。其中，信息提供型平台有点我吧、美餐网、饿了么等；物流配送型平台有生活半径、到家美食会、易淘食等。随着行业逐渐发展，上述模式的界限正变得日益模糊：饿了么开始自建配送团队，点我吧则采用自营配送和商户配送并行，生活半径承接了百度外卖和美团外卖部分商户的订单配送工作。

专家认为，两种模式从不同角度切入外卖 O2O 市场，信息提供型平台的体量较轻，着力于地推团队对商铺的吸纳以及线上用户流量的获取；物流配送型平台体量较重，发展商铺、用户的同时，还要建立服务效率与质量管控十分复杂的配送体系，需要企业分出极大精力经营。从该角度看，市场发展不成熟时，部分平台商会把配送服务交由线下商铺或第三方配送体系完成，当市场发展逐渐成熟，必然有厂商逐步切入配送服务，以获取更好的用户体验，博取更大利益。

对于外卖 O2O 业务，自建物流配送队伍在国外非必要条件，在国内则是继续发展的必要条件，形成此种差异的原因包括：用户和商户的接纳程度、付费习惯以及第三方物流的专业程度、订单承载量、服务时效与质量等。

资料来源：赵娜：《多方角力外卖 O2O 物流与地推团队成比拼重点》，http://www.nbd.com.cn/articles/2014-10-21/870179.html。

按照物流企业是自行完成和承担物流业务，还是委托他人进行操作，还可将物流企业分为物流自理企业和物流代理企业。物流自理企业就是人们常说的物流企业，它可进一步按照业务范围进行划分。物流代理企业同样可以按照物流业务代理的范围，分成综合性物流代理企业和功能性物流代理企业，如运输代理企业（即货代公司）、仓储代理企业（仓代公司）和流通加工代理企业等。

（一）第三方物流公司的选择

企业在做出外协物流服务的决策之后，就面临如何选择第三方物流公司的问题。首先应根据企业业务发展的前景，估计现有物流力量在服务广度与深度方面存在的差距，然后确定对外协物流服务能力的核心要求；其次，尽可能多地收集各物流服务供应者的信息，比较分析后从中初步确定备选公司的名单；最后，要求备选的物流公司根据要求提出虚拟运作方案，然后由评估小组来评定。评估时应特别看重备选公司是否具备以下素质：创造性、独特性与提供增值服务的能力；与内外部相关人员合作的能力；市场意识与客户至上精神的强弱；将先进技术应用于解决实际问题的能力。

鉴于第三方物流外协合同一般为期长达数年乃至十数年，企业应该把签约的第三方物流公司当作本企业的一个组成部分，犹如本企业功能的延伸，建立起战略联盟关系。这种战略联盟应该是一种双赢关系，即双方应休戚与共，共同致力于提升经营业绩。

（二）第三方物流战略设计与实施要点

首先，战略总体设计构思要突出第三方物流的战略优势。对制造商而言，第三方物流是利用外部资源，此举可以变用户的固定费用为可变费用，可以得到并享用物流专家的经验与物流技术革新成果、物流管理职业化的服务水平，也能为用户提供各类满意的增值服务。其次，第三方物流经营要贯彻准时（just in time，JIT）和有效的客户响应（efficient consumer response，ECR）原则。所谓 ECR 是指物流经营者对用户需求变化能进行迅速、有效的响应，以满足用户需要。再次，第三方物流战略的支持重点在 JIT 和 ECR，主要包括移动通信、电子数据交换（EDI），货物、车辆跟踪与物流链管理专家的指导。最后，要充分发挥市场机制的作用，科学地设计第三方物流运行的组织体系。

企业对基于供应链管理的第三方物流的认识与实践有一个过程。就我国实际情况而言，“大而全”、“小而全”的企业太多，这些企业与其他企业合作的意识淡薄，非核心业务负重过大导致企业核心能力不突出，也不利于参与国际竞争。这类企业改造的基本思路是将现有运输部门的业务或资产独立出去，采用社会公开招标等形式，利用外部资源完成基于供应链管理的第三方物流流程再造。

总体上讲，第三方物流在我国仍处于起步阶段，企业物流和公众物流服务仍然是社会物流的主要形式，严格意义上的第三方物流有效需求不足的局面短时期难以明显改观。同时，第三方物流在中国已经有了大约 10 年的探讨和发展过程，在全球经济一体化影响下，我国正在成为第三方物流发展最迅速的国家之一。

本章小结

1. 物流是指物质实体从供应者向需要者的物理转移，它由一系列创造时间和空间效用的经济活动组成。它具备三个最基本的要素：流体、载体和流向。物流被称为企业的“第三利润源泉”，具备储存、运输与配送这三个主要功能及诸多辅助性的功能。

2. 物流管理过程是一个系统工程，降低物流成本和提高服务水平是物流管理肩负的两大使命，正确处理和协调两者之间的关系是物流管理的核心。

3. 物流决策主要包括运输决策和存货控制两项内容。运输决策主要包括运输方式和运输路线的选择；而企业的库存决策包括决定仓库的地点、数量、类型（即是自建、购买还是租赁仓库）、设备条件与费用的协调处理等，存货控制的两个最基本的决策是订购点和订购量的决策。

4. 配送中心需要执行一系列的作业管理流程。降低配送成本可采用混合策略、差异化策略、合并策略、延迟策略和标准化策略等。

5. 供应链管理是指对供应链中的物流、商流、业务流、价值流、资金流和信息流进行的计划、组织、协调及控制，它经历了三个发展过程，对零售企业和分销企业都有着十分重要的作用。现代物流提出了物流系统化或叫总体物流、综合物流管理的概念，它必须不断适应供应链管理的新发展。所谓“第三方物流”是指由物流的供方、需方之外的第三方去完成物流服务的运作方式，它的发展使现代物流和供应链管理更加完善。

思考题

1. 为什么说物流是“第三利润源泉”？“企业的物流管理就是要尽可能地降低成本”，这种说法对吗？请说明理由。

2. 生产企业除了自建自营物流系统外，还可以采取什么样的方法来解决企业的物流问题？

3. 配送管理主要包括哪些方面？降低配送成本可以采用什么策略？

4. “供应链管理是物流管理的延伸”，你赞成这种说法吗？利用所学的有关供应链的知识证明你的结论。

案 例

供应链物流变化多

1. UPS 与惠普合作

作为物流链管理的专家，UPS 物流集团将自身的运输优势发挥到了极致，最大限度地减少运输过程可能造成的延误，创造了所谓的“跑道边效应”，在机场边建立物流管理中心，与多家高科技公司结成联盟，为它们提供库存、配送甚至售后服务。比如，UPS 最大的空运枢纽设在肯塔基州的路易斯维尔机场。每天深夜，90 架飞机聚集到这里，在三小时内，每隔两分钟就有一架飞机起降。每天惠普公司将损坏的电脑空运到机场。这些设备被运到机场边的 UPS 物流中心，由 60 名技术人员将其修复，再送到机场当天运走。这个部门每天修理 800 台电脑。

福特汽车公司与 UPS 物流集团结成战略联盟，旨在加快福特汽车公司的成品车交付速度。通过运输网络的优化和信息技术的使用，车辆从福特公司交付到代理商和用户手中的时间可以缩短 40%，使准时交货成为可能。同时，联盟还将提供基于互联网的货物追踪系统，使福特汽车公司和其代理商可以在网上跟踪每辆汽车从生产到运输的全过程。这一系统最终还将向消费者开放，届时消费者不仅可以在网上订购汽车，还可以在网上查询汽车在生产和运输过程中的状况。

2. 顺丰开嘿店

1993 年，顺丰速运诞生于广东顺德。自成立以来，顺丰始终专注于服务质量的提升，不断满足市场的需求，在中国大陆、中国香港、中国澳门、中国台湾建立了庞大的信息采集、市场开发、物流配送、快件收派等业务机构及服务网络。与此同时，顺丰积极拓展国际件服务，目前已开通美国、日本、韩国、新加坡、马来西亚、泰国、越南、澳大利亚等国家的快递服务。截至 2014 年 12 月，顺丰已拥有近 34 万名员工，1.6 万多台运输车辆，18 架自有全货机及遍布中国大陆及海外的 12 000 多个营业网点。

互联网领域的跨界每一天都在上演，特别是在电商、金融、物流这三个领域，未来交叉渗透的可能性越来越高。顺丰，以快递和物流起家，从 2013 年开始搞了 O2O 的电商模式，也就是顺丰在主要城市的社区或者商业中心附近开设顺丰的嘿客店，其营业模式主要是在可视化的空间内部展示有支付二维码绑定的具体商品，以供客户选择，可线上购物，线下消费。

原本是快递巨头的顺丰速运，因其与电商密不可分的关系，选择了以社区实体店＋网购预售＋快速配送的形式布局 O2O。2014 年 5 月 18 日，全国 518 家顺丰旗下的“嘿客”面世，到目前已试运营一个多月。从未来的发展规划看，顺丰还将继续扩大在全国嘿客店的布点，以完成最后一公里的客户与市场的把握。

顺丰的嘿客模式到底运营的怎么样，是否和餐饮、电影票等 O2O 模式具有一样的高黏性和高频度呢？未必，从实际的效果来看，顺丰的线下商铺模式并未能有效地转化店面周边的有效消费需求。

3. 中国邮政集团跟风应对顺丰嘿客

陕西省政府与中国邮政集团公司 2014 年 9 月 4 日在西安签署战略合作协议。按照协议，中国邮政将在三年内投入超过4亿元资金，与陕西省共同加快市县中心邮政网点和城乡综合便民服务点建设，到2016年底将使全省邮政营业网点总规模达到2 000个，综合便民服务点达到7 000个，确保全省每个乡镇都有邮政服务网点。同时，双方还将共同加快建设西北电子商务集配中心、西北航空邮件处理中心，努力把西安打造成全国重要节点和西北集散中心，实现三年邮政速递物流业务规模翻一番。

资料来源：《顺丰O2O的嘿客的发展轨迹与中国邮政EMS的应对策略》，注飞电商，http://www.jnzhufei.com/shownews.asp?id=309,2014-09-04；《UPS供应链物流》，http://wenku.baidu.com/view/e3b24b78a 26925c 52cc5bf1b.html。

问题：

1. 顺丰开嘿店有前途吗？它为什么要开嘿店？
2. 顺丰是否可以走UPS的道路？
3. 为什么中国邮政也要开店？

第 10 章

管理渠道信息系统

学习目标

- 了解信息系统的基本概念和作用
- 理解信息系统对渠道管理控制的意义
- 理解渠道信息系统的主要功能
- 掌握渠道信息系统实施的基本方法

宇通汽车通过 ERP 系统将影响力向上下游产业链扩展，它开发了一系列协同网络系统，供应商、银行、代理商、售后服务站等合作伙伴都能通过互联网进入宇通的 IT 平台完成数据交换。宇通通过 IT 平台实现了对上下游的管理，保证供应商能及时供货，这样它的生产线才能日夜不停开工，保证自己在交货速度上的优势。

ERP 成功上线后为宇通带来了很大益处，公司的生产经营管理能力和竞争力得到很大提升：改善信息传递，优化管理流程，提高客户反应速度，流程标准化，信息集成性提高，灵活支持企业扩张，优化供应链，降低了 IT 成本。具体建设成效的前后统计数据如下：(1) 库存资金占用率降低了 32%，减少呆滞积压物资 3 000 万元；(2) 改进订单管理，应收账款账期缩短 15 天；(3) 缩短财务结账期，财务月度结账期仅为 1 天；(4) 降低采购成本，降低采购成本 5 000 万元；(5) 缩短订单周期，缩短 3 天；(6) 产品开发周期平均降低 33.3%；(7) 新产品贡献率提高 14%，存货周转天数由 60 多天下降至不到 30 天，公司存货也因此下降了 20%。

在企业的生产经营活动中贯穿着三个运动过程：一是物流；二是信息流；三是资金流。物流是企业的基本流，它的运动进程产生各种运动信息，而企业管理者针对这些信息做出决策，以决策信息再控制物流运动，规划调节物流数量、方向、速度、目标，使之按一定目的和规划运动。信息流是管理的基础和体现，管理信息是企业的神经中枢和生命线。

本章重点从厂家的角度探讨信息技术与渠道管理之间的关系，因为这个角度基本包含了由生产商、经销商/代理商以及消费者所组成的整个链条。

第1节　渠道信息系统的概念及作用

美国西北大学营销学教授路易斯·W·斯特恩等认为，渠道信息系统不仅仅包括信息本身，还包含有效地保存、收集和解释信息的机制。他们将渠道信息系统分成两个关键组成部分：一是构成信息系统的技术支撑的硬件和网络；二是信息本身的数据库。本书倾向于采用广义的信息系统概念——本章的信息系统并不是仅指通常所称的管理信息系统(MIS)，而是兼顾POS系统、企业资源计划（ERP)、供应链管理（SCM)、客户关系管理（CRM）和电子商务（EB）等概念中的利用信息技术进行渠道管理的部分内涵，也即利用信息技术对渠道进行管理的系统。

一、管理信息系统

管理信息系统是一个由人、计算机等组成的能进行信息的收集、传递、存储、加工、维护和使用的系统。管理信息系统能实测企业的各种运行情况，利用过去的数据预测未来，从企业全局出发辅助企业进行决策，利用信息控制企业的行为，帮助企业实现其规划目标。

管理信息系统与数据处理系统和事务处理系统的一个重要不同点是管理信息系统能提供分析、计划和辅助决策的能力，这意味着管理信息系统中包含着各种模型和方法，用户可以通过一定的方式使用这些模型和方法帮助领导进行决策。信息资源可用于辅助决策和改进企业组织的效能，信息资源也可用作竞争的手段。管理信息系统应用相关的经济数学模型，如运筹学、数理统计等对管理的过程信息进行监控和处理，并提供辅助决策支持。

管理信息系统的核心在于通过数据信息化和流程信息化，使决策信息化，以提高决策准确性和效率，提升企业的经营管理水平。

管理信息系统由四部分组成：信息源、信息处理器、信息使用者和信息管理者，它们之间的联系如图10—1所示。信息源是信息的产生地；信息处理器担负信息的传输、加工、存储等任务；信息使用者利用信息进行决策；信息管理者负责信息系统的设计、实现和维护。

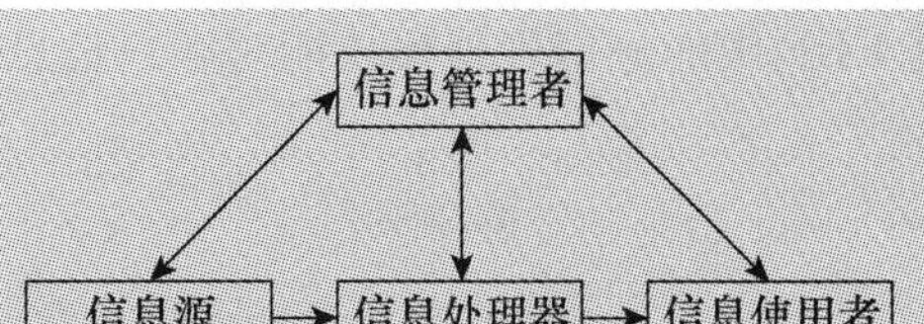

图10—1　管理信息系统的组成部分

管理信息系统一般被看做一个从底层的业务处理到运行控制、管理控制、最高层的战略计划的金字塔形的结构。最基层由任务巨大、处理繁杂的事务信息和状态信息构成。层次越往上，事务处理的范围越小，针对的问题也就越特殊和非结构化。

组织的管理信息系统可分解为四个基本部分：第一部分主要完成数据的收集、输入，数据库的管理、查询、基本运算，日常报表的输出等。第二是分析部分，主要在第一部分的基础上，对数据进行深加工，如运用各种管理模型、量化分析手段、程序化方法、运筹学方法等对组织的生产经营情况进行分析。第三是决策部分，以解决结构化的管理决策问题为主，为高层管理者提供最佳的决策方案。第四是数据库部分，主要完成数据文件的存储、组织、备份等功能，它是管理信息系统的核心部分。

组织的管理信息系统还可以根据管理功能的不同划分为纵向的子系统。系统功能子系统的划分因企业的生产经营特点的不同而存在差异，不同的管理软件提供商除了提供标准版本的管理信息系统软件之外，还可以根据企业的具体情况量身定做。

作为管理信息系统的一个子系统，在分销网络结构和分销网络管理模式确定后，分销网络管理信息系统利用计算机信息系统的优势，帮助企业完成分销网络的管理协调工作。目前分销网络管理中应用较广泛的是基于分销资源计划（DRP）原理的分销网络管理信息系统。分销资源计划实质上是物料需求计划（MRP）思想在分配环境下的运用，主要实现对企业分销渠道的管理，如总部、销售子公司、经销商、代理商或连锁店等，管理对象主要是订单、库存、财务往来等方面，依靠它，企业可以实时了解各级库存、对订单进行快速处理、对应收账款和信用额度进行管理，达到提高销售管理的效果。

二、企业资源计划

企业资源计划（ERP）是当今国际先进的企业管理模式与方法。它通过对人力、资金、材料、设备、方法、信息和时间等资源实行综合优化，使企业在激烈的竞争中取得最好的效益。ERP 是在传统的制造资源计划基础上发展起来的。作为企业管理软件的高级应用，企业资源计划经历了从简单、局部应用到高级、全面解决管理问题的一段比较长时期的发展历程；管理的侧重点也从原先的侧重于物流（原料、产品）扩展到物流与资金流相结合，进而扩展到与信息流结合在一起；范围也从企业内部延伸到与企业经营管理活动相关的所有方面。

企业资源计划和传统的管理信息系统联系是最为密切的，它们之间的共同点也是最多的。但 ERP 是“现代管理思想＋信息技术手段”，而管理信息系统作为服务于企业管理的一套计算机信息系统，并没有从根本上动摇企业的管理体制，其深度和广度已经不能和 ERP 相提并论了。尤其是 ERP 中的分销管理模块能对客户信息和销售订单进行管理，能对销售进行统计与分析。

专栏 10—1

SAP 和 Waste Management 达成和解

Waste Management 向 SAP 提出要求获得必要的赔偿，其中包括花费在安装 SAP 的

ERP软件这个项目上的1亿多美元，以及3.5亿美元的利润（如果SAP的软件可以按照预期的那样正常发挥作用，公司可以获得3.5亿美元的利润）。按照秘密和解协议的条款，SAP一次性把约定的款项支付给了Waste Management。

Waste Management声称，SAP使用一个虚假的产品演示来欺骗它，让它相信SAP的软件对Waste Management来说是合适的。据一份文档记载，SAP的技术团队建议SAP应该把这个软件的新版本交付给Waste Management，而不应该交付现在这个版本。

作为反击，SAP表示，Waste Management没有“及时准确地确定它的业务需求”，或提供“充足的、有见地的用户和经理”来实施这个项目。

资料来源：周雪峰：《2010年最大的ERP失败案例》，http://sysapp.51cto.com/art/201012/240303.htm。

三、供应链管理

供应链是从订单的发送和获取、原材料的获得、产品的制造到产品分配发送给用户的整个过程。供应链管理（SCM）是涉及与供应链相连的所有相关企业、部门和人员的集成化管理，主要包括物流管理、信息管理、价值（资金）管理、服务（技术）管理四大部分。SCM的目的在于加强节点企业的核心竞争力，快速反映市场需求，最终提高整个供应链的市场竞争力。SCM是一种创新型的生产组织管理模式，主要表现在：第一，把供应链中的所有节点企业看做一个整体，供应链管理涵盖整个物流，即从供应商到最终用户的采购、制造、分销、零售等职能领域过程，旨在获取最大的整体竞争优势，实现合作各方的共赢；第二，使管理决策由集中转向分散，管理模式由“纵向一体化”转变为“横向一体化”，改变以往管理“小而全”、“大而全”的封闭经营模式，建立与供应链相关企业优势互补、互利合作的战略伙伴关系；第三，SCM要求供应链中的企业，特别是核心企业有较高的柔性，具有高度敏捷的市场反应能力。

供应链管理是当前企业管理的重要内容，也是我国企业管理的发展方向。它起源于企业资源计划，是基于企业内部范围的管理。它将企业内部经营所有的业务单元如订单、采购、库存、计划、生产、质量、运输、市场、销售、服务等以及相应的财务活动、人事管理均纳入一条供应链内进行统筹管理。当时企业重视的是物流和企业内部资源的管理，即如何更快、更好地生产出产品并把产品推向市场，这是一种“推式”的供应链管理，管理的出发点是从原材料推到产成品、市场，一直推至客户端。随着市场竞争的加剧，生产出的产品必须转化成利润，企业才能生存和发展。为了赢得客户和市场，企业管理进入了以客户及客户满意度为中心的管理，企业的供应链运营规则由推式转变为以客户需求为原动力的“拉式”供应链管理。这种供应链管理将企业各个业务环节的信息孤岛连接在一起，使各种业务和信息——这必然也包括渠道管理——能够实现集成和共享。

ERP虽然也制定销售计划，但SCM提供了更为全面的功能，可以帮助管理分销中心并保证产品的订购和可盈利性。分销计划不仅能帮助企业分析原始信息，而且能帮助企业确定如何优化分销成本或者根据生产能力和成本提高客户服务水平。

四、客户关系管理

客户关系管理（CRM）融合了当今最新的信息技术，包括互联网技术、多媒体技术、数据仓库和数据挖掘、专家系统和人工智能、呼叫中心等。作为一个解决方案的客户关系管理，凝聚了市场营销的管理思想。市场营销、销售管理、客户关系、服务和支持构成了CRM的基石。CRM是围绕客户关系的整个业务和信息系统的集成，它体现了先进管理思想的信息技术综合运用，是管理思想、业务、信息技术的高度整合，像建立呼叫中心这样的新生事物，其范围已经超越了管理信息系统的范畴，不能把CRM笼统地称为管理信息系统。

CRM系统的核心是客户数据的管理。我们可以把客户数据库看做一个数据中心，企业可以利用它记录在整个市场与销售的过程中和客户发生的各种活动，跟踪各类活动的状态，建立各类数据的统计模型用于后期的分析和决策支持。为达到上述目的，一套CRM系统大都具备市场管理、销售管理、销售支持与服务和竞争对象记录与分析的功能。

综上所述，我们在这里采用的是广义的信息系统的概念。企业可能根据各自的具体情况，选择不同的软件——企业可能单纯针对渠道管理实施一套软件，也可能采用包含了销售管理功能模块的管理软件如ERP或CRM。

五、信息系统对渠道管理的作用

联想集团总裁兼CEO杨元庆联系实施ERP的经验，在回答“信息化帮助联想解决了哪些问题”时，总结出以下几个方面：

（1）使财务管理真正成为企业管理的核心。这是通过准确的成本核算、有效的风险防范、严格的资金管理、精确的预算管理、快速的财务报表和集中的财务管理达成的。

（2）创新供应链运作模式，保证对市场的快速反应模式。通过系统，联想可以快速获得代理商销售和库存等方面的信息；可以获得前期销售数据；可以通过系统快速改变采购计划和生产计划，并即时传递到供应商和生产车间。也就是说，实现按市场供应，按订单生产，变企业“推”为用户“拉”。

（3）推动服务创新，提高客户满意度。通过构筑客户信息数据库，建立客户服务中心，整合客户信息，以便为客户提供有针对性的服务。

（4）实现网络办公，营造新型企业文化。第一，通过网络办公，加强了人与人之间的联系；第二，网络办公为员工积极参与公司管理提供了通道；第三，通过网络办公，节约了成本，提高了劳动生产率，使员工可以把更多的精力投入到本职工作中；第四，网络办公使公司各种行政资源的使用公开、透明，对行政后勤部门改进工作、提高服务质量起促进作用。

以上几点在某种程度上都体现了信息系统对于渠道管理的作用。信息系统对于渠道管理的作用可以归结为以下六个方面：

（1）杜绝信息“贪污”，及时做出决策，帮助企业提高管理透明度。企业经营者首先要准确及时地收集和监控与销售、库存、费用等相关的数据，从大量的信息中挖掘出对企业最有价值的数据，并加以科学有效的分析和预测，全面掌握企业的营销运营状况、资金周转状况、市场资源状况、销售人员总体状况，及时制定各项销售政策以适应市场的变化。

我国很多企业的管理是不透明的，而利用计算机信息系统，可以使企业的管理更加精细化，更加透明化。同时，企业销售网络日益复杂，规模越来越大，地域分散，人员参差不齐，往往潜伏着管理失控的危险。比如，手工统计销售数据速度慢，容易出错；账实经常不符，造成汇总数据不及时、不准确，企业管理人员无法在第一时间了解各地销售机构的销售与库存状况。这种信息失真、信息延迟或者信息被“贪污”的情况给企业发展造成了严重的障碍，甚至给企业造成了直接经济损失。在中国制鞋业中排名第二的奥康集团的董事长说过这样一段话：“这种主动或被动信息贪污比现金贪污还厉害，如果他的信息不告诉你，或者晚一些告诉你，就会错过很多时机。比如在冬天，一场突如其来的雪就很可能使销售额直线上升。只有采用联网管理，才能够在全国范围内实现信息实时传递、查询和商品调剂。”在实施分销管理信息化后，将地处各方、与最终消费者最贴近的分销网络集中管理起来，减少了信息失真、延迟带来的损失。

(2) 掌控分支机构，帮助企业提高运营效率，降低运营成本。企业在发展过程中，常常面临对分公司、分销商、连锁店和专卖店等的管理失控问题。大部分企业试图采用人海战术（从总部派驻大量人员到各地）来解决此类问题，但实际上，问题并没有得到解决。产品库存、物流和应收账款等数据没有一个完整的管理信息平台，各分支机构的库存、应收账款、费用等销售汇总数据无法及时准确地统计上报，相应地造成管理决策层无法及时掌握有价值的客户订货和售点销货情况，更无法实时了解到分处各地的销售机构的销售与库存状况。信息技术的发展为解决这一问题提供了条件。通过渠道管理信息系统，可以保证分支机构随时把数据上传到总部，管理者可以随时查看相关数据。

许多企业依靠庞大的销售网络和简单的业务流程来管理销售渠道和环节，其分销成本甚至超过了生产成本和产品开发成本，成为企业总体运营成本的第一大构成要素。通过信息化，企业可以利用现代管理流程和先进管理工具，达到控制分销成本的目的。例如，伊利集团在 2001 年网络分销管理系统上线以后，与 1999 年相比，运营效率显著改善：交货时间由 3 天缩短为 1 天，存货周转天数从 15 天缩短为 5 天，库存成本降低近 30%。

(3) 加强客户关系管理，提升客户满意度。客户关系管理就是通过对企业与客户间发生的各种业务行为进行全面管理，以赢得新客户，巩固和保留现有客户，并增加客户的利润贡献度。企业与客户之间的关系主要体现为渠道和售后服务过程中所发生的业务关系，如合同签订、订单处理、货物发送和货款回收。传统的客户关系处理方式一般是以销售人员自行管理和维护为主，经常发生因销售人员跳槽而造成客户流失的现象，对企业发展造成不利影响。分销管理系统中的客户管理功能，使客户通过一个窗口得到企业及时贴身的服务，能够有效地提高客户满意度和忠诚度，也有利于提高交易的命中率。分销管理和客户关系管理系统的融合也使企业对外部资源的管理逐渐完善。

(4) 帮助企业规避经营风险，对市场进行灵活的应对。伊利集团在采用分销管理系统前，经营风险很大，因牛奶保质期为 2～3 天，而结算周期至少需要 5 天，在这 5 天中，牛奶早就超出保质期了。分销管理系统上线以后，能够实时掌控市场的变化状况，并对经营策略进行调整，这样就大大提高了企业对市场变化的灵敏度，提高了企业的抗风险能力。

(5) 打通销售链。企业在不断发展的过程中，其内外部经营一体化的需求日益显著，与企业日常运作息息相关的种种角色（如企业内部员工、分支机构、上游的供应商、下游的分销商、合作伙伴乃至客户等）的信息化程度对企业的发展产生了重要的影响。通过渠道信息系统构建的运营管理平台协同工作，可以缩短工作流程的运转时间，提高工作效率，密切与上下游的关系，从而打通销售链条。

（6）带来业务模式创新的机会。当今时代，很多产业发生着剧烈的变化，而那些能够及时应变、锐意创新、利用 IT 手段改变和创造市场竞争规则的企业则可以实现超越式的巨大发展。像现在比较流行的第三方物流、协同商务等，都是信息技术支持的崭新业务模式。

斯特恩等人总结了信息技术对渠道流绩效的影响，见表 10—1。

表 10—1　　信息技术对渠道流的改变

渠道流	因采用信息技术而引起的改变
物理占有流	即时交付减少了通过渠道的物理占有流 存货不再保存在零售商店 交叉配送使零售商的库存最小化 一些零售商在运输途中提货
所有权流	零售商的所有权流下降 分销商、制造商通过与零售商共享系统也减少了所有权流
促销流	在终端卖点的收银处及时产生赠券 采用互联的人口统计与购买数据库，可以更精细地针对目标顾客进行促销
谈判流	自动化减少了文书工作，采购部门可以花更多的时间谈判交易 零售商和制造商采用数据以判断价格和条款——这和绩效高度相关
财务流	因为减少了物理占有和所有权流，所以降低了财务需求
风险流	利用数据进行预测，降低了存货风险 运用快速响应技术，产生了延迟* 的可能，减少了特定的存货
订单流	订单的自动生成意味着没有人员的卷入
付款流	电子付款系统自动付款，使文书工作量最小化 采用电子资金转移方式

* 延迟是指在一个生产过程中，通过重新设计产品和流程，延长共有的生产阶段以延缓产品差异的点，如此便能解决产品多样化引发的诸多问题。延迟的价值之一是能对实际需求做出快速反应，因为对于最终产品的生产决策能够在最晚的时间点，根据对顾客的最充分了解而做出，因此就能将决策的品质达到最适化。例如，惠普的激光打印机原本是采取整机出厂再运到各地仓库的生产方式，后来其将部分零部件标准化，将半成品存放在欧洲等地的仓库，在当地实行客户定制化的流程。这种策略使得惠普在提高客户服务水准的同时，也能减少存货。

第 2 节　渠道信息系统的构成

渠道管理是销售管理的重要内容。从厂家的角度谈渠道管理，重在对客户信息和物流配送信息进行管理——没有高效的物流配送的支持，渠道就会成为无水之渠。本节主要分析渠道管理信息系统所包含的主要功能。

渠道信息系统的应用旨在提高营销总部、分支机构或渠道伙伴、销售终端等渠道环节的管理水平和配送能力，加强渠道当中的信息的动态控制和分析。其应用构架和功能构架分别如图 10—2 和图 10—3 所示。

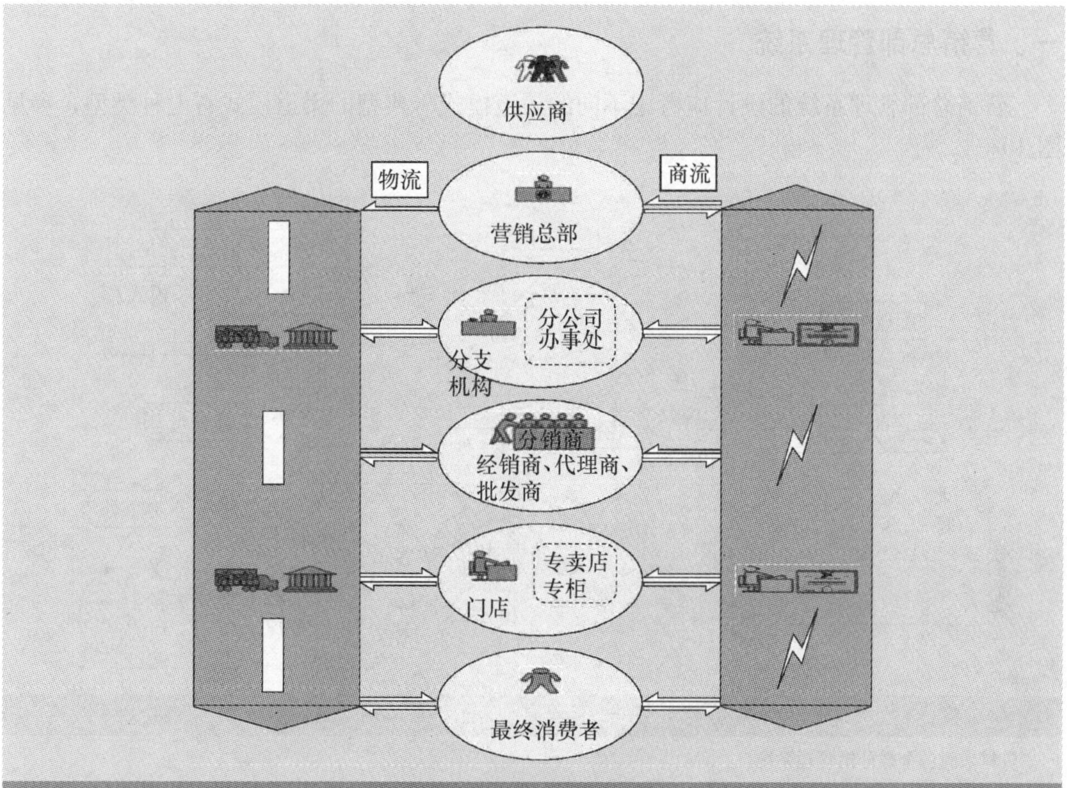

图 10—2　渠道信息系统的应用构架

资料来源：利玛物流与分销管理系统。

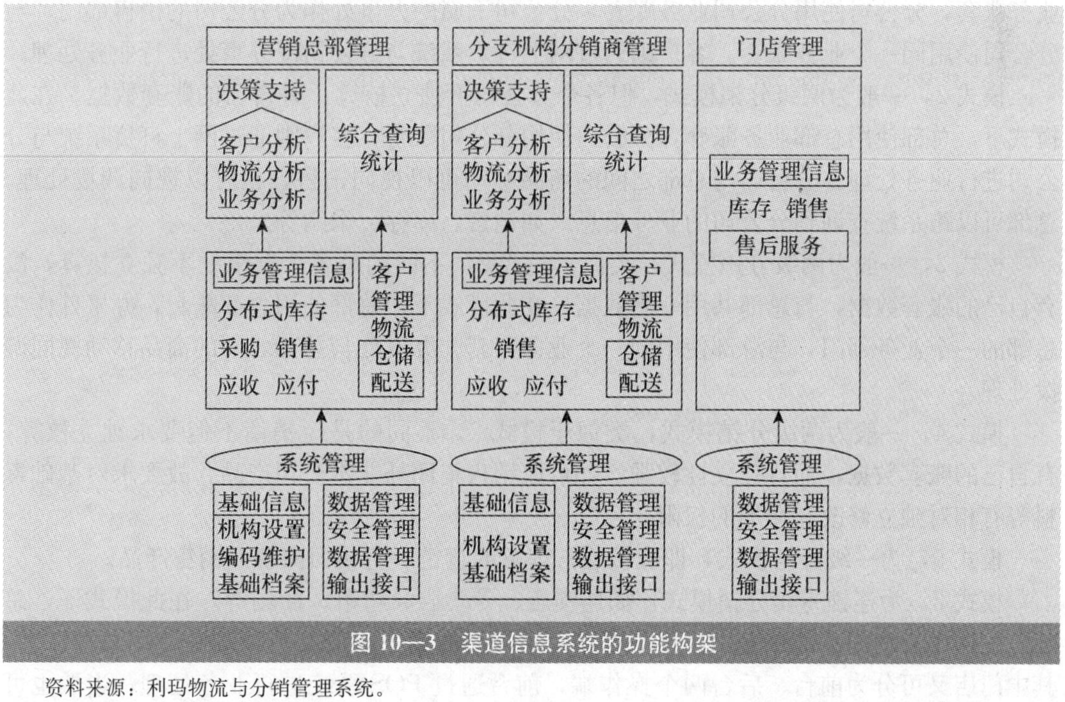

图 10—3　渠道信息系统的功能构架

资料来源：利玛物流与分销管理系统。

一、营销总部管理系统

营销总部管理系统的设计应考虑不同的渠道模式。典型的渠道模式有七种类型，参见图 10—4。

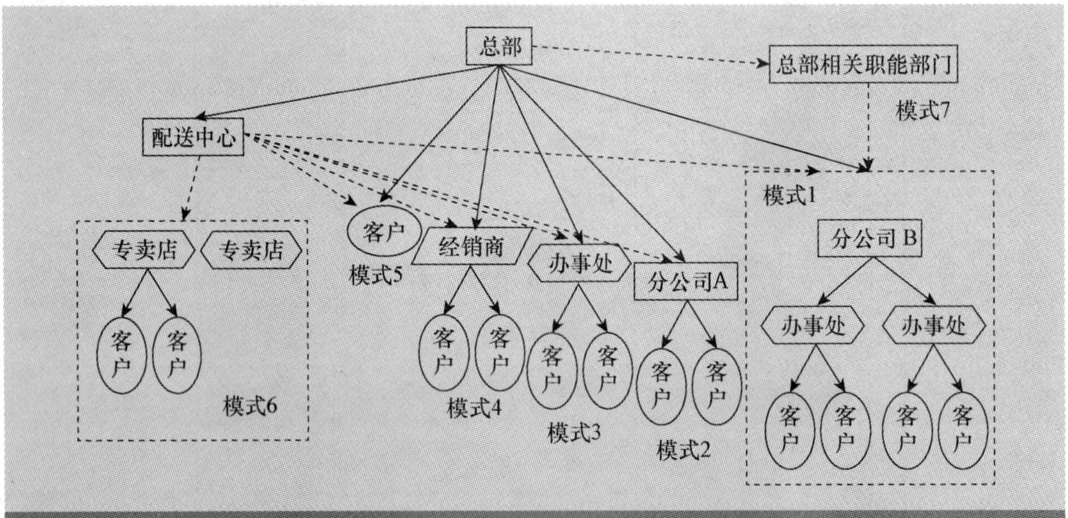

图 10—4　分销业务模式图

资料来源：金蝶分销管理系统。

模式 1，为典型的商业分销运用模式，即总部下设多个分公司，分公司下设多个办事处等，每个上级机构对应多个下级机构，每个下级机构对应一个上级机构。总部使用总部业务账套，分公司使用分公司业务账套，分公司下属的办事处作为分公司的销售部门，与分公司使用同一个业务账套。客户则通过网上订货系统与分公司或办事处进行业务处理。

模式 2，一般为两级分销模式，但各个分公司可独立核算，有自己的账套数据。在此模式下，总部使用总部业务账套，分公司使用分公司账套，客户则通过网上订货系统与分公司进行业务处理。分公司与总部之间的商品移动可以视同销售，也可以视同调拨处理。总部可以跨系统查询到分公司的业务信息（如销售、库存、采购等）。

模式 3，一般为两级分销模式，类似于模式 2，不同的是各个办事处不独立核算，没有自己的账套数据，与总部共用一套数据。在此模式下，总部使用总部账套，办事处作为总部的一个业务部门，与总部使用同一个业务账套。办事处与总部之间的商品移动视同调拨处理。

模式 4，一般为两级分销模式，类似于模式 2，不同的是经销商不但要求独立核算，有自己的账套数据，而且独立性较强，如可以销售集团外非本公司产品，故要求对基础资料等有相对独立修改、增加的权限。

模式 5，为一级分销模式，即我们通常理解的直销，直接面向客户销售产品。

模式 6，为连锁专卖分销模式，如连锁店、专卖店、超市、商场等。在此模式下，总部、配送中心使用总部账套，门店既可以使用自己的业务账套又可以统一使用总部账套，其中门店又可分为前台、后台两个操作端，前台通过 POS 系统进行业务处理，当然也可以不配置门店后台，直接与总部账套连接，这完全取决于自身的管理需要。

模式 7，类似于模式 1，区别在于下级机构允许对应多个上级机构。这时的上下级之间的数据归总可以根据需要进行灵活设置。

营销总部处理分销运作体系跨域的往来业务，并对各分支机构的业务运作状况进行监控和分析，从而统筹其分销体系的物流、资金流以及信息流以达到整体管控的目的。它是连接进销存各系统的桥梁和纽带，负责总部与分支机构信息的交换处理，对从前台到后台、从总部到分支机构，从订货、补货计划制定到商品内部调拨分配，从移动下单到商品出库、货款收回、财务记账等提供解决方案。其包括的功能模块如下：

● 销售管理：实现客户档案、销售合同、销售报价等销售基础数据的设置，完成销售业务，包括销售单、发货、补货、退货、样品试用管理，并提供销售台账查询。

● 促销管理：实现一系列销售的市场行为，包括促销计划维护、促销费用维护、折扣管理。

● 库存管理：完成库房日常库存作业并管理各分支机构和分销商的库存，包括入库、出库、盘点、库房初始化、库存台账、分布式库存管理。

● 采购管理：支持规范的日常采购业务，包括供应商档案、采购报价、采购申请、采购合同、采购计划、采购单、返厂。

● 配送管理：合理安排、管理企业配送资源，明确各配送过程的指标。包括车辆动态管理、货物配载管理、派车计划、行车日志管理、配送事故管理、货物交接管理。

● 客户资信管理：合理评估、维护客户综合品质并在业务中严格加以控制，主要包括账期维护、信用等级维护、信用指标维护、欠款查询、坏账处理。

● 应收处理：完成企业销售业务的应收款管理，包括期初数据录入、现金单、收/付款单、应收票据、核销处理、销售记账、账龄分析、应收款预警。

● 应付处理：完成企业采购业务的应付款管理，包括期初数据录入、收/付款单、应付票据、核销处理、采购记账、账龄分析。

● 售后服务：提供服务记录、跟踪，包括消费者投诉、客户服务维护、重点客户管理。

● 系统管理：包括系统登录，系统用户管理，系统用户组管理，操作日志维护和查询，数据备份与恢复，界面操作权限管理，数据访问权限管理，信息/单据授权访问管理，数据上传、下发和同步管理等。

● 基本资料维护：如单据编码维护、商品类别编码维护、商品编码维护、单位维护、部门人员编码维护、税种维护、系统开关设置、库房资料（库房、货区货位）维护等。

● 综合查询统计：提供通用的查询和汇总信息，满足客户任意的需求组合。

● 决策支持：提供企业领导层决策的准确分析数据，包括供应商供货品质分析、客户信誉分析、客户销量月对比分析、地区销量月对比分析、客户销额月对比分析、地区销额月对比分析、地区销量销额分析、客户销售排名、商品销售排名、业务员销售排名、部门销售排名、地区销售排名、客户欠款分析、缺货月对比分析、报废品月对比分析、地区销售排名表、企业商品销售排名表、企业商品类别销售排名表等。

营销总部管理系统既适合下设多级营销机构（利用分支机构、代理商等实现商品销售的渠道分销企业，如企业集团、销售公司等），也适合百货商场、超市、连锁店、专卖店等中小型连锁配送企业。

二、分支机构/分销商管理系统

分支机构/分销商的业务特点是实现集团分销数据的即时传输；实现购销双方业务单据的自动转换；上报数据管理——设定需要各业务处理系统上报的数据范围与内容；下发数据管理——设定需要集团统一设定、修改，然后下发给各业务处理系统的数据范围与内容，并在设定的时间内将这些数据自动下发到相应的业务处理系统内。因此，这一模块所包括的基本功能和营销总部管理系统的功能稍有区别，各有侧重。

● 销售管理：实现客户档案、销售合同、销售报价等销售基础数据的设置，完成销售业务，包括销售单、发货、补货、退货、样品试用管理，并提供销售台账查询。

● 促销管理：实现一系列销售的市场行为，包括促销计划维护、促销费用维护、折扣管理。

● 库存管理：完成库房日常库存作业并管理各分支机构和分销商的库存，包括入库、出库、盘点、库房初始化、库存台账、分布式库存管理。

● 配送管理：合理安排、管理企业配送资源，明确各配送过程的指标。包括车辆动态管理、货物配载管理、派车计划、行车日志管理、配送事故管理、货物交接管理。

● 客户资信管理：合理评估、维护客户综合品质并在业务中严格加以控制，主要包括账期维护、信用等级维护、信用指标维护、欠款查询、坏账处理。

● 应收处理：完成企业销售业务的应收款管理，包括期初数据录入、现金单、收/付款单、应收票据、核销处理、销售记账、账龄分析、应收款预警。

● 应付处理：完成企业采购业务的应付款管理，包括期初数据录入、收/付款单、应付票据、核销处理、采购记账、账龄分析。

● 售后服务：提供服务记录、跟踪，包括消费者投诉、客户服务维护、重点客户管理。

● 系统管理：包括系统登录，系统用户管理，系统用户组管理，操作日志维护和查询，数据备份与恢复，界面操作权限管理，数据访问权限管理，信息/单据授权访问管理，数据上传、下发和同步管理等。

● 基本资料维护：如部门人员维护、系统开关设置、库房资料（库房、货区货位）维护等。

● 综合查询统计：提供通用的查询和汇总信息，满足客户任意的需求组合。

● 决策支持：提供企业领导层决策的准确分析数据，包括供应商供货品质分析、客户信誉分析、客户销量月对比分析、地区销量月对比分析、客户销额月对比分析、地区销额月对比分析、地区销量销额分析、客户销售排名、商品销售排名、业务员销售排名、部门销售排名、地区销售排名、客户欠款分析、缺货月对比分析、报废品月对比分析、地区销售排名表、企业商品销售排名表、企业商品类别销售排名表等。

三、门店管理系统

门店管理系统主要应用于零售柜台、连锁店、专卖店等。它为零售收银柜台提供方便快捷的录单、收银以及商品盘点功能，并和整体商业后台、总账账务系统实现无缝衔接，能自动将零售单转换为后台的销售单据，参与核算和统计分析。

- 销售管理：进行客户档案等基础数据的设置，完成销售业务，包括对销售单、要货、退货和返厂的管理，并提供销售台账查询。
- 促销管理：实现一系列销售的市场行为，包括促销计划维护、促销费用维护、折扣管理。
- 库存管理：完成库房日常作业并管理各分支机构和分销商的库存控制，包括入库、出库、盘点、调拨、库房初始化。
- 售后服务：提供服务记录、跟踪，包括消费者投诉、客户服务维护、重点客户管理。
- 系统管理：包括系统登录，系统用户管理，系统用户组管理，操作日志维护和查询，数据备份与恢复，界面操作权限管理，数据访问权限管理，信息/单据授权访问管理，数据上传、下载和同步管理等。

专栏 10—2

微信门店管理系统

微信小店基于微信支付，包括添加商品、商品管理、订单管理、货架管理、维权等功能，开发者可使用接口批量添加商品，快速开店。具备开发能力的用户，可基于接口实现更灵活的功能。门店管理模块包含门店信息、消费验证、店面管理等功能，实现了优惠券、会员卡消费的线上线下打通，是商家打造强大的移动互联全业务平台的重要组成部分。

近日网上有消息称，微信将会在近期向线下的商户开放“附近的人”功能，允许有门店的商户在“附近的人”里面展示门店信息，这个功能对于线下的商户和企业来说能够起到强有力的推广作用。据了解，腾讯旗下的微生活团队曾经尝试过将商户列入“附近的人”，但规模不大。此次微信官方将这一功能进行升级，商家可主动申请入驻，获得门店曝光机会。

第 3 节　渠道信息系统的实施

一、渠道信息化的需求分析

渠道管理信息化是为了解决经营问题、提高运作效率，是手段而不是目的。所以，在实施渠道信息化之前，必须明确哪些问题是需要而且可以借助信息化来解决的。渠道管理中常见的问题有以下几个方面：

（1）市场信息不准确、不及时、不全面。包括客户（进、销、存）信息，产品（产、供、销）信息，行业发展（市场需求变化、产品和技术创新）信息等。

（2）计划实施难协调、难控制、难测评。包括生产（产量、品质、工期）与销售冲突，推广（品牌、公关、文宣）与销售冲突，后勤（财务、结算、储运）与销售冲突等。

（3）激励机制欠规范、欠公正、欠效率。包括对市场的激励（降价、促销、服务），对客户的激励（折扣、返利、奖品），对员工的激励（工资、奖金、职务）等。

（4）管理不规范。如对客户的信用管理存在人情现象、货物售出后不入账等。

（5）应收账款管理不严。

（6）分支机构运营费用控制不到位。

信息化不是万灵药，不可能解决所有的问题。因此，渠道信息化需求分析的目的在于根据企业的发展阶段、市场状况、渠道模式、产品特点等方面的情况确定问题的性质和轻重缓急，有针对性地制定解决方案。比如，是选择自主开发还是选择外部机构辅助实施？系统如何选型？如何根据企业的渠道特点进行二次开发？如何进行具体的实施操作？

专栏 10—3

老字号借信息化升级

过去老字号成功有三个秘诀：货真价实，具有良好的企业文化；在特定历史时期的技术领先，以及忠诚团结的企业团队；传播手段为人际传播，口口相传。然而，在需求多样化、资讯全球化的今天，老字号企业要想重新焕发青春，必须进行信息化升级。老字号企业在用实践经验向世人证明，传统与创新并不矛盾。在北京稻香村董事长兼总经理毕国才看来，借助信息化手段，为企业创立一个规范的运作流程和标准，对于老字号企业技艺与文化的传承更为有效。信息化手段不仅克服了老字号企业库存量小、现金需求大等束缚，还能确保顾客资金安全，把老字号的品牌和产品优势进一步放大。这些百年老店见证了中国民族工商业的崛起，也见证了改革开放跨越式的发展。未来，随着信息化建设的深入发展，老字号企业的体制、管理、产品也将不断推陈出新、与时俱进，重新焕发出老字号的勃勃生机。

资料来源：邬佳玮：《北京老字号协会会长姜俊贤：老字号的新玩法》，http://miit.ccidnet.com/art/32559/20130407/4843899_1.html。

二、渠道管理流程重组

渠道管理信息化的过程也应该是先进管理理念的引进和采用的过程，这就要求渠道信息化与业务流程重组（BPR）相结合。如果在实施过程中不重视业务流程重组或对此环节重视不够，一旦涉及流程方面的整合优化，就会遇到很大的阻力，最终使系统走样，无法实现预期的目标。

流程重组不仅可以把原有渠道管理系统中一些固有的、好的流程保存和继承下来，还可以借鉴国内外先进的管理理念和行业的最佳实践经验，通过信息系统固化下来，实现新流程的可操作性与可控制性。

现代营销理念要求以顾客需求为中心，贯彻这一原则，渠道管理应以客户为中心，渠道成员之间的关系由交易型向伙伴型转变，从单纯追求自身利益最大化向追求整体利益最大化转变，体现双赢或多赢思维。因此，渠道管理流程重组的基本原则是“前方助销服务，后方物流服务”，即前方的管理团队不是传统意义上的销售代表，而是提供专业服务的“道班”，是帮助分销商做生意而不是自己做；后方的物流服务对于分销商而言是“一站式”的全程服务。

（一）建立动态客户档案

客户档案是渠道管理信息化最基本的数据库，是助销服务个性化的依据。传统的客户档案是从便于厂家查询经销商基本情况的角度设置的，主要存在以下不足：

（1）只能静态地反映客户的初始资源和能力状况（资产、网络和信用情况），不能及时地反映客户资源的变化和经营活动情况（如经销品种、分销方式和进销存状况）。

（2）信息收集不规范。既没有常规调查（定期、专人负责），也没有专项调查，目的不明确，信息不及时、不全面。

（3）相关部门的客户信息不能共享。比如，与销售财务没有接口，信用控制难以及时有效；与销售物流没有接口，配送计划往往滞后；与市场监控没有接口，渠道促销效果测评难以准确。

针对上述问题，要建立科学有效的客户档案必须注意两点：

第一，在方法上，信息收集要制度化，由一线销售办事处的专管业务代表定期采集相关信息，对每个客户档案进行动态更新；由销售、财务和结算把每一笔往来业务自动录入。

第二，在内容上，客户档案的内容应包括基本信息、业务状况和交易状况三个方面，参见表 10—2。对客户档案的内容实行编码，以便查询和使用。客户档案可以通过企业内部网对相关部门开放。

表 10—2　　　　客户档案　　　　建档日期：　　年　月　日

<table>
<tr><td colspan="2">单位名称</td><td></td><td>地址</td><td></td></tr>
<tr><td colspan="2">负责人</td><td></td><td>电话
传真</td><td></td></tr>
<tr><td colspan="2">企业性质
与规模</td><td></td><td>商业信誉</td><td></td></tr>
<tr><td colspan="2">地理位置/
店铺面积</td><td></td><td>经营特点</td><td></td></tr>
<tr><td colspan="2">主营业务</td><td></td><td>经营品牌</td><td></td></tr>
<tr><td rowspan="4">业务状况</td><td>销售业绩</td><td colspan="3"></td></tr>
<tr><td>管理者与业务
人员素质</td><td colspan="3"></td></tr>
<tr><td>同业关系</td><td colspan="3"></td></tr>
<tr><td>与本公司的业务
关系及合作态度</td><td colspan="3"></td></tr>
</table>

交易状况	销售活动现状	产品购进	
		产品销售	
		产品库存	
		购货结算	
		应收账款	
		包装占用	
		包装结算	
		促销费用	
		销售折扣	
		期末返利	
	网络分布状况		
	存在的问题/保持的优势/未来对策		
	交易的条件以及信用状况		
备注			

（二）建立客户助销体系

客户助销体系旨在为客户的再销售提供有效服务。传统的营销理念导致厂家和商家之间是交易型关系，不少厂家认为货物出了自己的仓库就实现了销售。殊不知，如果货物滞留在渠道商家的仓库，那么仅仅意味着“挪库”——从自己的仓库挪到了分销商的仓库而已。这种情形的结果可想而知：分销商本身并非最终消费者，分销商所面临的货物滞留的压力最终还是要传递给生产厂家。

基于此，企业必须树立“以客户为中心”的理念，与客户建立和发展合作共生的关系。通过渠道服务、物流服务和技术服务，打通销售链条，保证从厂家到商家再到最终消费者的所有环节的通畅。

生产厂家为分销商进行渠道服务，就是要协助分销商进行渠道拓展、市场调查、客情维护和销售服务，甚至还需要为分销商提供超出产品销售之外的服务，比如为分销商提供管理方面的改进建议、帮助分销商培训业务代表。此时，厂家的业务人员扮演的是客户顾问的角色，这对业务人员的素质提出了更高的要求。渠道服务由企业销售部门负责。片区经理负责市场拓展，包括区域拓展、客户拓展和客情维护。企业的销售代表负责市场调查和销售服务。市场调查包括商情调查、制作运营报表和进行促销测评；销售服务包括理货服务、卖场促销和受理投诉等。渠道服务表参见表 10—3。

生产厂家为分销商进行物流服务，一是由企业的销售财务为分销商进行财务结算；二是由企业成品库或分支机构仓库及时为分销商做好产品的配送与发运；三是对分销商进行绩效测评、促销测评以及受理顾客投诉。物流服务表参见表 10—4。

表 10—3　　渠道服务表

	项目	内容	执行者
渠道服务			销售部
	市场拓展		片区经理
		区域拓展	
		客户拓展	
		客情维护	
	市场调查		销售代表
		商情调查	
		运营报表	
		促销测评	
	销售服务		销售代表
		理货服务	
		卖场促销	
		受理投诉	

资料来源：许泽人：《渠道为王——中国消费品市场分销攻略》，广州，羊城晚报出版社，2003。

表 10—4　　物流服务表

	项目	内容	执行者
物流服务			
	财务结算		销售财务
		订单处理	计划、开票
		赊销信用	财务、结算
		预算监控	财务、结算
	仓储配送		
		调度拼货	库管
		调度发运	发货员
		包装回收	材料库、质检
	销售行政		
		绩效测评	统计
		促销测评	市场专员
		受理投诉	服务热线

资料来源：许泽人：《渠道为王——中国消费品市场分销攻略》，广州，羊城晚报出版社，2003。

生产厂家为分销商进行技术服务包括售前、售中和售后服务，详见表 10—5。对于快速消费品而言，技术服务就基本不要求了。

需要指出的是，以上所提到的部门设置和人员分工未必与很多企业的实际设置状况完全吻合。是否有相对应的部门并不重要，重要的是需要有承担相应职责的人——企业规模大的时候，可能是相应的部门；企业规模相对小的时候，可能是一个人承担一项或若干项职责。

表 10—5　技术服务表

	项目	内容	执行者
技术服务			
	售前服务		技术部
		产品知识培训	
		产品维修培训	
	售中服务		技术部
		安装调试	
		质量问题处理	
	售后服务		售后服务部
		质量投诉	
		事故投诉	

资料来源：许泽人：《渠道为王——中国消费品市场分销攻略》，广州，羊城晚报出版社，2003。

三、实施渠道信息系统的困境与原则

（一）我国渠道管理信息化的五大困境

相对于西方发达国家和地区，我国企业在渠道管理信息化方面还存在相当大的差距，具体表现为我国企业渠道管理信息化方面存在如下五大困境：

1. 数字化程度低，基础设施落后

西方企业在渠道管理中广泛使用先进的信息技术和通信手段，形成了由企业资源计划系统、客户关系管理与呼叫中心、自动仓储系统和物流配送系统等组成的“数字神经系统”。而我国企业基本上还处于“小米加步枪”的阶段，自动化程度低，基础设施落后。

2. 以“人治”为主

信息化需要企业管理标准、明确、规范，不能似是而非，而我国企业渠道管理不仅基础数据匮乏，甚至缺乏基本的业务流程和管理规章与规范，管理的随意性大，在信息化过程中会遇到很大的困难。

3. 管理水平低，运作成本高

管理的规范化和优化是信息化的基础，对于分销业务而言，最主要的目标在于速度、效率和成本，体现在车辆调度、运送范围、线路规划、搬运方式、司机管理等细节的工作上。而我国企业渠道管理水平低，导致运作成本高昂，而且管理不规范，导致在系统实施过程中业务需求不明、流程设计迟迟不能确定，增加了项目实施控制的难度。

4. 意识落后，缺乏长远的规划

企业要么不知道信息技术能够给业务运作与管理带来哪些影响，不知如何应用；要么对信息技术“敬而远之”，以为将信息化工作交给信息中心或信息技术部门就万事大吉。殊不知，信息化首先是业务部门的事，而不应该由信息技术部门主导。

5. 选择不当，埋下隐患

一项调查显示，在 IT 应用不成功的案例中，因软件选择不当而失败的比例高达 67%。正确的选择是成功的重要条件，在这方面常见的问题包括：一是好高骛远，“贪大求洋”。很多企业不顾自己的实际需求，购买最好最贵的软件，聘请“洋咨询”，花了大价钱，实际效果却并不一定好。二是目光短浅，只强调对现有业务的电子化，缺乏整体规划和一定的前瞻性，束缚了企业业务的发展。要么不断修修补补，要么被迫重新更换系统，导致巨大的浪费。三是忽视了选择服务与选择软件同等重要。渠道管理信息化是一项复杂的高知识含量的工作，风险很大，没有经历过实际项目的人很难有效地把握整个项目的推进和规避风险，如果企业自己摸索，很可能陷入“IT 泥潭”。

（二）渠道信息化建设的五项原则

1. 理念先行

以客户需求为导向，通过流程重组保留合适的流程，借鉴和吸收先进的经验，去除不合适的流程，通过信息技术的手段进行固化。渠道信息化建设的过程也是渠道管理理念提升的过程。为信息化而信息化，无疑是本末倒置。

2. 要从解决最迫切的问题入手

哪个地方是企业经营中最薄弱的环节，就从哪里入手。根据“木桶原理”，水桶的盛水量取决于最短的那块木板，因此，从解决最迫切的问题入手的好处在于能够以很小的投入获得较大的产出。在很多分销商中，最大的问题往往是库存，这是第一步迫切要解决的。

3. 要以业务部门为主导

以业务为本，以管理为纲，信息技术只是实现业务运作与经营管理信息化、集成化、网络化、智能化的手段，因此，业务部门必须先考虑清楚怎么做业务，业务流程什么样，怎么进行管理和监控，然后再用信息技术的手段来实现。

4. 整体规划，分步实施

先从配送需求计划做起，拓展到企业资源计划，打通内部的运作环节，然后建立电子商务；接下来要建立客户关系管理系统，以及决策支持系统、商业智能系统等。

5. 灵活性与简洁性相结合

灵活性是指软件要能适应企业的变化、发展与业务增长。同时应该尽量选用简洁的，而不能用特别复杂的系统。如果那样，会大大增加企业信息系统的维护成本，提高 IT 应用的整体拥有成本。

本章小结

1. 渠道信息系统是指利用信息技术对渠道进行管理。它拓宽了渠道管理的空间，延伸了渠道管理的时间，对企业发展起到了较大的推动作用。

2. 渠道管理系统的作用主要体现在：杜绝信息“贪污”，及时做出决策，帮助企业提高管理透明度；掌控分支机构，帮助企业提高运营效率，降低运营成本；加强客户关系管理，提升客户满意度；帮助企业规避经营中的风险，对市场进行灵活的应对；打通销售链；带来业务模式创新的机会。

3. 企业实施渠道信息系统的原则是：理念先行；问题导向；以业务部门为主导；整

体规划，分步实施；灵活性与简洁性相结合。

思考题

1. 渠道信息系统的作用主要体现在哪些方面？
2. 渠道信息系统通常包括哪些功能模块？
3. 实施渠道信息系统应注意什么？
4. 现阶段我国企业实施渠道信息系统存在哪些误区？

案 例

上品折扣信息化实现精细运营

上品折扣是中国都市型百货折扣连锁店品牌，囊括8家实体店和1家电子商务网站上品折扣网。上品折扣经营600余个国内外知名品牌、近10万款商品，门类涵盖百货业态的主要商品品类，包括各种知名品牌的服装、服饰、鞋、运动用品、休闲户外用品、儿童用品、家居生活用品、皮具箱包、化妆品、钟表、珠宝、各类饰品等。与实体连锁店同步推出应季新品、统一价格销售。公司旨在以更便捷的购物方式、更快速的配送服务，更广泛地面向全国消费者，让中国各个区域的时尚一族，同步得享高品质、高性价比的潮流商品。

1. 信息化布局

随着消费者购物习惯改变，上品折扣围绕顾客衍生出新的销售渠道，未来将借助二维码通过邮报和印刷品直接零售商品。上品折扣市场营销总经理白雪峰介绍，“我们已经做到直接拍二维码就可以买商品，我们的邮报变成了上品的零售商店，你收到我们的邮报扫一下在家里就可以买”。

2012年8月，上品折扣与支付宝达成移动领域的支付合作，可以通过支付宝在专柜实现付款。2013年11月，在上品折扣所有门店正式开通微信支付业务，成为国内首家开通此项业务的零售百货商场。消费者到上品折扣门店购物不必再到收银台排队，而是通过手机微信支付后便可直接取货。用上品自己的话来说，“我们把每一个移动终端变成了收银员，提高了收银效率。同时通过这种线上线下的客户互动，也取得了很好的收益，实现了同比67%的增长”。

上品折扣独立开发的APP应用也将上线，这是上品折扣向全渠道零售和移动电商领域迈进的重要一步。在上品折扣电子商务经营中心负责人看来，相比PC，移动终端可展示的产品要少而精，不是大而全，未来移动客户端将会成为产品精选店，以展示应季热销品类和商品为主，并且通过精准选品和数据分析，针对每个用户的购物记录和浏览习惯进行个性化推送，实现移动终端“千人千面”的商品展示。

上品折扣的信息化改革源于自身对信息技术的不断推演，早在3年前专攻技术研发的上品科技公司就已成立，从事消费领域的前沿性研究工作，在成立之初上品折扣就对Pad产品展开研发，在竞争对手尚没有让Pad切入服装零售领域的思路之时，上品折扣已经将成型的产品投入使用。

2. 基于数据创新管理

实现线上线下的数据统一后，上品折扣谋求进一步的精细化管理，即通过后台数据库达到一定的数据沉淀后，进行一系列的经营创新。

当发现某些供货商出现滞销情况，上品折扣会采取以下措施：建议降价，或将其调整到差一些的位置。而对于那些销售情况良好的品牌，则可以保证提供最好的位置。对于上品折扣的建议，供货商大多能接受，因为他们能出示很全面的销售数据。

同时，上品折扣也能发现哪些商品畅销，从而推动供货商的销售。例如，上品折扣发现某家品牌商的某款鞋子销售额持续领先，便建议该品牌多进这款鞋子。

通过长期的积累，上品折扣也可以得知供货商的历史销售数据，从而在供货商的合作、品类等选择上制定更科学的策略。对于不同的供货商，上品折扣也可以实行不同的策略，给予提前付款或者更优惠的政策。

资料来源：《上品折扣打破常规 信息化实现精细运营》，http://www.linkshop.com.cn/(3jqyvd450nop5d55fndznkrc)/web/Article_News.aspx? ArticleId=135031。

问题：

1. 时代在变化，你认为上品折扣的信息化模式是否有竞争力？
2. 你认为上品折扣信息化策略的发展方向是什么？

第11章

评估渠道绩效

学习目标

- 了解渠道评估的概念和流程
- 理解渠道绩效评估对渠道管理控制的重要意义
- 掌握评价渠道绩效的基本方法
- 掌握评价渠道成员绩效的财务方法并可初步应用

三一重工作为工程机械行业的领军企业，在经济全球化的背景下，不仅注重产品生产，而且认为作为供应链的重要环节，经销商凭借自身对市场的了解，拥有营销渠道的优势，与零售商、分销商或与客户直接联系，可以帮助企业将产品推向市场。经销商管理模式的选择在企业的产品销售中发挥着关键作用。三一重工工程机械经销商的评估考核一般从销售业绩、基础能力建设、服务与配件、融资与债权几个方面进行，并根据经销商的经营业绩对其进行排名。为降低来自经销商的风险，三一重工通过采取对经销商注资的方式，与经销商形成捆绑式和风险共担的合作关系模式。三一对经销商的注资比例大约为9%，这在一定程度上实现了对经销商的管理和监控，比如查看经销商账目等。

渠道管理是一个动态过程，不仅包括确定渠道模式、选择与激励渠道成员，而且包括在必要的时候对渠道模式或渠道成员进行动态调整。渠道建设不是一项一劳永逸的工作，而是需要根据企业内外部环境的发展和变化持续地改进。因此，渠道绩效评估是渠道管理的一项重要内容。

第 1 节　什么是渠道评估

生产厂家应定期对渠道系统或渠道系统中的渠道成员进行绩效评估，以确保整个渠道系统或渠道系统中的渠道成员能够按照厂商制定的相关管理措施高效运转。

一、渠道评估的定义

渠道评估就是指厂商通过系统化的手段或措施对其营销渠道系统的效率和效果进行客观的考核和评价的活动过程。

渠道评估可分为宏观层面和微观层面。从宏观层面来说，渠道绩效就是指渠道系统表现出来的对社会的贡献，是站在整个社会的高度来考察的；从微观层面来说，渠道绩效则是指渠道系统或渠道成员对厂商所创造的价值或服务增值，是从厂商自身的角度来考察的。我们在本章中主要从厂商的角度阐述如何对渠道系统进行渠道绩效的评估，评估的对象既包括整个渠道系统，也包括渠道系统中某一层级的渠道成员。在营销实践中，不少厂商同时对某个层级的渠道成员及整个渠道系统进行评估。尤其是在渠道扁平化的发展趋势下，厂商更多地加强了对渠道系统中具体渠道成员的绩效评估，以利于厂商决定是否对某些层级的渠道成员进行扁平化管理。

二、渠道评估的流程

渠道的目的在于帮助实现企业的销售目标。对渠道的评估旨在建立一套与企业特定经营目标相一致的评价指标，引导渠道行为。渠道评估整体流程如图 11—1 所示。

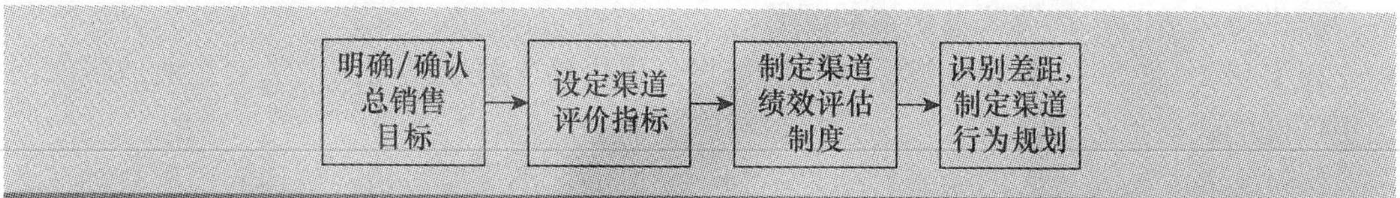

图 11—1　渠道评估流程图

(一) 详尽了解企业经营目标并将其分解成一系列销售目标

如图 11—2 所示，在公司目标与渠道行为之间建立更紧密联系的方式是将公司目标分解成一系列具体、明确的销售目标。一个呼叫中心很难从诸如“提高经营利润”这样的公司目标中决定采取什么行动，但“使交易成本降低 5%”这样的销售目标则容易操作。销售目标提供了期望值的底线，围绕这个底线，可以建立渠道的绩效指标和评定制度。

一些企业已经拥有强大的销售目标，这些销售目标将公司目标有效地传达给各个独立的渠道。但大多数情况下，企业管理层，尤其是运用复杂多渠道体系的企业的管理层，很少能对在市场领域中所有渠道组合后应该完成哪些任务指标这个问题给出满意的答案。通过分解公司目标可以给出答案：

(1) 将每一个单个的公司/业务目标一一分解为对应的销售目标。将公司的每一个目

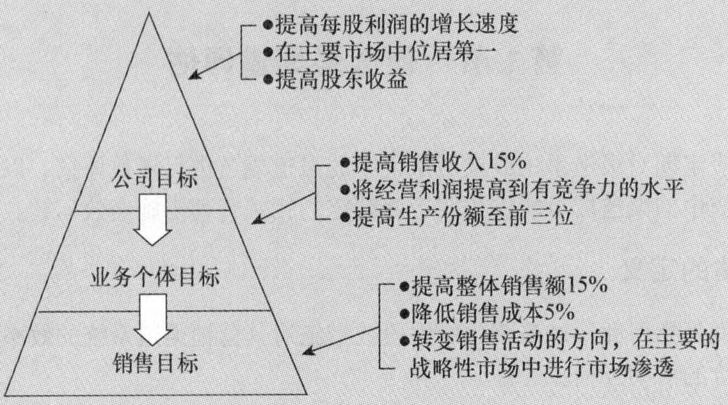

图 11—2　销售目标与公司目标及业务个体目标是否一致

标独立分解为一个定量的销售目标，如目标“将经营利润提高到有竞争力的水平”通常直接转化成诸如“降低销售成本 5%”这样的销售目标。为帮助企业实现其每一个高水平的战略目标，销售标准应该逐一明确、量化。

（2）将公司目标分解成三类：收入增加、利润提高和客户忠诚度。尽管公司目标各不相同，但大多数都适合这种分类法。将有关公司目标与以上三大类别一一对应是有必要的，因为这种简单的分类法能为企业在设定合理的销售目标过程中提供明确的销售任务。1）收入增加目标要求对应的销售致力于获取新客户，增大客户群的范围，加强对新市场的渗透，以及加强对已有市场的渗透；2）利润目标要求对应的销售致力于保留老客户，降低交易成本，将重点置于大多数能带来利润的客户，更有效地运用销售资源；3）客户忠诚度目标要求对应的销售目标着重改善客户服务质量，提供更强大的售后支持，向主要客户提供更灵活的销售资源及渠道的配置。

以上三类目标并不是相互排斥的。通过将公司目标分解成以上三大类，企业通常能给出更明确的销售任务以设定合理的销售目标。

杂乱无章、数量庞大的销售目标是不利于完成的，小规模、精心挑选的销售目标在运作时更为有效。事实上，3～5 个主要销售目标通常就能为制定渠道绩效指标提供一个有效的指南。

当一系列完整的销售目标清楚地表达出来时，第一步骤就完成了。

（二）设定渠道绩效评价指标

绩效指标是有效渠道管理的中心部分。一个清楚而明确的绩效指标描述，如“使今年的渠道销售量增加 10%”或“将每月电话量提高 10%”，为评估渠道成功与否、追踪渠道绩效状况提供了一个基准点，也便于企业采取补救措施，使渠道绩效与其预期值一致。合理的渠道绩效指标基于销售目标和销售过程中的渠道作用两个前提。销售目标指的是所有销售行为的总目标。它说明，一个单独的渠道个体，其目标绩效水平必须以能帮助企业实现其销售目标为导向。设定的绩效指标必须能反映销售过程中每个渠道各自扮演的角色。例如，如果某个渠道的职能是提供客户支持服务，那么为其设定一个收入指标显然是没有意义的。同样，客户满意度对一个仅负责企业潜在客户的渠道来说通常也不是有价值的绩效指标。企业为每个渠道设定的期望值必须能够反映该渠道在销售过程中所承担的特定职责。

在确定渠道评估指标时，可以遵循图 11—3 所示的框架。在某些情况下，这种顺序可以变动，或者重复某些步骤以找到合适的评估指标。这个流程的目的主要还在于清楚地认识所需评估的方面，确定有针对性的指标。

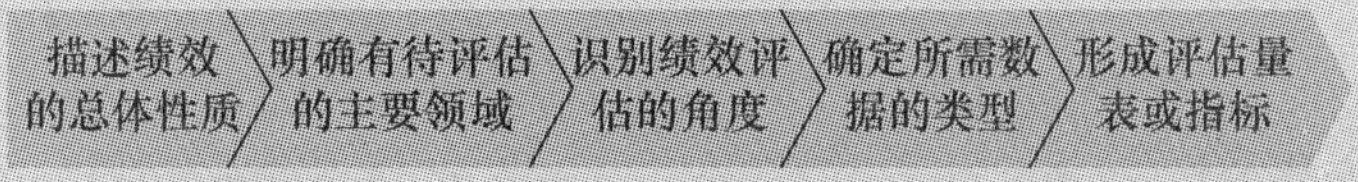

图 11—3　评估指标确定流程

1. 描述绩效的总体性质

这一步骤的意义在于考虑渠道绩效的多个方面和影响因素，以避免遗漏。绩效的定义可能包括某些方面而不包括另外的一些方面，这取决于具体的绩效问题。比如，在评估顾客服务绩效时，顾客满意度可能是一个好的指标，但它并不评估不同顾客服务活动的获利性，也不测量因服务而损失的顾客满意。其他一些定义渠道绩效的备选方案包括 3E 绩效（效益、公平、效率）、基于结果和基于行为的控制系统等。从总体上不是一开始就确定一个具体的定义，有助于识别绩效问题独特或显著的特性。

2. 明确有待评估的主要领域

这一步骤的主要意义在于尽可能地将渠道绩效的一些细微方面包含到测量指标中去。

3. 识别绩效评估的角度

渠道绩效评估至少有三个角度：（1）内部的角度，比如，渠道的某个成员为了比较自己的绩效与目标之间的差距，进行自我评估；（2）外部的角度，渠道成员的绩效由其目前（或潜在）的合作伙伴进行评估，比如，厂家从供应商的角度对分销商绩效进行评估；（3）第三方的角度，指渠道外部的第三方对渠道绩效进行评估，比如，监管机构调查价格歧视或限制销售条款。对绩效评估的角度进行清楚的认定非常重要，因为它是绩效标准的主要决定因素。

4. 确定所需数据的类型

这一步主要决定需要收集什么样的数据及其收集方法：是财务数据还是非财务数据，是主观数据还是客观数据，是原始数据还是标准数据，是采用调查、内部审计还是二手资料的方法。

5. 形成评估量表或指标

评估指标多种多样，本书以重型卡车行业中评估渠道成员的绩效指标为例加以说明，如表 11—1 所示。

表 11—1　　重型卡车行业中评估渠道成员绩效的 34 个指标

基于产出的指标	基于行为的指标
1. 总经销量	17. 服务部门
2. 总经销利润	18. 担保索赔的过程

续前表

基于产出的指标	基于行为的指标
3. 销售毛利	19. 建筑设施
4. 库存额	20. 办公室系统
5. 市场份额	21. 雇员激励计划
6. 顾客满意度	22. 贸易区域范围
7. 销售费用	23. 销售人员的产品知识
8. 投资回报	24. 销售人员的销售技巧
9. 库存费用	25. 经销商财务计划
10. 客户服务的总体水平	26. 经销商业务计划
11. 按产品类型划分的销售数量	27. 广告促销方案
12. 销售人员人均销售量	28. 顾客抱怨数量
13. 销售定额	29. 买方信用管理
14. 供应商利润	30. 准确的销售预测
15. 按产品类型划分的销售金额	31. 销售拜访总次数
16. 各产品类型的利润	32. 当前客户的拜访次数
	33. 非客户的拜访次数
	34. 产品演示次数

资料来源：Mark T. Spriggs，"A Framework for More Valid Measures of Channel Member Performance"，*Journal of Retailing* 70. No. 4 (1994)：335.

(三) 制定渠道绩效评定制度

渠道的绩效评定使企业管理者能够随时追踪渠道的绩效状况，确保其与对应的绩效指标相符，并揭示存在的绩效问题。

合理绩效评定的中心概念是绩效的主要决定因素。所谓绩效的主要决定因素是指能直接并强有力地影响渠道综合绩效的渠道行为。例如在远程服务领域，一个销售副总裁可能将创造更多销售电话量确定为一个呼叫中心业务增长量的最直接来源。如果目标是降低成本，则呼叫中心绩效的主要决定因素将是那些能最大限度地影响渠道实现其绩效指标的行为或行动。

(四) 认清绩效差距并制定渠道行为规划

渠道绩效指标及评定制度的作用是什么呢？渠道评定制度有两个基本用途。首先，它们可用做管理渠道绩效的强有力的连续检测工具。连续的绩效评定是动态渠道管理的基础，它使市场预期值与实际值实现实时对照及调整。其次，同样重要的是渠道绩效评定制度提供了认清渠道现有水平与实现销售目标所需要的未来绩效水平之间的差距的一个机会。事实上，大多数企业渠道绩效还没有达到 2～3 年以后所需达到的水平。关键是明确为达到未来绩效水平，每个渠道现在必须采取什么行动。

在确定一个渠道为实现目标的绩效水平时，渠道行为规划是决定必须采取哪些具体行动的强有力的管理手段。制定渠道行为规划包含以下步骤：

(1) 以渠道绩效指标及主要评定制度为起点，这两个因素将用来对渠道行为进行评定，以使其与绩效指标相符。

（2）记录每种评定制度的渠道实际绩效。

（3）确定 18～30 个月后渠道绩效必须达到的水平。

（4）确定一系列具体的针对渠道的行为，以帮助渠道从现在的绩效过渡到未来（期望）的绩效水平。

渠道行为规划通过将企业的销售目标和渠道绩效指标解析成具体的渠道行为来发挥渠道优势。该渠道行为与渠道实现其目标、达到其绩效指标的要求相一致。

当涉及一个多渠道投资组合时，应高度强调渠道绩效管理的重要性。作为一个指导性体系，一系列经过认真推敲后选定的目标和评定制度，为确保销售渠道能够服务于企业的主要目标并在销售过程中履行其应该履行的职责提供了基本前提。同时，该目标和评定制度也使企业管理者能够按照渠道绩效必须与公司目标及期望值相符的要求确定具体的渠道行为。

第 2 节　渠道整体绩效评估

如果从各个子模块角度审视渠道绩效，我们有可能得出截然相反的结论，为此，有必要从全局角度来审视渠道绩效。

一、从社会的角度评估

斯特恩等提出了评估营销渠道整体绩效的多维结构 3E 模型。这一模型包括对渠道成员的财务绩效和渠道的社会贡献的测量。而渠道的财务绩效又是渠道所承担的其他多种任务与责任的体现。

3E 模型采取的是一个较为宽广的角度，如图 11—4 所示。效果（effectiveness）是指渠道以尽可能低的成本将服务或产品交付给最终消费者的全球绩效力。总体而言，工业化

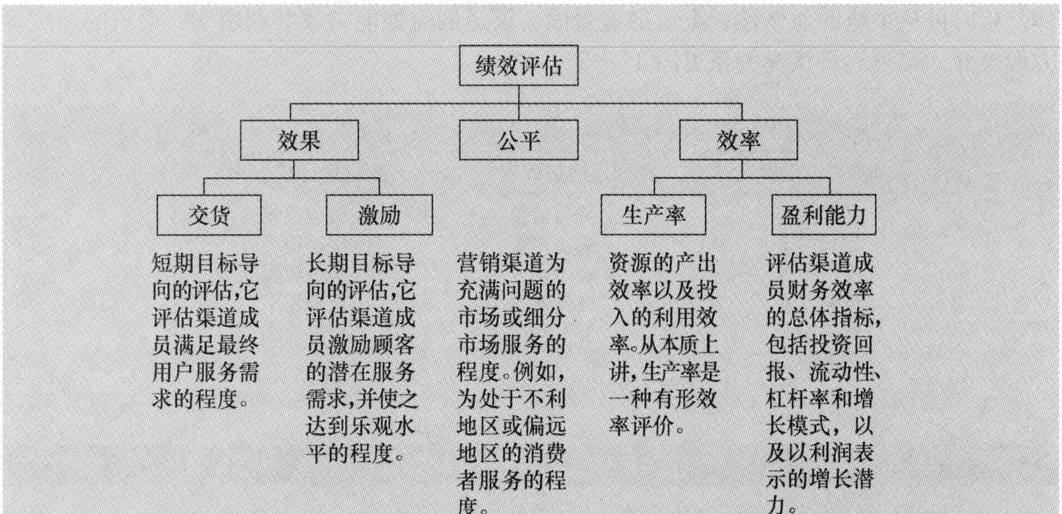

图 11—4　营销渠道绩效评估 3E 模型

国家的渠道效果优于非工业化国家的渠道效果。公平（equity）是指一个国家的所有公民有相同的机会去使用现有的营销渠道，有相同的能力去接触现有的营销渠道。从这个角度而言，全球性分销的公平性是相当差的，就我们国家目前而言也是如此——在购买同类产品时，农村和内陆地区的消费者往往要比城市和沿海地区的消费者支付更高的价格，但所得到的却是相对较差的质量和服务。效率（efficiency）是指以较低的社会资源达成某些具体结果。由于这些具体结果通常是针对细分市场的目标消费者的服务条款，因而效率和效果是紧密相连的。信息技术的发展提高了渠道的效率。

二、从企业的角度评估

从企业的角度考察整个渠道，可以从渠道管理组织、渠道运行状况、渠道服务质量和渠道经济效果四方面进行。前三者主要是定性分析，后者是从财务角度进行定量分析。

（一）渠道管理组织评估

渠道管理组织的评估包括两个方面的内容：第一是要考察渠道系统中销售经理的素质和能力。比如在厂商的渠道系统中，从事销售工作3年以上且一定学历以上的地区经理占销售经理总数的比例有多大，该比例越大，表明销售管理组织的素质和能力就越强。第二是考察厂商分支机构对零售终端的控制能力。比如，厂商分支机构是否有自控的零售终端？如果有，自控零售终端的销售额占厂商分支机构所在地销售额的比例是多少？

（二）渠道运行状况评估

渠道的运行状况是指渠道成员之间的配合、协调以及积极性发挥等方面的综合表现，它决定渠道的效率和功能。

渠道运行状况评估是以渠道建设目标和分销计划为依据，考察任务的分配是否合理、渠道成员的合作意愿与努力程度、渠道冲突的性质与程度、销售是否达到既定目标等。具体分析时可从渠道的通畅性、渠道的覆盖面、渠道的流通能力及其利用率、渠道的冲突等方面展开。渠道运行状况关系见图11—5。

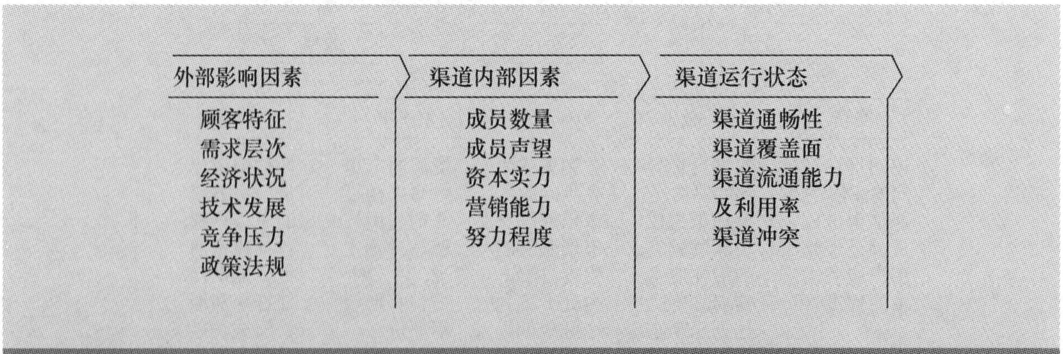

图 11—5　渠道运行状况关系

1. 渠道通畅性

渠道通畅性是指产品流经渠道各环节时的通畅程度，即指产品能否在合适的时间到达顾客手中。这可以通过以下几方面情况来判断：渠道的某些环节是否有断货现象，产品是否在中间环节积压，产品到达某一环节的时间是否正常等。

2. 渠道覆盖面

渠道覆盖面是指最大的销售区域。它是衡量渠道运行状况的一项重要指标，可从渠道成员数量、分布区域和零售商圈大小等方面衡量。

3. 渠道的流通能力及利用率

渠道的流通能力是指厂商在单位时间内经由该渠道将产品转移到用户手中的平均数量。流过的产品数量与时间的比值则是流速。一般而言，渠道的流通能力取决于渠道的瓶颈部分。流通能力的评估指标可以通过流通能力利用率来衡量，后者又可以细分为以下指标：平均发货批量、平均发货间隔期、日均销售数量和平均产品流通时间。

4. 渠道冲突

渠道冲突是交换过程的一部分。无论怎样对渠道进行设计和管理，都不可能完全消除冲突。过多的渠道冲突会导致渠道的失调，但一定程度的渠道冲突还能产生建设性的作用，使渠道获得适应变化中的环境的动力。因此，处理渠道冲突的重点不在于如何消除，而在于如何管理（关于渠道冲突的详细介绍，请参见本书第 8 章）。

专栏 11—1

出版社网络营销渠道的评估

在数字时代下，网络营销渠道由于有着独特的优势，成为出版社发行渠道中必不可少的一部分。对网络渠道的评估虽然具有一定的难度，但由于评价的内容如库存能力、资金实力、促销能力、服务能力、诚信度等是相对稳定的，这给我们对渠道做出判断提供了充足的依据。

（三）渠道服务质量评估

对服务质量的评估可以从信息沟通、实体分配服务、促销效率和顾客抱怨与处理等方面进行。

1. 信息沟通

市场信息的收集者和传送者主要是零售商或批发商，信息的接收者和使用者主要是生产厂家或渠道领导者。信息沟通质量主要是考察渠道的下游对上游所反馈的市场信息与产品信息是否有效，衡量指标包括沟通频率、沟通内容、沟通时间和沟通方式。

渠道商家往往身处市场一线，相对生产厂家而言更接近消费者。在沟通良好的情况下，下游企业在某种程度上可以常年为上游企业承担市场调研的职能。沟通的信息范围可以是当地的经济状况与发展趋势、政府的政策与法规，可以是竞争品牌的营销新举措、新进入者的情况，也可以是自身业务开拓如市场份额变化、宣传与促销等诸多方面。因而渠道信息沟通质量对于生产厂家的营销决策具有重要意义。

2. 实体分配服务

实体分配也称为物流。它指对原料和最终产品从生产者向使用者转移，以满足顾客的需要，并从中获利的实物流通的计划、实施和控制。实体分配的基本功能包括物质的运输、保管、装卸、包装、流通加工以及与之相联系的物流信息。实体分配服务质量是指渠道成员满足顾客需求的及时程度。及时满足顾客需求不仅要求快速完成谈判、签订合同，而且要快速交货，以使顾客在需求产生时能立即购买到所希望的产品。可口可乐公司的“无所不在”策略就使得其实体分配服务具有极高的质量。

不少公司这样描述它们的实体分配目标：以最低的成本将适当的产品在适当的时间运到适当的地点。这一目标缺乏实际的指导意义，没有一个实体分配系统能同时兼顾最佳顾客服务和最低分销成本。最佳顾客服务意味着大量的存货、足够的运输工具和许多仓库，这一切都将增加分销成本。最低分销成本意味着低廉的运输费用、低水准的存货和少量的仓库。渠道成员从自身利益出发，一般倾向于保持尽可能小的库存，以减少资金的占用；倾向于通过铁路运输，以节约成本。但铁路运输的速度相对较慢，较低的库存容易造成断货。

西方许多企业在设计和管理渠道时，着重从六个方面来控制实体分配的服务质量：快速反应、高弹性、最小库存、优化运输、全面质量控制和产品生命周期支持。

3. 促销效率

渠道促销效率是指在促销活动的前后渠道中产品流通量的变化与预期效果的比较。促销效率的事后评估是检验促销活动是否达到预期目标以及促销花费是否合算的较好途径，同时也是在为下一次的促销决策提供参考和衡量的标准，从而避免盲目行动的风险。为了提高促销的效率，营销管理者应该坚持记录每一次促销活动的成本和对销售的影响，可以通过统计促销促成的销售比例、赠券回收率、咨询人数等来研究促销效率。宝洁公司采用销量浮动评估法、随机抽样评估法和数据综合分析评估法评估促销效果，而对渠道促销效率的评估是其整体促销评估方案的一部分。

企业可采用多种方法对渠道的促销效果进行评估，而且在不同市场可采取不同的做法。比如，可根据促销活动前后零售商销量、商店货架空间的分布和零售商对合作广告的投入等评估对零售商促销的效率。

专栏 11—2

某手机产品促销活动的事后评估

促销活动主要由两部分内容组成：买手机送礼品；抽奖观看电影首映。事后，根据具体数据对活动的实效性作出评判（如表 11—2 所示）。

表 11—2

型号	4月销量（台）	5月销量（台）	销量增量（台）	增长率（%）
1. VK520	11 768	13 902	+2 134	+18.13
2. VK500	—	348	—	—
3. VK300	5 437	6 211	+774	+14.24
4. VK310	6 396	7 032	+636	+9.94
5. VK320	10 307	17 662	+7 355	+71.36
6. VK330	—	4 625	—	—
7. D6	4 495	1 120	−3 375	−75.08

由表11—2可看出，参与促销的产品（1，3，4，5号）的销量均为增量，证明此次的促销的确达到促进销售的目的。没有参与促销的手机（7号）的销量则大幅下降，说明两个问题：第一，赠品促销在促进特定产品的销量的同时会抑制同品牌没有赠品的产品销量。在新推或主推某产品的同时应避免做其他产品的促销。第二，D6属于中低端产品，选购这类产品的消费者多为价格导向型，对实际利益比较关注。在没有更多促销手段支持的前提下，产品本身对消费者的触动力有所欠缺，这是一般中低端产品的共性。

资料来源：广东省广告有限公司，http://www.doc88.com/p-197579201842.html。

4. *顾客抱怨及处理*

顾客对产品或服务的不满和责难叫做顾客抱怨。顾客的抱怨行为是由对产品或服务的不满意而引起的，所以抱怨行为是不满意在具体行为上的反映。顾客对服务或产品的抱怨意味着经营者提供的产品或服务没达到他的期望，未满足他的需求。同时也表示顾客仍对经营者抱有期待，希望能提高服务水平。一位不满意的顾客对商家的负面影响是不容忽视的，它将给企业的形象蒙上一层阴影，使商家的利益直接或间接地蒙受损失。企业应该全面了解顾客抱怨的前因后果，积极采取应对措施，使顾客由抱怨到满意再到惊喜。顾客的抱怨实际上是企业改进工作、提高顾客满意度的机会。

在顾客面前，渠道商家代表了其所售产品生产厂家的形象。因此，渠道成员对顾客抱怨的处理效率非常重要——如果对顾客抱怨的处理效率低下，就容易激化矛盾，并因此给生产厂家增加压力。生产厂家应协助渠道成员建立顾客抱怨管理制度。第一，鼓励顾客公开提出批评和建议，同时应对那些私下抱怨的顾客进行追踪调查，积极收集顾客对其产品和服务反应的完整资料，并对其进行分析，及时发现问题并予以纠正。第二，建立顾客抱怨卡，记录顾客产生抱怨的内容，通常是关于客户因企业失误而产生抱怨的事件的发生时间、内容、经过及处理结果等。

（四）渠道经济效果评估

评估渠道的经济效益，一是评估产出，主要是销售分析；二是评估投入，主要是分析渠道的费用。此外，通过一些财务比率如盈利能力和资产管理效率的计算和比较，分析深层次的原因。

渠道绩效评估的常用方法有两种，一是历史比较法；二是区域比较法。这两种方法都比较适合于定量评估。

历史比较法是指将渠道系统或渠道成员的当期销量与上期销量相比较，得出上升或下降的比值，然后再与整体市场的升降百分比进行比较。对高于整体市场平均水平的渠道系统或渠道成员予以奖励，对低于整体市场平均水平的渠道系统或渠道成员则要做进一步具体分析，找到原因并帮助改进。该法的难点在于需要准确把握整体市场平均水平。

区域比较法是指将各渠道成员的绩效与该区域销售潜量分析所得出的数值进行比较。具体做法是：将某区域内各渠道成员在某一时段的实际销售量与通过分析得出的该区域销售潜量进行比较并排序，通过测算相关指标，以确定这些渠道成员在这一时段是否达到了某一标准。该方法的难点在于需要客观把握该区域内的销售潜量。

1. 销售分析

销售分析是渠道运行的经济效果评估的重要内容，它主要评价销售计划与目标的实现情况。销售分析可以进一步分为销售差异分析和区域/产品分析。

销售差异分析旨在通过销售额这一指标，在影响销售额的诸多因素中，找出渠道效率的影响程度。渠道的效率最终将影响销售额。由于销售额＝销售量×价格，所以除了渠道效率之外，消费者需求、竞争状况、产品质量、促销等都对销售额产生影响；价格的升降也影响销售额。例如，假设某公司年度销售计划所定目标为全年实现销售额 200 万元，销售产品数量为 5 000 件，每件产品计划平均单价为 400 元。年末共计销售产品 4 500 件，平均单价为 380 元，实际完成销售额 171 万元，即销售额差异为 29 万元。我们可以通过销售差异分析来探究销售绩效降低的原因在多大程度上归结于价格下降，在多大程度上是因为销售数量的下降：

价格下降形成的差异＝(400－380)×4 500/290 000＝31％

销售量下降形成的差异＝400×(5 000－4 500)/290 000＝69％

由以上计算可以发现，销售差异的形成 69％是因为销售量的下降。此时，可以进一步就渠道效率对销售数量下降的影响进行深入分析，比如，渠道的推广力度和渠道的推广能力等都对销售效率产生影响。

区域/产品分析是指按产品类别和销售区域进行比较分析：先找出营销销售额的主要区域/产品，再按照销售差异分析的思路找出主要影响因素。

2. 市场占有率分析

仅分析企业销售绩效并不能反映出企业相对于其竞争企业的经营状况如何。企业销售额的增加可能是由于企业所处的整个经济环境的发展，也可能是其市场营销工作较其竞争者有相对改善。市场占有率正是剔除了一般的环境影响来考察企业本身的经营工作状况的指标。如果企业的市场占有率升高，表明它较其竞争者的情况更好；如果下降，则说明相对于竞争者其绩效较差。

市场占有率分析的目的在于：通过对市场占有率的严格定义，为决策者提供可供比较的市场占有率；通过对市场占有率的构成因素分析，找到市场占有率上升或下降的具体原因，并为企业改进其渠道系统提供明确建议。市场占有率有三种不同的计算方法。

（1）全部市场占有率：以企业的销售额占全行业销售额的百分比表示。使用这种测量方法必须作两项决策：第一是要以单位销售量或销售额来表示市场占有率；第二是要正确认定行业的范围，即明确本行业所应包括的产品、市场等。

（2）可达市场占有率：以其销售额占企业所服务市场的百分比表示。所谓可达市场就是企业产品最适合的市场、企业市场营销努力所及的市场。企业可能只有相对较小百分比的全部市场占有率，却有近 100％的可达市场占有率。

（3）相对市场占有率：企业销售额与主要竞争对手的销售业绩之比。根据比较对象的不同，又可以分为相对于三个最大竞争者的相对市场占有率和相对于市场领导竞争者的相对市场占有率。前者以企业销售额与最大的三个竞争者的销售额总和的百分比来表示。如某企业有 30％的市场占有率，其最大的三个竞争者的市场占有率分别为 20％，10％和

10%，则该企业的相对市场占有率是75%。一般情况下，相对市场占有率高于33%即被认为是强势的。后者以企业销售额与市场领导竞争者的销售额的百分比来表示。相对市场占有率超过100%，表明该企业是市场领导者；相对市场占有率等于100%，表明企业与市场领导竞争者同为市场领导者。相对市场占有率的增加表明企业正接近市场领导竞争者。

了解企业市场占有率之后，尚需正确解释市场占有率变动的原因。企业可从产品大类、顾客类型、地区以及其他方面来考察市场占有率的变动情况。一种有效的分析方法是从顾客渗透率 C_p，顾客忠诚度 C_l，顾客选择性 C_s，以及价格选择性 P_s 四个因素分析。所谓顾客渗透率，是指从本企业购买某产品的顾客占该产品所有顾客的百分比；所谓顾客忠诚度，是指顾客从本企业所购产品与其所购同种产品总量的百分比；所谓顾客选择性，是指本企业一般顾客的购买量相对于其他企业一般顾客的购买量的百分比；所谓价格选择性，是指本企业平均价格与所有其他企业平均价格的百分比。全部市场占有率（T_{ms}）就可表述为：

$$T_{ms}=C_p\cdot C_l\cdot C_s\cdot P_s$$

假设某企业在一段时期内市场占有率有所下降，则上述方程为我们提供了四个可能的原因：企业失去了某些顾客（较低的顾客渗透率）；现有顾客从本企业所购产品数量在其全部购买中所占比重下降（较低的顾客忠诚度）；企业现有顾客规模较小（较低的顾客选择性）；企业的价格相对于竞争者产品价格显得过于脆弱，不堪一击（较低的价格选择性）。经过调查企业，可以确定市场占有率改变的主要原因。

假设期初的顾客渗透率是60%，顾客忠诚度是50%，顾客选择性是80%，价格选择性是125%，根据 T_{ms} 计算公式，企业的市场占有率是30%。

假设期末企业的市场占有率降为27%，在检查市场占有率要素时，发现顾客渗透率为55%，顾客忠诚性为50%，顾客选择性为75%，价格选择性为130%。很明显，市场占有率下降的主要原因是失去了一些顾客（顾客渗透率下降），而这些顾客的购买量一般都高于平均的购买量（顾客选择性下降）。这样，企业决策者就可采取针对性的措施。

3. 渠道费用分析

渠道系统的成本（费用）直接影响到厂商的利润。因此，对渠道系统成本的有效控制，对厂商来说非常重要。

（1）分销渠道成本的构成。渠道成本是指以最终用户支持的任何方式将产品从生产者向最终用户转移过程中产生的所有成本。企业的营销渠道无论采用哪种模式，其单位产品渠道成本（C）都来自建立之初的初始成本（FC）和运转中的变动成本（VC），企业通过市场预测和会计核算都可以估算出这两种成本。如果企业选择建立直接销售渠道，则要设立拥有产权的销售部门，培养自己的销售队伍，配备用于销售的设备设施，故其初始成本（FC_1）较大。而一旦建立起来，维护的变动成本（VC_1）较小，主要是销售人员的工资支出等费用。如果企业选择了间接渠道，利用中间商的渠道来销售，其初始成本（FC_2）较小，但是以后的维护费用，单位产品的变动成本（VC_2）是较高的。因为，首先，生产商的下游企业要从单位产品价格中挪走较大的份额作为佣金等；其次，为了防止产品在价格和服务质量方面的失控，维护企业和产品的市场形象，还需要对中间商加强管理，使变动成本增加；最后，为了促进中间商尽可能多地代理或经销本企业的产品，企业还需要派人定期访问中间商，为其提供宣传品等，这些都会增加变动成本 VC_2。

根据上述对渠道成本的分类，我们以 S 代表销售量，则渠道成本函数可以表示为：

直接渠道成本函数：$C_1=FC_1+VC_1\times S$

间接渠道成本函数：$C_2=FC_2+VC_2\times S$

且有 $FC_1>FC_2$，$VC_1<VC_2$。

以上分析是基于传统经济学的理论框架，其中的成本概念主要沿袭了生产成本的经济学概念。这里有两个基本的假设条件：第一，竞争非常充分（不管是完全竞争市场还是垄断竞争市场），市场参与者信息完备且完全理性，所有的公司都希望掌握控制权，因而偏好纵向的渠道整合；第二，相关的固定成本可以分摊在数量巨大的交易之中，而且随着交易量的不断增加，生产商能够实现自己在营销渠道中的专业化运作并从规模经济中得利。

实务操作中，渠道系统中成本可划分为如下几个方面：

- 直接推销费用（主要包括直销人员工资、奖金、差旅费、培训费以及招待费等）。
- 市场促销费用（主要包括宣传海报、产品介绍等的印刷费，赠品费，展览费，促销人员劳务费等）。
- 渠道成员的代理费用（即给予渠道成员的佣金）。
- 厂商自建渠道成本（包括初始投资成本以及此后的营运成本等）。
- 仓储费用（包括租金、维护费、折旧、保险和存货成本等）。
- 包装与品牌管理费用（包括包装费、产品说明书费用、品牌制作费和品牌管理费等）。
- 其他市场营销费用（包括市场营销管理人员工资、办公费用等）。

有些费用与销售额直接相关，称为直接费用；有些费用与销售额并无直接关系，称为间接费用。有时两者也很难划分。

（2）渠道运行效率与单位产品渠道成本。渠道运行效率是指通过某个营销渠道的商品流量与该渠道成本之比。实务操作中常计算渠道成本与销售额比率，也就是用当期渠道成本除以当期销售总额的比率。该指标主要衡量厂商的渠道系统的运作效率。若该比率较高，表明厂商的渠道效率较低，应注意渠道成本费用的控制；若该比率较低，则说明厂商现行的渠道系统效率较高，应继续保持。渠道成本与销售额比率，用公式表示如下：

$$渠道成本与销售额比率=\frac{当期渠道成本}{当期销售总额}\times 100\%$$

用传统经济学的概念分析渠道成本的构成的假设前提是大多数行业处于垄断竞争状态，产品的价格由激烈竞争的市场所决定，某一供应商对价格只有很小的控制能力，可以说市场价格是个既定量。对某一细分市场来说，在某一决策时点上，产品销售量的最大值也是一定的，它将由产品的市场容量和企业总体的供给能力决定：二者之中的较小者就是最大销售量，即 Max 销售量＝Min(市场容量，企业总体供给能力)。其中，市场容量由产品的档次、消费者市场的规模、消费者市场与供应者之间的空间距离等因素决定。而企业总体的供给能力则主要受人力、资金、设备设施的影响。在以上条件下，由于价格和最大销售量都是既定的，所以企业营销渠道效率的最大化将取决于单位产品渠道成本的最小化。单位产品渠道成本是指平均到单位产品中的由销售环节和其他渠道环节发生的两部分费用。可以用渠道成本示意图（见图 11—6）来分析渠道成本与渠道模式的关系，其中 S 代表销售量；C 代表成本；FC_1 为直接渠道初始固定成本；VC_1 为直接渠道运行中的变动成本；FC_2 为间接渠道初始固定成本；VC_2 为间接渠道运行中的变动成本；且有 $FC_1>FC_2$，$VC_1<VC_2$。

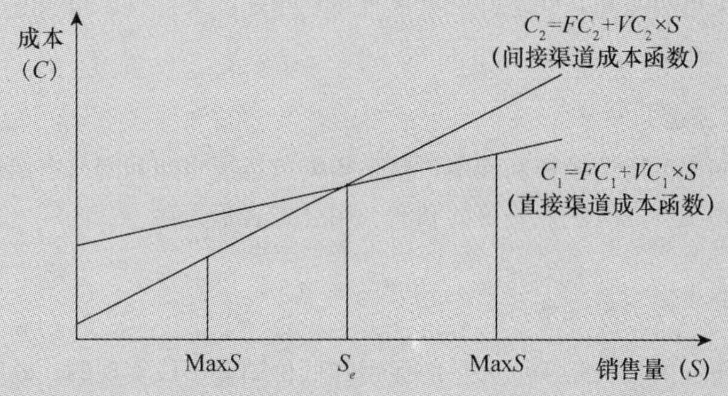

图 11—6　渠道成本示意图

图 11—6 在同一坐标系中给出 C_1，C_2，S_e 和最大销售量 Max$S$ 四者之间的关系。在由直线 C_1 和 C_2 共同决定的销售水平 S_e 上，两种渠道的销售成本相等，即 $C_1=C_2$，S_e 称为等成本点，在 S_e 左边，$C_1>C_2$；在 S_e 右边，$C_1<C_2$。结论就是：当企业所提供的销售规模 $\text{Max}S<S_e$ 时，选择间接渠道成本较低，这时企业可获得最大化的渠道效率；当企业所提供的销售规模 $\text{Max}S>S_e$ 时，选择直接渠道成本较低，这时企业可获得最大化的渠道效率；当 $\text{Max}S=S_e$ 时，两种渠道可以给企业带来相同的渠道效率。

（3）渠道费用评估原则。渠道费用评估遵循两个原则：一是费用比例与功能地位的匹配性；二是费用增长与销售增长的匹配性。

渠道费用的构成应与分销功能相匹配。各分销渠道功能的有效运行都需要一定的费用作保证，重要或难度大的分销功能应获得较多的费用支持。合理的费用分配应当是：对于每一项功能而言其费用系数与功能系数之比等于 1，否则就表明有些费用支持不合理，应分析原因并加以改进。

渠道总费用应与产品销售额保持在一个合理的比例。在市场竞争激烈的情况下，常出现渠道费用大幅度增长而销售额却缓慢增长的现象，此时有些渠道费用支出的效果被竞争抵消了。比如，A 公司在 B 公司采取降价措施的情况下，不得不展开促销行动或加大广告宣传力度。在有些情况下，公司需要针对此种情况对渠道进行变革。

专栏 11—3

基金的高额渠道维护费用

客户维护费是基金公司重要的费用支出，占比高低既反映基金公司面对渠道的议价能力，也反映了公司整体的盈利能力。根据好买基金研究中心数据统计，2012 年上半年基金共赚取管理费 139.01 亿元。基金付给销售机构的尾随佣金（即客户维护费）达 22.60 亿元，占管理费的 16.26%。可比的 67 家基金公司每只基金平均客户维护费为 197 万元，平均管理费则只有 1 216 万元。面对高昂的渠道费用，规模较小的基金往往难以改变短期赔钱赚吆喝的命运，这影响了小基金公司的赚钱能力，增加了其生存压力。对小基金公司来说，除了加强渠道公关外，快速打造旗舰产品以迅速扩大规模、增强自身影响力是提高其议价能力的重要手段。

4. 盈利能力分析

（1）销售利润率。所谓销售利润率，就是指渠道系统当期利润与当期销售收入之间的比率，表示每销售 100 元时企业获得的利润。用公式表示为：

$$销售利润率=\frac{当期利润}{当期销售收入}\times 100\%$$

有些企业销售额的增长是采取大量的促销和低价销售手段实现的。此时，销售额虽然上升，利润却下降了——单独考察销售额指标无法揭示这种状况。因此，渠道成员和厂商都引入销售利润率作为评价一个渠道系统获利能力的主要指标。对于渠道成员来说，销售利润率在一定程度上影响到渠道成员的积极性，进而影响到渠道系统的稳定性；对于厂商来说，销售利润率则影响到厂商的持续发展能力。

同一行业各个企业间的负债比率往往大不相同，而对销售利润率的评价又常需要与同行业平均水平进行对比。因此，在评估企业获利能力时最好能将利息支出加上税后利润，以便大体消除由于举债经营而支付的利息对利润水平产生的不同影响，增强在同行业间衡量经营水平时的可比性，以正确地评价市场营销效率。前述的销售利润率计算公式实际应该是：

$$销售利润率=\frac{税后息前利润}{产品销售收入净额}\times 100\%$$

（2）资产收益率。资产收益率是指厂商所创造的总利润与厂商自身全部资产的比率。与销售利润率的理由一样，为了在同行业间有可比性，利润的含义是指税后息前利润。用公式表示为：

$$资产收益率=\frac{当期利润}{资产平均总额}\times 100\%=\frac{税后息前利润}{资产平均总额}\times 100\%$$

式中，资产平均总额=(年初资产总额+年末资产总额)/2。之所以用资产平均总额，是因为年初余额和年末余额相差很大，如果仅用年末余额作为总额显然不合理。

（3）净资产收益率。净资产收益率是指税后利润与净资产所得的比率。净资产是指总资产减去负债总额后的净值。这是衡量企业偿债后的剩余资产的收益率，体现的是投资者的绩效评价。其计算公式为：

$$净资产收益率=\frac{税后利润}{净资产平均余额}\times 100\%$$

其分子之所以不包含利息支出，是因为净资产已不包括负债。

5. 资产管理效率分析

（1）资产周转率。是指产品销售收入净额与资产平均总额之比。其计算公式如下：

$$资产周转率=\frac{产品销售收入净额}{资产平均总额}\times 100\%$$

该指标反映的是渠道现有资产循环的次数，用以衡量企业在渠道全部投资的利用效率。资产周转率高说明投资的利用效率高。

（2）存货周转率。存货周转率是指产品销售成本与存货（指产品）平均余额之比。其计算公式如下：

$$存货周转率=\frac{产品销售成本}{存货平均余额}\times 100\%$$

该指标说明某一时期内存货周转的次数，从而考核存货的流动性。存货平均余额一般取年初余额和年末余额的平均数。一般来说，存货周转率越高越好，说明存货水准较低、周转快、资金使用效率较高。

专栏 11—4

经销商绩效测量表

建立一套科学、合理、规范的经销商绩效评价体系，对于生产商增减渠道成员、优化渠道结构、提高整体销售业绩具有重要的战略意义。某家具公司从公司角度出发通过市场拓展、销售额、配合度、销售增长率、顾客投诉率各因素对经销商绩效评价。这五种因素可以分为两类指标，其中，销售额、销售增长率属于财务指标；顾客投诉率、市场拓展和配合度等属于行为指标（如表 11—3 所示）。

表 11—3　　某企业经销商绩效测量表

代理商名称		考核人员		考核年度	
评价因素	评价要点			评分标准	考评得分
市场拓展	1	市场拓展非常得力，分销商开发达成率 100%。		20	
	2	市场拓展得力，分销商开发达成率 95%。		11	
	3	市场拓展基本合乎要求，分销商开发达成率 90%。		7	
	4	市场拓展力度不够，分销商开发达成率仅达 80%。		4	
	5	市场拓展被动，分销商开发达成率不足 80%。		1	

续前表

销售额	1	业绩优秀，年度销售目标达成率 100%。	20	
	2	业绩优良，完成年度销售目标的 95%。	11	
	3	业绩尚可，完成年度销售目标的 90%。	7	
	4	业绩一般，仅完成年度销售目标的 80%。	4	
	5	业绩较差，年度目标达成率低于 80%。	1	
配合度	1	主动配合公司有关政策，执行良好。	20	
	2	基本能执行公司有关政策，未发生违规行为。	11	
	3	尚能执行公司有关政策，发生 1 次违规行为。	7	
	4	对公司部分政策有抵触行为，发生 3 次以上违规行为。	4	
	5	拒绝执行公司有关政策，经常发生违规行为。	1	
销售增长率	1	年度销售总额增长达 30%。	20	
	2	年度销售总额增长达 20%。	11	
	3	年度销售总额增长达 10%。	7	
	4	年度销售总额增长达 5%。	4	
	5	年度销售总额几乎没有增长，增长率尚不足 5%。	1	
顾客投诉率	1	年度内未发生顾客投诉。	20	
	2	年度内顾客投诉次数 1 次。	11	
	3	年度内顾客投诉次数达 2 次。	7	
	4	年度内顾客投诉次数达 3 次。	4	
	5	年度内顾客投诉次数达 4 次及以上。	1	
综合得分				
年度评语				

资料来源：陈波：《家具企业营销渠道管理研究》，陕西师范大学硕士论文，2014。

第 3 节　渠道成员的财务贡献评估

前面所述的方法主要是从整体的角度对渠道进行评估。但对于管理而言，仅了解渠道的整体绩效尚显不够，公司需要根据不同渠道成员的不同成本及其获利性特点来调配资源。为了揭示渠道体系中不同渠道成员的成本与获利性，本节介绍作业成本法和直接产品利润法。

一、作业成本法

作业成本法（activity-based costing，ABC）是指将成本分解到生产该产品所必需的活动中去的方法。首先对作业成本法给出明确解释的是哈佛大学的学者罗宾 · 库珀（Robin Cooper）和罗伯特 · 卡普兰（Robert Kaplan）。他们认为：成本计算的基本对象是作业而非资源；作业消耗资源，产品消耗作业。作业成本法是以作业为中心的。作业成本法的理论基础是成本动因理论，这种理论认为费用的分配应着眼于费用发生的原因，把费用的分配与导致这些费用产生的原因联系起来，按照费用发生的原因分配。这包括后勤、生产、服务、技术、市场、销售、行政和信息资源成本。在产品层面，一旦成本被充分地考虑，管理者就能克服传统成本计算制度对成本的扭曲，认识到哪些产品的成本比别的产品的成本要高。

作业成本法把作业分为四个层次：单元作业、批别作业、产品作业、支持作业。其中单元作业的成本是与产品的产量成正比的，批别作业的成本与产品的生产批数成正比，产品作业的成本与生产产品的品种数量成正比，支持作业与产品生产无直接关系。显然，不同层次的作业具有不同的成本动因。按照传统成本的处理方法，对批别作业和产品作业的成本按产品产量分配必然会导致产品成本计算的扭曲。在多品种小批量的生产模式下，这种扭曲尤为严重。

专栏 11—5

出版社的营销费用如何分摊？

在竞争日趋激烈的图书出版行业，为了扩大销量、增加利润，各出版社一方面在产品上不断改善，以更好地满足读者需求；另一方面在营销上增加投入，扩大宣传，以增加销量。虽然伴随着成本和费用的不断上升，销量也得到了增长，但是出版社不久又被新问题所困扰——销量增加，利润却下降了。如何有效地控制成本，特别是营销费用，成为众多出版社为追求更高的盈利水平所必须关注的问题。

出版社目前的营销费用管理不符合“谁受益，谁负担；多受益，多负担”的公平配比原则和信息相关性原则，导致成本信息失真。基于作业成本法的营销费用管理，不仅提供了对象化的成本信息，同时提供了不同作业链的收益和耗费资源的配比信息。基于这些信息，可以对出版社的产品、部门、销售模式、营销活动等方面重新分析和认识，从而提高发行部门营销工作的管理水平和决策质量，降低费用，增加利润。例如，应用作业成本法统计后发现，基于教材推广的费用占教材销售发货比例小（或是教材推广费用增长比率远远低于教材销售增长比率），这样就可以尝试增加教材推广的费用预算。

资料来源：温韫辉：《出版社营销费用管理创新——基于作业成本法的应用》，载《科技与出版》，2009 (10)。

作业成本核算的运行需要先确定资源、作业、成本对象以及资源动因和作业动因，并根据实际的消耗关系建立资源向作业的分配和作业向产品的分配。资源就是各项费用，来自企业总分类账户；成本对象通常是各种产品；作业根据企业的实际情况确定。作业成本采用二阶段分配实现成本计算，即资源成本按资源动因分配到各个作业，归集到作业的成本按作业动因分配到各个产品。

作业成本的实施一般包括以下几个步骤：第一，设定作业成本法实施的目标、范围，组成实施小组；第二，了解企业的运作流程，收集相关信息；第三，建立企业的作业成本核算模型；第四，选择/开发作业成本实施工具系统；第五，运行作业成本；第六，分析解释作业成本运行结果；第七，采取行动。企业是一个变化的实体，在作业成本正常运行后，还需要对作业成本核算模型进行维护，以使其能够反映企业的发展变化。伴随企业的运行，作业成本的运行、解释和行动是一个循环的过程。

作业成本法为企业成本管理提供了良好的基础。我们可以将这一概念应用到分销渠道的情境中，只需将“产品”解读为“渠道”或“产品与渠道”，即我们可以采用作业成本法比较不同渠道的效率，或者比较特定渠道销售不同产品的效率。

为了解通过某一渠道销售某产品的获利性，参照前述的作业成本法实施步骤，我们首先需要识别所用资源及其成本，然后将这些成本分摊到特定的渠道功能和流程中，最后得出各渠道的损益。这使得企业能够判断不同渠道模式的获利性。渠道作业成本法流程见图11—7。

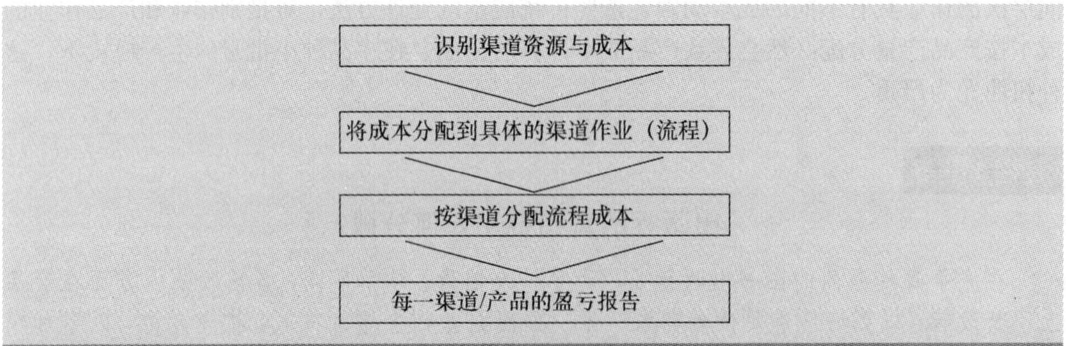

图 11—7　渠道作业成本法流程

我们以一个案例来看作业成本法的实际应用。某国际知名饮料公司在中国的业务广泛地采用 ABC 方法，特别是在其分销体系中采用 ABC 方法，提高了决策的准确性，获得了良好的经济效益。此案例的中心问题就是要不要在焦作设立分销中心的问题。对该公司进行 ABC 分析，首先将分销流程描述如下：

我们定义分销过程从产品下线存入仓库开始，至交货到客户仓库处结束。按照 ABC 分析法的标准程序，我们先考察从郑州至新乡分销中心，再到焦作客户的整个过程，将该过程分解为单项具体的发生费用的活动。其中各项活动的成本如下：

（1）作业 1——成品仓储。

固定成本 F：

计算机、托盘等设备折旧　5 300 元/月

变动成本 V：

人员工资　3 800 元/月

仓库租金　20 000 元/月

货物破损　28 500 元/月

仓库内的货品都是整托盘存放的，仓库的租金由容积决定，而仓库的容积是用托盘数来衡量的，所以我们认为在此过程中托盘数可以作为成本驱动因素。货物的破损额是由存放的时间和产品金额决定的，对于不同包装的产品而言，每托的金额是不同的。把托盘数作为库存破损的成本驱动因素有些勉强，这里只能得出一个近似值。

人员的工资是由其工作量决定的。在完全托盘化作业的仓库中，不论每托存放何种产

品，仓库人员进行收发货、盘点、记账等日常工作的工作量都是和托盘数成正比的，所以也可以认为托盘数是成本驱动因素。

仓库的最大容积：6 000 托，平均库存：3 000 托，平均 1 托盘产品储存 1 天总成本：0.8 元（每月按 24 个工作日计算）。另外，由于平均库存周期是 13.5 天，所以每托产品的平均成本是 10.74 元。

（2）作业 2——开单据：从厂房到分销中心。

固定成本 F：

开单据所需的电脑、打印机、办公设备折旧　4 000 元/月

变动成本 V：

单据和发票成本　0.9 元/单

人员工资　15 000 元/月

（在此环节中，单据的数量决定了所需的人工和耗材，所以把单据数作为成本驱动因素。）

每月单据量：12 700 单

平均每单成本：2.4 元

（每张单据对应一车 14 托盘的货物。）

（3）作业 3——装车。

固定成本 F：无

变动成本 V：

叉车油耗　1 848 元/月

搬运工工资　4 元/托

（这里由于叉车是整托搬运的，所以也把托盘数作为成本驱动因素。）

每月销量：6 700 托

每托搬运成本：4.3 元

（4）作业 4——卡车运输，郑州至新乡。

固定成本 F：无

变动成本 V：410 元/车，每车 14 托盘

（为了便于计算，此处只考虑了外租 8 吨卡车的运费报价，根据经验可知自有 8 吨卡车的总成本会比外租车稍高一些。）

每托运输成本：29.29 元/托

（5）作业 5——卸车。

固定成本 F：无

变动成本 V：3.2 元/托

（6）作业 6——分销中心仓储。

固定成本 F：无

变动成本 V：

仓库租金　7 500 元/月

平均出货量　1 243 托/月

平均库存成本　6.03 元/托

（7）作业 7——销售拜访客户。

固定成本 F：无

变动成本 V：

销售人员工资　5 500 元/月

差旅费　1 600 元/月

房租　400 元/月

（销售人员的工作量和出差次数是与销售订单数紧密相关的，所以此项成本可以用订单数作为驱动因素。）

每月订单数　30 张

平均每张订单成本　250 元

（8）作业 8——开具出货单和发票。

固定成本 F：

设备折旧　600 元/月

变动成本 V：

0.9 元/订单

新乡分销中心的每月订单数平均为 500 份

平均每张订单成本　2.1 元/张

（9）作业 9——装车。

固定成本 F：无

变动成本 V：

人工装卸费　3.2 元/托

（10）作业 10——卡车短途运输（新乡至焦作）。

固定成本 F：无

变动成本 V：

200 元/车，每车 7 托

平均每托成本为 28.57 元

（为简单起见，此处也只考虑了外租 5 吨卡车的情形。）

（11）作业 11——收款结算（已计入开单成本之内）。

固定成本 F：无

变动成本 V：

信息系统使用费　0.07 元/箱

焦作月销量　9 286 箱，合计 143 托

综合以上数据，我们就可以把焦作的总平均成本计算出来，公司习惯上以箱为单位来衡量所有部门的业绩，所以我们最后把单位成本用每箱的成本来表示（见表 11—4）。

表 11—4　　设立分销中心前每箱的分销成本

作业	单位成本（元）	单位	每箱成本（元）
成品仓储	10.74	托	0.17
开单据	2.40	单	0

续前表

作业	单位成本（元）	单位	每箱成本（元）
装车	4.30	托	0.07
上车运输（郑州至新乡）	29.29	托	0.45
卸车	3.20	托	0.05
分销中心仓储	6.03	托	0.09
销售拜访客户	250.00	订单	0.81
开单	0.90	订单	0
装车	3.20	托	0.05
卡车短途运输（新乡至焦作）	28.57	托	0.44
其他成本：信息系统使用费	0.07	箱	0.07
小计			2.20

焦作作为分销中心的可能性分析：郑州、新乡、焦作基本上是一个三角形，由于该公司的饮料主要在城市中销售，我们在构造模型时可以认为销售就集中于三个城市，中间的乡村区域销量几乎为零。在焦作设立分销中心后，依上述方法，可以得出每箱的分销成本（见表 11—5）。分析表明，在焦作设立分销中心是可行的。

表 11—5　　设立分销中心后每箱的分销成本

作业	单位成本（元）	单位	每箱成本（元）
成品仓储	10.74	托	0.17
开单据	2.40	单	0
装车	4.30	托	0.07
上车运输（郑州至焦作）	39.05	托	0.60
焦作卸车	3.20	托	0.05
焦作分销中心仓储	7.40	托	0.11
销售拜访客户	250.00	订单	0.81
开单	70	订单	0.23
装车	3.20	托	0.05
其他成本：信息系统使用费	0.07	箱	0.07
小计			2.16

渠道的主要作业有采购、销售、库存管理和结算。采购作业的成本动因包括订货、运输、包装、采购员的工资及差旅费等；销售作业成本动因包括广告费、促销费、宣传费、销售人员工资等；库存作业成本动因包括保管费、整理费和保管人员工资等；结算作业成本动因包括财务费、结算人员工资等；其他作业成本动因有折旧费和职工培训费等。实际评估时，将发生的成本按照资源动因分配到作业，再依照作业动因分配到产品，从而得出最终产品的成本。

二、直接产品利润法

直接产品利润法（direct product profit，DPP）是一种会计核算方式，用来检验每一种产品对零售商的总利润的贡献，它是按单个存货单元，把毛利作净成本和利润分摊。为了确定一个单品的DPP，创造出了一个特殊的公式来推导经手那个单品的所有直接成本和间接成本。DPP不涉及管理费用的分摊问题，只涉及与产品直接相关的成本，如订货和存货；ABC涉及这些管理费用和间接成本。DPP从渠道下游成员看上游成员的角度，关注单个产品或存货单位（SKU）的财务绩效。

DPP概念是由麦肯锡公司于20世纪60年代初为通用食品公司建立的。这种方法为每一产品建立了独立的损益账目，调整每一项目的毛利率以反映交易、预期收入和现金折扣，识别和测量某一产品的直接组成成本（劳动力、空间、库存和运输）。

这种方法需要详细的会计资料，最好是通过作业成本法得出的资料。信息系统和扫描系统增强了该方法的可操作性。

相对毛利润空间、毛利率和单位产品毛利率等传统的价值衡量标准而言，DPP为批发商和零售商提供了更精确的衡量产品盈利能力的标准。DPP只关注与每种产品相关联的由运营或销售产生的直接成本，其他的固定成本（如非直接劳动力、总部管理费用等）则不计算在内。表11—6显示的是两种不同的干货产品的成本构成，其中的数据说明两种不同产品的真正价值贡献可能会与其边际毛利率完全不同——这也说明边际利润率在实际产品作用评估时可能存在误导。净利率对于单类产品而言通常毫无意义，毛利率忽视了直接运营成本和现金折扣，而DPP则在这两者之间实现了平衡。

表11—6　　直接产品利润法示例

项目	产品A（%）	产品B（%）
销售收入	100	100
一产品成本	79.5	76.5
毛利润空间	20.5	23.5
＋现金付款折扣	1.6	0.0
＋交易折扣	2.0	1.2
＋预期付款利润（净利润）	1.3	0.0
＋回程运费收入	0.8	0.0
调整后的毛利润空间	26.2	24.7
仓库成本		
一劳动力	1.1	1.6
一空间	1.0	1.2
运输成本		
一劳动力/设备	1.2	1.5
商店成本		
一办货劳动力	2.6	2.9
一收银劳动力	1.7	1.9
一空间（能源和占用）	2.2	2.7
总部成本		
一存货持有成本	0.7	0.4
直接产品成本总计	10.5	12.2
直接产品利润	15.7	12.5

DPP 方法使分销商关注仓库和库存的诸多细节，如收货、入库、文书工作、选择和检查货物、装载货物和空间成本。对小宗商品而言，上架和收银成本必须仔细检查、核对；对大件商品来说，保存的货架空间必须计算在内。DPP 尤其有助于改善空间管理。

美国食品营销协会支持 DPP 概念并协调了整个行业的努力，先后发布了干货产品、肉制品、农副产品和焙烤食品模型。这是基于这样一种强烈的信念，即 DPP 数据有助于培养分销商和制造商之间的良好合作关系。第一，对 DPP 的了解有助于识别通过制造商和分销商的合作易于改善的高成本活动，包括包装的尺寸、箱子的大小、外包装设计和交货方式等；第二，通过为商店货架计划提供关于产品流动和货架朝向的研究数据、测试产品展示方法与地点、进行产品大类的利润研究，DPP 数据能帮助制造商和分销商提高分销的获利性；第三，理解 DPP，能极大地影响制造商的销售战略与方案。了解分销商的成本及其形成原因，制造商可以使其交易模式更易被接受。

第 4 节　渠道成员综合评价

上一节从成本的角度介绍了对经销商的两种评价方法，本节简要介绍对经销商的综合评价方法。因为在实际工作中常常是多种方法配合起来使用，而不是仅采用某种方法。对经销商评估的本质在于确定经销商的价值贡献，找到改进点。

一、产出与行为评价

产出与行为评价包括以产出为基础的测算方法和以行为为基础的测算方法。在以产出为基础的测算方法中，用的最多的指标是总体经销容量、总体经销利润、销售毛利率、存货周转率和市场份额；在以行为为基础的测算方法中，服务部门、保修或顾客投诉处理、固定设施、办公系统、员工激励计划等是最常用的方法。在具体操作时，通常对以下六个方面的因素进行评估：

（1）对销售的贡献。分销商的销售额或销售量是否高于平均水平？与处于同一渠道层级的其他分销商相比，处于何种状况？

（2）对利润的贡献。将分销商所贡献的销售额与生产厂家所提供的支持服务的成本费用进行比较，判断分销商的利润贡献。

（3）分销商的能力。分销商是否具备成功经营生产厂家所提供的产品的技能？分销商对于产品和服务的知识是否足够？对竞争对手的产品与服务的了解程度如何？

（4）分销商的配合程度。分销商的运作是否遵守生产厂家的销售政策与程序？当生产厂家进行广告、促销或市场开拓活动时，分销商能否较好地配合？尤其需要关注的是，分销商是否有擅自低价销售或跨区销售的行为？

（5）对增长的贡献。分销商的贡献能否成为制造商的主要收入来源？通过该分销商所获得的业务量或市场份额能否稳定增长？

（6）顾客满意度。分销商能否代表生产厂家为客户提供良好的产品与服务支持并使顾客满意？是否经常被顾客投诉？

有学者提出了对分销渠道运行效率（而不是绩效）的分析框架，见图 11—8。该分析框架从渠道整体、各个成员和某项产品三个不同层次展开，分别从产出和行为，按照静态考察法和动态考察法进行评价。

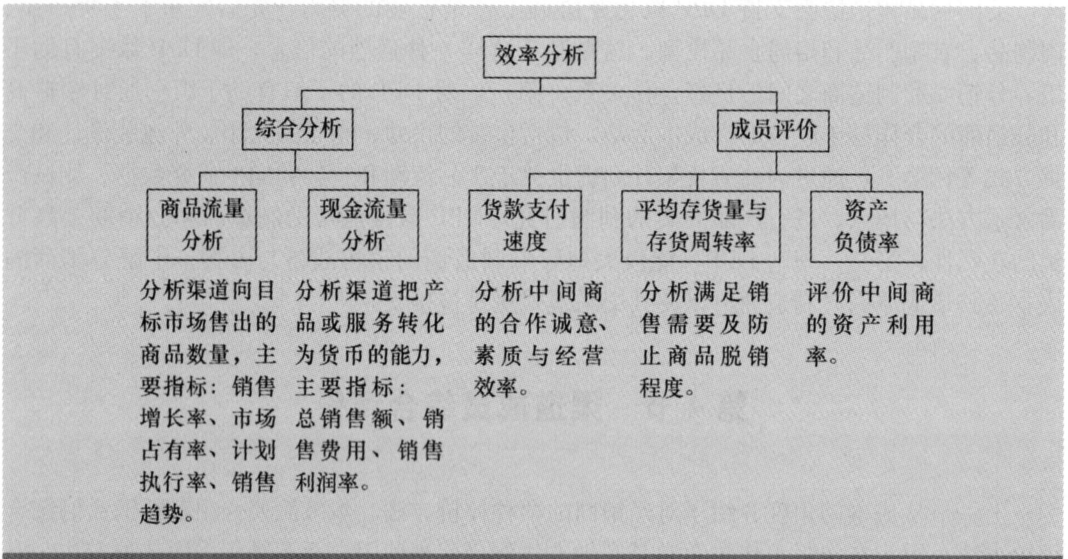

图 11—8　分销渠道的效率分析

其中，对渠道成员的效率评估还包括对顾客投诉的处理能力、产品供应的连续性和稳定性进行分析评价。

二、渠道预警体系

渠道中存在的问题不仅可以通过成本分析来发现，还可以通过某些现象提前感知。当渠道出现以下一个或多个方面的信号时，就要引起警惕。此时，企业可能需要考虑渠道成本控制和渠道创新了。

（1）下线客户或最终客户不满意，客情关系差。让最终客户满意是对分销渠道的基本要求，也是设计渠道模式和选择渠道成员的重要依据。如果最终客户不满意，必然导致渠道成本上升。

（2）有许多未被使用的分销渠道。如果不能系统、合理地利用各种分销渠道，可能会导致不能有效地接触到部分目标消费者，从而影响产品销售。

（3）渠道费用持续上升。如果渠道费用持续上升而不能得到有效控制，尤其是当渠道费用的增长速度和业务增长速度不能保持在一个合理水平时，可能就是一个危险的信号。

（4）分销商不思进取。部分经销商因存在“小富即安”的思想而不思进取，也有部分经销商可能因为不愿意投入资源来开拓市场，还有的则可能因为觉得产品的利润空间不大而积极性受损。分销商不思进取必然导致渠道的推动力降低。

（5）客户关系管理方法落后。分销行业的信息化程度普遍较低，不少分销商仍然处在依靠纸和笔的阶段，有的甚至连客户档案都没有建立。

（6）渠道的辐射能力和控制能力减弱。分销商对下游网络的建设与管理是其分销能力的一个重要体现。如果其辐射能力和控制能力减弱，必然会影响到生产厂家的产品销售。

（7）出现恶意窜货。恶意窜货扰乱价格体系和市场秩序，影响被窜货区域分销商的积极性，必须小心防范。

（8）信用恶化。分销商信用恶化，容易造成企业的呆账或坏账，也是分销商经营管理或合作意愿可能出现问题的一个重要标志。

本章小结

1. 渠道绩效评估就是指厂商通过系统化的手段或措施对其营销渠道系统的效率和效果进行客观考核和评价的活动过程。渠道评估流程是：明确/确认总销售目标→设定渠道评价指标→制定渠道绩效评估制度→识别差距，制定渠道行为规划。

2. 按照评估对象来划分，渠道绩效评估包括对渠道整体、各个成员和单个产品的评估；按照评估方法划分，渠道绩效评估分为定性评估和定量评估。定性评估包括渠道管理组织、渠道的运行状态和渠道的服务质量；定量评估包括对渠道的经济效果的评估。

3. 作业成本法和直接产品利润法用来测量渠道成员的财务贡献。作业成本法避免了传统会计方法的某些不足，有助于企业做出正确的渠道决策。

4. 财务绩效评价方法常与综合评价方法结合使用。

思考题

1. 渠道绩效评估可从哪几个方面展开？各有何特点？
2. 简要谈谈作业成本法在渠道绩效评估中的应用。
3. 简述渠道成员综合评价的主要方法。
4. 谈谈你对渠道绩效评估在渠道管理中地位的认识。

案 例

网络营销渠道跟踪

俗话说，广告费一半起作用一半是浪费。如何辨别哪一半起作用，哪一半是浪费？每一公司在网络营销中面临相同的挑战：公司做了许多网络营销推广，整体表现不错，但是不同营销渠道为公司带来的绩效不同。如何区分各渠道的优劣？

市场部经理想了解：在诸多营销渠道中，哪些最有效，哪些不怎么样？各渠道之间的差距到底有多大？公司网站的绩效与各营销渠道有怎样的对应关系？公司老总想知道：投入须有产出，如何分清楚，每个营销渠道的投资回报是多少？哪种渠道的回报最大？哪种渠道的性价比最高？

譬如，某公司在开展多种渠道的网络营销：

- Google Adwords 50个关键词广告
- 百度40个关键词PPC广告
- 行业网站旗帜广告

- 合作伙伴的邮件组中插播邮件广告
- 联盟站点中的广告
- 新浪搜狐 50 个关键词的固定排名
- 网易的推广排名
- 向目标客户定期发送邮件
- 网络中的众多代理网站链接
- Blog，BBS 中的宣传链接
- 主流搜索引擎的各个关键词的自然排名

……

每一渠道为你带来不同类型不等数量的访问者，以图例直观表示。

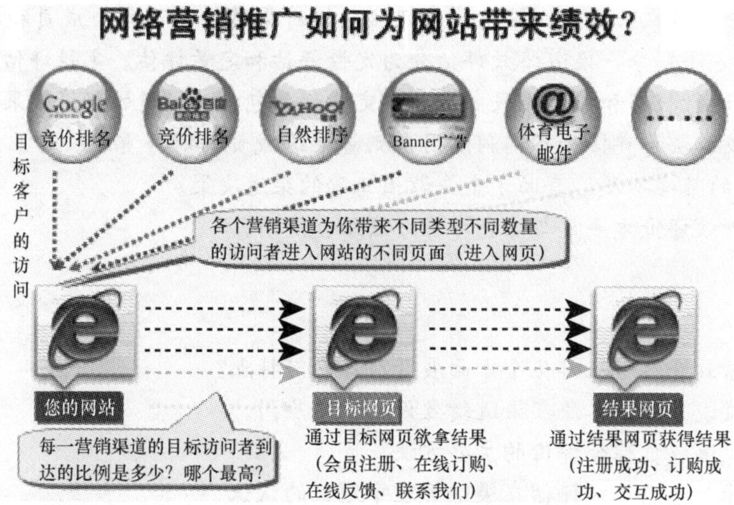

这些不同类型不同数量的访问者对你的网站产生的结果无疑是不一样的。如何区分这些渠道带来的流量？如何跟踪这些渠道为站点带来的最终结果？什么渠道的效果最好？它为你创造怎样的结果？哪些渠道效果差？差到什么程度？哪些关键词对你的站点最有效？关键词相互间的性价比怎样？

对于网站所得的结果，其最大比例来源于什么渠道？其他多少比例分别来源于什么渠道？简而言之，我们集中在三个焦点问题。在众多营销渠道中：

（1）访问者来源类型数量不同，网站获得结果也不同。哪一营销渠道效率更高？

（2）访问者来源相同，广告形式不同，网站获得结果也不同。哪种形式效率更高？

（3）在网站所得结果中，各营销渠道贡献的比例如何？哪个贡献最大？

这些信息对你至关重要！通过这些信息，你可以有根有据地规划调整整个网络营销的预算。知晓什么渠道的投入要加大，什么渠道应该停止，每种渠道投资比例是多少。知晓什么渠道因为绩效差而可以与供应商谈下一轮合作的价格。

网络营销渠道跟踪服务能帮助你：

（1）有效地辨别每一个网络营销渠道的表现效果，甚至某一渠道中的不同方式的细小差异。

（2）在预算有限的前提下，及时调整各营销推广渠道的投入，使你获得最佳的营销投资回报。

（3）了解阶段性调整后各渠道是否取得理想效果。

资料来源：http://www.allbyresults.com/#.

问题：

1. 你认为互联网营销渠道的评价能够做到上文说的精准吗？为什么？
2. 这种评价方式与传统的评价方式有何不同？

第四篇　营销渠道新问题

第12章 互联网渠道管理

学习目标

- 了解网络渠道的定义
- 了解网络渠道的形式
- 理解网络渠道策略决策
- 理解企业如何实现成功的网络渠道的控制与管理
- 了解网络渠道的创新和发展

欧莱雅早在2010年便开始了中国网络渠道的建设，陆续在天猫、京东、聚美优品等电商网站上开展网络渠道销售，2013年其在网络渠道上的销售额增长率达到100%。欧莱雅旗下品牌兰蔻、科颜氏、美宝莲等都分别以用户体验、需求为中心，通过互联网和移动互联网及移动设备为渠道，进行营销推广和销售。

随着移动互联网和移动设备的发展，欧莱雅开始开拓移动互联网络渠道。欧莱雅推出了“巴黎欧莱雅彩妆大师”应用软件，消费者下载这款应用软件，可以在手机等移动端或者在欧莱雅旗下所有品牌专柜的移动设备上进行智能化妆和购买等操作。进入APP，点击欧莱雅的某款产品，就能直观地看到上妆后的预期效果，还可以直接通过软件上的链接购买。

微博、微信等社交网络媒体被年青一代消费者所使用且成为主要的社交途径，这些消费者常通过这些社交媒体熟悉一个品牌，社交媒体上的信息常影响着他们的购买决策，他们还可以通过社交媒体或互联网交流关于产品的使用效果、购物体验，与身边的朋友和网友分享经验并且一层层传播开来。欧莱雅常通过新浪微博进行宣传，并发起免费试用、反馈等微博活动进行新产品推广，为欧莱雅提供消费者数据，进一步建立和维持客户关系，并且根据反馈进一步改良产品开发和营销方案等。欧莱雅还建立了巴黎欧莱雅微信公众号，通过微信公众平台为消费者提供肌肤测试和问题解答的服务，并且向关注公众号的消费者推荐适合的产品，建立良好的与客户的互动并且促成交易。

我国网络零售交易规模逐年增长，网络渠道已成为一个主要的营销渠道。中国电子商务研究中心发布数据（如图 12—1 所示），2014 年我国网络购物交易额达 28 211 亿元，超过同年社会消费品零售总额的 10%。随着网络购物规模的扩大，网络渠道的地位也逐渐上升，越来越多的企业进入电商，大力开发网络渠道。

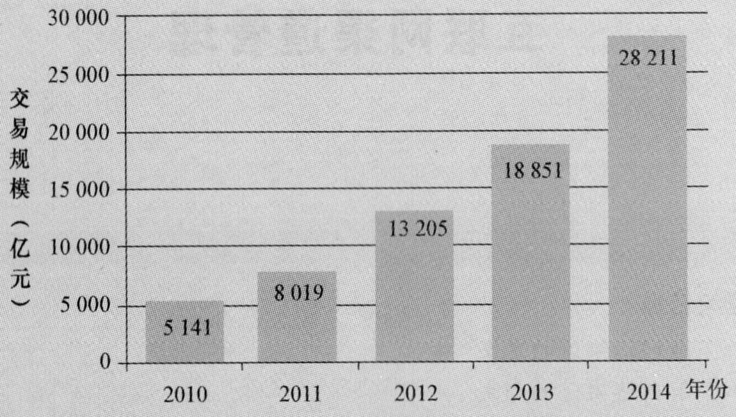

图 12—1　2010—2014 年网络零售交易规模

资料来源：中国电子商务研究中心：《2014 年度中国电子商务市场数据监测报告》。

使用移动互联网和移动设备端进行网络购物的用户规模逐年增加，移动互联网的普及程度不断扩大，家庭和公共场所无线网络的提供也在逐渐增加。同时，平板电脑、智能手机已成为人们重要的上网和娱乐设备，移动端设备的网络应用程序的更新发展呈不断上升的态势。根据中国互联网络信息中心（CNNIC）发布的《第 35 次中国互联网络发展状况统计报告》中的数据显示，2014 年我国手机网民规模达 5.57 亿人，在全部网民中占比提升至 85.8%。其中手机网络购物用户规模达 2.36 亿人，比 2013 年增加了 9 169 万人，增速是整体网络购物市场的 3.2 倍，其中手机网络购物的使用率占全体手机网民的 42.4%。我国手机购物市场发展迅猛，移动互联网以及手机移动端设备不断推动着网络购物向移动化发展。

本章我们将对网络营销渠道进行探讨，包括网络营销渠道的含义、特点、类型，网络中间商和网络渠道策略与管理，以及近年来网络渠道的创新与发展。

第 1 节　网络渠道概述

随着科学技术和电子商务的发展，网络渠道作为一种新型渠道逐渐应用于商业活动，本节主要介绍网络渠道的几个核心概念。

一、网络营销渠道

网络营销渠道（online marketing channel）是指通过互联网将产品或服务从生产者转移给消费者的途径，通过电子技术手段来达成交易。常见的面向消费者的互联网络渠道形式主要有 B2C 和 C2C，以及随着移动互联网的发展而兴起的 O2O 模式；面向企业的网络渠道主要是 B2B 和逐渐发展的 C2B 模式。

随着移动互联网不断发展，电子营销渠道不仅进入了社交网络，还向移动化发展，并推动着线下线上渠道的共同变革。如今，网络营销渠道已经不再局限于通过个人电脑和互联网进行的信息传递和交易的途径，通过移动互联网，运用智能手机和平板电脑等移动设备，随时随地都可进行移动化的网络沟通和交易，移动互联网渠道已成为网络营销渠道的一个重要部分。从 2G 发展到 3G 时代，再到如今我国移动通信网络已开启的 4G 网络制式，移动通信网络不断发展，智能手机、平板电脑等移动设备的普及也与移动互联技术相互推动、不断革新，这些都已成为人们工作和生活中必不可少的重要工具，并为移动互联网渠道的发展提供了非常有利的条件。移动互联网渠道已经进入人们生活的方方面面，成为一个接触面更广泛、能够利用人们生活中一些碎片化时间的重要网络渠道。

二、网络渠道的功能

依托于互联网的网络渠道也具有与传统营销渠道相同的功能，如信息的沟通、资金和物品的转移等，并且同样发挥着交易平台和有效载体的作用。网络渠道的功能主要有三个，即网上订货功能、网上结算功能、配送功能。

（一）网上订货功能

网上订货功能，即通过互联网上的订货系统完成订货。生产商或经销商在互联网上发布商品信息组织消费者或个人消费者通过电脑等设备在网上便可与对方进行信息交流，促成交易，完成订货。

（二）网上结算功能

网上结算功能是指在购买过程中，消费者通过电子结算方式向卖方支付货款，如信用卡、网上银行等。随着我国电子商务的发展，兴起很多第三方支付平台来完成日常生活中大部分消费者的网上结算，如阿里巴巴的支付宝、微信钱包等。

（三）配送功能

配送功能是指将网上交易的产品或服务配送到消费者手中。无形产品的传输可以直接借助网络传递系统来完成，通过互联网将消费者网上购买的音乐、电子课程、软件程序等发送过去；有形产品的配送则要通过实体物流来实现。电子商务的发展也在一定程度上推动了快递行业的发展，高效率、低成本的物流配送服务已成为电商经营的关键。

三、网络渠道的特点

由于互联网技术和其本身的一些特性，与传统营销渠道相比，网络渠道具备以下几个特点，这些特点也促使互联网成为一个高效且重要的营销渠道。

（一）网络技术的应用

网络技术的应用成为网络渠道的基础，需要相对于传统渠道来说较高的技术投入，以高技术支撑渠道的管理与发展。网络技术的应用和发展，使得网络渠道的效率较高、营销渠道的革新也较快，使企业可以低成本、高效率地综合运用企业内部资源与市场机会。

（二）渠道扁平化

通过互联网络，企业可以直接面向顾客进行营销，可以省去部分中间环节，从而促使渠道扁平化，提高信息沟通与交易达成的效果和效率，在营销渠道中信息技术的使用还可以使得交易更加自由、更加个性化。

（三）分销渠道的虚拟化

在网络渠道中，交易各方都是运用计算机等设备，通过互联网进行信息交流而达成交易，因此具有虚拟化的特点。顾客通过网络渠道订购产品时，多数只在网页上浏览产品信息而不接触实体产品，交易各方并不需要进行面对面的谈判和实物交割，支付结算过程也可以通过电子支付方式来完成。

（四）空间和时间的延伸

企业将产品或服务等相关营销信息发布在网上，可以不受昼夜限制、跨越地域限制，24 小时全天候将信息传递给各地的顾客。通过网络渠道的信息传递、电子支付等功能，可以使不同地域、不同国家的企业与顾客进行跨时空的交易洽谈、成交，大大提高了营销的范围和效率。

（五）整合性强

网络渠道具有较强的整合性，通过互联网，可以进行从市场调研、产品推广与宣传、交易洽谈、支付结算、售后等一系列的营销活动。企业可以运用网络技术进行组织管理、营销等优化和协调，通过信息容量大、搜索性强的网络渠道整合信息，保证信息的统一和及时，可以向交易各方传递更多的营销资讯以更好地促成交易。

四、网络渠道的分类

和传统渠道类似，按照不同的标准，可以将网上营销渠道分为以下几类。(1) 根据是否存在网络中间商，分为网上直接渠道和网上间接渠道。(2) 根据同一层次上的渠道成员数量，可分为网络宽渠道和网络窄渠道。

(一) 网上直接和间接营销渠道

根据生产企业将产品或服务销售给消费者这一过程中是否存在网络中间商，可将网络渠道分为网上直接销售渠道（即网络直销、无代销）和网上间接销售渠道，如图 12—2 所示。

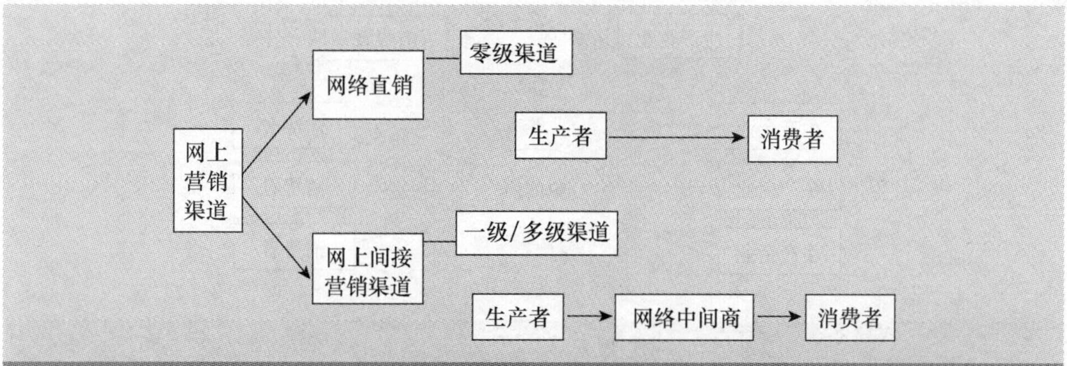

图 12—2　网上直接/间接营销渠道

1. 网上直接营销渠道

网上直接营销渠道（online direct marketing channel），简称网络直销，是指生产企业不需经过任何网络中间商，基于互联网的网络渠道，直接将产品或服务销售给顾客。网络直销节省了中间环节、提高了效率，可以大幅降低信息交换传递以及交易时产生的成本，有直接经济利益；可以将客户与企业直接联系起来，更加便于为客户提供个性化的定制服务；同时还有利于厂家对市场需求、消费者偏好转变、自身的不足等方面信息进行直接且及时的收集，从而可以对产品设计、生产、服务等进行进一步的改善革新。由于网络渠道在空间和时间上的延展性、渠道扁平化，企业还可以通过各种网络工具，随时进行针对性较强的网络营销推广活动。但是网络直销也存在一些问题。当消除网络中间商后，选择网络直销的企业需要建立自己的网站来吸引足够多的消费者，而这并不容易。面对一大批企业各自不同的网站，客户需要花费很多时间耐心地逐个访问、比较，且通常会访问曝光率高、知名度大的企业网站。对于知名度较低的中小企业来说，自己建立网络直销渠道的效果可能不佳，便需要类似亚马逊、天猫等电商平台作为网络渠道中一个重要的中间环节。

2. 网上间接营销渠道

网上间接营销渠道（indirect online marketing channel），是指通过互联网中间商将产品或服务销售给消费者的营销渠道。相比于网络直销，网络间接营销渠道会存在一个或者更多的网络中间商，如图 12—3 所示，网络中间商的出现又使得信息传递的关系更加简化，且在一定程度上提高了信息传递与交易的效率。网络中间商作为网络间接渠道的连接点，简化了网上交易的过程，提高了网络渠道的效率；通过中间商的创新与发展，能够吸引更多消费者并建立对中间商网站的忠诚，能够将企业的产品展现在消费者面前，帮助企业与消费者建立有效的联系；大规模的网络中间机构可以产生协同效应，使得网络订单规模化、有序化；还可以便利交易各方进行信息的收集。例如京东的自营项目、淘宝上的店中店等。

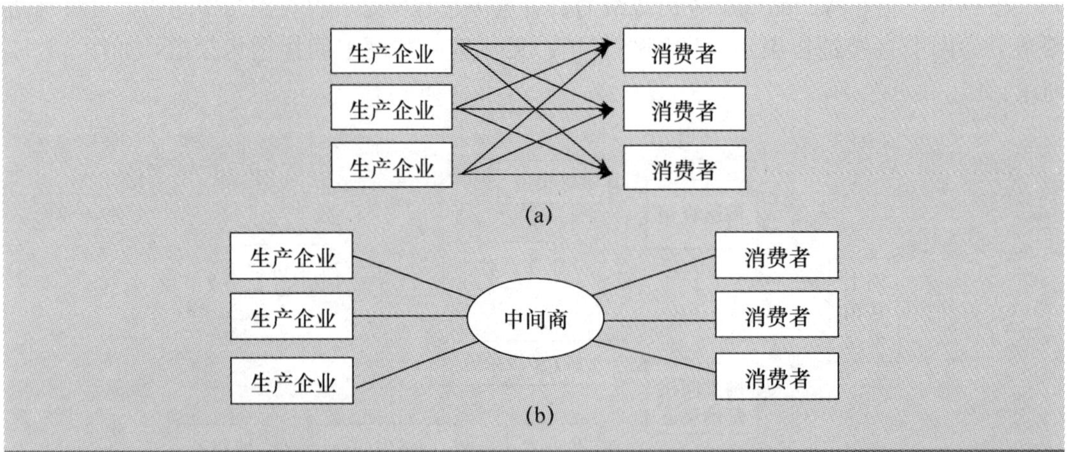

图 12—3　网络中间商经济效果图

这里有必要指出，中国的网络中间商主要是扮演双边市场的角色，并非承担间接销售商的角色。在淘宝上，有大量的非企业商家，它们从企业进货并负责销售，属于间接渠道。如果是人为地在原有的间接渠道中增加环节，这显然与提高分销效率的思路不一致。

（二）网络宽和窄营销渠道

按照网络渠道中一个层次上渠道成员数量的多少，可以将网络渠道分为网络宽渠道和网络窄渠道。

1. 网络宽渠道

网络宽渠道是指通过网络将产品或服务销售给消费者的过程中，在一个环节或一个层次上选择两个或以上的网络中间商来进行网络营销渠道这一环节的工作。如网上支付结算平台商，可以同时选择支付宝、银联支付等支付平台；再如网上零售商环节，就像宝洁的各类洗护产品可以同时在京东商城、天猫、1 号店等 B2C 电商零售网站出售。

2. 网络窄渠道

网络窄渠道是指在互联网上，将产品或服务销售给消费者的过程中，在网络渠道的某一环节上只选择一个中间商。例如在物流这一环节上，京东和苏宁易购都自建物流，完成快速的商品配送，或者有的网络零售商只与一家快递公司合作，网上出售的商品只由这家快递公司进行配送。

五、网络营销渠道可能的模式

根据对互联网的应用程度，可以将网络渠道的应用模式分为五个等级。一是不利用互联网，完全依靠传统渠道。这种模式属于传统渠道，例如传统的批发商和零售商。二是利用互联网来管理渠道活动，运用网络技术对传统渠道进行管理，而不采用网络渠道作为渠道之一。三是利用互联网作为辅助的营销渠道，除了运用网络技术改善传统渠道管理外，还将网络渠道作为营销渠道之一，但仍以传统渠道为主，网络渠道只起辅助作用。例如通过三星家电的官方网上商城的销售只起辅助作用，主要在实体门店进行销售。四是将网络渠道作为营销渠道的一部分，更多地运用网络渠道，网络渠道的应用地位上升，作为一个重要渠道模式而发挥作用。目前许多企业都采取这个渠道模式，例如华为、屈臣氏、恒安纸业、南方食品等许多品牌企业。五是充分利用互联网，将网络渠道作为唯一的营销渠道。我们熟悉的传统电商便以这种模式为主要渠道模式，例如黄飞鸿食品公司就是在淘宝网上起家的，它最初只以网络渠道为唯一渠道，只在网上进行营销推广和销售，后来才开辟传统超市渠道。

专栏 12—1

华为销售手机

华为手机除了手机通信卖场等线下渠道，还通过京东、苏宁易购等电商平台进行销售，后来又开辟华为网上商城作为自身的网络渠道，对于限量发售的新产品如荣耀 4C 等还需要通过在其官方商城上进行预约，在京东和华为网上商城上可以同时抢购。通过线上线下渠道的共同使用以及对线上渠道的创新和扩展，华为在我国国产手机市场上一直保持着领先地位。

第 2 节　网络营销渠道策略与管理

作为一个新兴的渠道，网络渠道的目标确定和渠道策略都是网络营销中的重要组成部分。对于选择网络营销渠道的企业而言，除了解网络渠道的结构和运用特点，还需要明确企业建立网络渠道的目标，结合企业和网络渠道的特点合理选择网络中间商，制定网络营销渠道策略。这样不仅有益于企业产品或服务的销售，而且能帮助企业更好地树立品牌形象、改善服务质量等。

一、网络渠道目标

网络渠道的销售目标指企业以扩大销售为主要目标，建立网络渠道以拓宽销售领域，寻求更加直接、跨越时间与地域的销售。如今许多传统零售商开始建立网络渠道，比如屈臣氏，从前以实体门店为主要销售渠道，目前已在屈臣氏官方网站、京东商城、天猫、微信等互联网及移动互联网平台上设立屈臣氏网上商店，拓宽销售渠道以促进销售。

网络渠道的服务目标是指企业建立网络渠道以为客户提供咨询、售后等服务为主要目标，通过网络渠道更加灵活便捷地提升服务质量。例如三星中国官网，在网站上主要提供产品参数信息、专卖门店的查询和售后预约等服务，其自建的三星官方网上商城的销售则只是起辅助和补充作用。通过三星中国官网，顾客可以根据已购产品的型号进行售后服务预约，包括到店接受售后服务和上门售后服务，顾客通过需要售后的产品型号进行预约可以方便服务人员提前准备，节省客户时间，快速为客户提供相应的优质服务。

网络渠道的品牌目标指的是企业通过网络渠道，树立良好的品牌形象，提高客户对品牌的忠诚度，提高企业的品牌知名度，吸引更多的消费者。例如自建网站或者使用微博、论坛贴吧等网上信息发布工具进行营销宣传。

专栏 12—2

西门子

西门子中国官方网站，在向消费者展示主打家电产品、企业新闻动态、产品体验店信息、企业理念等的同时，主要向网页浏览者传递西门子的产品设计理念，即绿色环保、技术上领先创新，并且为消费者提供西门子开放式厨房 DIY 的网页专区。消费者可以在网站上通过选择自己偏好的厨房家电进行自由搭配，预先体验厨房的装修效果，向消费者传递一个新的开放式厨房体验与产品理念。西门子网站上还会常常刊登企业调查报告以及西门子公司的发展动向，将经营和产品的理念通过网络传达给消费者，树立西门子企业技术领先、创新环保、质量和设计值得消费者信赖的品牌形象。

二、网络渠道的建设

（一）网络渠道设计

网络渠道的设计主要就是进行网络直销和网络间接销售、宽渠道和窄渠道的选择和权衡组合，根据不同因素对这两类网络渠道的权衡产生影响，例如产品的性质、市场规模及特点、竞争对手的策略、技术成本、渠道管理协同效应等因素。企业在设计网络渠道时，需要根据企业自身情况与行业状况来选择适合的网络或以适当的比例组合使用不同网络渠道，并且从消费者的角度出发，建立消费者易接受、较便捷的高效渠道，同时照顾到网络渠道中消费者的体验。

在网络渠道设计时，还需要注意各个渠道环节的设计。例如，在产品展示和订货环节，网上商店和订货系统的设计要简洁明了、功能完善，让客户能够迅速找到所需的商品及相关信息，尽量使客户下订单的操作简易方便，提高客户进行网上订货时的良好体验和忠诚度。

（二）网络中间商的选择

与传统中间商选择类似，在进行网络中间商的选择时，通常以 5C 原则为基本指导，即成本、信用、覆盖面、特色、连续性五个要素，如图 12—4 所示。

选择网络中间商时，有时可能无法兼顾这五个要素，就需要企业根据建立网络渠道的重点目标和企业自身的情况，选择与企业所需建立的网络渠道的主要目的较贴切，在成本或特点等方面与企业的情况相符的网络中间商。在参考 5C 模型的时候要结合企业战略和营销策略等实际情况具体分析。

（三）网络中间商的利益相关者

网络中间商本质上与线下中间商差异并不大，只是在网络中，相应的渠道职能被碎片

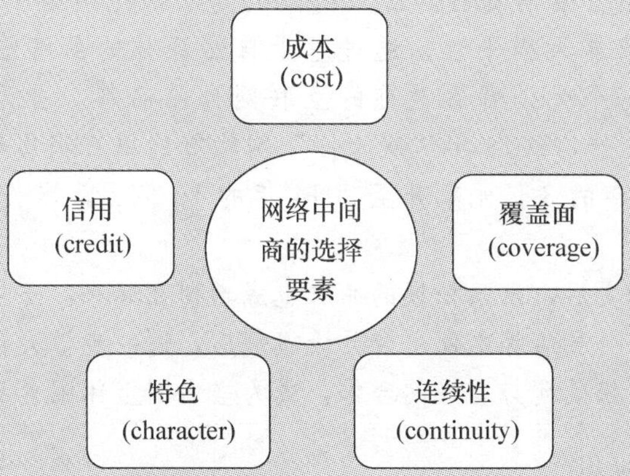

图 12—4　网络中间商选择的 5C 要素

化了。这些碎片化的职能分别由不同的成员担任，主要有：

1. 广告类服务提供者

目录服务商主要为网站提供分类整理的服务，形成一个网站目录，方便网络用户寻找到所需网站。现在许多浏览器都会有导航首页来提供目录服务，例如 360 浏览器导航网页等，还有一些门户网站也会提供综合性的目录服务。

搜索引擎服务商通过用户搜索的关键字词为其提供信息搜集、检索的服务，使用户获得其所需的大量信息。这类搜索引擎服务商包括一些门户网站如新浪等，还有专门的搜索引擎服务商如百度、谷歌、搜狗等搜索引擎。企业为了增强宣传影响力，常与这类搜索引擎网站合作，在用户搜索相关信息时为其提供企业链接。

2. 交易平台提供商

网络平台提供商就类似于实际生活中的商场或交易市场，为网络销售商和网络购物者提供交易平台，想要在网上出售商品的一方可以在网络交易平台上开设网上商店供顾客浏览从而进行交易。这样的网络交易平台可以提高商家和顾客的交易效率，并且形成一定规模。有较大知名度和信誉的网络交易平台还可以为中小企业或零售商提供机会，增加其交易成功的概率，帮助其推广。淘宝、天猫和亚马逊等都属于较综合全面的网络平台提供商，通过审核后，缴纳一定的入场费、广告费、销售提成等，便可进驻这些电商平台开展零售业务。易趣这样的网上拍卖平台，为商家和顾客提供网络拍卖场所。如今许多大家熟悉的企业都是依托这些电商平台发展壮大的，例如黄飞鸿麻辣花生、三只松鼠森林食品等。

专栏 12—3

三只松鼠

三只松鼠成立于 2012 年，是一家靠淘宝、天猫提供的平台而发展起来的以坚果、干果类休闲食品为主的企业。在创业初期，其创始人章燎原意识到了电商影响范围和力度，借助于淘宝、天猫的 B2C 平台进行企业面向消费者的网络销售，将新鲜优质的产品由生产企业直接销售给消费者。三只松鼠创建了依托网络平台中间商而进行的短渠道网络销售模式，依靠天猫平台，通过基于自然森林的品牌形象以及包装等周到、亲切的服务，建立了一个受消费者欢迎的互联网食品品牌。自天猫旗舰店建立以来，三只松鼠的销量连年上升，2014年“双十一”购物节的单日销售额达到1.09亿元，其全年销售额也从2013年的3亿元攀升至2014年的10亿元，增长喜人，连续三年蝉联电商食品行业第一。

在天猫上取得成功之后，三只松鼠的品牌也成功树立起来，三只松鼠扩大与电商平台的合作，分别在京东、一号店等电商平台开设旗舰店，进一步扩大销售范围，并且自建网站宣传企业文化。三只松鼠还与当当网合作，成为当当网上休闲食品的领先者。

3. 网络金融服务机构

要进行网上交易就需要进行网上支付，这就需要网络金融服务机构来完成网上支付和结算等。网络技术和金融业的发展，孕育出一批网络第三方支付平台和互联网金融、理财的网络金融机构，除常规的支付、结算功能外，它们还提供网上信贷、理财等服务。例如阿里巴巴的支付宝、百度钱包等。

4. 网络评价者

虚拟社区和论坛使众多消费者可以聚集在一起进行信息交流、传递口碑。消费者可以在上面分享网络购物经历、商品评价、相互推荐，同一社区和论坛中的用户还可以进行个人交易。在虚拟社区和论坛上，企业和商家还可以发布消息进行营销推广，例如豆瓣网、百度贴吧等。

三、网络渠道与营销组合要素

（一）产品策略与网络

企业在选择网络渠道进行产品销售时，需要考虑：渠道建设、管理和宣传等方面的成本费用与其他渠道相比是否有优势；网络信息传递的可能性和被消费者接受的程度；此类产品消费者的规模和增长空间；产品的配送成本和难易程度等。

由于网络是一个虚拟空间，通过网络渠道，消费者无法切实接触到商品，这对网络销售时的产品展示和消费者购买时对商品的评判准确性、购买信心等都有一定影响。因此，通过网络渠道进行商品销售时，要注重产品的展示。通过详细的产品描述、产品整体和细节的图片展示，甚至可以通过小视频、模特示范等向消费者生动形象地传达产品信息，使得消费者在网页展示的基础上能够真实地还原和感受产品，从而让他们更加放心愉快地进行购买。

网络可以将企业和顾客直接联系起来，可以跨越时间和空间进行交流，企业可以根据客户购买偏好和交流对产品设计、包装、服务等进行调整完善，网络零售商家也可以根据销售情况随时调整产品订货选择、改进服务、调整营销方案。随着消费者对个性化的追求逐渐强烈，企业和商家还可以根据客户的建议和偏好为他们提供个性化的定制产品和服务。

（二）价格策略与网络

网络市场是开放且透明的，消费者可以很容易地进行价格比较，其消费心理也趋于理性，因此进行定价时应该分析市场和行业的整体情况并结合自身品牌和产品情况等方面综合考虑。其中网络渠道的信誉、竞争对手的定价、自身的品牌形象、目标客户群体的定位、产品的质量和差异性、服务质量等都是网络渠道价格策略的影响因素。

同时，网络渠道的成本相对其他渠道来说有所减少，加上网络的虚拟性和开放透明的竞争促使各个商家纷纷降低价格，低价成为电商的一个主要特点，低价策略已经成为电商和企业的常用定价策略。然而，适当的定价策略不应该一味地奉行低价准则。有时候定价过低可能会使消费者对产品质量的感知价值不准确，使品牌的定位混乱。

（三）促销策略与网络

目前我国电商领域发展迅猛，同时也面临着不规范及同质化的问题，低价促销已成为电商商家的常用促销策略。降价促销可以短期增加销量，带来很多好处，2014 年天猫“双十一”日交易额达 571 亿元。如今降价促销成为各大电商网站争夺市场份额的一大法宝，相比于线下渠道可以采用试吃试用、推销人员面对面宣传讲解、现场活动等方式进行促销，网络渠道对于降价促销的依赖程度较大。然而过度的降价促销也会产生许多问题，甚至沦为价格战。

随着人民生活水平的提高，他们开始追求产品的质量、个性化以及交易过程中的服务和体验。网络渠道中，可以利用互联网技术分析顾客的浏览记录、购买记录，了解顾客的偏好，从而有针对性地向不同消费者推荐他们可能偏好的商品和可能感兴趣的促销信息，达到精准的网络营销效果。同时企业和商家还可以通过提升差异化的服务质量，来提升其网络渠道的信誉，提高客户满意度和忠诚度。

在开放的互联网上，消费者一般通过主动搜寻以获得商品等信息，因此企业可以通过一些手段来向消费者传递信息，吸引消费者。近年来大热的微博营销等就是利用社交网络等其他路径进行网络公关、广告宣传，以向消费者传递信息、增加知名度。

（四）网络与其他要素

在分销方面，比如一个中小企业欲开辟网络渠道，由于自身信誉和知名度不够，若选择自建网站直接销售，网络渠道的成本较高，效果可能不尽理想，而选择通过电商平台等网络中间商进行间接销售就比较适合。

在物流方面，将产品及时、完整地送达消费者就需要进行配送的管理，根据物流配送的成本和产品的特性等选择是自建物流配送还是第三方物流，即与快递公司合作。自建物流如京东商城，可以做到尽可能地完成产品配送，物流速度快、服务质量高，但是成本很高，只有具备一定的资金实力、管理实力以及足够规模的顾客群才能够实现。

在与上下游成员的联系方面，应该建立生产、订货、运输、销售等一系列网络系统，将渠道中上下游成员通过高效率的互联网有机联系起来，同时进行各级的信息交流和反馈。

四、网络渠道的冲突管理

采取传统渠道与网络渠道等多渠道销售的企业应该细分目标市场，分析顾客的消费心理与购买行为的差异，结合企业销售的目标与重心，有针对性地选择不同的网络渠道和传统渠道，根据消费者、企业自身及市场情况对每个渠道进行有所侧重的建设与管理。

不同渠道有不同的特点和重点，网络间接销售主要是为了将产品进行更大范围的销售、增加市场知名度、吸引更多的新老客户；网络直销可以使企业直接与客户建立联系，将培养客户忠诚为侧重点，通过与客户的交流进一步改良和完善产品设计，为客户提供优质的服务，建立长期的客户关系。因此，不同渠道的侧重点有所不同，面对的顾客群体也会有所差异，可以一定程度上避免渠道冲突。

企业还需要监控各个渠道，及时发现可能产生的冲突问题，从而及时作出调整。企业可结合各自市场与产品特点，运用传统渠道的控制方法来进行冲突的管理，如沟通、营销方案的控制，及与上下游中间商交涉等。除此之外，还可以进行线上线下的合作，通过线下传统渠道来弥补线上渠道的一些不足如网络商品的虚拟性等。例如苏宁已经开始运行O2O模式，实行线上线下统一价，消费者可以在苏宁门店直接购买家电，也可以在苏宁易购网站上购买后选择苏宁配送或到门店自提。

第3节　网络渠道的创新与发展

网络技术不断进步，移动互联网的发展也非常迅速，移动互联网渠道表现出众。如今，PC端和移动端的网络渠道不断创新发展，已深入各行各业。

一、线上线下融合

在实体门店业绩出现明显下滑之际，零售企业在产品、价格、服务等方面进行线上线下渠道的融合。在电商和互联网的冲击下，实体商店转型压力大，消费者开始多渠道同时使用，如今信息传递迅速，各渠道价格差异的透明度较高，消费者进行比价非常方便。若线上线下价格差异较大，消费者将会转移至网络渠道，这会使价格高的线下渠道销售受到一定冲击。

零售企业不仅在企业内部围绕云商模式开展了一系列组织变革、系统更新、人员培训等，还与供应商合作伙伴达成共识，确定了实行线上线下同价策略的商品选择、价格制定、交易系统升级等实际操作方案。

以苏宁电器为例，苏宁实体线下渠道与苏宁易购网络渠道实现融合，进行统一采购并且统一定价、资源共享、全成本核算。两个渠道融合之后，苏宁易购不仅承担销售的职能，还作为一个开放的平台，负责客户引流，实体门店则承担销售、展示、体验、服务等任务。通过O2O模式，将线下渠道与网络渠道融合，这样创新的渠道模式将线下体验、周到真实的服务与网络推广相结合，二者互相配合、补充。

随着线上线下融合逐渐深入人心，企业将主动和被动地采取行动，实现二者的融合。

二、移动互联网本身在创新

目前，我国移动通信市场已进入4G移动网络时代，移动互联网业务逐渐普及深入，智能手机、平板电脑和可穿戴设备等移动设备的技术不断更新、市场也不断增长。移动互联网技术和移动端设备为电子商务和网络渠道的创新发展提供了有利条件，并推动着移动互联网渠道的发展。

我国手机商务应用的发展以及移动互联网络的不断升级，推动着以微信、微博等即时通信工具为渠道的营销行为的发展。手机支付、手机银行等技术和安全保障不断完善，也支持着手机网络购物、本地生活类商务应用等交易快速增长，其中2014年手机在线旅行类应用软件的用户规模增长率达194.6%，成为增长最迅速的移动商务应用。

从线上旅游、电影美食等娱乐服务到衣物干洗服务等，移动互联网渠道进入了人们生活的方方面面，2014年本地生活服务类O2O市场的增长率为42.8%，其中，以手机移动商务应用软件和微信等自媒体为渠道的移动O2O市场迅速扩大，移动互联网渠道成为网络渠道的一个新亮点。

三、服务业的网络渠道创新

随着移动互联网和移动设备市场的发展，滴滴打车、猫眼电影、美团、饿了么外卖等本地生活服务类移动客户端不断涌现。根据艾瑞咨询统计数据显示，2014年本地生活服务类O2O市场规模比2013年增长42.8%，正在快速地改变着传统的服务业模式。

移动互联网渠道的发展与创新改变着人们的消费方式，生活服务市场正在进行互联网转型，使得服务业不断发生变革，服务体验不断创新、优化。移动互联网技术对网络渠道的变革，将促使服务业除了注重人员服务质量，更注重服务流程、服务渠道多样化和人性化改良，注重在客户端软件上的自助化的服务体验，从而有利于提升消费体验和服务业的整体水平。移动互联网络渠道还可以使服务业在一定程度上去中间化，使服务企业直接面向消费者，促使它们从消费者的角度出发改善服务流程、提高质量。同时，移动互联网渠道还逐渐自助化、个性化，随着服务业的不断发展，在提高服务业效率的同时对服务人员的技术水平和素质的要求也提高了，但是也有可能使得服务行业中的某些领域对服务人员的需求有所下降，给服务人员带来挑战。

专栏12—4

e袋洗

传统的洗衣店多为连锁加盟的形式，对加盟商的管控较难，很难实现统一、优质的服务，而且通常是消费者自行将衣物送至加盟门店，企业并不直接接触客户，用户与加盟商的诉求有所差异，因此很难全面了解用户的各方面需求，传统的干洗服务流程的体验并不令人满意。荣昌e袋洗将传统的干洗服务转型至移动互联网，从用户的角度出发，使传统的线下洗衣服务去中间化，进一步提高了用户满意度。

e袋洗的移动互联转型从微信开始，建立微信公众号，以低价、便捷、娱乐为特点，在e袋洗公众平台上有详细的收费标准，并且常常进行有趣的优惠活动，如领取或赠送优惠券、向朋友分享洗衣优惠红包等。e袋洗直接面向消费者，通过移动互联网与用户进行随时随地的线上线上互动，在微信公众平台上开展各种有趣的活动，与用户建立平等、良好的关系。

用户通过微信便可下订单，服务人员直接到客户指定的地点收取送洗的衣物，用户还可以在微信平台上追踪订单的进展情况，衣物清洗完毕后服务人员便会送还到客户手中。e袋洗通过移动互联网的转型，巧妙地将线上线下渠道结合，使荣昌e袋洗直接面向用户，实现去中间化，以用户满意为出发点，将e袋洗做成了一个成功的O2O移动电商产品。

资料来源：TechWeb. com. cn.

四、自媒体等新渠道宣传方式

我国企业的互联网化程度与美国等发达国家相比仍然偏低，未来企业的互联网化还将持续发展。从报纸杂志，到新浪、百度、微博，再到微信，我们已经从传统媒体、互联网媒体一路进化到了新媒体。如今，媒体平台越来越多，且社交媒体的传播及营销效果日益突出，丰富了网络渠道。

借助微信等各种媒体平台，每个企业、经销商和零售商都可以建立自媒体，以此为渠道发布信息，例如官方微博、微信公众号、朋友圈等。在微信、微博等社交媒体上，用户可以根据自己的兴趣进行信息搜索，关注感兴趣的对象，使得企业等机构或个人可以更精准地将信息传播给受众，通过这些已有的受众群体将相关信息进行分享传递给其他潜在受众，吸引更多的粉丝关注。在移动互联时代，这样的信息传播渠道利用人们的碎片化时间，使信息得到广泛精准的推广。

企业等机构通过平民化的自媒体平台，可以以用户需求和企业自身特色为出发点，发布相关信息、文章及产品促销消息等内容，并增加与目标客户的互动。在自媒体时代，并不是单纯的通过自媒体平台频繁发布广告，而是需要企业抓住用户的兴趣和需求，在让用户觉得好玩的同时传递企业的特点和风格，并与用户建立起良好的互动联系。从一个小群体开始，与用户直接联系，慢慢向用户身边的朋友扩散，利用自媒体的“社交群体传播”效应，口口相传、相互分享，让越来越多的人认同并接受，从而达到营销的目的。

本章小结

1. 网络营销渠道是指通过互联网将产品或服务从生产者转移给消费者的途径，通过电子技术手段来达成交易。随着电商发展和互联网普及，网络渠道逐渐成为一个主要的营销渠道，且具备网上订货、网上结算、配送三大主要功能。

2. 与传统渠道不同，网络渠道具备网络技术性强，渠道扁平化、虚拟化，时间和空间的延展性、整合性等特点。

3. 根据是否存在网络中间商，分为网上直接渠道和网上间接渠道；根据同一层次上的渠道成员数量，可分为网络宽渠道和网络窄渠道。

4. 网络直销是指生产企业不需经过任何网络中间商，基于互联网的网络渠道，直接将产品或服务销售给顾客。网上间接销售是指通过互联网中间商将产品或服务销售给消费者。二者各有优劣，可以从不同侧重点出发，同时采取这两种渠道。

5. 在进行网络渠道策略制定之前，需要明确网络渠道的目标，主要有销售目标、服务目标、品牌目标。

6. 网络渠道的设计主要是围绕网络直销和网络间接销售、宽渠道和窄渠道的选择和权衡组合而进行的。许多因素都会对网络渠道的设计产生影响，例如产品的性质、市场规模及特点、竞争对手的策略、技术成本、渠道管理协同效应等因素。

7. 网络中间商的存在具有必然性。在进行网络中间商的选择时，通常以5C原则为基本指导，即成本、信用、覆盖面、特色、连续性五个要素。

8. 我国移动通信市场已进入4G移动网络时代，随着移动互联网的逐渐普及深入，智能手机、平板电脑等移动设备的技术不断更新、市场不断增长，网络渠道发生了较大的变革和创新。移动互联网络渠道对传统服务业产生了深远影响，使生活服务行业去中间化、人性化、互动体验化。某些特定服务领域呈现出自助化发展，自媒体和O2O新渠道模式都使网络渠道进一步创新发展。

思考题

1. 网络渠道是什么？网络渠道的功能和特点有哪些？
2. 网络渠道有哪些分类？
3. 简述网络直销的定义和优缺点，并举一些网络直销的例子。
4. 简述网络渠道的目标。
5. 常见的网络渠道中间商有哪些？举出实际的例子。

案 例

线上家居建材交易为何绕不开？

据不完全统计，2010年，家居建材行业的电商销售额为228亿元；2011年电商销售额为282亿元；2012年电商销售额达700亿元。与如火如荼的其他类产品网上销售相比，家居建材行业的网上销售增长并不快。但家居建材市场的规模确实很大，以致天猫在“双十一”引爆了与传统线下家居卖场的市场份额争夺战，不过天猫最终铩羽而归。导致这一现象的主要原因可能是，线上家居建材商城的物流不给力。

1. 不可忽视家居建材行业消费者购买特点

消费者是一切消费的基础，即使是在线上，也不例外。线上家居建材商城要想赢得消费者，也要结合行业特点分析消费者心理和行为。

消费者购买决策过程包括五个阶段：确认需求—搜索信息—评估备选方案—购买决策—购后行为。理论上，消费者在每次购买时均会经历这五个阶段，但在经常性购买中，消费者常常会跳过某些环节，尤其是在购买日用快速消费品时。对于家居建材这类大件商品，消费者会花大量时间收集相关信息，以确保自己做出正确购买决策。在对购买建材、家具产品毫无经验的情形下，降低风险的办法主要是多比较和多了解。因此，消费者会在中间三个阶段耗费大量的时间和精力，其购买决策过程也较为复杂。

消费者很难通过有限的文字描述和图片展示对家居建材做出准确判断。因此，在整个购买过程中，反反复复的体验是不可或缺的环节。家居建材还涉及物流、安装、售后服务等，这些都有较高的专业要求。

网上家居建材商城可通过网络技术的不断提升，实现对家居建材的接触体验从平面过度至 3D 可视化，但物流、安装、售后服务等，网上建材商城则不能独自完成。

2. 物流对家居建材线上交易的限制

首先，物流合作伙伴、物流网络布局是否支持线上交易的完成。线上交易势必扩大产品销售范围。例如，原本可能集中在北方地区销售的产品，可通过网络接收到全国范围的订单。此时，物流就成了履行服务的重要因素。目前，家居建材行业的干线物流（库—库），大多委托第三方公路干线运输公司来完成。灯具、卫浴、玻璃制品等重量大、面积大、易损坏的产品，在运输过程中需特殊加固保护措施，运输过程若出现损坏等情况，责任很难分清。普通第三方物流公司很难依据专业化要求来操作和安装，这会给商家带来不可控损失。此外，消费者要求家居建材商提供送货上门服务，但与冷链行业目前的现状——最后一公里就成为最大的限制——一样，从目前我国物流行业的发展现状来看，要找到合适的城际配送合作伙伴并不易。四通一达（申通快递、圆通速递、中通速递、汇通快递、韵达快递）随着淘宝的发展而实现了快速发展，但它们属于小件包裹公司。针对家居物流行业，我国并没有专门的第三方物流公司，企业自建仓储物流的成本较大，资源也得不到最优化利用和配置。

其次，物流管理水平将决定线上业务发展的广度与深度。家居建材行业存在一站式购物现象，即消费者希望一次能将相关物品采购齐全。因此，未来家居建材电商的产品线也会随之不断丰富，从单纯的家具，延伸至家装饰品等，这对仓储中心的库存管理提出了较高要求。

3. 物流带给家居建材线上交易的机会

如在家居建材超市（如居然之家）买物品，消费者需在店面与销售人员沟通，送货之前与厂家的客服代表沟通，送货当天与送货司机沟通。中间一旦出现问题，解决过程就非常烦琐。如卖场将物流各个环节整合，效率便会提升。例如，北京市现在有白天送货牌照的货车数量有限，各个家居厂商普遍依据订单安排送货，这些车辆并不能得到高效利用，这里存在较大成本压缩空间，也意味着卖场有较大的获利空间。

传统家居建材卖场，仅靠商业地产和收取进场费模式已很难实现持续盈利。物流为产业链延伸提供了很好的契机，是企业线上交易延伸的重要推手。通常，相对网络平台型服务商，大型家居建材卖场在全国主要城市均有网点，更有条件完成此项任务。从生鲜食品电商的发展模式看，垂直型电商模式（如我买网）要比平台型（如天猫）模式好。天猫开始做生鲜效果较差，因其未提供足够专业的物流服务体系，而垂直型电商自建物流就可支持该服务模式。

要想创新发展模式，线上销售要想获得更快发展，平台型电商需在模式上与传统销售模式有所区别。它们可借鉴宜家模式，设立区域仓储中心，提高订单响应速度。

问题：

1. 你认为中国传统家居建材交易商有必要实现线上线下融合吗?
2. 你认同家居建材交易线上线下融合离不开物流这一观点吗?

第13章 管理服务营销渠道

学习目标

- 掌握服务的概念
- 掌握渠道的本质
- 了解服务营销渠道的基本模式
- 了解服务营销渠道战略制定的注意事项

近日，信诺数据公司（TrustData）发布了《中国移动互联网电子商务应用发展报告》。报告显示，美团移动端用户月度覆盖率14%，行业排名第一，是第二名大众点评的3.2倍，为行业第二名至第五名总和的两倍左右。美团采取自营模式，电影、外卖都推出各自独立运作的产品，这较整体运作的大众点评具有更大的灵活性和发展空间。

在电影领域，美团猫眼电影已成长为中国最大的电影O2O平台，覆盖全国70%以上影院，2014年交易额达50亿元。目前，全国平均每售出3张电影票，就有1张来自猫眼电影。截至2015年6月1日，猫眼电影2015年交易额已突破50亿元，仅用5个月就超过了2014年全年50亿元的交易总额。

美团外卖以餐饮外卖为核心，延伸到果蔬、便利店、药品、甜点等新的品类配送。新设立的外卖配送事业群，将负责外卖平台和配送平台的建设，进一步完善外卖服务体系。美团外卖日订单量超过230万单，覆盖全国250个城市，市场份额近50%，排名第一。

美团以酒店为基础，在周边游、景点门票上持续探索，新设立了酒店旅游事业群，将负责出行度假平台的建设，与产业上下游广泛合作，以满足消费者出行、度假等的消费需求。

有数据显示，服务业占 GDP 的比重，世界平均水平为 69%，发达国家为 70%，我国为 40%左右。中国经济要转型、产业结构要优化升级、外贸发展方式要转变，服务业才是主导，中国必须加快实现向服务经济转型的跨越式发展。下面应用 4P 营销组合的分析框架来讨论服务的特性和相应渠道战略。

第 1 节　服务特征与渠道本质

医院、法院、军队、公安和消防部门、学校等行政事业单位属于服务业，航空公司、银行、宾馆、保险公司、法律公司、管理咨询公司、医疗机构、电影公司、管道工程修理公司和房地产公司等企业属于服务业。制造业中的会计师、法律顾问等人员也属于服务业从业人员。服务（service）指一方向另一方提供的所有无形的活动或行为，不会导致任何所有权的产生。

一、服务特征

一般认为，服务具有无形性、不可分割性、差异性和易逝性，每个特性之间相互联系。所有的服务都具有这些特性，但在有些服务中，有些特性表现得比其他特性更为明显，或者是比其他特性更加重要，这取决于服务的种类。

（一）无形性

无形性指服务与有形用品相比，服务的特征及构成元素往往无形无质，人们不能触摸或凭肉眼看见其存在。此外，它还指使用服务的利益甚至也很难被察觉，或要等一段时间后享用服务的人才能感觉到利益的存在。例如，中医按摩的调理功能相对时间较长，需要患者长期使用过程中才能体会到对身心带来的效果。人们不可能在购买服务前，去视、听、嗅、尝、触到服务，而是必须参考许多意见、态度以及各方面的信息。当再次购买时，顾客在很大程度上依赖先前的或他人的经验。例如，中医偏方有很多，疗效也千差万别，评价老中医的疗效往往依赖于他人口口相传。

有些有形物是作为服务的有机组成部分一并提供给顾客的，没有这些有形物，服务就不会存在。例如，在没有飞机、轿车、船只或火车的情况下，如何提供运输服务？尽管如此，我们仍然认为是无形性决定了服务的其他特性。事实是，有形商品和无形服务之间并不存在明显界限，在科学技术飞速发展的今天更是如此。

针对服务的这一特点，企业的策略思路显然是将“无形性有形化”。顾客体验是一种重要方式，企业首先设定好想要顾客感知的体验，然后设计一组与之一致的行为和背景支持该体验。例如，祥源茶业认识到顾客没有充分地认知到普洱茶的品饮价值，决定开设专营店，由店员帮助顾客加速认知茶的品饮过程和体验饮茶的乐趣。

专栏 13—1

星巴克的优雅与微笑

星巴克的店堂设计与众不同，它创造了遍及全美的统一外观，但每间店堂的设计又不失自己的风格。星巴克利用风格来体现美感，当顾客看到的、感觉到的、体验到的东西和谐地糅合在一起时，他们就会被这种美感吸引，无论顾客是否欣赏艺术，因为它一方面创造了和谐，另一面也创造了对比。当顾客走进星巴克时，所有的服务员都只有一个表情，那就是似乎永远的禅宗似的微笑。不管有多少顾客在排队等候，甚至面对顾客的怒容，星巴克的服务员也永远带着禅宗似的微笑，并且轻声细语地对顾客说话。星巴克的工作人员总是带着真诚的微笑为顾客冲泡每一杯咖啡和红茶，微笑是有感染力的，有的顾客甚至在意见簿上写道，如果一天中见到的都是笑脸该有多好！

（二）不可分割性

生产实体产品与消费的过程具有一定的时间间隔，即二者往往是分割的，生产在先，消费在后。服务则不同，它具有不可分割性。服务的不可分割性指服务的生产与消费同时进行，服务人员提供服务时，也正是顾客消费和享用服务之时。

消费者与生产者须直接发生联系。消费者不参与服务生产过程，就不能享受服务。这就要求服务消费者须积极、合作地参与服务生产。例如，在按摩服务中，顾客需要针对服务人员的按摩力度做出评价，按摩师才可适当调整以使治疗更有效果。这就要求服务营销管理须将顾客参与生产过程纳入管理，而不只局限于对员工的管理。服务的这一特征表明，服务员工与顾客的互动行为既是服务质量高低的影响因素，也是服务企业与顾客之间关系的影响因素。此外，企业还可采用一些战略规避该限制，例如尝试加快服务的速度，培训更多的服务工作者，用集体服务替代个体服务等。

（三）差异性

消费者有不同的个性，这使得服务质量检验很难有统一的标准。服务人员自身因素（如心理状态）会影响其提供的服务的水准。即使同一服务人员在不同时间段、不同心情状态下也可能会提供不同质量的服务。例如，饭店的服务员在刚上班时和要下班时由于体力状态不同，可能会影响对顾客的态度。此外，顾客直接参与服务的生产和消费过程，顾客本身的因素（如知识水平、兴趣和爱好等）也直接影响服务的质量。例如，我国南北方之间的服务业服务质量存在较大差异，北方顾客可能觉得某位服务员的服务质量已经很好，但可能南方的顾客就认为该服务员的服务质量还需改进。即使对于同一企业的两家不同分店所提供的服务，也可能出现一家分店的服务水平显著优于另一家分店的情形。“企业形象”或企业“服务形象”缺乏一致性，将对服务的推广产生极大的负面影响。

基于此，企业可能需要建立有效的聘用和培训程序，在组织中推行标准化的服务质量，采用严格的顾客满意度标准。例如，丽思卡尔顿连锁酒店，在每家分店的各个位置设定了每日服务质量指数，这样酒店员工就能监控主要的顾客服务进程和迅速处理有潜在问题的区域。其在马里兰的总部的中央控制室里能显示每个酒店的服务质量指数，以便对各个地方的服务质量进行实时监控。

（四）易逝性

服务越趋向无形化，储存服务的可能性就越低。这种易逝性造成了供需匹配的复杂性，管理人员不得不面对顾客需求或供给能力的波动问题。这些波动可能会对服务传递产生影响，有效地对这些波动进行管理，提高服务效率、降低成本或提高销售额，对服务组织来说至关重要。满足顾客需求是企业的恰当目标，但按最高需求水平配置组织能力的做法是低效的，因为组织很难持续地满足这种高水平的需求，并会导致组织资源匮乏。因此，电力部门如果按照用电最高峰期供应电力，就有些浪费能源了。

应对服务易逝性的出发点显然是努力使需求和供给能更好地匹配。在需求匹配方面，可能采取的策略为，对产品进行差异化定价，有意识地培养顾客的非高峰需求，为等待顾客提供一些备选项目，以及采用预订系统等。例如，海底捞在顾客等餐期间，会提供一些小吃和小游戏物品，为缩短顾客等待时间，它也向顾客提供订餐电话，向顾客提供代金券鼓励顾客在非高峰时间段就餐。在供给方面，企业可能采取的策略为，雇用兼职人员，在高峰时段适当减少一些服务环节，让顾客适当参与服务的某些过程等。

二、渠道的本质

在第 1 章，我们界定了渠道的概念，即营销渠道是产品从制造者手中转至消费者手中所经过的各个中间商连接起来的通道，它由位于起点的生产者和位于终点的消费者（包括组织市场的用户），以及位于两者之间的各类中间商组成。本质上，渠道是帮助企业将产品送至消费者，至于中间环节有谁无谁并不关键。

我们认为即使是在网络时代，尤其是在个人消费者市场上，大部分生产企业并不直接把产品销售给最终用户或消费者，而是借助于一系列中间商的转卖活动。由于批发商、零售商、代理商和经纪人的存在，不同商品或同一种商品的分销渠道可以大不相同。此外，企业的渠道还受渠道的结构和承担的功能影响。

在第 1 章图 1—5 中，产品在分销渠道中流动时，我们可以看到其中存在五种以物质或非物质形态运动的“流”，即所有权交易流、商品实体转移流、信息流、促销流和支付流。

同时我们还发现，一些企业如银行、保险公司、运输公司、仓储公司、咨询公司、广告公司以及其他机构（如海关、商检局等）虽不在渠道之中，或不介入商品所有权的转移过程，但与渠道运行有着密切的联系，而且不可缺失。如果我们将它们与上述五种“流”综合在一起，看上去简单的分销渠道便立即呈现出极为错综复杂的关系（参见第 1 章图 1—6）。

三、服务产品的渠道变化

由于服务产品的以上特性，其营销渠道流程的本质未变，但具体的表现形式发生了很大变化，第 1 章图 1—6 可以变化为图 13—1 的短渠道。在许多情况下，服务渠道是从服务提供者直接到消费者。事实上，这种渠道结构在广泛的服务领域中，对大多数独立的小型服务提供者来说非常典型。外科医生、牙医、律师、会计、理发师、汽车修理工、建筑师、修鞋匠、干洗店员以及其他大量独立的职业者和商人采用图中所示的这种渠道结构。

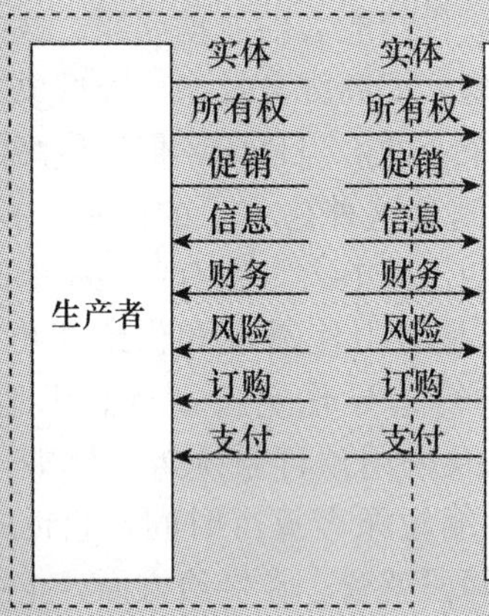

图 13—1　短渠道

图 1—6 还可以变为图 13—2 的许可模式（即特许经营模式），特许经营渠道的特征是特许商与受许商之间紧密的商业关系，不仅包括产品、服务、商标，还包括企业营销战略、培训、商品管理、操作手册与标准、质量控制以及持续的双向沟通。这种特许渠道广泛存在于服务领域，包括房地产销售、汽车修理、住宿、娱乐、教育服务、餐饮、干洗、企业服务甚至医疗。

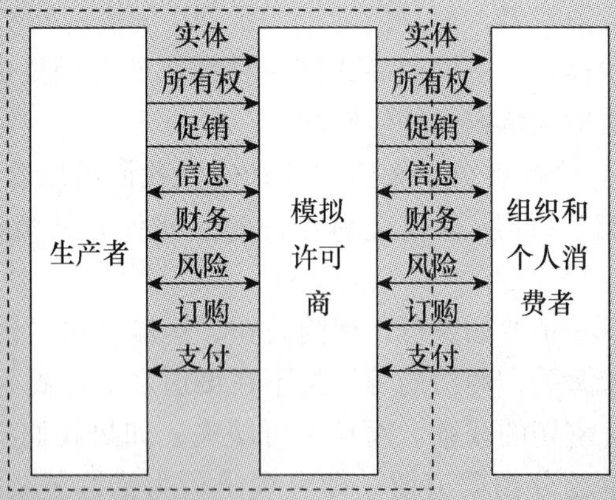

图 13—2　特许经营模式

随着科技的进步，营销渠道承担的某项职能可能无须渠道中间商来提供，有可能简化为企业直接面对消费者，或者由专业的职能企业来承担，如图 13—3 所示。

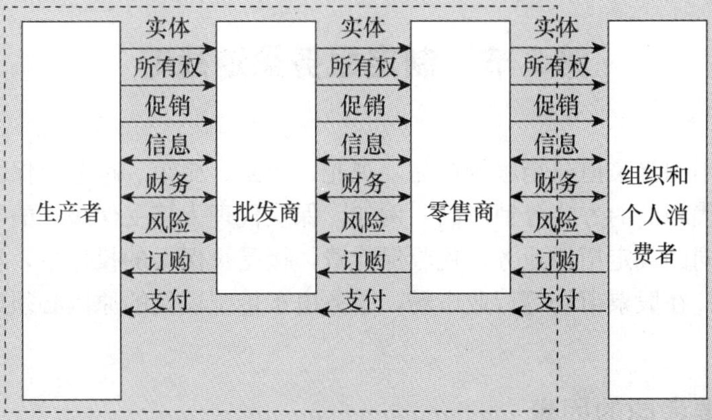

图13—3　部分职能被其他职能企业承担（如支付）

由于服务自身的无形性等特点，企业在传递过程中会面临很多困难，甚至自身需要参与其中（如图13—4所示）。按照消费者的个性化需求制造产品，在消费品市场甚至工业品市场上都是不多见的。尽管有例外，但绝大多数产品都不是定制的，而是为满足相对较大的细分市场进行的批量生产。即使是可供选择，如挑选汽车的颜色和样式，也是在已有的选项范围内进行的受一定限制的选择。然而，许多服务也提供了高度的定制化，例如法律服务、卫生保健、建筑设计、高管猎头、房地产销售、出租车服务、发型设计、室内给排水、教育、电话服务、旅馆服务、零售银行、高档餐馆服务等。

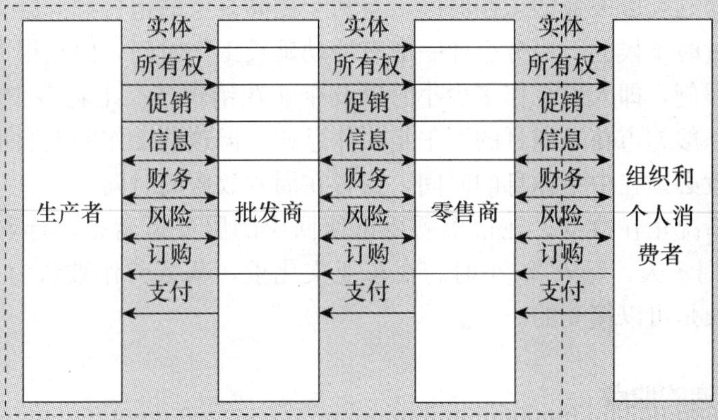

图13—4　服务企业（或顾客）直接参与部分职能传递

此外，尽管不是对所有服务都适用，但是许多服务确实需要一定程度的顾客参与。如理发师、健身教练、税收管理员、居室装修工、卫生保健师提供的服务，他们的服务通常需要顾客一定的参与才能成功完成。

如果将其再抽象，就是两种，一是渠道的直接化；二是渠道的碎片化。以上四种变形模式仅仅是理论的抽象，服务营销渠道管理在现实中要复杂得多，可能在此基础上还有其他形式的混合、变形等。

第 2 节　制定服务渠道战略

企业也在采用间接渠道分销服务产品。观光、旅游、旅馆、运输、保险、信用等行业的企业往往采用代理商的方式分销产品。例如，保险代理人接受保险人的委托，代表保险公司依据保险合同的规定招揽业务，代收保险费，接受投保人的投保单，从保险公司获得保险代理手续费。在股票市场等行业市场，服务由于传统惯例的原因必须经由中介机构才可交易。

一、短渠道下要考虑的因素

服务的不可分割性和易逝性使得服务天然地适合采用直销的分销模式。采用直销模式的好处为：（1）直销可使得企业对服务的提供数量和质量保持较好的控制；（2）直销能提供真正意义上的个性化服务，在标准化市场的基础上开发新的差异化市场；（3）直销可使得企业与顾客直接接触，从市场上直接反馈需求信息、环境变化和竞争情况等。但采用直销模式往往意味着地域的局限性。当服务供需双方间没有有效的联系时，服务提供者的不可分割性便转化为服务市场的地域性。例如，有很多病人不远千里到某老中医处寻医问药。

（一）服务传递时间

有研究显示，延长服务业的工作时间，有利于提高企业的销售额。服务的易逝性，也表明服务时间是过时不候的。服务企业一般有冲动延长工作时间，但在很大程度上，这个标准反映了社会惯例，即人们工作多少小时以及企业在销售产品上花多少时间是合适的。比如，在美国，一般超市在星期日的下午是要休息的，但这给工作的人们带来了不便，他们要购买产品，就必须在中午休息的时间，或者在周六放假的时间。

今天，这种情况正在改变。在很多需要迅速回应的服务运营中，行业的标准变成了 24/7 服务——一周 7 天，每天 24 小时。在东亚文化里，辛苦劳作被认为是社会的美德，所以，时间的延长是可以接受的。

（二）服务传递的地点

很多场景下，顾客需要到服务组织的场所接受服务，选址对于服务项目的成败非常重要。设施选址直接关系企业经营的战略决策，是企业贯彻以消费者为中心观点的重要体现，是影响企业效益的一个决定性因素，同时也是制定企业经营目标和经营战略的重要依据。

对于选址，企业需要较多地考虑交通因素（城市主干道、车站、地铁以及停车场）、周边建筑因素（包括居民区、写字楼、酒店以及其他配套设施），这些都需要用详实的数据来说明。

选址是为了吸引更多的客流。做选址市场调研的时候会有一些基本的考虑，商圈、竞争对手的情况等也是非常重要的。商圈内考虑的因素包括城市规划、交通便利性、商圈内消费力等。

竞争对手的存在与运营能力要正视，竞争对手在本区域的营运业绩、营销策略、远期规划，都是需要考虑的问题，潜在竞争对手也是不可遗漏的部分。针对竞争对手的各项策略，在规划时必须提出解决方案。

二、渠道碎片化下要考虑的因素

前面的图13—1属于短渠道模式，图13—2、图13—3、图13—4则属于碎片化下的渠道。在碎片化模式下，渠道的参与者众多，方式也众多，创新不断涌现。渠道需要考虑的因素主要体现在控制上。

（一）渠道整体流程

对于绝大多数的服务来讲，不存在产品的实体流程。通过渠道输送服务的流程是信息流程、谈判流程和促销流程。因此，渠道设计与管理中同产品流程相关的变量不需要再做考虑，从而大大简化了营销渠道的设计与管理，因为在很多情况下，信息、谈判、促销流程可以用电子技术处理。然而，渠道管理者必须认清的事实是，尽管有些服务可以通过电子渠道提供，但并不意味着它们就应该这样提供。尽管基本上一切都可以电子化并通过台式电脑或笔记本电脑、平板电脑或手机提供给消费者，但渠道管理者不能忽视这样一个事实，即消费者对于市场的偏好最终决定了渠道结构。音乐下载、电子书、流媒体点播电视、网上银行以及其他一些基于技术的创新在近几年来迅速发展，均得益于消费者对于这种电子渠道的认可和选择。很多服务不包含产品实体流程的事实并不意味着渠道管理者应该自动转向电子渠道，从而实现消费者服务的可得性。许多消费者在某些服务上，仍然更偏爱“过时的”、以人为导向的渠道。例如，美国运通公司的一项调查显示，90%的消费者在需要客户服务时仍然更倾向于通过电话与服务人员进行交流。

（二）接触点流程

如图13—4所示，消费者和企业广泛参与服务产品的传递过程，这一过程产品质量恒定性的控制有赖于严格的流程执行。以订单流程为例，订单处理包括订单准备、订单传递、订单登录、按订单供货、订单处理状态跟踪等活动。订单处理是实现企业消费者服务目标最重要的影响因素。改善订单处理过程，缩短订单处理周期，提高订单满足率和供货的准确率，提供订单处理全程跟踪信息，可大大提高消费者服务水平与消费者满意度，同时也能降低库存水平和物流总成本。

行业的领导者，如快餐业的麦当劳等，如今采用了订单处理系统。该系统基于计算机网络系统，能迅速有效地处理大量数据，能进行严格的数据编辑处理，确保正确性、时效性，可进行数据的存储和积累。组织越来越多地运用信息技术，并将其作为竞争优势的来源。例如，为提高物流处理能力，沃尔玛发射了一颗用于处理公司物流信息的卫星。

专栏 13—2

酒店接待散客入住流程

1. 迎客

当客人进入大厅，距总台两米远时，应目视客人，向客人微笑示意，并问候："先生/小姐，您好！（早上好/下午好/晚上好！）"

（1）如正在接听电话，只需目视客人，点头微笑，示意客人稍候。

（2）如正在处理手头文件，应随时留意客人的到达。

2. 确认客人是否预订

（1）预订房间——请客人稍等，并根据客人预订时使用的姓名或单位查找预订单，与客人进行核对。

（2）未预订房间——有空房时，应向客人介绍可出租的房间的种类、价格、位置。等候客人选择，随时等候回答客人疑问。

没有空房时，应向客人致歉，并向客人介绍附近宾馆情况，询问是否需要帮助，如有需要，帮客人联系。

（3）如客人只是询问，并非入住，耐心解答客人的询问，并欢迎客人光临。

3. 入住登记

（1）持住宿登记单上端，同时持笔的下端，递给客人，请其填写。

（2）核实人证是否一致，对证件进行扫描并保存。

（3）核查住宿登记单是否填写齐全，如有缺项或不详的情况，应询问或根据证件补充完整。

（4）确认付款方式（挂账、信用卡、现金）。

（5）将证件、房卡一起交给客人，并请客房服务员将客人带领到房间，如客人不需要，则告知大概方位。

（6）行李交给行李员为客人搬运。

（7）通知房务中心及总机房，将入住资料输入电脑。

三、服务渠道与定价、促销的关系

这里需要说明的是，服务企业的分类界限并非泾渭分明，而是相互交织的。我们前面主要讨论的是产品和渠道的关系。企业还需要考虑企业与其他营销要素的关系。

（一）定价策略

服务的价格以多种形式存在。例如，会计师、法律顾问、咨询师等收取咨询费，航空公司收取机票费，宾馆收取房租等。服务的价格有影响消费者认知和指示服务质量的作用，因为消费者在无所适从时往往遵循"价格—质量"推理。

无形性等特征使服务定价变得十分复杂。这也解释了为什么服务业总是快刀斩乱麻，往往采用简单的定价方法。影响服务定价的因素有很多，主要包括：竞争者的价格、顾客的偏好、服务企业战略和目标、顾客感知价值等。

贝里和雅达夫提出了三种明确的定价策略：

（1）满意定价。满意定价的重点在于减少由于服务的无形性导致消费者对不确定性的感知。服务企业可向顾客做出服务保证，例如，如果顾客不满意，立即退款。

（2）关系定价。关系定价的重点在于建立、维系和加强与顾客的关系，向老顾客提供低价或增加新服务，关键是为顾客增加价值，使其成为服务企业的忠诚顾客。其核心是和顾客建立长期合同或捆绑定价。客户关系对服务企业很有利，能弥补获得新顾客带来的成本。

（3）效率定价。效率定价的重点是了解、管理和减少成本。效率定价形成的成本节约须增强顾客的价值感知，但不能以牺牲服务质量为代价。

（二）促销策略

服务促销目标与有形产品促销的目标大致相同，主要是：建立对服务品牌的认识和兴趣；使服务品牌本身与竞争者产生区别；沟通并描述服务带来的各种利益；建立和维持服务品牌的整体形象和信誉；说服顾客购买或使用该项服务。

基于服务本身的特性，服务促销的目标又有一些特点。在购买前，消费者对服务企业了解不多，企业须建立产品认知度。企业在质量方面的形象有助于减少顾客在第一次购买时的感知风险。服务本身的形象、企业形象和整个服务行业给顾客的印象都会对服务的有形质量产生影响。正面口碑对顾客态度的影响最大。在消费期间，前台员工通常会与顾客进行交流，告诉他们提供的是什么服务以及顾客要如何配合。这时，每个人要扮演的角色都非常明确。员工的沟通活动会影响服务的功能质量和关系质量，最终影响顾客的满意度。在购买后，企业有必要继续与顾客保持沟通，这样能减少顾客的认知冲突或不满意，例如帮助顾客确认他们的购买行为是正确的。

服务促销的工具与产品促销的工具也大致相同。可用的工具有人员销售、广告、公共关系、赞助、直销、网上销售、销售促进、忠诚计划等。这些工具的效用存在差别，企业需要依据工具特点做出取舍。一般情况下，人员销售是最重要的服务促销工具，广告宣传和人员推销这两种工具最为常用，消费者间的口碑传播效果最佳。

本章小结

1. 即使是在网络时代，尤其是在个人消费者市场上，大部分生产企业并不直接把产品销售给最终用户或消费者，而是借助于一系列中间商的转卖活动。由于批发商、零售商、代理商和经纪人的存在，不同商品或同一种商品的分销渠道可以大不相同。此外，企业的渠道还受渠道的结构和承担的功能影响。

2. 如果将服务的渠道抽象，就是两种，一是渠道的直接化；二是渠道的碎片化。本章所列四种变形模式仅是理论的抽象，服务营销渠道管理在现实中要复杂得多，可能还有其他形式的混合、变形等。

3. 服务的不可分割性和易逝性使得服务天然地适合采用直销的分销模式。

4. 服务企业的分类界限并非泾渭分明，而是相互交织的。企业除要考虑产品和渠道的关系，还要考虑企业与其他营销要素的关系。

思考题

1. 如何思考服务与渠道的关系？
2. 服务的无形性对渠道管理有何影响？
3. 服务的顾客高度参与对渠道管理有何影响？
4. 为什么说时间、地点对服务短渠道很重要？

案例

新东方的“光环”与新挑战

新东方教育科技集团成立于1993年。经过持续的发展，新东方教育科技集团已成为一家以外语培训和基础教育为核心，拥有短期语言培训系统、基础教育系统、职业教育系统、教育研发系统、出国咨询系统、文化产业系统、科技产业系统等多个发展平台，集教育培训、教育研发、图书杂志音像出版、出国留学服务、职业教育、在线教育、教育软件研发等于一体的大型综合性教育科技集团。2006年9月7日，新东方教育科技集团在美国纽约证券交易所成功上市，成为中国第一家在美国上市的教育机构。截至2012年5月，新东方已经在全国49个城市设立了55所学校、7家产业机构、32家书店以及600多个学习中心，累计培训学员近1 300万人次。

1. 新东方困境

新东方在儿童业务领域成长迅速，少儿泡泡英语和优能项目成为公司重点收入来源和主要的增长点。但新东方在持续多年30%的增长后，短期增长乏力开始显现。从过去几年新东方的并购来看，没有在大的战略领域取得显著效果，俞敏洪作为中国教育领域教父级人物，为公司品牌宣传做出了巨大贡献，解决了巨额广告费和推广费用，但是公司在互联网战略方面整体进展不够快，伴随英孚、迪士尼英语、培生等国际大品牌的强势竞争，在一二线城市，新东方面临越来越大的压力。

2. 尝试加盟

俞敏洪选择的加盟方式中，有两种对新东方的意义或将是颠覆性的：一是继续在规模较大的地级市开设直营校。2015年新东方预计会在8个城市新开直营校，上半年温州、烟台、潍坊三个城市的直营校陆续成立。未来，俞敏洪的目标是将新东方的直营学校由目前的55个开到70～80个。至于选择城市的标准，新东方设定的培训行业的市场规模达到1亿元以上。二是对不满足开直营学校的小城市采用投资控股、收购的方式和当地有影响力的机构合作。让本土的培训机构品牌加盟新东方品牌，新东方对其进行内容产品和管理系统上的输出。俞敏洪表示，“目前优能已经初步实现了产品体系统一，未来可能还需要1年的时间实现全部统一，但成型的产品都已经出来了”。在更小的地市以及县城里开设免费学习中心，采用在线课程的方式，为当地的学生提供免费服务。一方面，为学生设计在线的溢价辅导服务；另一方面，对新东方后期其他的产品线引流，比如留学、游学等单价高的业务板块。

3. 预期

俞敏洪算了一笔账，如果在一个小县城的商场里开一个500平方米的学习中心，一年的场地租金可能就是20万元，再加上20万元的装修成本，场地费可能就是40万元。这个价格在北京想都不敢想。这个学习中心不需要聘请老师，只需要请2～3位辅导老师，再配2～3名工作人员。学生可以免费来新东方的学习中心在线上课，但是必须要注册学生真实有效的个人信息。因此，这个学生的学习行为也被记录进跟踪系统。

当新东方拿到学生真实有效的个人信息，并记录学习行径后，新东方得到了两个盈利机会：短期的在线溢价服务，比如题目讲解、试卷分析等；长期的潜在用户引流，导流到后端产品板块中。

对此，俞敏洪颇有信心地说道："我们留学咨询一个单子的均价是5万元，如果一年能够导出15个学生就赚了。这一数字是很低的，因为这个免费学习中心的吸引力大，容纳量大，很容易做到。县城里没有留学服务机构，但是那里又有一些高收入人群，他们有留学或游学的需求。一位省会城市的优能老师，可以同时给几十个县的学习中心上课，人力成本就大大降低了。"

资料来源：http://www.neworiental.org/；http://www.zhihu.com/question/19656304；http://www.duozhi.com/company/201503273023.shtml.

问题：

1. 新东方的主要困境是什么？你认为应如何解决？
2. 加盟是否会损害新东方产品的一致性？

第 14 章

中美零售业比较

学习目标

- 了解美国零售业的现状
- 了解美国零售业的优点
- 了解我国零售业的不足
- 了解我国零售业取得的进步
- 了解我国零售业的发展趋势

11 月 11 日，是天猫一年一度的全场大促销的日子。大型电子网站一般会利用这一天来进行大规模的打折促销活动，以提高销售额。

在 2014 年的“双十一”促销活动中，天猫商城的表现超出了所有人的意料。阿里的数据显示，2014 年 11 月 11 日零时 1 分 11 秒天猫的销售额破亿元；刚过 3 分钟，狂欢节交易额就达到 10 亿元；14 分钟 02 秒，突破 50 亿元。天猫“双十一”购物狂欢节开场 38 分钟 28 秒之后，交易额冲到了 100 亿元，其中无线占比 45.5%。而 2013 年，冲到 100 亿元用了 5 小时 49 分。

2014 年 11 月 12 日凌晨，阿里巴巴公布了“双十一”全天的交易数据：支付宝全天成交金额为 571 亿元，移动占比 42.6%。

时间退回到 2009 年 11 月 11 日，天猫（当时称淘宝商城）开始在“光棍节”举办促销活动，其最早的出发点只是想做一个属于淘宝商城的节日，让大家能够记住淘宝商城。对于天猫商城来说，选择 11 月 11 日，也是一个有点冒险的举动，因为这一天刚好处于传统零售业“十一”黄金周和圣诞促销季中间。但是这个时段存在一个机会，即天气变化正值人们添置冬装，网上的促销活动就可能借此成为一个对消费者有吸引力的窗口。结果一鸣惊人，现在“双十一”成为电商消费节的代名词，对整个线上零售业甚至是非网购人群、线下商城也产生了一定影响力。

网络零售在我国得到了迅猛发展，无论是天猫商城、京东商城还是各类微商等都频繁出现在我们的生活当中。但不应忽视的是，由于发展时间短，缺乏相应经验和理论的积累，我国的线上线下零售业与当今世界的零售业龙头——美国之间还有一定的差距，具体区别和改善的空间正是本章所要阐述的。本章从线下零售视角切入逐步比较中美之间的差异，为我国零售实践、渠道实践提供参考。

第1节　中美零售业对比的意义

零售在整个商品流通中非常重要，零售业也是现代经济中最为重要的产业之一。在美国，零售巨头沃尔玛2006年的销售额高达3 511.39亿美元，继续占据世界零售业的头把交椅，2014年的销售额更是高达4 762.94亿美元。沃尔玛控制着全球几千家供应商，是名副其实的龙头企业。2014年，《财富》世界500强企业中，零售企业占到了40家，而美国就占这40家企业中的16家，尽管中国上榜企业总数占比仅次于美国，但总共只有4家，与美国差距明显。英国、日本、瑞士各上榜零售企业3家，法国、德国、加拿大、澳大利亚各上榜2家，韩国、比利时、荷兰各1家。可以说零售业是当代经济的龙头，美国又是世界零售业的龙头。

中国零售业的发展时间较短且历经坎坷。在计划经济时代，中国的零售业不受重视，被视为末端企业，只是计划分配消费品的渠道。改革开放之后，我国的零售业焕发了生机，成为几十年来变化最大的行业之一。进入21世纪，随着我国开放水平的不断提高，国外先进管理技能的传入，我国的零售业也迎来了迅速发展的机遇。社会消费品零售总额的增长可以从另一个侧面反映我国零售业的发展（见表14—1）。

表14—1　　我国社会消费品零售总额及其同比增速

年份	社会消费品零售总额（亿元）	社会消费品零售总额同比增速（%）
2007	89 210	
2008	114 830.1	22.72
2009	132 678.4	15.54
2010	156 998.43	18.33
2011	183 918.6	17.15
2012	210 306.98	14.3
2013	237 809.9	13.08
2014	262 394	12

资料来源：中经网统计数据库。

我国目前有4家零售企业进入世界500强，仅次于美国，居世界第二。这4家企业分别是华润集团、怡和集团、和记黄埔、中粮集团。但是如果我们稍微深入调查一下就可以发现，严格意义上说，这4家企业也并不是纯粹的零售企业，只是涉足零售业。可以说，我国的零售业销售总额巨大，但是提及个体企业的零售业管理经验，我国仍有欠缺。

从国内的整个环境来说，从2005年起，随着国内零售业的全面开放，外资被允许开设全资商业企业，并深入中国二三线城市甚至农村市场。世界上50家最大的零售企业几乎都已经进入了我国，尤其是沃尔玛、家乐福等零售业巨头，已经在我国形成了一定的网络规模，且拟定了进一步拓展中国市场的计划。

为了在如此激烈的竞争环境中求得发展，我国的零售业需要对以美国为主的西方国家发达的零售业和自身相对不足的状况有更清楚的认识，学习其成功的管理经验。

第2节 美国零售业现状

要全面地了解美国零售业的特点，就需要先从外在的角度对美国零售业的现状有大概的认识。

一、市中心空心化——消费者的位置外移

从20世纪70年代开始，发达国家的一些大城市中心市区的人口向外迁移，迁移到离城市更远的农村和小城镇，这种人口流动的方向与城市化相反的现象称为逆城市化，也称市中心空心化。

逆城市化只是城市化扩展的一种新形式，并不是城市化的衰败，它建立的基础是城乡差别接近于零以及城乡一体化。乡村及小城镇的交通、水、电、信息等设施完善，再加上优美的自然风光，吸引了久在城市中面对浑浊空气、噪声的大城市居民到乡村城镇暂住、定居，从而导致逆城市化现象。具体表现在大城市中心区萎缩，中小城镇迅速发展；乡村人口数量增多，城市人口向乡村居民点和小城镇回流。美国正是这种逆城市化现象的典型代表。

专栏14—1

曼哈顿

在纽约郡，也就是我们熟知的曼哈顿，19%的人口在60岁以上，远高于全美平均水平。旧金山老年人口的比例（19.2%）甚至比纽约还高一些。在这些大城市中，生活环境恶化，城市中心区域生活成本高企，结果就是市中心的人搬到了市郊或者其他城市，而其他城市的人又由于生活成本等的压力而无法搬到市中心，因此整个市中心的人口呈现出下降和老化的趋势。

逆城市化的发生导致美国城市市中心人口数量下降，与此同时市郊及其他小城市人口却在增加。而人代表了市场，人口的向外迁移也就意味着市场的向外迁移。

二、Mall 化——消费者的诉求多样化

Mall 作为一种零售业态概念，其含义不仅仅是“商场”和“购物中心”，而是指有不同的零售商店或商业设施经整体规划、开发以及经营管理所形成的统一商业建筑及服务群体，它包括商店、停车场、绿地、物流配送、公园、影院等设施，并提供足够的停车空间及设备，又被称为 Shopping Mall。其业态的复合度极度齐全，行业多、店铺多、功能多，商品组合的宽度极宽、深度极深，是能满足顾客的一站式购物消费和一站式享受的特大型综合购物娱乐中心。Shopping Mall 发端于 20 世纪 50 年代的美国，现已成为日美发达国家的主流零售业态，销售额已占据其社会消费品总额的一半左右，获得了极大的成功。

Shopping Mall 和百货商场之间最大的区别是：前者经营的是业态，是各种各样的商店；后者经营的则是各种各样的品牌。前者不仅兼具上述业态的各种优势，而且将各种零售业种与业态、各种商品种类与品种整合在统一的经营体系之中，满足了广大顾客一站式购物的消费需求。所提供的美容、娱乐等多种城市社区的设施和服务，更是弥补了单体商业组织的缺陷，增强了其综合竞争能力。

专栏 14—2

Shopping Mall 在发达国家的表现

截至 2007 年，美国有 Shopping Mall 16 000 多个，占其 52%以上零售销售额，2000 年的营业额已达 1.6 万亿美元；日本的 Shopping Mall 店铺仅占全部店铺数的 1%，却创造了全国零售总额的近 40%。1999 年前 8 个月，新加坡整体零售业的收入下降了 13%，零售业来客数下降约 15%，来自 Shopping Mall 的零售业消费金额却上升了 10.8%，达 80 亿美元。

Shopping Mall 的受益者不仅有消费者，还有所在地区的经济。以美国为例，尽管受建设过度和经济衰退双重影响，建设 Shopping Mall 的大潮到 20 世纪 90 年代变得后劲不足，然而，Shopping Mall 对美国经济的总体贡献是不容忽视的。仅 2004 年一年，营业额就达 2 万亿美元，此销售额在非汽车相关商品的销售额中占 55%。Shopping Mall 所用员工超过 1 000 万人，几乎每 11 个工作人口中就有一名在 Shopping Mall 工作。同时，Shopping Mall 的建设，还能带来周边地块的升值、周边居住环境的优化以及居住品质的升级，每一个 Shopping Mall 的诞生，往往伴随着一个新的商圈的形成。

三、专业店兴起——生产、销售的高效率化

专业店以经营一种或者一类商品为主，是专业化程度较高的零售业态，适应品种规格多样化、功能系列化和消费个性化发展的客观需要，它比其他零售业态更具生命力和适应性。专业店是美国零售业的基础，其基础作用主要表现在：它不仅是传统商业街、市商业中心存在的前提条件，而且是现代购物中心、厂家直销中心经营的主要形式。其特点在于：

第一，实行单品种、多品牌的系列化经营，便于消费者进行集中挑选，以便货比三

家，无须面对诸多商店去寻找同一类型的商品，四处寻找，多方奔跑，增加购买成本。

第二，实行专业化经营，能够达到“专而精”的目的，服务人员或者销售人员等具有更加丰富的关于某一特定产品类别的专业知识和销售技能，能够有效提高其服务质量，提高销售活动的效率，改善顾客的购物体验。

第三，专业店（比如家具、服装等）能够提供加工定制的服务以满足特定的市场需求。这种服务对于消费者来说能够帮助其塑造自己独特的有别于他人的生活方式，满足其个性化的需求。对于专业店本身来说，正是由于这种提供个性化服务的功能，能够吸引到独特而稳定的顾客群体，有利于其长期稳定发展。

第四，专业化经营相对于百货店和便民店所具有的最大优势在于，专业店经营采取的是集中采购、连锁经营，既能有效提高自己的品牌价值，建立自己的品牌优势，还能够实现规模效应，降低其进货成本。

专栏 14—3

HOBBY LOBBY 公司

HOBBY LOBBY 公司成立于 1972 年，坐落于美国俄克拉何马州北部，最初只是一家 300 多平方米的零售店。经过数十年的经营和发展，现有 501 家经营店分布在 41 个州，经营产品包括工艺品、画框、珠宝制作、时装面料、花、卡片及派对用品、装饰篮、家居用品、节日用品等，成为美国最大的工艺品零售商之一。

四、各类业态并存——流通方式稳定

美国作为世界上零售业最为发达的国家之一，零售业在最终消费中占有 70%的比重，对经济的影响举足轻重。美国零售业态齐全，各种业态均取得长足发展，成为美国商业基本和主体的部分。

1. 百货商店

百货商店（department stores）是一种相对古老的零售业态，其单店面积通常较大，经营的商品种类较广，每类商品中也有较多的品牌、规格、花色等。近年来，受到网络购物和大型超市横向扩张的冲击影响，百货商店在零售业中的地位下降，市场份额有所减少。作为应对，百货商店开始由传统“大而全”的经营方式转而朝专业化、高档化和精品化的方向转型。

2. 折扣商店

折扣商店（discount stores）提供的商品种类多、价格低，但服务有限，它的定位取向是中低收入消费者。折扣店和百货店经营商品总数相当，但品牌、规格、花色比百货店要少。

3. 专业店

传统专业店（specialty stores）经营的商品集中在有限的几种互为补充的品种上，并提供高水平的售货服务，商品价格较高。专业店的市场定位瞄准的是一个很窄的细分区间，针对中高收入阶层，其商品种类比百货店和折扣店都少，但品牌、规格、花色、款式等较多，这使购买该类商品的消费者有更大的挑选余地和更好的购物体验。

4. 类型专业店

类型专业店（category specialists）提供商品的特点是品种少、规格多、档次多、花色多。以顾客自选为主，适当提供帮助，采取低价策略。

5. 仓储式商店

仓储式商店（wholesale clubs）的商品构成中一半左右为食品，另一半为其他商品。商品种类较多，但品牌、规格、花色少。为了降低库存费用只经营畅销的品牌。它一般在制造商做促销时才购进商品，自己不做广告。

6. 超级购物中心

超级购物中心（super centers）是经营食品和其他日用商品且兼营各种服务的零售业态。超级购物中心适应现代家庭"一次购足"和"一次办齐"的消费心理，又有较灵活的市场反应能力，受到消费者欢迎，其近几年的发展对传统超市和食品杂货店都形成了强有力的冲击。

专栏 14—4

超级购物中心

超级购物中心的概念早在几十年前就存在，近年由沃尔玛对其进行发展，获得了前所未有的成功。沃尔玛的超级购物中心将折扣店和食品超市以及药店、洗衣店、摄影厅、美发沙龙、眼镜店等一系列便民服务统置在一个屋檐下，商品价格低，品类丰富。

如图 14—1 所示，廉价零售商品的流通渠道具有相当的稳定性。其主要的流通渠道有：由产品的内部设计团队流向专业店，再流向消费者手中；由批发商或者设计者流向百货商店再流向消费者；由积压的产品流向折扣商店或者仓储式商场，最终流向消费者。这种稳定的流通渠道，能够促进商品的有效流转。

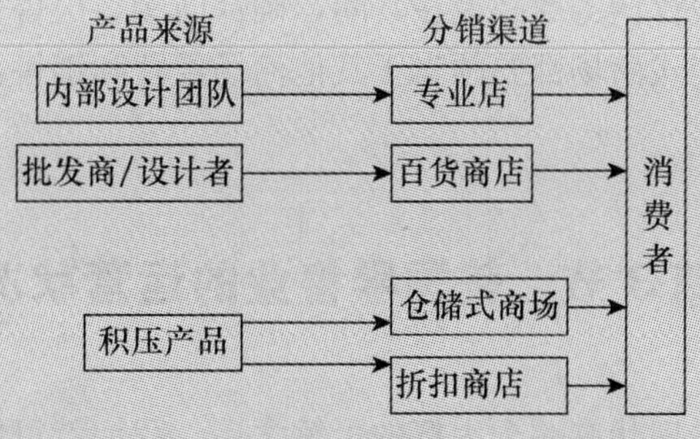

图 14—1　廉价零售的产品流

五、仓储的兴起——消费阶层

仓储式商场是一种带有批发性质的批售式商店，又称为货仓式商场。日本和我国港台地区常提的量贩店，即批量贩卖的商店，指的就是仓储式商场。仓储式商场是以经营生活资料为主的储销一体、低价销售、提供有限服务的销售业态（有的采取会员制，只为会员提供服务）。仓储式的经营模式，货物不需要进行储存，而是直接将货物摆上货架，这样，就免去了货物存放和货物的第二次运输，节省了费用。仓储式商场以中小零售商、餐饮业、集团购买和有交通工具的消费者为其主要目标顾客。

仓储式商场的特点有：

1. 薄利多销的营销战略

这是仓储式商场的最主要特征。仓储式商场的销售价格一般低于市场价格20%以上，毛利率为8%左右。低价销售无疑赋予仓储式商场较强的竞争力，从而吸引了众多的顾客，以较大的营业额赢得较多的利润。在经营过程中，商场刻意创造条件，使经营成本和各项费用最低，通过低成本达到低价格，实现薄利多销。

2. 建立与消费者合作的稳定的营销关系

20世纪90年代，面对日益激烈的市场竞争和消费者需求的多样化，企业普遍感到为消费者提供满意的产品和服务更加困难，因而传统的企业和消费者的服务与被服务的关系受到挑战，认为企业与消费者可能而且有必要建立一种合作关系，这种合作是多方面的，多数国外仓储式商场所采取的会员制就是其中之一。

3. 实行科学规范的连锁经营管理

仓储式商场兼有百货商场、超级市场和连锁商店的多重功能，集批发、零售于一身，这种商场规模大、投资少、价格低，并且对商品的进、销、存采取了科学规范的电脑控制管理，有利于实现规模经营。作为现代化的大商业，仓储式商场盈利的基本要领就在于规模化和连锁化。

4. 精选大众化的畅销日用商品

与大型百货商店比较，仓储式商场经营商品的种类并不很多，但却形成了自身的商品特色。一是从商品大类中筛选出最畅销的大众化日用名牌商品经营，确保其销售的商品占有较大的市场份额，不断加快商品的流通速度。二是商品质量好。通过从厂家直接进货，严把商品质量关，防止假冒伪劣商品混在其间，确保向顾客出售货真价实、质量优良的商品。三是对新产品，仓储式商场都要领先于其他商场经营和销售，以满足消费者对新产品的追逐。

第3节　美国零售业的运营状况

对美国零售业的外在现状有一个大概的了解之后，我们就可以从内在运营的角度对美国零售业进行更深入的探究。

一、各类业态的大型连锁——成本低、效率高

连锁经营是指经营同类商品或服务的若干个企业，以一定的形式组成一个联合体，在整体规划下进行专业化分工，并在分工基础上实施集中化管理，把独立的经营活动组合成整体的规模经营，从而实现规模效益。本书的第2章重点讨论了连锁的重要性，这里不再

赘述。

专栏 14—5

加州自由连锁食品配送中心

加州自由连锁食品配送中心是以组织商品、面向独立经营的单体超市门店开展以食品为主的共同配送的设施，建于 1982 年，属于美国加州食品有限公司。该中心实行的是共同配送，实际是商品的社会化配送，通过这种形式的商品配送，既可解决独立经营的单体店因规模小、投资短缺而不能实现低成本经营的问题，也解决了批发企业自身在市场上的占有份额，同时也实现了有限资源合理利用的社会效益。

二、定位精准——营销战略制定、心态等均很成熟

消费者每天面对的产品和服务信息量是巨大的，因此，每次消费者作出一项购买决定的时候，他们没有办法对产品进行重新估价。为了简化购买的过程，消费者就会对产品进行分门别类，即在他们心中对产品、服务和企业进行定位。

（一）产品定位的概念

产品定位是指消费者把所需产品和竞争产品进行对比，从而具有对该产品的知觉、印象和感觉。例如，汰渍被定位成一种强力、全能的家用洗衣剂；欢乐是一种适合于各种水温的洗衣剂。而在汽车市场，丰田雄鹰和斯巴鲁被定位成经济型汽车，凯迪拉克和梅赛德斯则被定位成豪华型汽车。

（二）产品定位战略

营销商可以遵循以下几个定位战略。(1) 根据产品自身的特点来对产品进行定位。例如，丰田汽车在广告中会宣传其产品的性价比，而宝马汽车在广告中则更多地强调其舒适性。(2) 根据产品所要满足的需求和产品可以提供的利益来对产品进行定位。例如，佳洁士牙膏减少牙龈问题；纳爱斯牙膏具有很好的味道。(3) 根据使用场合来对产品进行定位。例如，嘉得乐在夏季的定位是补充运动员体液的饮料；在冬季，则是医生建议要为身体补充水分时的饮料。(4) 根据产品的使用阶层来对产品进行定位。以强生为例，强生对婴儿洗发水重新定位，指出婴儿洗发水不仅适合婴儿使用，也适合那些经常洗发从而需要一种柔性洗发液的成年人。强生的这一做法获得了很大成功，帮助其将婴儿洗发水的市场份额从 3%提高到了 14%。

产品还可以针对其竞争对手进行定位。例如，Visa 士信用卡在广告中直接把自己和美国运通卡进行对比，它在广告中提到：因为不带美国运通卡，所以你最好带上 Visa 卡。在著名的“我们是第二，但是我们更努力”的广告活动中，安飞士成功地针对比自己强大的赫兹进行了市场定位。当然，产品的市场定位也可以选择避开竞争对手。以七喜为例，多年来，七喜对自己的市场定位就是“非可乐饮料”，将自己的形象塑造为新鲜解渴，清爽冰凉，是百事可乐或者可口可乐的替代品。

公司还可以根据不同的产品种类对产品进行定位。例如，一些人造黄油针对食用油定位，另一些则针对白脱奶油进行定位。佳美香皂始终把自己和沐浴露归为一类，而不是和肥皂归为一类。

三、自有品牌——提高利润率

（一）自有品牌的概念

在传统品牌策略中，产品品牌都由生产商品的制造商规定，即品牌的归属权是制造商，此种品牌叫制造商品牌或生产商品牌，有时也叫全国性品牌。随着新的品牌策略的不断探索、发现和运用，出现了自有品牌。自有品牌又称中间商品牌，泛指流通业企业运用与消费者相关的信息，以品牌持有人的身份，找国内外厂商合作，生产仅在自身通路出售的商品。它是与传统的生产商品牌相对应的一个概念。

（二）自有品牌的优势

1. 自有品牌具有较高的毛利

自有品牌与制造商品牌中的领导品牌相比，其产品缺乏差异化，几乎是在完全竞争的市场中生存，与零售商讨价还价的力量较小。因此，自有品牌供应商给零售商的供给价格接近于自有品牌产品的生产成本，从而零售商在自有品牌产品上拥有较低的生产成本。在营销投入上，零售商很少对自有品牌做广告、促销，从而自有品牌的广告费、促销费等营销费用投入较低。自有品牌产品也不需要其他零售商进行分销，销售费用较低。这样看来，自有品牌既有较低的生产成本，也有较低的营销和销售费用，与制造商品牌相比，具有较高的毛利。

2. 吸引对价格敏感的消费者细分市场

零售商通过提供低价格的自有品牌产品，吸引对价格敏感的消费者，对价格敏感的消费者细分市场也成为商店的顾客。这样，零售商通过自有品牌吸引消费者，为商店带来了更多客流，从而为商店创造更多销售额提供了机会。

3. 增加消费者的选择空间

自有品牌推出后，不同梯队的制造商品牌有不同反应。高溢价梯队（第一梯队）的制造商品牌的反击是增加产品创新，推出更多新产品，保持产品价格不变，甚至提高产品价格。但是，第二、三梯队的制造商品牌，采用降低价格和增加促销等方式进行反击。研究发现，引入自有品牌后，会增加产品类别中各品牌之间的竞争，高溢价制造商品牌的价格保持不变或者提高，第二、三梯队制造商品牌的价格降低了，其促销更加频繁。这样，产品类别中的价格档次拉开，消费者有了更大选择空间，为零售商更多的销售创造了条件。

4. 零售商能够从制造商品牌上获得更多利润

引入自有品牌，零售商就有了其可以完全支配的品牌，有了更多选择，从而改变了制造商和零售商之间的互动关系，增强了零售商的力量。自有品牌使得零售商从制造商品牌那里得到较低的批发价格，而且零售商也可以通过战略性的定位而获得更有利的交易条件。自有品牌已经成为零售商与制造商争夺渠道控制权以及赢取消费者忠诚的有力武器。研究发现，在自有品牌推出后，制造商采用更温柔的态度，从而使零售商的地位得到了加强。

专栏 14—6

梅西百货公司

梅西百货公司（Macy's）是美国著名的百货公司连锁，在全美拥有 800 多家店面，主要经营服装、鞋帽和家居饰品，在美国和世界拥有很高的知名度，是世界 500 强企业之一。梅西百货非常注重自己的形象，为了树立梅西百货公司的商品质量一流的形象，其经营的所有商品上都印有梅西的商标，如果顾客购物后感到不满意，可以退款或更换。

四、产销一体化——排他性经营，双赢

产销一体化是指以联营形式把生产企业和销售企业结合起来组成垂直型销售系统。通过契约的关系规定生产者只能把产品交给联营企业销售，而作为联营企业的中间商亦只能销售系统里生产企业的产品而不得销售系统外的企业产品。生产企业和销售企业间的联合，就是为了促进产品的销售。

（一）产销一体化的优点

（1）产销一体化可以使企业由于增加加工深度而获得更高的利润。例如纺织行业在行业萎缩、市场低迷的情况下，在保持原有业务的同时可以向服装制造业发展，以此来规避风险，获得相对高的利润。

（2）产销一体化可以使企业对其所生产产品的原材料和半成品供应等更有保证，企业对于原材料等的质量、成本、数量、运送时间等也可以进行更有效的控制，从而获得更大的利润和品牌声誉。

（3）产销一体化的实行可以促使企业增加生产量，提高生产规模，进而获得规模制造所带来的巨大优势。

（二）产销一体化的缺点

（1）由企业自行制造和销售的效率往往比专业制造和专业销售的效率要低。

（2）由于要同时协调生产和销售两个部门，企业的管理难度和管理成本等会大大提高。

（3）企业选择产销一体化往往会在生产和设计等方面带来局限性，对于厂房和原材料等的巨额投资会阻碍企业新产品的设计和产品种类的完善。

（4）企业实行产销一体化之后，要同时维持生产和销售两个部门的运转，对于资金将产生很大的需求，给企业带来很大的压力。

专栏 14—7

Calvin Klein

Calvin Klein（CK）是美国的一个时装品牌，成立于 1968 年，曾经连续四次获得服

装奖项。CK 不仅在服装的设计上追求完美，独具一格，其市场营销也做得极为完美。CK 产品的重要风格之一就是性感，其广告中这一特点发挥得淋漓尽致。CK 的广告常采用裸体人像，性感而不低俗，也因此让 CK 一直保持在流行第一线。正是凭借追求完美的设计和独具一格的广告，CK 成为美国第一大设计师品牌。

五、高度发达的配送体系——成本低、效率高

物流配送体系是商品从生产商手中流向消费者的必要途径，对于包括生产商、中间商和零售商在内的营销渠道上的各个环节都有着非常重要的意义。如图 14—2 所示，一个完整的物流配送体系包括管理中心、订货中心、采购中心、结算中心和配送中心。

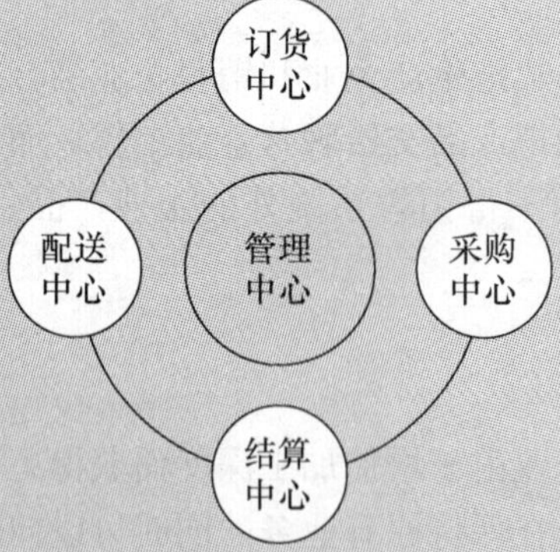

图 14—2　物流配送体系结构图

管理中心是物流体系的总部，是整个体系的最高权力机构，负责整个体系的宏观管理、关键业务管理以及体系运作分析等。

订货中心是收受客户订单的部门，是系统主要的销售渠道。

采购中心是向供应商下订单的部门，是系统的进货渠道。

结算中心是财务部的一个分支机构，主要负责同供应商及客户结算物流活动中的各种费用。

配送中心是物流体系的主要储运配送机构，负责货物的验收、储存、货位管理、分拣、退货及相关区域的配送工作。在体系中可以有多个配送中心，特殊情况下在体系中可能还有配送中心所属的配送站，这是配送中心的延伸。

一个完善的物流配送体系对零售商来说具有非常大的意义：

（1）完善的物流配送体系能够扩大零售企业的进货范围。零售企业具有完善的物流配送体系，就可以不受供应商供货运输的限制，可以根据自身的需要灵活决定采购商品的品种、数量、时间，甚至可以向更多的同类商品供应商进货，自然也就提高了自身与供应商的谈判能力，降低了供应商的讨价还价能力。

（2）完善的物流配送体系能够增加零售企业的销售额。一个完善的物流配送体系的建立，可以从两个方面使零售企业的销售增加：一是减少了缺货率；二是提高了顾客满意度。顾客满意度的提高会使其增加购买量，会使顾客产生回头购买行为。零售企业销售额

的增加使其向供应商的采购量相应地增加，自然增加了自身的竞争力。

(3) 完善的物流配送体系能够降低零售企业的物流成本。物流成本是零售企业的主要成本之一，国际连锁巨头沃尔玛之所以多年雄踞世界 500 强企业之首，最重要的因素之一就是其科学、强大、先进的物流配送体系使其物流成本得以大大降低。物流成本的降低使连锁企业低成本运作成为可能，也就加强了连锁企业的竞争力。

专栏 14—8

沃尔玛公司

沃尔玛公司作为全美零售业年销售收入第一的著名企业，素以精确掌握市场、快速传递商品和最好地满足客户需要著称。这与沃尔玛拥有自己庞大的物流配送系统并实施严格有效的物流配送管理制度有关，因为它确保公司在效率和规模成本方面的最大竞争优势，也保证了公司顺利地扩张。

六、高度发达的采购管理体系——成本低、效率高

现代采购管理体系，是企业为了达成产销计划，从适当的供应商，在确保适当的品质下，于适当的时间、以适当的价格、获得适当数量的物料或服务所采取的一系列管理活动。一个高效的采购管理体系能够给零售商乃至整条供应链带来很大的便利。

(1) 实现信息共享，降低采购成本。传统的采购模式只是实现了采购部门的事务性职能，各部门之间信息不沟通，各企业之间更是屏蔽采购信息，因此造成采购行为的盲目性，导致缺货成本或库存成本过高。采购管理要求供应链企业之间实现信息的共享，也就是说采购的战略是可见的，这样有利于上下游企业之间共同制定合理的采购计划，降低采购成本，提高销售商以及供应链的竞争力。

(2) 降低了采购风险。在传统的采购模式下，采购渠道中存在诸多风险，例如供需双方的信息不对称造成货物的损失或库存成本。供应链体系中的采购管理要求信息共享，各供应链企业形成战略联盟，企业的库存与采购信息是公开的，供应链体系中企业共同制定采购策略，避免由于不可预测风险带来的损失。

(3) 不断细分的采购过程，促进供应链体系的稳定性和精细化。在供应链的体系中，基于战略联盟的合作关系，供应商和制造商能够共享信息。供应商共享制造部门的信息，从而提高供应商应变能力。同时可以使得供应商与企业之间形成动态的供应关系，不断修改订货计划，进行信息的反馈，使得订货与需求保持同步。

专栏 14—9

戴　尔

戴尔公司与上游的供应商实现信息共享，实现“7 小时”库存，大大降低了库存成本。戴尔供应链高度集成，上游或下游联系紧密，成为捆绑的联合体。从公司接到订单到公司的零配件供应商将所需的配件运送到戴尔工厂的整个过程只需要 90 分钟。强大的采

购管理体系大大降低了戴尔公司的库存压力，这也是戴尔公司快速发展的原因之一。戴尔公司已经成为全球最大的个人电脑销售商之一。

第4节　中国零售业的情况

近几年随着我国经济的不断发展，零售业也迎来了发展的良机，因此有必要对我国的零售业有更深的认识。

一、中国零售业的不足

中国的零售业起步晚，发展时间短，存在的问题也相对较多，我们只有正视这些问题，才能进行完善。

1. 监管缺位

我国的零售企业由政府、行业和企业共同管理。根据中国加入世界贸易组织的承诺，政府应转变职能，不仅要为零售企业提供拥有国际标准的零售平台的政策，还要为零售业的发展提供良好的环境。过度开放零售业和过度竞争现象表明，我国政府管理部门对零售企业的管理是混乱的，没有形成统一的有效的管理体系。从我国零售业目前的情况来看，首先是普遍缺乏对城市商业的有效规划，导致我国的零售业分布区域不合理。其次是有关零售的法律法规不健全，对很多违规的方面，有关部门视而不见，而且执法力度严重不足。另外，我国的行业协会普遍缺乏协调和管理，零售业也是如此。现有的一些行业协会基本都是政府机构或准政府机构，真正民间的为企业服务的行业协会很少，这使得我国零售企业之间严重缺乏协调和管理，造成我国的零售业竞争力很低，管理水平不断下降。

2. 同质化竞争严重，缺乏定位

市场集中度低，企业规模小。近几年来，中国零售企业有规模化的趋势，扩张步伐也很大，但是整体规模不大，尤其是与外资零售企业相比规模较小。2014 年在世界零售业排名首位的沃尔玛全球的销售额达到 4 762.9 亿美元，与之相比，中国最大的零售企业大润发 2013 年的销售额仅为 807.2 亿元人民币。这其中很重要的原因是中国零售企业绝大部分是由中小企业组成的，缺乏大型零售企业，从而使中国零售业很难形成规模效应。国外的零售企业几乎都有自己明确的目标顾客群体。沃尔玛的目标顾客是中低收入消费者，好市多的目标顾客是中产阶层客户，相比之下，我国的零售企业在定位上好像迷失了，缺乏明确市场定位的结果就是市场的同质化竞争严重，不同零售企业同一种类下的不同产品，在外观设计、理化性能、使用价值、包装与服务、营销手段上相互模仿，以至产品的技术含量、使用价值等趋同。消费者没有甄选依据，因此对消费者来说去哪一家商场其实都是一样的，而商场能做的只能是大打价格战，这也是我国零售业利润率普遍偏低的原因之一。

3. 营销效率低下

营销效率就是指达到一定的营销成果所需耗费的营销成本，包括时间、金钱、精力等。正如前面提到的，我国的零售企业缺乏营销经验，缺少足够的营销技能和专业的营销人员，往往是采用简单的方式比如大规模分发传单等进行促销推广，而不注重用户信息的收集和有效使用，也缺少专业化的推广方案，因此市场营销效率不高。相对于美国的零售企业来说，我国的零售企业往往需要付出更多的财力、物力和人力才能达到预期的营销目标。

4. 经营者服务意识不强

在我国的零售业中，有很多经营者服务意识不强，又或者制定了一些服务流程或体系，但却不够重视，没有落到实处，而且根本没有管理服务质量的执行者。例如，消费者在商场受到了不公平对待或者服务人员的态度不好，想投诉却找不到投诉的地方，有时就算投诉了，最后也是走个过场不了了之。也有一些企业虽然提出口号“顾客是上帝”，但往往只是写在纸上，贴在墙上，挂在口头上，当触及自身利益的时候，说的是一套，做的又是另外一套，名义上讲“顾客第一”，实际上却是“企业第一，利润第一”。

5. 售后服务体系不健全

很多企业认为只要商品卖给消费者，交易就已经完成了。这种观念使得我国零售业的售后服务体系严重缺失。完整的售后服务应该包括送货服务、“三包”服务（即包修、包换和包退）、包装服务、安装服务、提供知识性指导及技术咨询服务、供应配件、技术及维修培训等。它是零售商与客户沟通的一个纽带，零售商可以通过它加强与客户的关系，并树立企业形象，提高产品信誉，扩大产品影响，培养客户的忠诚度。售后服务体系就像一把双刃剑，既可以对产品销售、市场推广、品牌影响及信誉起到有力的支持和促进作用，也可以使产品滞销、品牌信誉下降，甚至使品牌的威信扫地。只有健全了企业的售后服务体系，企业才能长久发展。

6. 企业的营销水平不高

我国的零售业由于发展时间较短，在营销水平上也有欠缺，主要表现在：（1）品牌的宣传经验不足，我国之所以仍无法创造出世界级的知名品牌，一部分原因就在于我国零售业缺乏品牌建设的经验；（2）传播渠道相对单一，在营销信息的传播上，我国的零售业仍主要集中在使用报纸、电视广告、纸质宣传单等渠道上；（3）营销人员缺乏，我国的零售业中缺乏专业的营销团队，大多数营销决策由企业的主要领导决定，缺乏足够的市场调研，经常造成营销活动的失败。

7. 销售人员缺乏基本的营销素质

销售人员是最直接与顾客接触的，他们的表现直接影响顾客的满意度，影响消费者对商品的满意度。但是，在我国的零售行业中，很多时候销售员没有经过专业培训就直接上岗，对商品各方面的特点，对企业的基本情况，对销售技能的使用等都缺乏足够的认识，无法为顾客提供足够信息，进而影响企业的销售业绩甚至有损企业的形象。因此，企业应当加强对销售人员的专业培训，使销售人员掌握足够的销售技能，为消费者提供满意的服务，无论对于企业的销售收入还是企业的长久发展，都具有重要意义。

二、中国零售业的进步

进入 21 世纪，随着我国经济的不断发展，人民生活水平的不断提高，各种业态的零售企业方兴未艾，我国的零售业取得了巨大的进步。

（一）各类零售企业蓬勃发展，零售业态得到极大丰富

20 世纪 90 年代中期，随着上海港汇商城、广州天河城、北京国贸中心的陆续建成，我国开始拥有一批真正的购物中心，这些购物中心将小规模的娱乐、餐饮项目融入店内，取得了一定成功，一时全国纷纷效仿。到 2006 年初，全国已开业和正在投产建设的大型购物中心项目就达 400 多个，全球建筑面积最大的 10 个购物中心中国就占了 6 个。除购物中心之外，我国的无店铺销售也得到了迅速发展。无店铺销售主要是指直销，即邮政购物、电话购物、电视购物、自动售货机和网上购物等。尤其是网上购物发展迅猛，我国的网上购物零售总额在 2014 年 6 月底占到了社会消费品零售总额的 8.7%，同比 2013 年上半年的 6.8%增长了 27.9%。除了大型购物中心和无店铺销售，我国零售业还包括百货店、大型超市、专业店、专卖店、购物中心、便利店、折扣店、仓储会员店等业态形式，可以说我国用了短短三四十年的时间，就走完了发达国家百年的发展历程。

（二）越来越注重顾客的购物体验

我国的零售企业经过多年的发展逐渐认识到了一个道理：只有努力提高顾客的购物体验才能够更好地吸引顾客，提高自己的销售业绩。要提高顾客的购物体验，企业采取的主要措施是橱窗陈列的精心设计和商店氛围的刻意营造。

1. 橱窗陈列

橱窗陈列对于吸引消费者具有很大的作用，因为消费者去哪个商店购买往往是不确定的，能够首先决定消费者去向的就是商店的橱窗。如图 14—3 所示，一个精彩的橱窗设计需要满足以下要求：

图 14—3　橱窗的设计要求

（1）突出经营重点，展示主营商品及特色，让消费者一目了然，易于识别商店，吸引目标顾客入店购物。

（2）充分显示商品的美，满足消费者的观赏需要，使商品在消费者心中留下深刻的印象，使其产生购买欲望。

（3）全方位展现商品，使消费者了解商品的性能。陈列不仅要使消费者看到外形，还

要使其在浏览中掌握商品的用途和使用功能，譬如电视机的直接播放等。

（4）紧跟潮流，橱窗展示要经常更新，这能给消费者一种暗示，这家商店富有新意，吸引其进店消费。

2. 营造商店的购物气氛

营造商店的购物气氛，我国的零售商应主要从色彩、气味、音乐、灯光和温度等方面入手。

（1）色彩。消费者进入商场的第一感觉就是色彩，不同的色彩会在人的心理上引起不同的反应。在购物环境中恰当组合和使用色彩的各种机能能够影响顾客的消费情绪。

（2）气味。宜人的气味通常对人体有积极的影响。在清新如野、令人心旷神怡的环境中购物，能使消费者得到美的享受。

（3）音乐。对于不同的销售空间，应该选播不同情绪色彩的音乐，有助于表现其特性，如书店宜高雅，服装店宜轻松等。

（4）灯光。明亮柔和的照明可以准确地传达商品信息，展现商品魅力，美化环境。

（5）温度。根据不同的季节调节合适的温度，冬天温暖如春，夏天清凉舒爽，就能使顾客在商店里从容购物。

（三）不断创新和注重品牌建设的趋势明显

目前我国人口结构中年龄在 18～31 岁的人口约 3 亿，年龄在 60 岁以上的人口约 1.7 亿。80 后、90 后已成为主力消费群体，老年人口也呈快速增长态势。消费群体的变化，必然带来零售业态的相应变化。年轻消费者将更加注重服务消费，追求购买及使用过程中的服务质量和体验，讲求品牌和文化内涵，更加注重食品安全与健康等，消费个性化、便利化、情感化特征更加明显。而老年人作为消费者，其对零售商的购物环境、商品种类及品质等又有了更高的要求。消费结构、消费方式的变化必将促进以提高生活品质为主旨的各种新型零售业态的应运而生。百货业态中的大众百货、时尚百货、高端百货的区隔将更加明显，商品将向精品化和专业化方向发展；超市业态会逐渐分化出高端超市、生鲜超市、社区超市等。以上两部分人口构成庞大的群体、多元的需求和复杂的市场。零售业将针对不同的消费群体，不断拓展高端与时尚市场和银色市场，实现差异化服务及有吸引力和竞争力的经营，树立品牌意识，创新服务方式，从而提高企业盈利水平和经营附加值。

（四）网购理念兴起

近年来，在电子信息技术的发展和人们日益增长的物质需求的刺激下，网购开始在我国盛行。诸如国美电器、苏宁等传统零售企业也开始注重网购渠道的构建。我们可以从中国网民数量和网购渗透率看出中国网购的蓬勃发展（见图 14—4）。

正如我们可以从中国互联网络中心 2014 年发布的数据看到的，中国的网民数量已经从 2008 年的 0.74 亿人上升到了 2014 年第二季度的 3.32 亿人，中国网民的网购渗透率也上升到了 51.2%，到 2014 年第二季度，中国的网购人数已经达到 1.7 亿人，可见网购理念在中国的盛行。

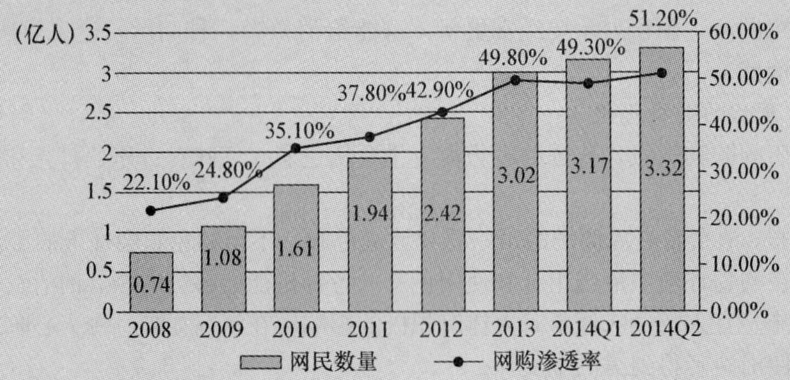

图 14—4　中国网购网民数量及网购渗透率

三、中国零售业的发展趋势

进入 21 世纪以来，我国零售业的发展一直处于强劲的态势，整体呈现逐年增长的趋势，甚至超过国民生产总值的增速，这样的环境成为诸多零售商关注的焦点。在零售业对外开放力度逐渐加大的政策下，很多限制被取消，这就加大了促进国际零售业的渗透和推进力度，在这种情况下探讨我国零售业的发展趋势对于我国零售业的发展有着积极的意义。我国零售业发展总趋势是：

（一）业态将更加丰富

1. 零售业类型

世界经济协会预测，21 世纪将是连锁经营的世纪，一方面，连锁经营方式能使企业形成规模效益，使企业更容易成功；另一方面，产业链形态的模式是现代最流行的形式，最大的优势在于其发展速度远超其他任何形式。最好的例子便是世界著名的大型零售商，如沃尔玛、家乐福等都采用连锁经营的模式，取得了骄人的成就。由于零售企业采取连锁经营的门槛较低，且经营利益显著，因此连锁经营成为零售业新的发展趋势。目前，我国的零售企业规模较小，经营成本过大，没有竞争优势，大多只是聚集在一个地方或一个区域而已。面对这种情况，我国零售业应从以下两方面入手。一方面，积极寻找可以合作的资源，通过并购、联合等多种市场手段扩大企业规模，提高企业的规模，产生规模效益，提高我国零售业的整体规模；另一方面，零售企业可以依靠自己在渠道方面的优势，通过向上游和下游产业链的发展，兼并或收购一部分企业，组建生产与零售一体化的具有规模化的集团公司。

2. 区域

大型化与小型化并存、专业化和综合化并存、分散化与集中化结合、连锁化与信息化结合、区域化与国际化交融。我国零售业的主导业态形式将会从百货公司、购物中心等实体业态向实体业态和网购等无店铺销售业态平分天下的局面发展，尤其是网络购物，这种业态极具发展潜力。至于实体业态，我国零售业的空间布局将从“条状”（即商业街形式）

向“条状”和“块状”（即购物中心形式）相结合发展，条状形式的商业街除了传统的百货商店之外，还会出现一系列专业商店，块状形式的购物中心将会向城市外围转移。我国的零售业将进一步向“敞开式”（即开架陈列和自我服务的销售方式）发展。

（二）面向中产阶层定位将大行其道

一方面，随着中国经济的不断发展，人均收入水平不断提高。国家统计局材料显示，2014 年城镇居民人均可支配收入 28 844 元，比上年增长 9.0%，扣除价格因素，实际增长 6.8%；农村居民人均可支配收入 10 489 元，比上年增长 11.2%，扣除价格因素，实际增长 9.2%。国民收入水平的提高带来的不仅是社会整体消费水平的增加，我国中产阶层也将随之壮大。另一方面，我国的政策也不鼓励奢侈品等非理性消费。中央的八项规定便是在倡导理性消费，反对奢侈消费。中产阶层的扩大，理性消费的倡导，带来的便是未来面向中产阶层定位的零售业将大行其道。

（三）提高效率与降低效率并存

连锁经营将是未来零售业的发展方向之一，其具有的优势为：通过企业的资源共享有效优化企业的资源配置；较大的企业规模能够使企业获得一定的规模效益；通过强化企业形象可以给企业带来巨大的收益；连锁经营可以有效降低单体店面的经营费用。这些优势将大大提高零售业经营效率。然而，由于我国的特殊国情，比如人口众多，要为近 14 亿的人口提供足够的工作机会有时候便会牺牲一定的效率。所以在很长的时间里，这种提高效率的尝试和降低效率的现象将同时存在。

（四）电商的兴起促进线下转型

最近几年，我国零售业的另一个大趋势也十分明显，即电子购物迅猛发展。截至 2014 年上半年，我国网络用户突破 3 亿人，其中网购人数占网民总数的 50%以上，B2C，C2C 及其他零售电商企业约 3 万家，2013 年全年实现网络零售额 1.85 万亿元。而网购规模仍在呈爆发式增长，2014 年上半年网络零售额 11 375 亿元，同比增长 48.3%。一些知名电商企业如阿里巴巴、京东商城、亚马逊、1 号店、淘宝、天猫等已成为电商领域里的“平台型生态圈”。据估计，到 2020 年我国电子商务交易规模（包括 B2B 在线交易）约为 50 万亿元，为 2010 年的 10 倍，将成为全球最大的电商市场，其中网络零售额将超过 10 万亿元，约占社会消费品零售总额的 16%。

网络购物以其快速、便利和低廉的价格受到消费者的青睐，网上商店也因成本低、进入壁垒低、产品展示量大、形象直观而迅猛发展，不断渗入传统零售业领域，挤压实体零售企业的市场份额。与目前实体零售企业的高税负、高费用、高场租以及能源价格和人工成本持续上涨相比较，电商具有明显的竞争优势。为此我国的传统零售企业需要调整发展模式，以适应未来商业环境的变化。

（五）法律法规将进一步完善

我国商务部部长助理黄海表示，零售业作为多元化投资主体，中国政府对其不再存在扶持政策，要为零售业创造一个平等的竞争环境。重点将放在扫除政策障碍，扫除零售业发展中的障碍。他提到，在国内市场，商务部提出的方针是主要着力建设法律法规体系、现代市场体系、流通组织体系、市场监控体系以及社会信用体系。政府将着力三个问题，即规则、规划、规范问题。商务部要加快对国内贸易方面的立法，包括流通主体、流通秩序的法律法规。可以预见的是，随着法律法规的不断完善，我国的零售业发展将进一步得到规范。

本章小结

1. 从外在形式可以看出美国零售业的现状，即市中心空心化导致消费者外移；消费者诉求多样化使零售业态更多偏向购物中心；专业店和仓储超市的兴起极大地丰富了美国的零售业态。

2. 美国零售业内在的运营特点：各类零售业态都盛行连锁经营；零售商具有精准的市场定位；零售企业注重自有品牌的建立；产销一体化增强零售商对整个营销渠道的控制力；具有高度发达的配送体系和采购体系。

3. 中国零售业的不足：零售业经营者的服务意识不强；企业的营销水平不高；销售人员缺乏基本的营销素质；企业营销效率低下。

4. 中国零售业的进步：各类零售企业蓬勃发展，零售业态得到极大丰富；零售业者越来越注重顾客的购物体验；零售业不断创新和注重品牌建设的趋势明显；网购理念兴起。

5. 中国零售业总体发展趋势：大型化与小型化并存、专业化和综合化并存、分散化与集中化结合、连锁化与信息化结合、区域化与国际化交融。此外，电子商务迅猛发展的趋势将更加明显。

思考题

1. 请从外在形式角度阐述美国零售业的现状。
2. 为什么说消费者诉求的多样化是导致美国商业 Mall 化的主要原因？
3. 美国专业店的特点是什么？
4. 简述市场定位战略的实施步骤。
5. 简述我国零售业的不足和取得的进步。
6. 简述我国零售业未来的发展趋势。

案 例

好市多

过去的 10 余年里，美国会员制仓储超市扩展势头强劲。1999—2009 年，该行业的销售额年均增长率为 20%，而同期一般零售商店仅为 5%。该业态所占零售业的市场份额已从 10 年前的 2%左右上升至如今的 12%～13%。仓储型超市和超级市场的从业企业有 20

余家，近4 000余家店铺，年销售总额为3 600亿美元，雇员人数约为124万。其强劲的发展势头已迫使传统的美国杂货商店不得不兼并较小的竞争者来生存和获得增长。

在我国，在过去的10余年里，仓储型超市这一业态并未随着中国经济的强劲增长而增长，反而出现了水土不服。以广州为例，1996年广州便引入仓储会员制超市，但14年间，广州只有4家新店开业，其中2家后来转型为大卖场。2003—2009年，沃尔玛的山姆会员店几乎没有新店开业，最早开业的5家门店又有2家转型为沃尔玛购物广场。曾被称为中国第一家会员超市的普尔斯马特，因拖欠供应商货款引发大规模诉讼，10年拓展最终化为乌有。

仓储型超市因其优质的产品、低廉的价格广受国外中小企业和中产消费者的欢迎。是什么原因导致这种可能为中国消费者带来较大实惠的零售业态水土不服？在美国，仓储型会员店主要有好市多、山姆会员店和本·杰里，在全球市场上还有德国的麦德龙。可能这些企业在经营理念、目标顾客定位、核心竞争力上有些差异，但放眼整个零售业，其差异并不明显，只是好市多在以上三方面做得较好。

一、好市多是什么?

好市多于1983年在美国华盛顿州西雅图成立，是目前美国最大的会员制仓储型超市运营商和第六大零售商，全球第七大零售商。公司在全球七个国家设有500余家分店，其中大部分位于美国境内，加拿大是其最大的国外市场。

公司主要以批量、超低价格销售食品和以家庭日用品为主的杂货。好市多的经营战略使得其在经济不景气时依然可以持续增长。那些价格敏感型顾客很愿意惠顾好市多。其主要竞争对手是沃尔玛的山姆会员店和本·杰里。

目前，好市多最大的问题在于现有店铺的过度同质化和现有市场的过度渗透。公司宣布将放缓国内扩张计划，在国际市场上寻求拓展机会。

二、企业使命

好市多的企业使命是“最大可能地以最低价格，持续地向会员提供高质量的产品和服务”。为实现该使命，公司制定了行为准则：遵守法律、关爱会员、关爱雇员、尊重供应商，最终回报股东。在关爱会员方面，公司致力于：(1) 以最优惠的价格向顾客提供高质产品；(2) 通过要求供应商和雇员一起遵从业内最高的食品安全标准，向顾客提供高质量、安全、健康的食品；(3) 确保每一位顾客对公司的每一类产品和服务百分百满意，即使是会员费；(4) 确保会员相信其产品制作考究，性能优越；(5) 向欢迎客人一样迎接会员，使其每次购物都是一次愉悦的享受；(6) 向会员提供生态产品；(7) 向会员提供最好的客户服务；(8) 通过志愿者活动以及向United Way和儿童医院提供支持来回馈社区。以上这些系统地阐明了：公司向消费者提供什么样的产品和服务，与其消费者如何建立和维持长期的伙伴关系。这显然遵循了行业开创者索尔·普里斯（Sol Price）阐明的经营哲学，或者说二者是一脉相承的，即采购高质量商品，以尽可能低的价格销售产品，使货物保持干净、整洁的状态。知名分析师约瑟夫·埃里斯（Joseph Ellis）认为，会员制仓储型超市基本上遵循了类似的经营哲学，索尔·普里斯的经营哲学时至今日依然有效。

基于该理念的指引，好市多等仓储型超市在战略层面和执行层面，均选择了与其他业态不一样的道路。

三、目标顾客

好市多将其主要目标顾客定位于富裕的中产阶层和小企业。其顾客群体平均年家庭收入为7万～8万美元，家庭规模为2～4人，家里拥有至少两辆汽车。此类消费者希望产品反映他们的社会地位，但价格最好适中。低收入家庭因收入有限，一般不能大量购买好市多的产品，因此，公司实现了与沃尔玛等其他业态的差异化竞争。

以中小企业为目标顾客，是因为索尔·普里斯在与杂货店店主、饭店老板、报亭经营者聊天时发现，小企业主需要经常与4～5个批发商打交道，所购物品存货优先，选择较少，价格较高，而且还采用一手交钱、一手交货的传统模式。他认为，如将价格降低，并实现一站式购买，即可争取到此类顾客。

中产阶层的购物理念显然与低收入阶层有较大差异。当好市多的消费者进入商场看到在专卖店要卖60美元的拉夫·劳伦 Polo 衫这里只卖37美元时，他可能会立刻购买4件白色的和1件蓝色的。而在沃尔玛，甚至有时在山姆会员店，消费者即使看到同样的场景，也只是说即使它质量再好，我也就买1件。

事实证明，公司的目标顾客定位非常成功，公司现在拥有5 400万名个人会员，企业会员也达到了560万，公司85%的资深会员来自高收入阶层，73%的女性资深会员年龄低于55岁。正是此类目标顾客强大的购买力，使公司在经济繁荣时，随着收入的增加，会有越来越多的消费者成为其会员，当经济处于低潮时，这些人受经济波动的影响相对收入较低的人群来说要小，流失率也小。

四、核心能力

基于对其经营理念的深刻理解，好市多在长期的发展过程中形成了其他行业难以模仿的核心能力，公司凭借这些能力赢得了大量忠诚的顾客。

1. 物美

对于传统零售商的“物美价廉”观念，好市多有独到见解。好市多认为，以较低价格向消费者出售低质量产品很容易，但也是错误的思维逻辑，公司应尽可能地以低价向消费者出售高质量产品，这会使消费者持续光顾。为此，公司从如下几个方面着手：

（1）采购全国性品牌产品。好市多认为，面对高端消费者，公司须传递高质量。知名品牌往往意味着高质量。由于销量大，此类品牌也愿意在好市多销售。例如，李维斯在好市多的销售额已从最初的一两千万美元上升至1.5亿美元。李维斯的550牛仔裤在其他店铺中零售价为40美元，在好市多仅为21.99美元。好市多已与李维斯、索尼、拉夫·劳伦等知名品牌建立了伙伴关系。好市多对此类产品质量控制同样严格。以采购斯伯丁篮球为例，虽然公司给好市多的售价是其他商店的1/2，但好市多依然决定要对其产品质量进行检测，在将篮球切开，测量胶皮的厚度等指标满足标准后，好市多才决定采购其产品。

（2）开发自有品牌和合作品牌产品。零售商可跨过品牌商，直接寻找有过剩生产能力的制造商合作，令其代工自有品牌产品，这意味着零售商在获得低价优势，也意味着零售商可依据自身对产品质量的要求直接控制生产。公司自有品牌 Kirkland Signature 已达到了全国性品牌的水准，占全店销售额的1/6，并打算在未来几年内将其份额增加至1/4。与全国性品牌相比，Kirkland Signature 已为公司节省了约20%的成本。那些不愿迎合公司低价要求的制造商发现其产品正在被相似的 Kirkland Signature 产品替代，有时这些产品的质量甚至要更好。公司还与其他知名品牌合作生产产品，以实现双方优势互补，使消费者相信产品的质量和品牌产品同样好，并降低推广成本。例如，公司与惠而浦公司合作推出合作品牌的家用电器产品后，发现销售良好，现在已将合作范围扩展至其他产品目录，合作品牌包括了 Tyson，Foster Farms 等。

2. 价廉

提供尽可能最低的价格是仓储型超市行业的基石。好市多是此观念的践行者，公司从制定企业利润、降低管理费用和与供应商有效地展开谈判合作入手，尽可能地实现低价。

(1) 好市多设定低的利润标准，即“薄利”。好市多所遵循的低价策略并不是给顾客以最大限度的折扣，而是以尽量低的利润销售产品，其毛利率较低，约为 12%～14%，同期的西夫韦为 30%，沃尔玛为 21%。索尔·普里斯认为，企业不应使用“比较价格”或者“最低价格”来提高销售额，这些均是企业耍的花招。企业应对消费者诚实。如果企业意识到自己真的对消费者是诚实的，企业就不应赚取暴利。公司本可以 29.99 美元的价格销售 Calvin Klein 牛仔裤，但由于公司采购量很大，约 400 万条，公司获得了非常优惠的采购价。依据公司每一个物品的毛利不应高过售价的 14%，零售价应为 22.99 美元。公司认为有信心按照 29.99 美元的价格与 22.99 美元同样的速度销售出这些牛仔裤，但这与公司的理念不符，最终 Calvin Klein 牛仔裤的售价是 22.99 美元。诱惑无处不在，企业想要将毛利增加 1～2 个百分点并不困难。低价策略是如今所有零售商存在的基础，但不能因此而迷失方向。

(2) 想方设法降低运营成本。好市多的毛利率低，其销售及一般管理费用更低，约为 10%左右，这主要由其有效的成本结构决定。首先，公司对员工待遇优厚，但雇员人数相对较少，劳工成本仅为销售额的 5%～7%，同期一般超市的劳工成本为 11%～13%。2007—2008 年，员工工资为每小时 17.25 美元，而沃尔玛的仅为 10.11 美元；员工依据工作年限、管理级别等享受不同程度的股权、保险、晋升等计划。员工对公司非常忠诚，流失率仅为 17%，为全行业最低；由于员工偷窃率低，公司的存货丢失率仅占销售额的 0.2%。其次，公司在郊区和新兴购物中心选址。美国中产阶层倾向于远离城市，在郊区建房生活。好市多在交通便利的郊区设门店可尽可能地接近目标顾客，门店的建设成本也相对城市中心较低，公司还可将剩余场地出租以降低建设成本。公司采用统一标准、材料、图纸，以尽量低的成本、流水线地“克隆”新门店，店内宽敞但装饰非常简单。如需要，建设一家新的店铺仅需 100 天时间。公司倾向于自建门店并拥有产权，这样可避免通货膨胀和购物中心兴起后租金上调的影响。再次，采用更有效率的分销系统。好市多向制造商直接采购商品，并要求制造商将其产品直接运送到零售店或者公司的货运中转站。在中转站，不同批次的产品被整合起来后再派发，以求货运成本和处理成本最小化。公司剔除传统物流分销的一些步骤以降低成本，比如，不从分销商那里进货，不再使用用来接收、储存和分销的中央库房。这样可有效地满足中小企业主的需求，他们可在好市多一次性购足以前需在不同分销商那里反复多次才能购足的商品，节省了向传统分销商的订购成本。最后，广告活动很少，更多的是向现有和潜在的消费者邮寄产品目录。公司的主要推广方式是会员的口碑和关系营销。产品目录并不是简单的产品内容简介，而是将大量的消费者是谁、他们在做什么的故事穿插其中，以提高趣味性。公司主要的营销活动一般是在新店开业时拜访当地的潜在中小企业主，告知企业的性质，并给予其一年的免费会员资格。

（3）以尽可能低的价格采购产品。为实现低价，好市多凭借其巨额的采购量与供应商们不断地讨价还价，尽量压低供应商的报价，并要求他们按照公司的规格要求对产品进行包装和陈列，所有的供应商订单都要通过电子数据交换系统传送。2009 年 11 月，公司决定停止向可口可乐采购苏打水和其他软饮料，原因是可口可乐公司提供给沃尔玛等企业的价格更低，好市多认为可口可乐已不能提供有竞争力的价格，公司不能借此向消费者传递消费者关注的价值。公司更愿意与供应商一道降低成本。“公司并不打算以供应商的利润为代价获得低价，公司更愿意与供应商一道改进物流效率，改进订单效率和优化生产流程来降低价格。”泰森食品销售经理告知好市多的采购人员，自己不得不通过提价覆盖成本。好市多于是与泰森公司共同研讨生产改进方案，提高了生产效率，产品也就不用再提价了。

3. 多销

低价策略为好市多带来良性循环效应。销售量大，进货价就低，低价又可增加销售额，确保企业有能力赢得更低的采购价。好市多的毛利率低，仅为 2%～4%，但其净利润率却能达到 18%左右，依据“资产收益率＝销售利润率×资产周转率”可知，这显然是其高存货周转率（即“多销”）所致，其周转率是同期西夫韦的 2 倍。公司通过如下几项措施提高产品的销量：

（1）提供种类齐全、深度有限的产品。好市多的产品品类齐全，从蜡烛到珠宝无所不包，有效地满足了消费者一站式购物需求。但其每一类产品的深度有限，公司全部的基本库存单位仅为 4 000 个，而沃尔玛有近万个。这些产品均以大包装、大批量形式出售。这其实是在潜移默化地改变消费者的购物行为，使消费者单次购买的产品数量增加。研究显示，那些购买更大包装的消费者更有可能购买更多产品。大包装其实也可节省那些商业客户的采购成本，他们为好市多提供了持久稳定的销售收入。

（2）基于消费者购物心理有选择地设置产品类别。消费者到商场购物前一般会设想一些“需要”的产品，但到了商场后会购买额外的“想要”产品。好市多据此设定产品的类别。“需要”产品包括一般的日用品（如纸巾、谷物、农产品、饮料、药品等）和生鲜产品（如面包、熟食、美食、正餐替代品等），共有 3 000 个基本库存单位，并且一年中变化不大，此类产品会驱使消费者经常光顾。而“想要”产品包括书籍、光盘、时令产品等顾客一般想要的产品和运动器材、家庭装饰、服装等可望产品，共有 1 000 多个基本库存单位，会依据消费者需求经常更换，此类产品会诱发消费者的购买热情。针对“想要”产品，好市多采用先进先出、限时抢购的策略，即消费者如果此次犹豫不买，等隔一至两周再来时，该类产品便已售完，过时不候。“想要”产品像“寻宝”一样刺激着消费者的购买热情，使消费者每次购物时务必尽可能逛遍商场，使消费者在看到心仪的产品时立刻买下。

（3）实行会员制度。会员制度为好市多带来与净利润数额相差无几的收入，2009 年，好市多的会员费为 15 亿美元，其净利润为 11 亿美元；会员制度也使得会员为摊薄会员费而多购物。

4. 关爱顾客

大型超市，包括仓储型超市和折扣店超市，均向顾客提供能少则少的现场服务以降低运营成本。在好市多店铺现场同样也看不到太多的服务人员，但这并不意味着公司忽视顾客对服务的需求，公司在售后服务和提供各类便民设施等能为消费者带来实惠方面要比其他同业好很多。

（1）好市多极端慷慨的退货政策可能是零售商中最容易退货的政策。顾客获得的利益就是好市多损失的利益，其连锁会员店每年因这项政策损失达几千万美元。在 2007 年早期，好市多在加利福尼亚把它的电子产品退货政策改为（仍然是慷慨的）90 天限期退货。甚至大多数顾客也认识到了这种慷慨的退货政策必须停止。值得赞扬的是，好市多现在仍为其销售的电子产品提供更多的安装和操作技术支持。

（2）好市多向中小企业会员和个人消费者提供周到齐全的特色服务。公司向中小企业主提供代发工资、企业网络站点服务、业务传播服务、小企业信用和借贷、健康保险等服务。其中，公司与 H. B. S. 合作向中小企业主提供的账单打印服务可为中小企业节省近 50％的成本。公司还向消费者提供诸如汽车销售、购车融资、不动产咨询、办理信用卡等服务。

问题：

1. 我国发展仓储型超市是否有前景？
2. 从好市多的消费者定位上能学到什么？

图书在版编目（CIP）数据

营销渠道决策与管理/吕一林，王俊杰，彭雷清编著. —3版. —北京：中国人民大学出版社，2015.8

普通高等教育“十一五”国家级规划教材.21世纪市场营销系列教材

ISBN 978-7-300-21820-5

Ⅰ.①营… Ⅱ.①吕… ②王… ③彭… Ⅲ.①购销渠道-销售管理-高等学校-教材 Ⅳ.①F713.1

中国版本图书馆CIP数据核字（2015）第198234号

普通高等教育“十一五”国家级规划教材

21世纪市场营销系列教材

营销渠道决策与管理（第三版）

吕一林　王俊杰　彭雷清　编著

Yingxiao Qudao Juece yu Guanli

出版发行	中国人民大学出版社		
社　　址	北京中关村大街31号	**邮政编码**	100080
电　　话	010－62511242（总编室）		010－62511770（质管部）
	010－82501766（邮购部）		010－62514148（门市部）
	010－62515195（发行公司）		010－62515275（盗版举报）
网　　址	http://www.crup.com.cn		
	http://www.ttrnet.com（人大教研网）		
经　　销	新华书店		
印　　刷	北京宏伟双华印刷有限公司	**版　　次**	2005年5月第1版
规　　格	185 mm×260 mm　16开本		2015年9月第3版
印　　张	19.5插页1	**印　　次**	2020年2月第5次印刷
字　　数	445 000	**定　　价**	39.00元

教师教学服务说明

中国人民大学出版社工商管理分社以出版经典、高品质的工商管理、财务会计、统计、市场营销、人力资源管理、运营管理、物流管理、旅游管理等领域的各层次教材为宗旨。

为了更好地为一线教师服务，近年来工商管理分社着力建设了一批数字化、立体化的网络教学资源。教师可以通过以下方式获得免费下载教学资源的权限：

在中国人民大学出版社网站 www.crup.com.cn 进行注册，注册后进入"会员中心"，在左侧点击"我的教师认证"，填写相关信息，提交后等待审核。我们将在一个工作日内为您开通相关资源的下载权限。

如您急需教学资源或需要其他帮助，请在工作时间与我们联络：

中国人民大学出版社　工商管理分社

联系电话：010-62515735，82501048，62515782，62515987

电子邮箱：rdcbsjg@crup.com.cn

通讯地址：北京市海淀区中关村大街甲 59 号文化大厦 1501 室（100872）

